名家伴读

伍尔夫读书随笔

Essays of Woolf

［英］弗吉尼亚·伍尔夫 著

董灵素　程辰雨
赵　乐　陈娟娟
朱丽琼 译

华中科技大学出版社
http://press.hust.edu.cn
中国·武汉

普通读者（自序）[1]

约翰生博士[2]的《格雷传》[3]中有这样一句话："我很高兴能与普通读者保持意见一致，因为这些读者的常识没有受到文学偏见的腐蚀。一首诗在经过对精微之处的提炼，按照学术教条评判之后，是否享有诗的荣耀，最终要由读者的常识来判定。"这句话应该出现在每一间阅览室里；这些阅览室也许过于简陋，算不上是图书馆，但是放满了各种书籍，供人们私下品读。约翰生博士的这句话不但界定了读者的品质，使阅读的目的变得高尚起来，还将一位伟人的赞许赋予了这样一种耗时却常常得不到实质性结果的消遣方式。

正如约翰生博士所暗示的那样，普通读者与评论家和学者不同。普通读者没有受过那么多教育，自然禀赋也不算高。他们读书的目的既不是传授知识，也不是纠正他人的见解，而仅仅是自娱自乐。更重要的是，普通读者在本能的指引下，不论收获的知识碎片怎样零散，都能从中为自己创造出一套完整的知识架构，比如一个人的肖像、一个时代的速写，或者一套写作艺术理论等。他一边读，一边不停地把这些零散、破碎的片段快速

---

[1] 本篇原为《普通读者》第一辑的第一篇，实际为伍尔夫的自序。——译注（除特殊说明外，本书注释均为译注）

[2] 塞缪尔·约翰生（Samuel Johnson，1709—1784），常称为约翰生博士（Dr. Johnson），英国历史上最有名的文人之一，集文艺评论家、诗人、散文家、传记家多重身份于一身，曾独立编撰《英语词典》。

[3] 《格雷传》（*Life of Gray*）是塞缪尔·约翰生所著的《诗人列传》（*Lives of the Most Eminent English Poets*）中的一篇，介绍英国诗人托马斯·格雷。

地编织拼贴起来，使其看起来足以像是一件实实在在的事物，可以令人或为之动情，或为之捧腹，或为之争议。这就给他带来了暂时的满足。在进行文学批评时，普通读者的不足之处是显而易见的。他们对诗歌的理解常常显得仓促肤浅、漏洞百出，就像是一件被捞起来的旧家具，不管它是在哪里被找到的，也不管它有何种特性，只要能够达到自己的目的，符合自己的阅读结构就好。但是，如果像约翰生博士所坚持认为的那样，在诗歌荣誉的归属问题上，普通读者拥有最终发言权，那么，写下一些与之相关的意见和想法也许是值得的。虽然这些意见和想法本身并不重要，但是由此产生的结果意义重大。

Contents　目　录

第一辑

帕斯顿世家与乔叟	003
论不懂古希腊语	023
伊丽莎白时代的旧物储藏间	039
伊丽莎白时代的戏剧札记	048
蒙田	057
纽卡斯尔公爵夫人	066
漫谈伊夫林	075
笛福	083
艾迪生	091
无名者的人生	101
简·奥斯汀	115
论现代小说	126
论《简·爱》与《呼啸山庄》	134
乔治·艾略特	140
俄国人的视角	149
摘记	158
赞助人与藏红花	176
现代散文	180
约瑟夫·康拉德	192
如何影响当代人	199

第二辑

陌生的伊丽莎白时代的人	211
三百年后读多恩	223
《彭布罗克伯爵夫人的阿卡迪亚》	238
《鲁滨逊漂流记》	247
多萝西·奥斯本的书信	253
斯威夫特《致斯黛拉小札》	260
《感伤之旅》	269
切斯特菲尔德勋爵家书	276
两位牧师	282
伯尼博士的晚宴	294
杰克·米顿	308
德·昆西的自传	313
四位人物	320
威廉·黑兹利特	344
杰拉尔丁和简	355
《奥罗拉·利》	368
伯爵的侄女	379
乔治·吉辛	383
乔治·梅瑞狄斯的小说	389
"我是克里斯蒂娜·罗塞蒂"	398
托马斯·哈代的小说	405
我们应该如何阅读一本书？	415

The Common Reader
First Series

第
一
辑

帕斯顿世家与乔叟[①]

凯斯特城堡的塔楼有九十英尺高,至今依旧高耸入云。城堡的拱门尚在,当年约翰·法斯托夫爵士的驳船就从这座拱门下驶出,为建造这座伟大的城堡运输石料。然而,时至今日,寒鸦在塔楼上筑了巢,曾经占地六英亩的城堡,也只剩下了残垣断壁。千疮百孔的城墙上建有用于防御的城垛,但是墙内早已没有了严阵以待的弓箭手,墙外也不见攻城夺地的火炮。至于那"七位教徒"与"七位穷人",也完全不知踪迹。他们本该在这个时候为约翰爵士及其父母的灵魂祈祷,但是此时此刻却听不到他们诵读祷文的声音。这里是一片废墟。只能让那些研究古董的专家们去猜测争议了。

离此地不远的另一处废墟是布罗姆霍尔姆修道院的遗址,约翰·帕斯顿[②]就葬在那里。帕斯顿的宅邸坐落在诺里奇以北二十英里处的海边低地上,离修道院只有一英里左右的距离,因此葬在此处是再自然不过了。这段海岸地势险要,即便在今天也不易到达。然而当时,布罗姆霍尔姆修道院所供奉的那一小片木头,却引来了源源不断的朝圣者,因为那片木头是真十字架[③]的一块碎片。朝圣者在离去时,要么恢复了视力,要么挺直了

[①] 《帕斯顿信札》(The Paston Letters),詹姆斯·盖尔德纳博士(Dr. James Gairdner)编,1940年,共4卷。——原注

[②] 约翰·帕斯顿(John Paston,1421—1466),英格兰的一名乡村士绅。其部分信件收录于《帕斯顿信札》。《帕斯顿信札》收集了从1422年至1509年帕斯顿家族内部以及家族成员与其他相关人士的通信,是研究玫瑰战争期间与都铎王朝早期英格兰社会生活的主要史料。

[③] 真十字架(True Cross)即基督耶稣受刑殉难时所用的十字架,是基督教界一件极其重要的圣物。

身板①。一些刚刚重获光明的人，在修道院里见到了约翰·帕斯顿的坟墓，坟上却没有墓碑，这一景象让他们颇感震惊。于是消息不胫而走，传遍乡野各处。有人传言：帕斯顿家族早已衰落；他们虽然盛极一时，但现在已无力在约翰·帕斯顿的坟头上立一块碑；帕斯顿的遗孀玛格丽特还不起债务；他的长子约翰爵士把资产都挥霍在了女人和各种比赛上，而次子——名字也是约翰②——虽然比兄长强一些，但是与地里的收成相比，他更关心自己的那几只鹰。

这些朝圣者自然是在说谎，因为参拜了真十字架上的一块碎片而恢复视力的人完全有理由说谎。然而他们的消息还是受到了欢迎。当时的人们甚至传言说，帕斯顿家族虽然发达了，但是就在不久之前，这家人还是农奴。不管怎样，一些仍然在世的老人还记得约翰的祖父克莱门特在地里耕耘的情景，他曾是一个辛苦劳作的农民。克莱门特的儿子威廉后来成了一名法官，还购置了土地。威廉的儿子约翰结了一门好亲，买了更多的土地，不久继承了那座位于凯斯特的刚刚竣工的大城堡，还从约翰·法斯托夫爵士那里继承了他在诺福克和萨福克两地的所有土地③。人们还说，约翰伪造了老骑士的遗嘱，难怪坟上连一块墓碑都没有！但是我们如果考虑一下约翰的长子——约翰·帕斯顿爵士——本人的性格特征、成长经历、生活环境，以及在家庭通信中所揭示的父子关系等因素，就会明白，对于约翰·帕斯顿爵士来说，为父亲树一块墓碑是一件多么困难，多么易被忽视的事。

现在让我们来想象一下。在英格兰的旷野上立着一幢新盖的、完全没有装修过的房子，而这片旷野是我们目前所知的最为荒凉的地方。房子里没有电话，没有浴室，没有下水道，也没有扶手椅和报纸。也许会有一个书架，上面摆满了笨重且昂贵的书籍。从窗口望出去，可以看到几片耕地

---

① 作者此处描写人们在朝圣之后，身体上的残疾被奇迹般地治愈了。
② 帕斯顿的长子及次子均取名为约翰·帕斯顿，并先后继承了其爵士头衔。
③ 约翰·帕斯顿的妻子是约翰·法斯托夫爵士的亲戚。帕斯顿曾担任法斯托夫爵士的顾问，并继承了其大部分财产。但是帕斯顿的继承权遭到了多方势力的挑战，比如下文将要提到的诺福克公爵和萨福克公爵等。

和十来间破败的小屋，耕地的一侧是大海，另一侧是无垠的沼泽。唯一一条穿越沼泽的路上却出现了一个大坑。据农场的一名短工说，这个坑大到足以吞下一辆马车。短工又补充道，汤姆·托普克罗夫——那个疯疯癫癫的瓦工——又逃掉了，半裸着身子在乡下四处游荡，而且威胁说，谁要靠近他就杀了谁。在这所荒凉孤寂的房子里，人们吃着晚餐，谈论着此类闲话，烟囱里冒出呛人的烟，穿堂风吹过，掀起了地板上的垫子。日落时，有人下令锁上所有的大门。夜晚压抑且漫长，四面危险重重。等到夜色阑珊时，这些与世隔绝的男男女女，便跪下身来，开始庄严地祈祷。

  15世纪时，这片荒无人烟的旷野上突然出现了几大堆崭新的石料，这显得异乎寻常。诺福克海岸旁的沙丘和荒地上随即耸立起了一座巨大的砖石建筑，就像是一座建在海滨浴场上的现代化旅店，然而那时的雅茅斯镇没有散步的广场，没有可供出租的房屋，也没有游船码头。这座雄伟的建筑位于镇子的郊外，里面只住着一位年迈孤寂、无儿无女的绅士。这位老绅士就是约翰·法斯托夫爵士，他参加过阿金库尔战役①，并且发了大财。然而战斗本身并未让他获得多少奖赏。如今，人们非但不会接受他的建议，还在背后诋毁他。爵士对此心知肚明，但是脾气并未因此而变得稍稍温和。他是一个脾气暴躁的老头子，虽然有权有势，却满腹牢骚，心怀忧怨。不论是在战场之上，还是在朝堂之中，他时时刻刻都惦念着凯斯特，考虑着，只要职责允许，就在父亲的土地上安顿下来，住在一幢自己盖的大房子里。

  帕斯顿家的孩子年纪还小时，几英里以外的凯斯特正在大兴土木，营建城堡。父亲约翰·帕斯顿掌管着部分营建工作，孩子们自打能够听懂事理时起，就在听父亲讲述各种与建造城堡有关的事情，比如石料啦，建筑过程啦，开往伦敦的驳船还未返航啦，城堡里的二十六间私人房间啦，还有大厅和小教堂，地基、测量和那些耍无赖的工人，等等。城堡于1454年竣工，而约翰爵士在此之前就已经搬来安享余生了。帕斯顿家的孩子们或许曾亲眼见过存放在这里的大批财宝。桌子上摆满了金银制成的盘子，衣柜里塞满了各式各样用天鹅绒、绸缎和金线锦做的袍子，还有各种帽兜、

---

① 阿金库尔位于法国北部，该战役发生于1415年，是英法百年战争中著名的以少胜多的战役。

披肩、河狸毛帽子、皮外套和天鹅绒上衣。床上绿色和紫色的枕套则是丝绸质地。卧室里的床铺得整整齐齐的，墙壁上挂着各种壁毯，描绘了围城、狩猎、鹰猎等场面，壁毯上还有钓鱼的男子、射箭的弓箭手、弹奏竖琴或与鸭子嬉戏的女士和"手握熊腿"的巨人，图案不一而足。这些都是不虚此生的成就。购置土地，建造大房子，再在房子里填满各种金银器皿，曾是人们恰如其分的追求（不过有些事却一成不变，比如夜壶大概总是要放在卧室里的），帕斯顿夫妇把大部分精力都花在了这项令人精疲力竭的事业上。因为不断攫取是人的天性，所以没有人能够保证自己的财产会长久安全无忧。个人的财产总会受到各种威胁，比如，诺福克公爵可能觊觎着这座庄园，而萨福克公爵则垂涎着那座宅第。他们捏造出种种借口，指责帕斯顿曾为农奴。凭着这些借口，他们就有权在主人没有到场的情况下，夺取住宅，捣毁屋舍。然而帕斯顿、莫特比、德雷顿和格雷沙姆的主人怎么可能同时出现在五六个地方呢？特别是现在，凯斯特城堡已经归他所有，他必须前往伦敦，请求国王认可自己的权力。然而据说，国王也疯了，甚至不认识自己的孩子；还有人说，国王逃跑了，国家正陷入内战。诺福克一直是经济最拮据的一个县，这里的乡绅又是最好争斗的一类人。的确，如果帕斯顿夫人愿意讲述的话，她会告诉自己的孩子，在她还年轻时，曾有上千名带着弓箭和火盆的人冲到了格雷沙姆。他们攻破大门，在屋子的墙下埋上地雷，而她当时正独自一人坐在那间屋子里。对于女性而言，还有比这更糟糕的事情，所以帕斯顿夫人既不为自己的命运感到悲伤，也不把自己视为一个英雄。丈夫常常出门在外，她就不辞辛劳地给丈夫写了一封又一封长长的信。写信的手明显在抽搐，但信里丝毫没有谈及她自己。帕斯顿夫人告诉丈夫：羊浪费了干草；海登和塔德纳姆的人已经出发[①]；堤坝决了口，公牛被人偷走了；人们现在亟需糖浆，需要弄到一些做衣服的布料，等等。但是帕斯顿夫人绝口不提自己。

帕斯顿家的孩子应该会看到母亲不是在亲自写信，就是在口述信件，一页接着一页，一小时接着一小时，长篇累牍。如果在大人奋笔疾书，记

[①] 据《帕斯顿信札》记载，约翰·海登和托马斯·塔德纳姆爵士曾联手在东盎格利亚地区制造动荡，地方乡绅常受其害，其中就包括帕斯顿一家。

录如此重要事务的时候打断他们，那将是一种罪过。尽管通信内容十分详尽，但是孩子们的闲言碎语，他们在保育院和学校里听来的传说故事，都没有出现在这些信件里。帕斯顿夫人的大部分信件都像是一位诚实的管家写给主人的信，她在信里向丈夫解释近况，征询意见，汇报消息，交代账目，等等，比如说：最近发生的抢劫和命案；收租遇到了困难；理查德·卡勒①只收到了一小笔钱。丈夫希望玛格丽特（即帕斯顿夫人）能够列出一个货物清单，但是由于事情接踵而至，她一直没能腾出时间来做这件早就该做的事情。老艾格尼丝一直在冷眼旁观，审视着儿子——约翰·帕斯顿的种种事务。她大概会力劝儿子尽量少操心，这样"你在世上就可以少忙乎一些。你父亲说过，事少身闲。人生在世不过是走在一条大道上，充满哀伤，我们离开时，除了生前行过的善和犯下的罪孽之外，什么都带不走"。

死亡的念头就这样突然冒了出来。老爵士法斯托夫，饱受资产财富的困扰，在临终前产生了幻觉，看到了地狱里熊熊燃烧的火焰。于是，他冲着遗嘱执行人大喊大叫，命令他们向穷人布施，请人为他祷告，并且永世不休，这样他的灵魂也许会免受炼狱的煎熬。威廉·帕斯顿——那位法官也曾迫切地期望过，能够雇用诺里奇镇的僧侣为他的灵魂做永恒的祷告。灵魂并非一缕空气，而是有着实在的躯体，能够承受永生永世的折磨；地狱里摧毁灵魂的火与凡人炉算内的火一样烈焰熊熊。世上永远会有僧侣教士，诺里奇这样的镇子也会永世长存；同样万古不朽的是镇子里的那座圣母礼拜堂。人们对生死的设想总是离不开那些真真实实、经久不衰的东西。

孩子们都有严格制定的人生规划，他们自然也会因此挨打。不论男孩还是女孩都要受到教训，以免做出不合身份的事情。他们必须拥有土地，也必须服从父母的命令。如果女儿不守规矩的话，母亲就会隔三差五地在她头上捶上几下，然后再打她个皮开肉绽。艾格尼丝·帕斯顿虽然是一位出身好、有教养的贵妇，但是也会对女儿伊丽莎白大打出手。玛格丽特·帕斯顿虽然心肠更柔软，但还是把女儿赶出了家门，只因为她爱上了忠厚

---

① 据《帕斯顿信札》记载，理查德·卡勒是帕斯顿庄园的管家。

诚实的管家理查德·卡勒,兄弟们无法忍受自己的姐妹嫁给下等人,干出"在弗拉姆林厄姆的集市上卖蜡烛和芥末酱"这种不体面的事。父子不和,争吵不休;母亲虽然重男轻女,一心想要护着儿子,但是碍于法令习俗,只能站在丈夫的立场上。她一边尽力维护父子和睦,一边为儿子感到心力交瘁。尽管玛格丽特已竭尽全力,但是她既无力制止大儿子约翰做出鲁莽的举动,又未能劝住丈夫对儿子恶语相加。父亲大吼道,他就像是"蜂群中的一只雄蜂。蜜蜂在田野里辛勤采蜜,雄蜂什么也不做,坐享其成"。儿子对父母傲慢无礼,对外毫无担当。

但是父子间的争执很快就结束了。1466年5月22日,父亲约翰·帕斯顿在伦敦去世。十二个人可怜兮兮地举着火把,一路跋涉,把遗体护送到了布罗姆霍尔姆,并在那里下了葬。帕斯顿一家布施了穷人,操办了弥撒,诵咏了挽歌;教堂里钟声长鸣。葬礼上,人们大快朵颐、觥筹交错,处处灯火通明。为了驱散火把散发出的难闻气味,教堂里的两扇玻璃窗也被卸了下来。黑色的孝服分发了下去,坟上也点上了一盏灯,然而,约翰·帕斯顿,虽然是父亲的继承人,却迟迟没有为父亲立一块墓碑。

当时,约翰年纪尚轻,刚满二十四岁。乡村生活的束缚和乏味沉闷的工作让他感到厌倦。于是他离开了家,表面上看,是为了能到宫廷当差。不论帕斯顿家的敌人对他们的身世渊源有何怀疑,这位约翰爵士无疑是一位绅士。他继承了家里的土地——蜜蜂辛辛苦苦酿造的蜂蜜最终还是都归了他。约翰虽有享受生活的本能,却无获取财富的直觉。母亲的节俭与父亲的野心,在他身上奇异地融为一体,但是却被他好逸恶劳、贪图奢华的秉性消磨掉了。约翰对女人颇有吸引力,喜欢社交活动,参与各种赛事,热衷于宫廷生活,还好与人打赌,有时甚至爱上了读书。于是,在饱受压抑之后,约翰·帕斯顿如今的生活开始重现生机,而且生活的基础也已然发生了改变。表面看来,一切依旧。玛格丽特仍然掌管着家事,仍然像对待年长的孩子那样,安排着小孩子们的生活。与从前一样,男孩子们要挨了老师的打,才会学习书本知识;女孩子们还是会爱错人,但嫁人只能找门当户对的。租子必须收;针对法斯托夫财产继承的诉讼案没完没了,一拖再拖。仗也还在打着;约克与兰开斯特两大家族的势力此消彼长。在诺福克，申冤鸣不平的穷苦人依然随处可见。玛格丽特现在为儿子效力，就像她曾经为丈夫效力那样，但是其中发生了一个重大变化：她不能再向丈夫倾诉衷肠，而只能从神父那里寻求建议。

然而在人的内心深处，却发生了很多变化。就好像坚硬的外壳终于完成了它的使命，某种敏感的、懂得欣赏的、热衷享乐的东西在内部悄然形成。至少，约翰爵士在给家中的弟弟——约翰写信时，会时常撇开正在谈论的正经事，和弟弟开个玩笑，讲一段流言蜚语，有时还会故意，甚至委婉地提供一些恋爱指导。"对待母亲，要尽可能地谦卑，但是对待姑娘，就不能太过谦卑。不要因为关系发展顺利就欢天喜地，也不必为了恋爱失败而忧心忡忡。不论是她到我这里来，还是我回到家中，我都会充当你的大使，为你代言。希望最迟十一天之内可以到家。"到家后，他要去买一只鹰，要给住在诺福克的约翰寄一顶帽子，或者新的绸缎丝带，还要训练猎鹰，着手处理诉讼事宜，此外，他还要尽力料理帕斯顿庄园的财产，虽然很难做到诚信无欺。

老约翰·帕斯顿入土已经有一段时间了，坟上的灯也早已熄灭，但是约翰爵士迟迟没有动工修葺坟墓。他有自己的理由，比如，诉讼事务缠身，宫廷职务繁忙，内战滋扰，无暇抽身，资金占用，等等，但是拖延的真正原因也许是约翰爵士自己发生了一些奇怪的变化。而且奇怪的不仅仅是约翰爵士在伦敦流连忘返，还有他妹妹玛杰丽爱上了家里的管家，弟弟约翰在帕斯顿训练猎鹰。生活突然平添了各种不同的乐趣。他们与老一辈人不同，对于人的权力、人对上帝负有的义务、对死亡的种种恐惧，以及墓碑的重要性，不再有坚定明确的信仰。可怜的帕斯顿夫人觉察到了这些变化，并为此感到惶恐不安，她试图用笔来揭示麻烦的根源，在一页页纸上留下了一行行僵硬的字迹。让她悲伤的并不是诉讼这件事，"虽然没有派兵遣将的能力"，但是她已经准备好，在必要时，赤手空拳捍卫凯斯特城堡。让她伤心的是，自从丈夫——这个家的主人去世后，家里就好像出了什么差错。也许是儿子未能尽职侍奉上帝，或许是他过于傲慢，或太挥霍，再不然就是他对穷人没有体现出足够的怜悯。不论错在何处，她只知道约翰爵士花的钱是他父亲的两倍，而取得的回报却不及他父亲多；如果不出售土地林场,或变卖家产的话,就连债务也难以还清。(她写道:"一想到这件事我就痛不欲生。")与此同时,因为没有在约翰·帕斯顿的安息之处立上墓碑,他们在乡下也是天天遭人恶语相向。用来置办墓碑,增购土地,或者添置高脚杯、挂毯等物的钱都被约翰爵士拿去买了钟表和其他小玩意儿。此外,他还花钱雇了一个文员,抄写各种论述骑士身份的专著,以及其他诸如此类的书籍。这些书存放在帕斯顿府邸,一共十一卷,其中包括利德盖特①和乔叟的诗歌。在这座荒凉、毫无舒适感的房子里,这些书营造出一种异样的氛围;人在这种氛围中,变得慵懒浮华、不思正务,不仅对自身利益全然不顾,而且忽视了自己对死者应尽的神圣义务。

有时,约翰爵士宁可在大白天里坐着读书,也不会骑马出去察看庄稼的长势,或者与雇农们讨价还价。风掀起了屋里的地毯,烟囱里冒出的烟刺痛了他的眼睛,虽然毫无舒适感,但是他仍会坐在一把硬邦邦的椅子上,一边读乔叟的诗,一边虚掷光阴,一味沉浸在自己的白日梦中。书里有何奇异之物让他如此痴迷?生活艰辛惨淡,不尽如人意。一整年的时光,就如同玻璃窗上涓涓流淌的雨珠,在沉闷乏味的工作中无谓地流逝了。与父亲不同,他的生活毫无目的;既没有建立家庭的迫切需要,也无须为了尚未出世——或者已经出世却无权继承父亲姓氏的孩子努力打拼,获取名望。利德盖特和乔叟的诗就像是一面镜子,折射出各式各样的人物。这些人物在镜子里欢快地走来走去,静寂无声,步履匆匆。他在镜子里看到的天空、田野、世间男女都是他所熟悉的。不过镜子里的人比他认识的人要丰满完整得多。与其无精打采地等待来自伦敦的消息,或者从母亲的闲言碎语中拼凑出几段爱恨交加的乡村悲剧,还不如读几页书。在书里,整个故事会完完整整地呈现在他面前。此后,无论是骑在马背上,还是坐在桌子旁,约翰爵士都会记起书中的某段应景之词,或是一段描述,或是一句谚语,他都会吟咏一番。若是读到某段令其痴迷的文字,他便会忘掉当时的压力,立即赶回家,坐在自己的那把椅子里,读到故事的结局。

对故事的结局迫不及待——乔叟至今仍能让读者产生这样的愿望。乔

---

① 约翰·利德盖特(John Lydgate,约1370—1451),英国修道士,平生创作了14万多行诗歌。

叟的主要天赋是讲故事,这差不多是当今作家最稀缺的一种天赋。祖先经历过的事情不会发生在我们身上;如今,很少有重大事件发生;即使在讲述这些事件时,我们也常常抱着不以为意的态度。我们还有更有趣的事情要说,因此像加内特先生这样,天生擅长讲故事的人现在已经很少了;我们必须把他们与那些自发自觉的故事讲述者,比如曼斯菲尔德先生,区别开来,因为讲故事的人,除了对事实有着难以形容的热情之外,还必须有讲故事的技巧:既不能过度强调,也不能太过兴奋,否则读者就会囫囵吞枣地把故事的各个部分混杂在一起。讲故事的人必须能够让我们停顿下来,给我们时间去思考,去环顾四周,但是自始至终都在说服我们继续把故事看完。在这一点上,乔叟在一定程度上受益于他出生的那个时代。此外,他还有另一个现代人所不具有的优势,而且这一优势将永远不会再次出现在英国的诗坛之。英国曾是一片未被开发的净土。乔叟目之所及之处是尚未开垦的土地,除了几座小镇和偶然出现的城堡之外,到处是连绵无尽的草地和丛林。既无透过肯特郡的树冠丛向外窥视的别墅屋顶,也无在山坡上冒着烟的工厂烟囱。如果考虑到诗人与自然如何亲近,如何利用自然来塑造形象、形成对比的话,那么,即便自然不是诗人描绘的直接对象,一个国家的自然状态对诗人来说也是非常重要的。不论是在耕耘之后,还是处于蛮荒状态,自然对诗人都有着深远的影响,而且远远超出了自然对散文作家的影响。对于现代诗人而言,乡村是高尚品德的圣殿,而伯明翰、曼彻斯特、伦敦这样的大城市则是堕落的池渊。乡村是归隐之地,是谦逊与美德之所,人们可以在那里隐藏自我,接受道德教化。在华兹华斯对自然的崇拜中,有着某种病态的东西,他好像是在逃避人与人之间的接触。这一倾向更加明显地体现在了丁尼生[①]的作品里,他把自己的爱全部倾注在了玫瑰花瓣或者椴树萌芽这类微小的自然景观之上。然而,他们都是伟大的诗人。在他们的笔下,乡村不仅仅是像珠宝店或者博物馆那样,里面充满了各种有待描述的奇珍异宝,更奇妙的是,一切都呈现在了文字当中。

---

① 阿尔弗雷德·丁尼生(Alfred Tennyson, 1809—1892),英国维多利亚时代的桂冠诗人,在世时就获得了极高的声誉。

如今，由于自然景观遭受到了如此之大的破坏，花园和牧场取代了贫瘠的旷野和陡峭的山坡，那些禀赋稍逊的诗人就只能局限于描写一些小型景观、鸟巢、橡树果等，刻画出一道道生命的褶皱。然而，更加辽阔的景色却遗失殆尽。

但是在乔叟看来，乡村的景色太过辽阔，太过狂野，全无心旷神怡之感。乔叟似乎对风暴和岩石有过痛苦体验，所以本能地避开了这类自然景物，转而描绘明媚的五月、怡人的风景。在他的诗中见不到严峻神秘之物，只有欢快明朗的氛围。乔叟虽然没有一星半点字字入画的精湛技巧——这是现代文学的传承，但是仅凭寥寥数语，便能传达出身处户外的感觉。如果我们仔细观察，就会发现乔叟在直接描绘风景时，甚至可以一个直接描述词都不用：

瞧瞧那鲜花，看它如何绽放

只一句就足够了。

不折不扣、原始荒蛮的自然既非映衬着笑脸的镜子，亦非忧伤灵魂的忏悔者。自然不过是自然而已，时而令人心生厌恶，时而显得平淡无趣，但是，在乔叟的作品中，自然总是以坚实鲜活的面貌，被真真切切地呈现了出来。他对中世纪社会的描绘五光十色、美丽如画，然而我们很快就会注意到，在这一表象之下，还有一些更为重要的特征——扎实的文风把世界刻画得丰腴饱满，令人信服的文字让人物充满活力。《坎特伯雷故事集》虽然变化多端，故事里的人物类型却万变不离其宗：乔叟营造了自己的文学世界，创造出了独具风格的青年男女形象。即便这些人物误闯入了莎士比亚的戏剧中，人们也会认出他们乃出自乔叟，而非莎翁。如果乔叟想要描写一个女孩的话，她看起来就会是这个样子：

她戴着精心烫熨过的头巾，显得十分精神。
她鼻梁挺直，灰色的眼睛如玻璃一般；
她嘴唇小巧，柔软红艳得不太自然；

她前额宽大，
我猜，差不多可以容下我的一个手掌；
她的身材绝非骨瘦嶙峋。

此后，乔叟进一步刻画这一人物形象。这个女孩不仅是一位处女，而且冷若冰霜：

但是，你知道，我是你的随从，
一个热衷于狩猎的处女，
喜爱在绿树丛生的荒野上信步闲游。
我永不做人妻，亦不为人母。

乔叟接下来又考虑：

她回答问题时，多么谨慎小心。
虽然与帕拉斯一样聪明，
但是其文才充满女性气质，文风质朴，
不需要矫揉造作的辞藻使其生辉。
几乎她所说的每一个字，
都带着强劲优雅的音韵。①

上述各段引文其实来自不同的故事，然而人们会觉得，这些文字是在描述同一个人物的不同方面。每当乔叟想要描写一位少女时，他的脑海里大概会情不自禁地呈现出这一形象，因此，她虽然以不同的名字出现在《坎特伯雷故事集》中，却有着极强的稳定性。若要创造出这样的稳定性，诗人就必须对年轻女性，对她们生活的世界，以及这个世界的归属和性质

---

① 此处的摘录与原文不完全匹配。译文以乔叟的原文为基础，并参考了伯顿·拉菲尔（Burton Raffel）用现代英语翻译的《坎特伯雷故事集》（*The Canterbury Tales: A New Unabridged Translation*，纽约，现代图书馆出版社，2008）。

有着确切无疑的认知，而且明确知道该如何运用自己的写作技艺。这样，诗人就可以充分发挥思想的活力，随心所欲地将其运用到创作对象上。乔叟从来没有考虑过，是否可以进一步完善或者改写他笔下的格里塞尔达①。这位少女形象清晰，没有什么可迟疑不决的。她安然自得，也无须证明什么。所以，读者可以轻松自在地对这一人物浮想联翩，借助种种暗示，赋予格里塞尔达种种并未言明的品质。乔叟的这种才能难得一见，它体现了作者的坚定信念，以及这一信念所具有的强大力量。在我们这个年代，这种才能在约瑟夫·康拉德②的早期小说里有所体现。这种才能十分重要，因为它承载了作品的全部重量。我们一旦觉得乔叟笔下的男女青年真实可信，就没有必要再对故事进行鼓吹或表示抗议。我们知道，在他笔下何为纯良，何为邪恶。言简意赅，少说为妙，就让诗人继续讲述他的故事，继续刻画那些骑士和他们的随从，继续塑造淑女、淫妇、厨子、船夫、牧师等等人物形象。读者自会理解故事的背景环境、社会的信仰，以及当时人们看待生死的立场，同时也会理解这段前往坎特伯雷的旅程是一次精神上的朝圣。

至少从一方面来说，忠于己见这种淳朴的行为在过去要比现在更容易做到。乔叟可以直言不讳，而我们不是三缄其口，就是闪烁其词。乔叟不会羞于使用任何言辞，哪怕这些大胆敲击出的音符听起来尖锐刺耳，格格不入。在乔叟的作品里，差不多每则故事都会有那么几行不太恰当的文字。这些文字能够给读者带来一种非常奇怪的感受，就好像先是被裹在层层叠叠的旧衣服里，随后瞬间变得赤身裸体。文学里有一种幽默，要求人物说话时口无遮拦，在提及身体的某些部位及其功能时，也要做到毫无顾忌，直言不讳，因此，随着各种礼仪禁忌的出现，文学也就丧失了部分功能。今天的文学已无力塑造出像巴斯妇人、朱丽叶的保姆、摩尔·弗兰德斯这

---

① 格里塞尔达是欧洲民间传说中的一个人物，在《坎特伯雷故事集》中出现在《学者的故事》中。
② 约瑟夫·康拉德（Joseph Conrad, 1857—1924），英国小说家，代表作有《黑暗之心》《吉姆爷》《诺斯特罗莫》等。

样的人物形象①。虽然摩尔·弗兰德斯已大大逊色于她的两位前辈，但是三者之间的传承关系依旧清晰可辨。再比如，斯特恩②的作品虽然不甚检点，但是远非粗俗，换作如今，他的文字就不得不更加含蓄。他必须诙谐风趣，而不能幽默搞笑；他必须旁敲侧击，而不能直言不讳。面对乔伊斯先生的《尤利西斯》，我们就更加坚信，那种老式的开怀大笑是再也听不到了。

> 然而，基督，我的主呀！
> 当我回想起我的青春，我的喜悦，
> 那是我为之心动的根源。
> 当年的所作所为令我至今心旷神怡，
> 那位老妇人的话语依旧不绝于耳。

但是若要解释《坎特伯雷故事集》中的明快氛围是如何营造出来的，故事中的欢声笑语为何依旧动人心弦，就要注意到另外一个更为重要的原因。乔叟是一位诗人，但是他从来不规避彼时彼刻呈现在眼前的日常生活，比如，一座农家大院，院子里的稻草、粪便、公鸡、母鸡等。我们现在认为这是一个难以入诗的主题。诗人们要么对这一主题完全不予考虑，要么就非得把这座农家院子放在古希腊的色萨利不可，就连院子里的猪也要有一个神话起源。但是，乔叟直截了当地写道：

> 她养了三头大母猪，仅此而已，
> 还有三头挤奶的牛，一只绵羊叫莫里。

再比如：

---

① 巴斯妇人、朱丽叶的保姆、摩尔·弗兰德斯分别为乔叟、莎士比亚和笛福笔下的女性形象，三人皆以出言不逊、行为放荡著称。
② 即劳伦斯·斯特恩（Laurence Sterne, 1713—1768），爱尔兰小说家。其作品曾因有伤风化而遭到指责。

她有一座院子，院子周围
　　围着篱笆，篱笆外有一条干涸的沟渠。

　　创作时，乔叟不会感到难为情，也不会有任何畏惧。他总是喜欢用特写的手法来描绘笔下的人物。比如一位老者的下颌：

　　他的胡须浓密坚硬，好比一把刷子，
　　又像是大圆颌针鱼的鱼皮，尖锐如同蔷薇。

　　或者一个老头的脖子：

　　他一边歌唱
　　松懈的皮肤一边在脖颈上颤抖。

　　他还会告诉你，这些人物穿戴如何，相貌怎样，吃些什么，喝些什么，就好像在1387年4月16日星期二的这一天，诗歌可以不失尊严地论及各种日常琐事。如果乔叟退而描写古希腊-罗马时代，也仅仅是因为故事情节需要。他无意用陈年古物来包装自己，也不想在历史中寻求任何慰藉，更不会回避使用英国普通杂货商的乡音俚语。
　　我们自以为对人物旅行的终点一清二楚，却很难指出，这一想法具体出自故事中的哪行文字。乔叟无心着眼于未来世界，只会盯着自己眼前的路。他很少投入抽象思维，也不赞成与学者或神职人员竞争，而且对此嗤之以鼻。

　　答案只能猜测遐想，
　　但我知道，现世即地狱。
　　这是一个怎样的世界？人又能有何诉求？
　　伴随着他的爱，在这冰冷黑暗的墓穴中

独自一人，再无陪伴。
　　哦，你们这些冷酷无情的神呀！说服了
　　这个世界，奴役于你们的法律之下，
　　你们还在石板上固执地刻下
　　对人类永恒不变的忠告。
　　与蜷缩在羊圈里的绵羊相比，
　　你们对人类有何更高的设想？

　　问题压在了他头上，但是作为一位诗人，乔叟太过诚实，只能发问，而无力解答。问题悬而未决，答案也就免去了时代的局限，因此，对于后代而言，这些问题依旧新颖有趣。同样，对于生活中的乔叟，也很难一言以蔽之。很难说他属于哪个党派，是民主人士还是隶属贵族阶级。他对教会忠贞不渝，但是对于神父则不吝嘲讽。他是一位颇具才干的公仆朝臣，却为人放荡。他同情穷人，在改变穷人命运这件事上却毫无作为。可以肯定地说，没有一条法律规则或宗教条例，是因乔叟的言辞而制定的，但是，在阅读他的作品时，我们的每个毛孔都在汲取道德的教诲。作家可以分为两类：一类是神父，他们拉着你的手，带领你直面宇宙的奥秘；另一类是世间俗人，他们将自己的信条根植于有血有肉的人物形象之中，塑造出一个完整的世界，这个世界既不排除邪恶无耻之事，也不会重点突出正直友善之人。华兹华斯、柯勒律治和雪莱都属于神父这类：他们写了一篇又一篇可供我们挂在墙上的文章，还创作出一句又一句值得铭记于心，被我们奉为护身符的警句名言——

　　别了，别了，孤独的心[①]
　　谁祈祷得最虔诚，谁就爱得最热烈
　　世间万物，无论巨细[②]

[①] 引自威廉·华兹华斯的诗《哀歌》（*Elegiac Stanzas*）。
[②] 引自萨缪尔·柯勒律治的诗《古舟子咏》（*The Rime of the Ancient Mariner*）。

我们的记忆里会立即涌现出这样几行规劝告诫、颐指气使的诗句。但是乔叟不同，他会让我们按照自己的方式，像普通人那样，做普通的事。他的道德观念渗透在人与人之间交往的行为方式里。通过观察人物如何吃喝，如何说笑，如何行房事等等，我们可以从中体会到人物的行为准则，虽然只字未提道德规范，但是读者已完全浸润其中。这些作品全面展示了人物的行动和激情，却没有包含任何严肃的劝诫。读者在彷徨观望之后，要自行发掘故事里的深意。没有任何道德说教能比这更加强劲有力。小说里的道德是人们日常交往中的道德，家长和图书管理员们对这些有着非常正确的判断：与诗歌里的道德相比，小说里的道德更具说服力。

读完乔叟的作品，我们会感到，诗人虽然未有只字批判，却已尽批判之意：人们的所言、所思、所读、所为皆已受到了评价。此外，读者还会有种身临其境之感，体会到结伴而行的愉悦，适应了良好社会的行为方式。然而，这种感受虽然强烈，但是读者的阅读体验并非仅限于此。我们一边读着诗中的故事，一边一路小跑着穿过真实质朴的乡村，看到一个又一个善良的人，开着玩笑，唱着歌。这一切虽然与当下的世界十分相似，但是我们知道，那并不是我们日常生活的世界。那是诗歌的世界。与现实生活或者散文作品相比，诗歌里发生的每件事都有着更快的节奏、更强烈的情感，以及更合理的秩序。此外，在诗歌中，形式上的沉闷得以升华，这是构成诗歌魔咒的一个部分。有一些诗句提前道出了我们想要说的话，就好像没等言词扰乱思绪，我们就已经读到了自己的想法。还有一些诗，在我们回头重读时，呈现出更高的质量，这些诗句的魅力在我们的脑海里经久不衰。诗歌在保持其完整性的同时，有着各种变化和分歧，而诗人则如建筑师一般，有着令人赞叹的造型能力，凭借这种能力，他驾驭着诗歌中的这些变化和分歧。乔叟的独到之处在于，我们虽然能够即刻感受到诗歌中的快节奏，可以欣赏它的种种魅力，却无法通过摘录诗句来证明这些感受。对于大多数诗人的作品而言，从中摘录几句诗是一件简单明了的事，比如某个惊艳绽放的隐喻，或者一段与作品其他部分脱离的诗行，如此等等。但是乔叟行文非常平稳，极少使用隐喻。我们一旦从他的诗中挑出六七行，希望以此来显示其诗歌特点的话,就会发现这些特点早已不翼而飞。

> 我的主呀,您知道,您如同父亲一般,
> 脱去了我可怜卑微的草芥,
> 以您高贵的恩典,为我披上华服。
> 而我能献给您的其实微乎其微,
> 不过是赤裸纯洁的忠诚和信仰。

放在原诗的上下文中,这几行诗句不仅令人过目难忘、动人心弦,而且优美绝伦;但是,它们一旦从原文中剥离出来,就显得平平淡淡。乔叟似乎有着某种技艺,即便是最平庸的辞藻、最简单的情感,只要同时出现,他就能让二者相映生辉;然而,一旦分开,便黯然无光。乔叟带给我们的阅读乐趣与其他诗人给予的乐趣不同,这种乐趣与我们自身的观察和感受紧密相关。吃、喝、晴朗的天气、五月的风景、公鸡、母鸡、磨坊主、老农妇、朵朵鲜花等等,这些平凡的事物在经过诗人的雕琢之后,为我们带来了某种特殊的视觉刺激,这就是诗歌对读者的影响。然而,与此同时,这些事物又有着明朗、清晰、精确的特性,与我们在户外见到的别无二致。这种直白的语言带着一股辛辣的味道,毫无掩饰的句子有着一种不凡的、令人难忘的美。这些句子彼此衔接,就像一群衣衫轻薄的女子,在她们走动时,你看到她们身体的线条——

> 她立即放下了水罐,
> 把它放在了房子边的牛棚里。

此后,游行的队列缓缓走过,在队尾隐现乔叟的脸。聪明智慧的法国人讲究排场,爱搞各种庆典,而乔叟则与狐狸、驴子、母鸡为伍,对此极尽嘲笑揶揄之能事。同时,英国式的幽默为乔叟奠定了深厚的根基。

因此,约翰爵士在他那间四处漏风、烟熏火燎、极不舒适的房间里一心一意地读着乔叟的诗,毫不顾及父亲尚未修建的墓碑。但是,不论是书还是墓碑,都无法长久地吸引他。他是那种模棱两可的人,徘徊在新旧时代交会之处,不知何去何从。此刻,他一心只想购买便宜的书籍,下一刻却又去了法国,还对母亲说:"如今,我的心思已不在书本上了。"在家里,母亲玛格丽特·帕斯顿不是在盘点家产,就是在向神父葛洛伊斯倾吐心声,没完没了,这让约翰爵士觉得很难获得平静或慰藉。玛格丽特性格勇毅,埋怨也总有其道理。当神父的责备升级为公开漫骂,以及"你这个傲慢的神父""你这个狂妄的乡绅"在屋里此起彼伏时,为了母亲之故,约翰爵士不得不忍气吞声,容忍神父的傲慢,咽下自己的怒火。所有种种,加上生活中的不适和自己性格的软弱,使约翰爵士不得不到别处寻求安逸。他在外流连忘返,家书不勤,为父亲立墓碑的事,也就年复一年地耽搁了下来。

父亲约翰·帕斯顿已入土十二载。布罗姆霍尔姆修道院的院长送来消息说,老爵士的盖棺布已破旧不堪,他曾试图修补,但是无济于事。对于像玛格丽特·帕斯顿这样自尊自重的女性而言,还有比这更糟糕的事情:乡下人在私下抱怨,认为帕斯顿一家人毫无孝心。她还听说,其他人家,虽然地位不比自己高,却为修葺教堂捐了钱,而自己的丈夫就埋在这间教堂里,至今无人纪念。约翰爵士终于回心转意,下定决心要把比赛、乔叟、情妇安妮·豪尔特统统置之脑后。为了修葺父亲的墓地,他想到了那块用来遮盖父亲灵车的金布:现在或许可以把布卖了,以此来支付修葺墓地的费用。玛格丽特一直妥善保管着这块布,她不仅把布珍藏了起来,还进行了必要的保养,为了修补这块布,她花了二十马克[①]。玛格丽特很不情愿接受儿子的建议,但是又毫无他法。虽然把布寄给了儿子,但是依旧心存疑虑,她对儿子的企图和办事能力并不完全信任。她在给儿子的信中写道:"如果你把卖布的钱用在了其他地方,我发誓,有生之年,我绝不会再信任你。"

约翰爵士一生中做过很多半途而废的事情,最后这件事也不例外。1479年,他与萨福克公爵起了争执,不得不造访伦敦,然而当时正值瘟疫

[①] 马克(mark)在英国没有实体货币,而是记账单位,由丹麦人于10世纪引入。根据19世纪的资料,诺曼征服(1066年)后,1马克价值为160便士。

横行。在伦敦,爵士孤身一人,无人相伴,所住之处肮脏污秽。他成天到晚为了钱吵闹不休,最终一命呜呼。约翰爵士死后,葬于伦敦的白衣修士区,身后留下了一个私生女和大量书籍。然而,父亲坟上的墓碑依旧没有着落。

《帕斯顿信札》一共有厚厚的四大册,心灰意冷的约翰爵士就如同一滴落入大海的雨珠,湮没在了信札之中。像所有的信件集一样,《帕斯顿信札》似乎在暗示,人们无须太在意个人的命运。无论约翰爵士是生是死,帕斯顿家族都会延续下去。生活年复一年,周而复始,《帕斯顿信札》把这些无以计数的日常琐事堆积起来,就像是一座座无足轻重,却常常令人悲伤绝望的土丘。然而,土丘突然间烈焰喷涌,信中所记载的那个时代便完完整整、活灵活现地闪现在了我们的眼前:清晨,女人们挤着奶,行为怪异的男子在她们中间窃窃私语;傍晚,沃恩的老婆在教堂墓地里冲着艾格尼丝·帕斯顿大放厥词,声称"地狱里的魔鬼会把她的灵魂拽入地狱";到了诺福克的秋天,塞西莉·道恩抱怨着,来找约翰爵士要衣服:"还有,爵爷,如您所知,冬天越来越近,天气日益寒冷,除了您的赏赐之外,我几乎无衣可穿。"这些古老的日常就这样在我们面前一个小时接着一个小时地缓缓展开。

但是《帕斯顿信札》中没有只言片语是为了写作而写作。笔不是用来传达愉悦与玩笑话的,也不是用来表达层层爱意与亲密关系的,虽然这些内容在此后的英文书信里比比皆是。只在非常偶然的情况下,玛格丽特·帕斯顿才会脱口而出一些刻薄的话,或者不无严肃地诅咒几句,不过这多半是出于逼不得已的愤慨之情。她写道:"在这里,大块的皮条要从别人的皮子上裁下来……我们在林子里打猎,鸟却落在了别人的手里……这就像是插在我心上的一支矛。"这是玛格丽特的措辞,传达了她的痛苦。她的几个儿子下笔倒是更加随心所欲,这也是事实。不过,他们的玩笑生硬呆板,影射的手法也用得相当笨拙;他们把老神父怒气冲天这样的小场面描述得像粗制滥造的木偶戏。他们还会写下一两句面对面脱口而出的大白话。乔叟在世时听到的想必就是这样的语言。这种直白、毫无修辞的语言适用于叙事,却不适用于分析;可以用来传递宗教的严肃感或者泛泛的幽默感,但是让人们面对面地用这种语言来寒暄，则显得过于生硬。总之，根据《帕斯顿信札》，我们应该不难理解为什么乔叟创作了《坎特伯雷故事集》，而不会去写《李尔王》《罗密欧与朱丽叶》这样的戏剧。

约翰爵士下了葬。弟弟约翰继承了他的爵位。《帕斯顿信札》还在继续，帕斯顿家的生活一如既往。一切都笼罩在不安、赤裸的感觉之中，就如同污秽的肢体遮蔽在锦衣华服之下。风吹过墙壁，掀起墙上的壁毯；卧室里放着夜壶；栅栏和市镇；没有减弱的从原野上径直掠过的狂风；凯斯特城堡砖石坚固，覆盖了方圆六英里的土地。帕斯顿一家人依旧素面朝天，不知疲倦地积累着财富，在诺福克上下奔波，他们坚持不懈，固执勇毅，为改变英格兰的荒原贡献了力量，也因此获得了无限赞誉。

（程辰雨　译）

论不懂古希腊语

谈论懂不懂古希腊语是一件徒劳无益、愚蠢可笑的事，因为我们对古希腊语知之甚少，无知的程度不亚于任何一名在学校里成绩垫底的学生。我们不知道古希腊单词该如何发音，也不知道古希腊戏剧里哪一出特别可笑，或者演员是如何表演的。我们与古希腊人之间，不仅仅存在着民族与语言上的差异，还有传统习俗上的鸿沟。但是尤为奇怪的是，我们竟然会有了解古希腊语的愿望，并且尝试着去学习这种语言。古希腊语对我们的吸引力经久不衰，而我们也总是在不断猜测着它的含义，然而我们的猜测只能基于零散破碎、彼此间有失谐调的语言片段之上，谁能知晓这些猜测与真实的意义会有多大出入呢？

首先，古希腊文学缺少明显的个人色彩。从柏拉图到约翰·帕斯顿，从古代雅典城到英国中世纪的诺里奇市，其间跨越了几百年的光阴。虽然欧洲文学并未中断过，人们一直在喋喋不休，滔滔不绝地讲述着历史的过往，但是这仍不足以弥合几百年的历史鸿沟。在阅读乔叟的作品时，我们能够依据自己对祖先的了解，逐渐接近乔叟的思想。中世纪之后，历史记录变得越来越丰富，个人回忆也越来越详细冗长，几乎每提到一位历史人物，都要牵扯出一连串相互关联、盘根错节的人际关系，从人物的日常生活、往来书信、家人、房屋住宅，到性格喜好、悲欢离合、天灾人祸等，不一而足。但是古希腊人与此不同，他们闭门自守、鲜为人知，因此显得超凡脱俗。这是命运对古希腊人的眷顾。我们只知道，欧里庇得斯葬身犬腹，埃斯库罗斯被一块石头夺去了性命，萨福①跳崖自尽。除此之外，我们对这些希腊人的生平一无所知。他们留传给后世的也只有诗文而已。

然而，事实也并非完全如此。我们如果从索福克勒斯的戏剧中随便挑出一部来读，头脑中就会立即呈现出戏剧的各种场景，比如下面这一句——

阿伽门农之子曾率领我们众人征战于特洛伊古城。

读者在阅读索福克勒斯的戏剧时，总是会对故事的背景浮想联翩，哪怕这些联想仅仅是一晃而过而已。比如，人们可能会想到一座地处偏远、濒临大海的村庄。即便在今天，我们仍然可以在英格兰的旷野上见到这样的村子。一进村，就会感到，在这片远离铁路和都市的村舍之中，有着完美生活所需要的全部要素。这儿是教区牧师的家，那儿是庄园主的房子，周围是农田和村舍。这里还有用于礼拜的教堂、会见朋友的俱乐部、比赛用的板球场等等。生活在这里的人有着简单清晰的规划。每个人都有自己的工作，每份工作都是在为他人谋求福祉。在这样一个小社会里，人的处世风格、性格禀赋是尽人皆知的常识：牧师性情古怪，贵妇们的脾气令人难以恭维，铁匠与送奶工争吵不休，少男少女之间相互爱慕，难免云雨之欢，如此种种，无人不知、无人不晓。这里的生活几百年一成不变：风俗习惯开始涌现，传说故事往往关乎山巅和孤树，村子有着自己的历史、自己的节日，也有着自己的宿敌。

古希腊的气候条件是英国读者难以想象的。若要在英国想象索福克勒斯戏剧中的自然场景的话，我们就必须彻底清除街头巷尾的烟尘和潮湿浓重的雾气，还要削尖山坡丘陵的轮廓；我们必须想象岩石尘土之美，而非森林植被之秀。在气候温暖、阳光明媚的地方，好天气持续数月之久，人们的生活方式也自然会随之不同。比如，人们会把日常生活从室内转移到室外，所有到过意大利的人都知道的，其结果就是，当地人常常在街上，

---

① 萨福（Sappho，前610—前570），古希腊著名的女抒情诗人。

而不是在客厅里，为一些鸡毛蒜皮的小事争论不休，这些小事也就因此显得颇为戏剧化。那里的人都爱侃侃而谈，个个能言善辩。此外，南方人还擅长于挪揄讥讽，伶牙俐齿的特性在他们身上得到了淋漓尽致的体现。这与北方人完全不同。北方人习惯于室内生活，至少有大半年的时间是在室内度过的。他们生性矜持，说话时语调低沉，而且总是带着一种忧思重重、阴郁内向的气质。

快如闪电的言辞、嘲讽的文风、户外的场景是古希腊文学中最先触动我们的特征。这一特征既体现在作品的庄严之处，也呈现于细枝末节之中。在索福克勒斯的悲剧作品里，即便是王后、公主这样的人物，也会如村妇一般，站在门口相互拌嘴。如人所料，她们善于在言语中寻求快乐，人人巧辩，个个要以言辞制胜。与英国当代社会中的邮差或者出租车司机的幽默感不同，古希腊人的幽默没有那么善良温厚。在街角无事闲逛时，他们会相互讥笑一番，既风趣诙谐，又带着一些冷酷。另外，古希腊悲剧中的冷酷与英国式的残忍也不尽相同：人物在毁灭之前，都要先被别人奚落一番。比如，在《酒神的伴侣》①这部剧中，彭透斯这位备受尊敬的国王，不正是遭受了这样的命运吗？户外场景不仅仅是剧本里的描述，扮演王后、公主的演员也确确实实站在露天剧院里：蜜蜂从她们身边嗡嗡飞过，身上光影斑驳，微风漫卷裙边。这是南方晴朗的一天，烈日当头，空气中带着令人兴奋的味道。"王后"与"公主"正冲着围在周围的观众讲话。因此，诗人在为剧本挑选主题时，不能考虑那些需要人们在私下花上几个小时解读的故事，而要选择一些人所共知、情节跌宕、篇幅短小的故事，因为这些故事要直接呈现在一万七千名观众面前。看戏时，观众们各个目不转睛、侧耳倾听，如果一动不动地坐得太久，肌肉还会变得麻木僵硬。此外，音乐和舞蹈也是必需的。为此，诗人自然会选择一部像《特里斯坦和伊索尔德》②这样的传奇故事。由于观众对故事的大致情节已谙熟于心，所以诗

---

① 古希腊悲剧作家欧里庇得斯的戏剧。剧中讲述了古希腊神话中忒拜城的国王彭透斯受酒神诱惑，偷窥酒神仪式，因被错当成野兽而遭肢解的故事。
② 《特里斯坦和伊索尔德》（Tristan and Isolde）是一部在中世纪欧洲广泛流传的浪漫悲剧。

人无须再为酝酿情绪而劳神费力,只要侧重展示故事的不同方面即可。

比如,索福克勒斯以个人风格重新改编了厄勒克特拉的故事①。虽然我们对这部作品知之甚少,但还要问:我们从这些有限的知识里了解了些什么?首先,我们知道,索福克勒斯是一位极具天分的剧作家。他对剧本进行了十分大胆的设计安排,如果失败了,那就不只是在细枝末节上留下模糊不清的败笔,而是天塌地陷的彻底失败;同样,如果成功了,这部剧作将会是一部意义重大、留名青史的杰作。在索福克勒斯笔下,读者面前的厄勒克特拉像是被紧紧地捆绑了起来,前后左右仅有一英尺的移动空间。然而,她身体的每次移动都有着重要的意义:不是在倾诉肺腑之言,就是在暗示重申胸中无以释怀的情结。厄勒克特拉只是一个动弹不得的玩偶。事实上,即便是在关键时刻,其言辞也极其直白,无外乎绝望的呐喊、愤恨的怒吼,或者兴高采烈的欢呼。

οἴ 'γὼ τάλαιν', ὄλωλα τῇδ' ἐν ἡμέρᾳ.
παῖσον, εἰ σθένεις, διπλῆν.②

然而这些呼喊却呈现了剧本的创作角度,同时勾画出故事发展的情节脉络。在英国文学中,简·奥斯汀的小说在不同程度上体现了这一创作风格。比如,爱玛说道:"我要与你共舞。"这段文字本身并非雄辩滔滔,也不激昂,更没有使用任何语惊四座的华丽辞藻,但是它承载了整部作品的重量,因而从书中脱颖而出。同样,我们可以在简·奥斯汀的小说中,体会到人物所受到的种种羁绊。虽然人物的一举一动无不受到严格明确的限制,但是,与索福克勒斯笔下的厄勒克特拉相比,这些限制则宽松得多。此外,简·奥斯汀的语言虽然温和寻常,但是她所选择的艺术形式则颇具风险,创作中只要出现一个细微差错,整部作品就会全盘皆输。

---

① 在希腊神话传说中,厄勒克特拉是迈锡尼国王阿伽门农和王后克吕泰涅斯特拉之女。阿伽门农从特洛伊战场返回后,被克吕泰涅斯特拉的情夫杀害。厄勒克特拉对母亲怀恨在心,决心替父报仇。
② 两行诗引自索福克勒斯的《厄勒克特拉》,大意是:真是不幸,我今天完了;如果你有力量,再刺一剑。

在厄勒克特拉极度痛苦的呼喊声中，有着一股撕心裂肺、荡气回肠的力量。然而，若要明确指出这种力量源自何处，却非易事。一方面是因为我们太了解她了。从她颠三倒四的言语中，我们可以察觉出她的性格品貌，虽然她自己对此并未留意。我们还可以从中体会到她内心的煎熬，感受到她无以复加的愤怒与亢奋。厄勒克特拉曾坦言："我的所作所为完全不成体统，犹如痼疾缠身。"如其所言，骇人听闻的处境迫使她做出种种愚蠢卑贱之事：这位尚未出嫁的姑娘，目睹自己的母亲干下通奸弑夫的勾当，她迫不得已向世界大声疾呼，用近乎粗鲁的语言，严厉谴责母亲的卑鄙行径。然而另一方面，我们也了解克吕泰涅斯特拉的秉性，她并不是一个彻头彻尾的恶人。克吕泰涅斯特拉曾说："做了母亲，你就有了一种奇异的能量（δεινὸν τὸ τίκτειν ἐστίν）。"就在俄瑞斯忒斯进屋杀死了克吕泰涅斯特拉的时候，厄勒克特拉喊道："再刺一剑。"她要母亲彻底毁灭。然而，克吕泰涅斯特拉并不是一个凶残暴力、十恶不赦的凶手。不！舞台上的男男女女，面对着山坡上的观众，站在阳光之下，他们的表演生动鲜活、惟妙惟肖，绝不仅仅是摆放在舞台上的塑像或者石膏模型。

这些人物形象之所以能够给读者留下如此深刻的印象，并不是因为我们可以从这些人物身上解析出各种情感。若就情感的复杂性和多样性而论，整部《厄勒克特拉》也比不上普鲁斯特的六页小说。不论是《厄勒克特拉》还是《安提戈涅》，打动我们的不是作品中所刻画的情感，而是某些更加感人肺腑的东西，比如英勇无畏的气概、忠贞不屈的精神等。不论研习古希腊语有多么劳神费力，古希腊戏剧却将我们一次又一次地引向这一古老的语言。正是通过这一语言，我们得以领略人性中永恒、持久、原初的一面。激烈的情绪是促使人采取行动的要素。面对死亡、背叛，面对种种自古有之的灾难，安提戈涅、埃阿斯、厄勒克特拉等人物所采取的行为方式正是我们在受到打击时，应有的行为方式，也是每个人一贯采用的应激方式，因此，与《坎特伯雷故事集》里的人物相比，古希腊戏剧中的人物形象显得更加直截了当，也更易于理解，他们展现了人的原初本性，而乔叟笔下的人物则体现了人性的发展和变化。

时代更迭，这些体现了人类原初本性的人物，这些英勇的国王、忠心耿耿的女儿、悲痛凄惨的王后，仍然会趾高气扬地出现在戏剧舞台上。出于习惯，他们总是站在同一个地方，用同样的姿态拉扯自己的衣袍。世上大概没有什么比这更无聊、更令人沮丧的了。这一点在艾迪生①、伏尔泰等众多作家的戏剧作品里均有体现。但是，古希腊语剧本给读者的感受则大不相同。根据学者的研究，索福克勒斯是克制情绪、驾驭情感的大师，但是，即便在他的作品中，人物性格也会带有果断卓绝、冷酷无情、直截了当的特点。他们脱口而出的演讲片段会给令人尊敬的戏剧涂抹上无穷无尽的色彩。在古希腊戏剧中，人物的情绪和情感依旧新鲜饱满，尚未成为整齐划一的陈词滥调。在这里，我们可以倾听夜莺啁啾，它用古希腊语吟唱的曲调依旧回荡在英国文学作品中。俄尔甫斯第一次吹起长笛，人兽跟随其后，发出响亮、尖锐的声音。黄褐色的、毛茸茸的动物在阳光普照的橄榄树丛中打闹嬉戏，绝非那些立在花岗岩基座上姿态优雅的雕像，它们一个个被摆放在大英博物馆苍白的走廊里。突然间，厄勒克特拉拉上面纱，似乎要禁止人们再对她有任何想象。她提到了那只夜莺："那只鸟因悲伤而焦虑不安，它是宙斯的信使。啊，尼俄柏，伤心欲绝的女王！你在岩石般的墓穴中哭泣，无始无终。而我却要视你为神。"

当厄勒克特拉对自己的怨言缄口不提时，我们会再次对诗歌及其本质——这一无解的难题产生困惑。当她开口陈词时，我们又会疑惑，为何她的言辞得以永垂不朽？由于厄勒克特拉说的是古希腊语，所以我们无从得知其言语的声调，而且语言本身并没有明显的激动人心之处，其效果与夸张的表达方式毫无关系，也无从揭示人物或者作者的性格特征。然而，言语中却有着某种经久不衰的东西。

诗歌体现了情感由特殊到普遍的转化。而在戏剧表演中，演员站在台上，其身体和脸庞不过是被动承载语言的载体，因此，在戏剧中使用诗歌是异常危险的举措。也正是因为这个，莎士比亚后期的戏剧更适合阅读，而不适于观看，因为剧本中的诗歌多于人物的行动。如果看不到演员表演，

---

① 约瑟夫·艾迪生（Joseph Addison，1672—1719），英国散文家、诗人、剧作家和政治家，与好友理查德·斯蒂尔一起创办了两份著名杂志《闲谈者》与《旁观者》，著有《辽阔的苍空》《远征》《加图：一部悲剧》等作品。

看不到人物个体在舞台上的移动等，读者可以更好地理解这些诗歌的含义。戏剧所附加的种种限制条件常常令人难以容忍，然而，如果我们能够找到一种方法，把戏剧中具有普适性和诗性的评论，而非行动，释放出来，并且不破坏剧情的整体发展的话，那么我们就可以减少这些限制。古希腊戏剧中的合唱部分就为我们提供了这样一种方法。歌队由老年男女组成。歌队成员并不参与剧情表演，他们或对剧中的情节人物加以评论总结，或吐露诗人的心声，或道出与其相左的观点。其歌声浑然一体，犹如狂风间歇时的鸟鸣。在虚构文学作品中，人物总是自说自话，作者毫无插嘴的余地，此时，"歌队"的声音就显得尤为必要。莎士比亚在创作戏剧时放弃了合唱部分，不过我们也可以认为其笔下的傻子、疯子发挥了歌队的功能。但是，小说家往往会为歌队设计一个替代品，比如萨克雷①会以作者的身份发言，而菲尔丁②则在帷幕拉起前，出场向大众致辞。所以，要想抓住戏剧的要领，合唱部分的内容至关重要。这些合唱时而欣喜若狂，时而狂野且不着边际，时而又显得浅显直白。观众只有在毫不费力地理解了这些言语之后，才能确定它们是否与剧情相关，才能把握歌队与整部戏剧之间的关系。

我们必须"毫不费力地理解这些言语"，然而这恰恰是我们难以企及的，因为合唱中的语言大多晦涩难懂，必须详细说明，从而破坏了语言的对称性。但是我们可以猜到，索福克勒斯并非利用歌队来表达戏剧中行动以外的内容，而是通过这种歌唱来赞美高尚的品德，或者剧中某处优美的风景。他挑选想要重点强调的内容来歌唱，比如洁白的科罗诺斯神殿③、神殿里的夜莺、因落败而失去的爱情等等。索福克勒斯的歌曲美妙、崇高、肃穆，由剧情自然衍生而来。歌曲里传达的观点始终如一，但其中所酝酿的情绪却在不断变化。欧里庇得斯的戏剧则不同：剧中描述的情境难以靠

---

① 威廉·梅克皮斯·萨克雷（William Makepeace Thackeray，1811—1863），与狄更斯齐名的英国小说家，著有小说《名利场》。
② 亨利·菲尔丁（Henry Fielding，1707—1754），英国小说家、剧作家，以幽默讽刺的风格闻名，沃尔特·司各特称之为"英国小说之父"。其代表作品为《弃儿汤姆·琼斯的历史》。
③ "科罗诺斯"有多重含义，可以指代古代雅典地区的一个行政区，也是索福克勒斯戏剧故事的发生地，还可以指代雅典市集中的科罗诺斯神殿或希腊中部的科罗诺斯山丘。

自身维系，营造出一种疑云重重、含沙射影的氛围。但是，我们如果试图通过合唱部分的内容来厘清剧情的来龙去脉，那么得到的往往不是指教而是更多的困惑。在《酒神的伴侣》这部戏剧中，读者瞬间进入一个充满悬疑的内心世界：事实因头脑而扭曲变形，生活中所熟悉的方方面面变得陌生可疑。谁是酒神？那些神又是谁？人对神有何义务？人的智慧又享有何种权利？对于这些问题，合唱部分的歌曲要么无以作答，要么就是以嘲讽阴沉的口吻予以回应。欧里庇得斯迫于戏剧形式的局限性，不得不打破常规，似乎不如此就无以抒发胸中的深思远虑。欧里庇得斯的论点是：戏剧允许表达的时间太短，而我有太多话要说。除非你允许我把两段没有明显联系的陈述放在一起，然后自己推测出其中的关系，否则我就只能写出干瘪空洞的戏剧，而你必须对此心满意足。因此，如果读者坐在房间里私下阅读，而不是成为观众坐在阳光灿烂的山坡上观看表演，那么与索福克勒斯和埃斯库罗斯相比，欧里庇得斯的戏剧所遭受的艺术损失就相对较少。欧里庇得斯可以在读者的脑海中扮演角色，可以随时对剧中的问题进行评论。与其他作家相比，其作品的流行度也更易因时而异。

如果说，索福克勒斯的戏剧集中于人物形象本身，而欧里庇得斯在作品中将剧情杂糅在不时闪现的诗歌与高深无解的问题之中，那么埃斯库罗斯则善于创作篇幅短小的戏剧。这些戏剧虽然篇幅短小（《阿伽门农》不过1663行，而莎士比亚的《李尔王》约有2600行），但是能量巨大。在埃斯库罗斯笔下，每句话的潜能都被拉伸到了极致，语言中流淌着各种隐喻，它们无一不目中无人地昂首阔步于剧中。读懂埃斯库罗斯不需要掌握古希腊语，这与理解古希腊的诗歌不同。与莎士比亚的作品一样，埃斯库罗斯的戏剧也要求读者在没有文字辅助的情况下，冒险一跃。如果文字阻碍了意义的迸发，成了瘫软无力之物，此时，文字就必须废弃不用。只言片语无力表达的深意只有通过语言整体传达。语言在大脑的飞速运转中被串联起来，我们借助直觉，立即领会了其中的含义，却无法用其他言辞来转述这些含义。读者很难确定诗歌的准确含义，但这种模棱两可是诗歌的最高境界。以《阿伽门农》中的一句诗为例——

ὀμμάτων δ ἐν ἀχηνίαις ἔρρει πᾶσ' Ἀφροδίτα.[①]

  这行诗的含义超出了语言的范畴。我们在异常兴奋或压抑的时刻，本能地领会了其中的含义，而无须借助于文字。这是陀思妥耶夫斯基向我们传达的那种意义。虽然他的表达受到了散文这一书写形式的制约，读者对文字的理解也因为翻译的缘故而受到阻碍，但是，他仍旧成功地将情感推向了令人惊讶的高潮，在为读者指明意义所在的同时，却不能将其明确道出。这也正是莎士比亚成功捕获到的意义。

  因此埃斯库罗斯不会像索福克勒斯那样，使用古希腊人常说的口头语，只有这样，语言才能以某种神秘的方式获得一种普遍的、象征性的力量。他也不会像欧里庇得斯那样，通过融合各种不协调的元素来扩大狭小的创作空间，这就好比是在一间小房间的犄角旮旯里放上数面镜子，以此来扩大房间的空间感。埃斯库罗斯的手法是连续使用大胆的暗喻。使用这一手法不是为了放大事物本身，而是为了扩大该事物在读者和观众中所产生的回响与反思。在埃斯库罗斯看来，这些反思、回响与原物足够接近，可以作为原物的示例说明；同时，它们与原物又足够疏远，可以用来提升扩展原物的价值，使其显得更为辉煌。

  小说家可以毫无限制地对作品含义进行精雕细琢。从某种程度上来讲，这也适用于所有出版物的作者，然而在古希腊剧作家当中却无人能够享有这种艺术创作上的自由。若要领会这些精心打磨过的作品，读者就必须静下心来，仔仔细细、反反复复地阅读。对于古希腊戏剧而言，每句话在说出口时都要有振聋发聩的效果，不论此后这些语句会以怎样优美的姿态缓慢沉淀下来，也不论其最终意图有多么神秘莫测。如果作品中的比喻影射过于微妙、过于浮华，从而阻碍了观众对戏剧的理解，使其无法领会剧中人物所发出的这样赤裸裸的呐喊，那么无论埃斯库罗斯的暗喻多么丰富精彩，它们也无法挽救《阿伽门农》：

---

① 根据罗念生译《阿伽门农》，本句大意为：雕像没有眼珠，也就不能传情了。

ὀτοτοτοῖ πόποι δᾶ. ὢ'πολλον, ὢ'πολλον.①

为了实现语言的戏剧化，必须不惜一切代价。

但是当冬季到来时，山坳中的露天剧场就会变得异常阴暗寒冷。无论是严冬还是酷暑，古希腊村庄里必然有一些可供人们休息的室内场所；人们可以坐在那里喝喝酒，聊聊天，或者舒服惬意地躺着。揭示古希腊室内生活的人当然是柏拉图。他描述道，与一群朋友相聚，吃喝一会儿之后，一位英俊少年或斗胆提出一个问题，或引述他人的一个见解，然后苏格拉底会把这些问题、见解，颠三倒四地研究一番，迅速剔除其中的矛盾谬误，让在座众人对真相有不同程度的认识。这是一个十分耗费精力的过程：要不辞辛苦地专注于每个单词的确切含义；在接受某一观点时，要判断出这一观点所牵涉的方方面面；当某一观点渐渐强化为真理时，还要认真谨慎地跟随观念变化中的发展脉络。善与快乐是一回事吗？美德是可以教授习得的吗？美德是否是一种知识？这样的追问无休无止，疲惫虚弱的大脑很可能会因此崩溃。在与普罗泰戈拉的辩论中，苏格拉底步步紧逼，普罗泰戈拉节节退让。随着辩论一步步推进，不论多么软弱无力的，也不论是否从柏拉图那里学到了更多的东西，人们都会更加热爱知识，因为重要的不是辩论的结果，而是我们得出结论的方式。精诚不移，勇敢无畏，对真理充满无限热爱，这是所有人都可以在苏格拉底身上感受到的精神。正是这种精神将苏格拉底推上了智慧的顶峰。如果我们可以追随他，在智慧的巅峰停留片刻的话，幸莫大焉。

如果学生只有通过艰难的辩论，才能洞见真理的话，那么这样的表白似乎与其心境不太相符。然而真理具有多种形式，常常以不同的伪装呈现在我们面前，而且才智并非洞见真理的唯一方法。在一个冬夜，阿伽同②在家里排开了宴席，席间有个女孩吹奏着长笛。当阿伽同派人来请苏格拉底的时候，他已经洗漱完毕，穿好了凉鞋。他在大厅停住脚步。他们派人

---

① 引自《阿伽门农》，大意为：哎呀，哎呀！阿波罗呀阿波罗。
② 阿伽同（Agathon，前447或前445—前400），古希腊悲剧诗人。

来请他,他也不肯动身。终于,苏格拉底还是来了,他正在和亚西比德①打趣取乐。亚西比德拿起一条绸缎,把它缠在了"这位好伙伴的头上",然后赞美道:"苏格拉底不仅对美貌无动于衷,而且蔑视一切身外之物。这种蔑视超出了任何人的想象。不论是美貌、财富、荣耀等广受众誉之物,还是我们这些对此敬重有加之人,他统统视若无物。众人所钦佩羡慕的一切,都成了遭他取笑的玩物。但是我不知道在座各位是否有人曾见识过,当他敞开胸怀,严肃认真时,内心所散发出的神性。我曾见识过那些充满神性的画面。它们是那么美妙绝伦、那么金碧辉煌、那么神圣无双!因此,我们要服从苏格拉底的每一道指令,就像遵循神的声音一样。"②一切皆如柏拉图所述:宴会上有欢笑,有行动,有人起身出门,有人情绪失控,有人笑话连篇,时间流逝,黎明破晓。真理似乎有着不同的形式,追求真理必须全力以赴。我们热爱真理,这是否意味着我们要因此而杜绝友谊中消遣娱乐、温柔体贴、轻率鲁莽的一面呢?如果在漫漫冬夜里,我们不再聆听音乐,不再小酌浅饮,不再彻夜长谈,而是早早上床睡觉的话,我们是否会因此更快地发现真理?我们需要求教的不是那些避世隐居、自我苦修的惩戒者,而是阳光普照的大自然,是那些充分发扬生活艺术的人。只有这样,世上万物才能正常生长,珍贵之物才得以永葆。

所以,在苏格拉底的对话录中,我们要用身心的各个部分去探寻真理。柏拉图有着戏剧家的天赋,只需一两句话,就能传达出对话的场景与气氛,然后用完美熟练的手法,将这些场景、气氛融入论辩之中。其间,不失生动优雅之处。此后,行文缩略为单纯的陈述,最后,再以诗歌的极端手法,将对话提升、扩展到更高境界。这一技法能够同时以多种方式对读者施加影响,为读者带来欣喜若狂之感。这样的效果只有通过集合众力、统筹全局才能实现。

但是我们必须意识到,苏格拉底并不在意"单纯的美",对他而言,这种美大概仅仅是一种装饰。对于雅典人而言,评断是非靠的是耳朵。人们

---

① 亚西比德(Alcibiades,约前450—前404),雅典政治家。
② 原文引自珀西·比希·雪莱翻译的柏拉图《会饮篇》。

习惯于坐在露天剧场里看戏，听人在市集上辩论，因此他们不会像我们那样，常常断章取义，在脱离语言背景的情形下来理解文字的含义。哈代、梅瑞狄斯①笔下的美女，或者乔治·艾略特所说的那些谚语，对于他们而言，是不存在的。古希腊作家考虑更多的是作品全局，而非细节问题。生活在户外，打动人的自然不是嘴唇和眼睛，而是身体与各部位之间的比例，因此，在引用和截取作品的片段时，古希腊文学所遭受的损害要大于英国文学。古希腊文学作品中有一种质朴突兀的气质，这与当代读者的阅读品位相矛盾。当代读者已经习惯了印刷读物中复杂精细、经过高度打磨的文学格调。我们只有绞尽脑汁，才能把握那些缺少细节之美、毫不强调修辞文采的作品。古希腊人习惯了直视整体，很少会注意细节，因此可以万无一失地涉足深厚的情感世界之中，而对于我们这个时代而言，这些情感则让人感到困惑迷茫。深陷欧洲战争所带来的巨大灾难之中，我们难以正视自己的情感。只有当情感上的沉默在小说和诗歌中被打破，并且与我们保持相同的视角时，我们才会对此有所感触。威尔弗雷德·欧文和齐格弗里德·沙逊是仅有的几位以此为创作目的的诗人，他们一律采用了睨视旁观的讽刺手法。对于这些诗人而言，在作品中直言不讳却不显笨拙呆板，坦白真情实感却无矫揉造作之嫌，这几乎是不可能的。但是，古希腊人可以直言"他们虽死犹生"，或者"如果高贵地死去能够铸就卓越的人生，那么际遇正为我们众人安排了这样的命运。匆匆地为希腊戴上自由的皇冠，我们虽然倒下了，但我们所获的赞誉将永不枯萎"。他们双目圆睁，昂首阔步，在众目睽睽之下，依旧临危不惧，气定神闲。

然而，问题依旧。我们虽然可以就古希腊文学做出种种论述，但是我们所理解的希腊文是否与作者的初衷别无二致呢？这是一个需要反复思考的问题。当我们读到墓碑上刻的几行字、合唱歌曲中的一段诗、柏拉图对话录中的开场白或结束语，以及萨福诗歌中的残篇断句时，我们是否误读

---

① 乔治·梅瑞狄斯（George Meredith, 1828—1909），英国维多利亚时代的小说家及诗人。其作品以两性关系为主题，探索其背后所隐含的历史及现实意义，成功塑造出诸多个性鲜明的女性形象，代表作有《理查德·费弗雷尔的磨难》《利己主义者》《十字路口的戴安娜》等，曾七次获得诺贝尔文学奖提名。

了这些作品？同样，《阿伽门农》中精彩至极的隐喻让我们费尽心思，完全不像我们阅读《李尔王》时那样信手拈来，此时，我们是否误解了《阿伽门农》？是否在联想的阴霾中失去了敏锐的目光？我们读到的是古希腊诗歌本身固有的品质，还是我们因自身缺乏，而强加其上的想象？古希腊文学中的一字一句不都是以整个古希腊历史文化为依托的吗？古希腊文学让我们见到未经蹂躏的大地、未遭污染的海洋，以及努力发展成熟，且尚未遭受摧残的人类社会。从橄榄树、从神庙、从年轻人的身躯中喷薄而出的生命力为每一个字不断注入活力。只要被索福克勒斯点了名，夜莺便会歌唱；只要被人称为"ἄβατον"，树丛就不会被践踏。我们可以幻想扭曲的枝丫、色彩鲜艳的紫罗兰。我们一次又一次地沉浸在对现实的想象之中。温暖灿烂的夏日并不是现实本身，而是北方冬日的随想，浮现在人们心中。产生这些诱惑或者误读的主要原因是语言。永远都不要指望我们能像掌握英语那样掌握古希腊语。我们不知道古希腊词汇该如何发音。它们显得时而混乱、时而和谐，满篇满页都是穿插在字里行间的嘈杂之音。古希腊语中，每句话的含义和功能都有细微的暗示，而我们却无法准确无误地将这些信号一一加以分辨。然而，这是最让人欲罢不能的一门语言；读懂古希腊语的欲望使其充满了永恒的诱惑。首先是古希腊语紧凑的表达方式。比如，雪莱用了21个英语单词来翻译一个仅有13个古希腊单词的句子——πᾶς γοῦν ποιητὴς γίγνεται, κἂν ἄμουσος ᾖ τὸ πρίν, οὗ ἂν Ἔρως ἅψηται（即使从未接受过训练，只要经历了爱情，每个人都可以成为一名诗人①）。

如果剔除肉上的每一盎司脂肪，肉就会变得紧实。古希腊语虽然单薄简单，却比其他任何语言都要轻快，在跳跃颤动的同时又不失平衡，文字间充满了生命的活力。很多时候，我们使用文字来表达自己的情感。θάλασσα, θάνατος, ἄνθος, ἀστήρ, σελήνη②——以这个唾手可得的句子为例，语言如此清晰、强烈，如此铿锵有力，不仅通俗易懂，而且形象鲜明，

---

① 英文原文为："for everyone, even if before he were ever so undisciplined, becomes a poet as soon as he is touched by love"，引自雪莱翻译的《会饮篇》。
② 意为"大海、死亡、鲜花、星星、月亮"。

意境深邃。只有在古希腊语中，才能获得这样的表达效果。所以阅读古希腊语的译文毫无益处。翻译们只能提供一个含糊不清的等价物，因为在他们使用的语言中不可避免地充斥着各种文化联想和历史回音。比如，当麦凯尔教授在翻译时用到了"wan（苍白）"这个英文单词时，读者会立即联想到伯恩-琼斯、莫里斯①等人所处的年代。即便是最出色的翻译家，也很难原封不动地传达出原文中细微隐晦的重音，以及语句辞藻的抑扬顿挫。比如下面这个句子：

你在岩石般的墓穴中永远哭泣。

这句话的原文是：

ἅτ' ἐν τάφῳ πετραίῳ
αἰεί, δακρύεις.

这两句话并不一致。此外，考虑到阅读古希腊文时所遇到的各种疑惑和困难，一个很重要的问题是：文中何处值得一笑？比如，《奥德赛》里的一个段落让我们忍俊不禁，然而，如果荷马此时在一旁看着的话，我们也许会考虑收敛一下自己的笑容。读到一段话，就立刻大笑起来，这种情况几乎只会发生在英语环境里——不过，阿里斯托芬也许是个例外。毕竟，幽默与人的身体感官密切相关。如果威彻利②的幽默能让我们为之一笑的话，那是因为，他笔下的那位健壮的乡下人是我们共同的祖先，因此，我们能够乐其所乐。法国人、意大利人、美国人则不同，他们有着不同的血脉传承，在阅读威彻利的喜剧时，必然要停顿一下，就像我们阅读《荷马史诗》时一样。他们要停下来考虑一下，让他们开怀大笑之处是否真的值

---

① 伯恩-琼斯大概指英国画家爱德华·伯恩-琼斯（Edward Burne-Jones, 1833—1898）。威廉·莫里斯（William Morris, 1834—1896），英国艺术家、诗人、社会活动家，与约翰·威廉·麦凯尔相交甚厚。
② 威廉·威彻利（William Wycherley, 1641—1716），英国戏剧作家。

得一笑。然而这种停顿恰恰是致命的要害。因此，幽默感是在外语环境中最先消失的一个禀赋。从古希腊文学转向英国文学，就好像在沉默许久之后，我们终于在一片欢声笑语中开启了一个伟大时代。

这都是一些困惑，是误读误解的根源，同时也是各种激情的源泉——不论这些激情是扭曲的还是浪漫的，是卑躬屈膝的还是爱慕虚荣的。然而，即使对于那些没有什么学识的人来说，有些事也是确定无疑的。首先，古希腊人创作出了非个性化的文学杰作。古希腊文学没有文学流派之分，而且前无古人，后无来者。我们无法逐步追踪这一文学由不甚完美到至臻至善的发展过程。其次，无论是在埃斯库罗斯的时代，还是在拉辛，或是莎士比亚的时代，古希腊文学总能为时代注入充满活力的气息。在那个幸运的时代里，至少有一代作家取得了登峰造极的成就。为了深入时代的潜意识，作家的创作意识就要受到最大限度的刺激。他们不断进取，不为小成就、小实验所囿。因此，我们才会有萨福诗作中多如繁星的形容词，才会有柏拉图散文中大胆夸张、肆意挥洒的诗意，才会有修昔底德短小精悍的文章；因此，索福克勒斯的语言才会流畅如一群静谧游弋的鳟鱼，表面上一动不动，突然间，鱼鳍闪烁，一跃而起；因此，《奥德赛》才会在叙事上取得巨大成功，讲述了人类命运中最清晰、最浪漫的故事。

《奥德赛》不过是一部凭直觉讲述的航海历险故事。开始时，我们可能会以孩子的天性，为了寻求愉悦而快速翻阅，想要知道接下来会发生些什么。但是，《奥德赛》没有丝毫幼稚之处，故事里描述的都是成年人，个个诡计多端、心思缜密、激情满怀。《奥德赛》里的世界也非同小可。岛屿与岛屿之间是浩渺的海洋，在海上穿行的只有人力制造的小船和翱翔的海鸥。不错，岛上人烟稀少，一切物品都要手工制作，但是这并没有把人紧紧拴在劳作之上。他们发展创造出了一个极具尊严的、从容的社会。古老的礼仪传统规范着人们的行为，维持着井然有序的社会关系，人与人之间的交往既自然又矜持。佩涅洛佩从房间中走过，忒勒玛科斯上床就寝，而瑙西卡正在清洗床单。人物的一举一动都充满了美感，这正是因为他们对自己的美一无所知。美是他们的天资禀赋，而他们却如孩童一般对此毫无察觉。耳边传来大海波涛滚滚的声音，身边环绕着葡萄藤、芳草地和潺潺的小溪，他们其实比我们更加清楚命运多舛、人生维艰的道理。忧伤痛苦是生活的背景，而他们却没有丝毫减轻悲伤的企图；对于生活的阴影，他们心知肚明，但是总会以充沛的活力来面对生命中的每一次悸动、每一道闪光。当我们对虚无缥缈、困惑迷乱的生活，对基督教义及其提供的各种安抚，对我们的整个时代感到厌倦时，我们求助的正是这些坚韧顽强的古希腊人。

（程辰雨　译）

伊丽莎白时代①的旧物储藏间

大概很少会有人通读这些大部头文集②。部分而言，哈克卢伊特文集的魅力在于，它不太像一本书，更像是一大捆松散地绑在一起的商品货物，好比一家百货商场、一间储藏室，里面满是各种古旧的麻袋、过时的航海仪器、大包大包的羊毛、一小袋一小袋的红绿宝石等。这间储藏室永远都理不清：这里解开一个袋子，那里整理一堆旧物，掸去世界地图上的尘土，坐在半明半暗的房间里，闻着丝绸、皮革、龙涎香散发出的奇怪气味，而外面则是伊丽莎白时代波涛汹涌的未知海域。

种子、绸缎、独角兽的犄角、象牙、羊毛、普普通通的石头、女士头巾、一块块金条，全都杂乱无章地堆在一起，有些价值连城，有些则分文不值，不过这些七零八碎的东西都是伊丽莎白女王执政时期，无数航行、贸易和地理发现的硕果。来自西方的"天资聪慧的年轻人"组成了探险远征队，其资金部分由伟大的女王亲自提供。弗劳德③写道，远征的船只并不比现代游艇大很多。舰队集结在格林威治附近的一条河上，离皇宫不远。

---

① 即伊丽莎白一世女王在位时期（1558—1603），处于英国历史上的都铎王朝时期。历史学家常将这一时期描述为英国历史上的黄金时代。这一时期英国国内和平，对外击败了西班牙无敌舰队。这个时代代表了英国文艺复兴的顶峰，见证了音乐和文学，尤其是诗歌的蓬勃发展。
② 文中所提文集为理查德·哈克卢伊特（Richard Hakluyt, 1552—1616）收录的五卷本《英国早期航海、旅行及探索发现》（*The principal Navigations, Voyages, Travels, and Discoveries of the English Nation*）。作者参阅的版本为1810年出版的版本。——原注
③ 詹姆斯·安东尼·弗劳德（James Anthony Froude, 1818—1894），英国历史学家、小说家、传记作家，著作包括《16世纪的英国水手》（*English Seamen in the Sixteenth Century*）。

"枢密院的人从朝廷的窗口向外望出去,只见河上的舰船点燃了火炮,水手们欢呼雀跃,声音响彻天际。"①随后,舰队顺流而下。水手们一个接着一个,或走到舱口盖上,或爬上桅杆的支索,或站在主帆的帆架上,挥别朋友们。许多人将一去不返。英法两国的海岸线一旦消失在地平线下,这些舰船就驶向了完全陌生的海域。那里的海风发出不同的呼啸,海洋里有着不同的猛兽,火焰升腾、漩涡汹涌。但是,那里也异常接近上帝,云朵几乎无法遮蔽神的真容,撒旦的四肢似乎隐约可见。众所周知,英国水手要与土耳其人一决高低。就在汉弗莱·吉尔伯特爵士②驾船穿越风暴时,他曾说,不论是在海上还是在陆地上,上帝都离我们同样近。之后,船上的灯光突然熄灭,汉弗莱·吉尔伯特爵士消失在波浪之中。天亮后,人们未能找到他的船只。休·威洛比爵士③出航寻找西北航道④,却未能返航。由于逆风,坎伯兰伯爵手下的船员在康沃尔海岸附近搁浅了两个星期,靠舔食甲板上的泥水存活,受尽煎熬。有时,会有一名衣衫褴褛、疲惫不堪的人敲响一间英国乡村别墅的大门,声称自己是多年前出海远航的那个男孩儿。"直到他的父母,威廉爵士和夫人,看到他膝盖上的秘密标志——一块肉瘤之后,才将其认作是自己的儿子。"他随身带来了一块嵌有金色纹理的黑色石头、一块象牙和一枚银锭,他敦促村里的年轻人也去远征探险,向他们讲述了黄金遍地的国度,那里的黄金就如英国的石块一样,遍地皆是。一次远征也许会失败,但是,如果就在离海岸不远的地方,有一条航道,可以通向传说中那个无比富庶的国度;如果已知世界只是一道帷幕,其后是一个更加壮丽辉煌的广阔世界,那么我们又该何去何从呢?在漫长的航行之后,船只在拉普拉塔河上抛了锚,船员们开始探索这片地势起伏的陆地。他们惊散了正在吃草的鹿群,看到土著人的四肢隐现在树丛中。船员的口袋里装满了石子和沙砾。那些石子可能是绿宝石,沙子里或许含有金子。绕过一个海角,他们有时会看到,远处有一群人正从高处慢慢下落到

---

① 本段及下段中的引文,摘自哈克卢伊特《英国早期航海、旅行及探索发现》。
② 汉弗莱·吉尔伯特爵士(Sir Humphrey Gilbert, 1539—1583),英国航海探险家。
③ 休·威洛比爵士(Sir Hugh Willoughby, 卒于1554),英国航海探险家。
④ 此处疑为作者笔误,应为东北航道。

海滩上，头并头，肩并肩，那些人共同担负着西班牙国王的沉重使命。

这些精彩的故事是非常奏效的诱饵，在西方国家到处流传，常被用来劝诱那些在港口边闲逛的"青年才俊"离开自己的巢穴，到海上去寻宝。这些海员都是些精于讨价还价的商人，是心系英国贸易和劳动人民福祉的市民。船长们则念念不忘其使命：要为英国羊毛找到海外市场，要发现可以用来制造蓝色染料的植物。由于从萝卜籽中榨油的种种尝试都以失败告终，所以打听到可靠的炼油技术就显得尤为重要。他们念念不忘英国穷苦百姓的悲惨命运：因贫困而犯罪，"每天都有人死于绞刑架下"。他们还记得，在过去，英国的土地如何因旅行者的发现而变得富庶：利纳克博士为英国带来了大马士革蔷薇和郁金香的种子，多种动物、植物和草药都是从海外逐渐传入英国的，"没有这些动植物，我们的生活就只能算是野蛮落后的"。为了寻找市场和货物，为了能够功成名就、名垂青史，这些青年才俊一路北上。在来年夏季，船只得以返航之前，这一小群孤立无援的英国人只得留在当地，与北方"蛮族"讨价还价，收集尽可能多的知识。他们在皑皑白雪和"蛮族"小屋的包围中，等待来年返航回家。他们在那里忍受着孤寂与黑暗。其中一个人，身上带着伦敦公司的特许状。他曾深入内陆，远至莫斯科。他在那里见到"皇帝坐在宝座之上，头顶皇冠，左手握着金子制成的权杖"。他见到的所有仪式都被详细地记录了下来，对于英国商人而言，这是他们第一次认识这样的景象，就好像是见到一只刚刚出土的古罗马花瓶，在阳光下熠熠生辉，而此后，由于暴露于空气之中，它久而久之就变得黯淡了。许多世纪以来，莫斯科的光辉、君士坦丁堡的荣耀在西方世界的边缘开花结果，却不为人所见。那个英国人为了这个场合盛装出场，带来了"三只身披红袍的上好獒犬"和伊丽莎白女王的一封信，"信纸上可以闻到樟脑和龙涎香的芬芳，书信用地道的麝香墨水写就"。在英国，人们急切地等待着来自新世界的战利品，所以有时这些战利品会被寄回英国，比如独角兽的犄角、一块块的龙涎香，还有各种精彩绝伦的故事：鲸鱼如何繁殖；大象与龙如何争斗，它们的血混合之后，如何凝结成朱砂，等等。和这些战利品一同寄回的，还有活生生的样本——在拉布拉多海岸边捉到的一名男子。他被带到英格兰，像野兽一样被四处展出。第二年，水手们把他带了回去，又抓了一位女子与他为伴。两人相见时，顿时面红耳赤，水手们虽然也注意到了这个场面，却不明其故。后来，这对男女在船上安了家，生病困顿时，他们彼此照料。水手们再次注意到，他们忠诚贞洁地生活在一起。

新词汇、新思想、海涛、异族、各种冒险奇遇等，都自然而然地被写进了戏剧里，在泰晤士河两岸上演。观众很快就揪住了这些色彩斑斓、冠冕堂皇之物，把——

船底铺有昂贵的赛辛木板，
顶上是黎巴嫩冷杉木的护卫舰。

与自己的儿子或兄弟在海外的历险经历联系了起来，比如，韦尔尼家族①有一个行为不羁的孩子，他后来当了海盗，成了土耳其人，然后便销声匿迹了。有人将一条头巾、一匹丝缎和一根朝圣者手杖当作遗物寄回了克莱登。帕斯顿家的女人的艰苦简朴与伊丽莎白时代宫廷贵妇们的高雅品位相差甚远。据哈里森所言，年长的贵妇会把时间用在阅读历史上，或者"著书立说，或者把别人的书翻译成英语或拉丁语"，而年轻的贵妇则会吹笛子，弹七弦琴，在音乐中享受闲暇时光。因此，伊丽莎白时代特有的铺张奢靡之气也随着歌曲与音乐应运而生。比如格林②笔下的海豚和舞蹈，比如本·琼生③运用的夸张手法，对于文风如此简洁有力的作家而言，这种手法更是令人惊诧。于是，我们发现，在整个伊丽莎白时代的文学作品中，到处都布满了金银。当谈及圭亚那稀有的物产和那片美洲大陆时，有诗人感言，"哦，我的美洲！我新发现的土地"。美洲不仅仅是一块陆地，它还象征了灵魂中的未知领域。在海峡的另一边，蒙田也沉迷于对异族、食人者、社会及政府的想象之中。

---

① 韦尔尼家族自中世纪起即为英格兰显贵。
② 概指罗伯特·格林（Robert Greene, 1558—1592），英国戏剧家。
③ 本·琼生（Ben Jonson, 1572—1637），英格兰剧作家、诗人及演员。《福尔蓬奈》（*Volpone*）和《炼金士》（*The Alchemist*）为其代表作。

然而，提到蒙田就意味着，虽然海洋、航行以及塞满了各种海兽、牛角、象牙、旧地图、航海仪器的储藏室有助于激发诗人的创作，因而开启了英国诗歌史上最伟大的时代，然而它对英国散文的影响则不那么有益。诗歌的节拍和韵律可以帮助诗人理清杂乱无章的观感，但是散文作家则没有这样的制约，他们一味积攒各种条目，列下冗长的目录清单，就如陈列出一张张装饰华丽的壁毯，最终被这些盘绕卷曲的壁毯绊倒在地。只要把西德尼①《为诗辩护》中的一段与蒙田《随笔集》中的一段比较一下，就不难看出英国散文是多么不称职，而法国散文又是多么游刃有余。

> 他没有以晦涩难懂的定义开篇，因为这样必定会模糊诠释的界限，使回忆令人质疑。相反，他用词恰到好处，有着音乐般的迷人技巧。他会给你讲一个老幼皆宜的（真实）故事。他并没有装腔作势，而是真心实意地要让人们改邪归正。即便是最健康的食材也要藏在味道可口的食物里，因为只有这样，小孩子才肯吃。如果想让小孩子吃些芦荟、大黄，不能上来就对他们讲植物的特性，否则他们只会听听，绝不会品尝。所以，人们乐意听赫拉克勒斯的故事，也是天性使然。直至入土，人大多都是幼稚的。

接下来还有76个单词。西德尼的这段散文是一篇絮絮叨叨、连绵不绝的独白，其间会突然闪现出片刻的幸福和几句华丽的词语。这种散文可以用于悼念或说教，适于记录长篇累牍的目录清单，但是它过于迟钝，且不够通俗，无法贴切有力地把握住人的思想意识，也不能做出灵活准确的调整，以适应思想的变化。相比之下，蒙田则是一位散文大师。散文这件工具有它的优势和局限。散文可以在诗歌难以触及的缝隙间钻营，可以营造出与诗歌不同，却同样美妙的氛围，可以精妙隐晦，亦可强烈炙热，这一点被伊丽莎白时代的散文家完全忽视了。想到古人如何面对死亡时，蒙田

---

① 菲利普·西德尼（Philip Sidney, 1554—1586），英国诗人、政治家、学者，伊丽莎白时代首屈一指的重要人物，代表作有《为诗辩护》《彭布罗克伯爵夫人的阿卡迪亚》（简称《阿卡迪亚》）等。

这样写道:

> ……没有安慰的话,没有遗嘱,没有矫揉造作的雄心壮志或持之以恒,也没有谈论他们的未来;一切皆在游戏、宴会、一张张面孔、寻常而流行的对话、音乐和情诗之间进行。①

在西德尼与蒙田之间,似乎隔了一个时代。英国散文之于法国散文,就如同孩子之于成人。

但是,如果说伊丽莎白时代的散文家如同尚未定性的少年,那么他们也有着初生牛犊的性格。西德尼在同一篇散文里,对语言的驾驭可谓随心所欲,用词巧妙精湛,行文轻松自如。隐喻用得自然灵活,信手拈来。只需必要的舞台训练和自我意识,就可以把这篇散文打造得炉火纯青。德莱顿②的散文就已近乎完美。正是在戏剧,特别是戏剧中的喜剧段落里,我们见到了伊丽莎白时代的散文精品。戏剧舞台是供散文蹒跚学步的育婴院:人物在舞台上相逢,必然要相互交流,不论是揶揄打趣、任性发脾气,还是忍受各种滋扰,或者谈论日常事务,等等。

> 克莱利蒙:我诅咒她日渐衰老的面容,拼凑起来的美貌!如今,在她准备就绪之前,在她化过妆,洒过香水,洗过澡,擦拭完毕之前,除了这个男孩,她不会见任何男人。她把自己油乎乎的嘴唇在那个男孩儿身上擦了擦,就像是一块海绵。我已经就这个主题写了一首歌(求你听一听)。
>
> [仆人唱]
>
> 仍在整理着装,等等。
>
> 图韦德:显然我站在另一边,我喜欢把世上的美人都打扮得漂漂亮亮的。哦,女人于是就成了一座精致的花园,虽然这样的美人还未出现。她也许会时时变化。仔细想想,然后挑出

---

① 摘自蒙田《论虚空》(*Of Vanity*)。
② 约翰·德莱顿(John Dryden, 1631—1700),英国著名诗人、文学家、文学评论家、翻译家,1668年被任命为英格兰第一任桂冠诗人,代表作有《奇迹之年》等。

她身上最出色的一部分。如果她有一双美妙的耳朵，就把耳朵展示出来；如果她有一头秀发，就把秀发披散开来；如果她的腿婀娜多姿，就让她穿短款的衣服；手型不错，就经常拿出来看看。修炼各种技艺，比如调整呼吸，清洁牙齿，修眉，画画，直到掌握这些技艺。

这是本·琼生《沉默的妇人》里展开的一段对白。这段话因滋扰而成形，因碰撞而尖锐，既非死水一潭，又没有膨胀到混沌不清的地步。但是舞台表演永远都要面对戏剧之外的人，这种公众性对自我意识的成长十分不友好，因为自我意识是人们在孤寂之中对灵魂奥秘的思虑。经年累月，这些思虑必然要寻求表达的途径，而才华横溢的托马斯·布朗爵士①则为此起到了推波助澜的作用。布朗爵士是一个自我膨胀的人，这正好为心理小说家、自传作家、散布忏悔的人以及用稀奇古怪的私人生活来做交易的人，铺平了道路。作家中，他最先将注意力从人与人之间的接触转移到人们孤独的内心生活。"我便是我眼中的整个世界；如果不是我自身的缩影，我甚至不会瞥上一眼。其他人对于我而言，就如一个地球仪，我有时会转动它一下，权当消遣。"当第一位探险者提着灯笼走入地下墓穴时，一切都笼罩在神秘黑暗之中。"我有时觉得自己的内心是一座地狱；魔鬼路西法②的法庭就设在我的胸膛里；恶魔在我身上又复活了。"在孤寂独处之中，没有向导，也没有同伴。"面对整个世界，我茫然无知，而我最亲密的朋友只能在云中与我遥遥相望。"表面上，他是世上最冷静清醒的人，被人们尊为诺里奇市最伟大的医生，然而他却在一边工作，一边与各种奇思异想纠缠。布朗爵士对死亡一直怀有渴望，对一切事物都心存疑虑。如果人生在世不过是睡了一觉，花哨奢华的生活只是黄粱一梦，那么我们该何去何从？不论是酒馆里的音乐，还是圣母钟，或者工人从田里挖出来的一口破锅，都会让他驻足不前，就好像他因自己的所见所闻而目瞪口呆，如同在想象中

---

① 托马斯·布朗爵士（Sir Thomas Browne，1605—1682），英国医师、作家、哲学家，被誉为巴洛克散文风格的代表作家之一，作品有《瓮葬》《医生的宗教》等。
② 基督教传统中，路西法是魔鬼的别称。

见到了一幅惊人的景象。"我们搜寻身外的奇迹,这些奇迹却与我们如影随形;非洲大陆及其所有的奇珍异宝都在我们自己身上。"在布朗爵士眼中,一切事物都有一道奇迹的光环;他把灯光照向脚下的花草昆虫,动作迟缓,以免惊扰了它们神秘的生命历程。怀着同样的敬畏之心,同时带着高傲自大的情绪,布朗爵士记录下了自己的品质和造诣。他仁慈、勇毅,对一切都不规避。他对别人浓情厚谊,对自己则冷酷无情。"我与所有人交谈,就如阳光普照众人,不论善恶,我都友好相待。"他通晓六种语言,了解数国的法律、习俗和治国政策,能说出所有星座和本国大部分植物的名称。虽然有着宽广无疆的想象和视野,却自视为一个渺小的人物,他说过:"我曾经只知一二,很少去过比齐普赛街①更远的地方,但是我认为自己现在并不比那时知道的更多。"

托马斯·布朗爵士是最早的自传作家之一。他在至高处上下翻飞时,突然俯下身来,开始详细描述自己身体上的细节,言语间充满爱意。他告诉读者,自己身材中等,有着一双炯炯有神的大眼睛,皮肤黝黑,脸上会不时泛起红晕。他衣着简朴,笑容不多。他收集过硬币,曾把蛆放在盒子里,解剖过青蛙的肺,勇敢承受过抹香鲸的恶臭。他对犹太人宽容以待,为丑陋的蟾蜍说过好话,对大多数事情持有科学和怀疑的态度,但不幸的是,他对女巫也深信不疑。简而言之,那些令我们推崇备至的人,也会有些令人忍俊不禁的古怪之处。托马斯·布朗爵士是第一位让我们有这种感觉的人物。他让我们感到,人类所能想到的最了不起的思想来自一个可亲可爱、个性分明的人。他在庄严肃穆的《瓮葬》中写道"痛苦折磨会生成老茧",这时我们会会心一笑。谈到托马斯·布朗在《医生的宗教》里所写的,那些华丽而堂皇的自吹自擂和令人惊诧的臆想时,会心一笑就变成了捧腹大笑。不论他写些什么,作品都印有其特质。我们首先意识到作品中的杂质,此后这些杂质给文学作品染上了各种古怪的色彩。不论我们如何努力,我们都难以确定是在阅读一个人,还是在读这个人写的文章。我们

---

① 齐普赛街(Cheapside)是伦敦金融城的一条街道。在中世纪,从伦敦塔到威斯敏斯特宫的皇家游行线路就包括齐普赛街。1559年,伊丽莎白一世加冕前一天,曾经过这里。

时而置身于精彩超凡的想象之中，时而信步于世上最好的旧物储藏间——从地板到天花板，塞满了象牙、旧铁片、破罐子、瓮、兽角，还有神奇的玻璃杯，上面折射着翡翠色的光泽和幽蓝的奥秘。

（程辰雨　译）

伊丽莎白时代的戏剧札记

必须承认，英国文学中有一些非常令人敬畏的地带，伊丽莎白时期那些如同荒野莽林的戏剧，便是其中最主要的组成部分。出于多种原因，莎士比亚戏剧脱颖而出，其缘由就不在这里一一探讨了。从伊丽莎白时代起，直至今日，莎士比亚一直备受瞩目。与其同代人相比，莎士比亚的作品可谓登峰造极。但是，伊丽莎白时代还有许多像格林、戴克、皮尔、查普曼、博蒙特和弗莱彻这样的作家，阅读他们的作品就如同冒险进入一片荒野，这种体验对普通读者来说，无疑是一种磨难，一种令人沮丧的经历。各种疑惑不断纠缠着读者，让他们时而喜悦，时而苦恼。之所以会这样，是因为我们在阅读前代作品时，往往只注意那些杰作，而忘了同时期文学作品所具有的整体力量：文学不会让自己成为被动阅读的对象，相反，它会抓住读者，阅读读者，无视读者的先入之见，质疑我们习以为常的标准。在阅读作品时，读者被分成了两类：一类节节败退、放弃原则；另一类严守阵地，固执己见。

伊丽莎白时代的现实观与我们的现实观有着巨大差异，读者在初读伊丽莎白时期的戏剧作品时，常常会受制于这一差异。粗略而言，我们所熟悉的现实植根于某位骑士的生死经历。一位名叫史密斯的骑士继承了父业，经营坑木进口、木材销售和煤炭出口的生意。他在政界、教会及禁酒运动中广为人知，而且为利物浦的穷人做了不少事。上星期三，他在穆斯韦尔山探访儿子时，死于肺炎。史密斯骑士的世界是我们了解的世界，是当代诗人和小说家要阐释与说明的现实。我们再信手翻开一部伊丽莎白时代的戏剧，上面写道：

> 在我年轻时穿越亚美尼亚的旅行中，
> 我曾经确实见到过
> 一头愤怒狂奔的独角兽
> 快步冲向一位珠宝商，
> 那人正盯着它额头上的宝贝，
> 就在他能够躲到树上之前
> 独角兽用犄角把他钉在了地上。

我们自问：史密斯在什么地方？利物浦又在哪里？"在哪里？"反复回响在伊丽莎白时代的戏剧里。在独角兽和珠宝商出没的土地上信步闲游，与公爵贵族为伍，给人带来的喜悦和解脱是如此剧烈。像冈萨洛和贝利佩里亚这样的人物，一生都在谋杀和阴谋中度过。如果是女的，就打扮成男人，如果是男的，就扮作女人。要么撞见了鬼，要么发了疯，稍微招惹他们一下，就会尸横遍野；倒下时，他们会发出最强劲有力的诅咒，最疯狂绝望的挽歌。但是很快，一个低沉、永不减弱的声音（我若要辨别这个声音的来源，就只能假设它来自一个典型的，看惯了英国、法国或者俄国现代文学的读者）会问：既然这些古老的戏剧并不缺乏刺激迷人的元素，它们为何仍显得如此冗长、乏味？如果一部文学作品要让读者在五幕或者三十二章的篇幅内保持警觉，它难道不应该以史密斯为基础，一只脚在利物浦踮起，飞离现实，到任何它想要的高度吗？当代读者并不愚钝，并不以为一个人因为名叫史密斯、住在利物浦，就是一个"真实的"人物。我们知道，这种现实有着变色龙的特质，最接近真相的往往是我们所熟悉的幻想，越是清醒反而离真相越远。在动笔前，作家手中的素材就如同一缕云、一根游丝，用这些缥缈纤细的素材建构出扎实的场景最能体现作家的伟大之处。我们的观点不过是，半空中应该有一个观察史密斯和利物浦的最佳位置；伟大的艺术家知道，在变幻不定的风景之上，自己该置身何处；他们不仅能够看到利物浦,而且能够从正确的角度来审视它。伊丽莎白时代的作家让我们感到厌烦,是因为在他们笔下史密斯都变成了公爵,而利物浦则成了神话中的岛屿和热那亚的宫殿。这些作家并没有保持适当的位置,而是翱翔于众生之上,冲向数英里外的苍穹。在那里,除了狂欢作乐的云,几个小时看不到任何其他东西,而云堆成的风景终难以满足人类的视觉享受。伊丽莎白时代的作家让我们感到厌烦,正是因为他们扼杀了我们的想象力,而不是激活我们的想象力。

伊丽莎白时代的戏剧虽然极度无聊,但是与丁尼生或亨利·泰勒[①]于19世纪创作的那种戏剧相比,它们给读者带来的无聊之感有着本质区别。伊丽莎白时代的戏剧充满了混乱的人物形象、暴力的语言,这一切虽然令人腻烦,但就如同一张报纸一挨上微弱的火苗就熊熊燃烧起来,即使在最糟糕的戏剧里,也会断断续续地爆发出咆哮。读者安静地坐在扶手椅上,似乎感受到马夫和卖橙子的女孩一边听着台词,一边冲着戏台叫喊,一会儿嘘声不断,一会儿鼓掌跺脚。维多利亚时代的戏剧则截然不同,明显是在书房里,经过深思熟虑之后才写出来的。它给观众献上的是滴答作响的时钟和一排排用半块摩洛哥皮革装订而成的典籍,既没有跺脚声,也没有掌声。伊丽莎白时代的戏剧虽然有着种种缺陷,就如伊丽莎白时期的观众一样,为大众酝酿着如火的激情,仓促间写出的台词华丽且夸张,与即兴表演一样妙语连珠,丰富且出人意表。在我们这个时代,这样的语言有时会出现在演讲之中,却很少会出现在深思熟虑、离群索居的人的笔杆子之下。人们的确会感到,伊丽莎白时代的戏剧作品有一半是由观众完成的。

然而,恰恰相反,事实是观众的影响在很多方面都很讨人嫌。我们必须把伊丽莎白时代戏剧的最大害处——强加给我们的情节——归结为一点:剧本里不断出现各种信口开河、难以理喻的离奇情节。这大概是为了迎合当时实际出入剧场的那些既容易激动又缺乏文化修养的观众。但是,对于阅读剧本的读者而言,这些情节只会让人困惑、疲劳。无疑,戏剧里必须

[①] 亨利·泰勒(Sir Henry Taylor, 1800—1886),英国诗人、戏剧家,代表作有《菲利普·范·阿特维尔德》等。

发生些什么，一部毫无情节的戏剧是不可能存在的。但是我们有权要求剧中情节有一个结局，能够让观众情绪高涨，创造出令人难以忘怀的场景，激励演员说出只有在受到刺激时才会说出的话。古希腊戏剧已经证明，这完全是可以做到的。没有人会忘记《安提戈涅》的情节，因为剧中所发生的事件与演员的情绪息息相关，我们在记住人物的同时也记住了情节。但是有谁能告诉我们，在《白魔》或《少女的悲剧》中都发生了什么？我们只记得故事，而忘了这些故事所激发的情感。对于格林、基德[①]这些伊丽莎白时代的剧作家而言，他们设计的情节非常复杂，暴力倾向异乎寻常，演员的表演因此而遭到抹杀，戏剧的情感也一扫而光。然而，至少就惯例而言，这些情感应该得到认真细致的研究和分析。其不可避免的结果就是，在莎士比亚以及本·琼生的作品之外，伊丽莎白时代的戏剧没有人物，只有暴力角色。我们对这些暴力角色知之甚少，对情节发展也就漠不关心。以早期戏剧中的男女主人公为例，比如《西班牙悲剧》里的贝利佩里亚是一位身世曲折的女士，在历尽种种磨难之后，最终自尽身亡。但是，坦白说，读者会在意这位女士的不幸遭遇吗？我们只能回答说，对她的关心不会比对一把会动的长柄扫帚的关心更多。在一部以人为主题的作品中，到处都是长柄扫帚的话，这无疑是一个缺点。不可否认，《西班牙悲剧》虽然粗糙，却是先锋之作。其主要价值在于，为同类戏剧揭示了一副令人敬畏的框架，后世作家对这一框架多有改造，但不能弃之不用。据说，约翰·福特[②]是司汤达、福楼拜一类的作家。他是一位心理学家，也是一位精神分析家。霭理士[③]有言："描写女性时，这个人不是从剧作家或情人的视角来写，而是在经过亲密无间的探索之后，以本能的同情心，体察到了她们心灵的细微之处。"

　　霭理士的评判主要依据的是福特的《可惜她是个妓女》。它向我们完整展示了女主人公安娜贝拉的人性，她在起伏跌宕的生活中，从一个极端跳

[①] 托马斯·基德（Thomas Kyd，1558—1594），英国剧作家，其代表作《西班牙悲剧》（*The Spanish Tragedy*）奠定了英国复仇剧的基调。
[②] 约翰·福特（John Ford，1586—约1639），英国剧作家、诗人。
[③] 霭理士（Havelock Ellis，1859—1939），英国医生、作家、性心理学家。

到另一个极端。安娜贝拉先与自己的兄弟相互表白了爱意,然后发现自己怀了他的孩子,不得不嫁给索兰佐。被发现之后,她决定痛改前非,却死于非命,凶手正是她的情人兼兄弟。若要描绘一个感受力寻常的女性在面对这些灾难与危机时所经历的情感历程,大概需要几本书的篇幅。但是剧作家的发挥空间没有这么大,他们只能对情节进行压缩。即使如此,剧作家仍然可以为读者阐明一二,可以透露足够的信息,然后让读者自己去想象余下的部分。但是,不借助显微镜或纠缠于细枝末节,我们对安娜贝拉的性格知道多少呢?我们摸索着了解到,她是一个激情四射的女孩儿;遭到丈夫虐待时,她会奋力抵抗;她会唱几句意大利歌曲,头脑灵活,享受生活带来的简单快乐。但是,按照我们对"人物性格"这个词的理解来看,剧本中没有任何与之相关的描述。我们知道她对人生有自己的结论,却不知道她是怎样得出这些结论的。没有人刻画她。她总是处在情绪的高潮阶段,却从未展示过激情的来龙去脉。把她与安娜·卡列尼娜比较一下。安娜·卡列尼娜是一位有血有肉的俄国女性,她神经紧张,喜怒无常,有性情,有头脑,有肉体,有灵魂。而安娜贝拉这个英国女孩儿则显得粗糙,缺乏立体感,如同画在扑克牌上的一张脸。这个人物没有深度,没有广度,也不具任何复杂性。然而,这种看法忽视了某些东西。我们之所以没有抓住这部戏的意义所在,忽略了剧中持续酝酿的情绪,是因为产生情绪的源泉出人意料。我们这是在把戏剧与散文做比较,而戏剧终究属于诗歌。

  我们认为,戏剧是诗歌,小说是散文。让我们把二者并排放在面前,试着忽略其中的细节,尽力感受两种文体各自的视角与局限,尽量将其作为整体来回忆,二者的主要区别就会立即显现出来:小说篇幅长,情感发展缓慢;戏剧篇幅短,内容高度浓缩。在小说中,起初分散的情感不断交织融汇,渐渐凝聚成一个整体;而戏剧则更强调情感的浓缩与概括。在戏剧中,我们因全情投入的瞬间、优美动人的词语而受到触动!

> 哦,我的主人,
> 我用滑稽古怪的动作欺骗了你们的双眼,
> 死亡的消息接踵而来!

死亡！死亡！我依旧迈着舞步，继续前行。

或：

你常常为了这两片唇
而忽视了桂皮，或是春天里
紫罗兰的天然甘甜：它们尚未枯竭。

而安娜·卡列尼娜绝对不会说出"你常常为了这两片唇，而忽视了桂皮"这样的话，因此她无法触及人类情感中最深刻的部分。过于充沛的激情、感官与声音的完美结合都不适于小说家，他们必须控制自己的速度，放慢节奏，必须盯着地面，而非仰望天空：小说讲究用描述来旁敲侧击，而不是通过解释来一语道破。小说家不会写出下面这样的话：

在我的灵车上放一个花环
忧郁的紫杉木；
柳枝摇摆；少女
说我真的死了。

小说家必然会历数坟墓上凋谢的菊花，描述送葬的人如何抽着鼻子坐在四轮马车里。那么我们该如何将这种缓慢拖沓的文体与诗歌比较呢？小说家通过娴熟使用一些小伎俩，能够让读者了解个体特征，识别现实世界。然而，戏剧家则不拘于单一的个体，他们向读者展示的不是恋爱中的安娜贝拉，而是爱情本身；不是卧轨自杀的安娜·卡列尼娜，而是毁灭和死亡，以及

灵魂，像风暴中的一艘船，
不知驶向何方。

读完一部伊丽莎白时代的戏剧，我们可能会情有可原地发出一声不耐烦的感叹。那么，我们在合上《战争与和平》时，又会感叹些什么呢？我们不会感到失望，不会因作品肤浅而感到惋惜，也不会谴责小说家行文琐碎；相反，我们比以往任何时候都更加充分地意识到，人类有着无限丰富

的情感和感受力。我们在戏剧里领会的是普遍性，而在小说里感受的则是特殊性。在戏剧里，我们集中力量，奋力一跃；在小说中，我们要不断舒展延伸，积累信息，慢慢进入精心营造的各种意象之中。心中虽然情感充沛，语言却贫乏无力，难以将其道尽。然而，我们并未因此排斥某一文体，或认定该文体劣于其他文体。相反，我们常常抱怨，素材不断丰富，文学创作却无法与其同步发展；无以言表的内心体验给人带来了巨大压力，但是，要从这种压力之下解脱出来，我们就只能不耐烦地等待新文体的诞生。

所以，尽管文章乏味、混乱、浮夸、花哨，我们仍然要读伊丽莎白时代的次要作品，仍要去满是珠宝和独角兽的地方冒险。利物浦城中熟悉的工厂消失得无影无踪，取而代之的是在常春藤间号叫的猫头鹰。亚美尼亚公爵像古罗马人一样倚剑而亡，公爵夫人在一群号哭的妇人中诞下一个死婴。再回想一下那位进口木材、在穆斯韦尔山死于肺炎的史密斯爵士，我们几乎认不出两者之间有任何相似之处。若要把这些不同的地域联系起来，在不同的伪装下认出同一个人，我们就必须做出相应的调整和修正。但是，这并不是要求我们改变审视事物的角度，也不是引入现代人特有的感受力，更不是阅读书里的白纸黑字，而是要用现代人所缺乏的听力和视觉，来聆听夹杂在笑声与叫喊声中的语言，来观看眼前不断变化的表情，以及活灵活现的肢体动作。简而言之，在阅读伊丽莎白时期的戏剧时，你要把自己置于一个与现在不同，但并非初级的阅读阶段，只有这样，剧本的真正优点才会显现出来。整体的力量是不可否认的。他们是创造词汇的天才，好像思想一头扎进了词汇的海洋，上岸后还湿漉漉的。他们的幽默是那种赤身裸体的幽默，对于那些具有公共意识的人来说，不管怎样努力尝试，都不可能获得这样的幽默感，因为他们的身体被严严实实地裹了起来。在这些戏剧背后，我们可以短暂地感受到某种神性的存在，但是这种感受并没有使戏剧整齐划一，而是为其建立了某种稳定性。伊丽莎白时代有着形形色色的戏剧家，如果有人试图用某种信条来归类这一大群戏剧家的话，那么他一定是一位鲁莽的评论家。然而，如果我们想当然地认为，具有共同特征的文学作品不过是作者高涨的热情的蒸发，是一种作者挣钱的行当，或者是强有力的环境使然的话，那么这也无疑是一种怯懦的想法。即使是在丛林和莽原之中,指南针仍然可以指明方向。

  主啊,主啊,我已死去!

这适用于每一声哭喊。

  温柔自然的死亡与甜美的睡眠
  是一对连体的双胞胎——

世界如一场盛典,既华贵又虚无。

  人类伟大的荣耀不过是令人愉悦的梦境
  阴影快速消退;在我有限的
  人生舞台上,青春在虚无中
  出场——

  死亡、摆脱一切是他们全部的梦想;贯穿整部戏剧的是死亡与觉醒的钟声。

  人生不过是在流浪中寻找归宿,
  死去时,我们就到达了那里。

  毁灭、疲惫、死亡。在伊丽莎白时代的戏剧里,死亡总是冷峻地面对着另一个戏剧主题——生命:护卫舰、枞树、象牙、海豚、七月里盛开的鲜花、鲜花的汁液、独角兽的乳汁、黑豹的呼吸、串起珍珠的绳子、孔雀的大脑、克里特岛的葡萄酒等,都是生命的成分。面对生命最恣意、最丰沛的形态,它们如此回应:

  人是一棵树,不以忧虑为冠
  不以安逸为根;顽强生存

只为了承受悲伤。

这是来自戏剧另一面的回音,虽无以名状,却有着神灵在场的效果。伊丽莎白时代的戏剧如丛林和莽原一般,我们信步其间,与皇帝、小丑、珠宝商、独角兽为伍。这些辉煌灿烂、风趣幽默的幻想令我们为之欢呼雀跃,惊叹不已。谢幕时,我们会怒火中烧,备感无聊;那些乏味的老把戏、花哨的夸夸其谈让我们心生腻烦。托尔斯泰笔下一只受苦受难的苍蝇,比戏剧里几十位成年男女的死亡更令人感动。然而,正当我们徜徉在这些脱离实际、单调乏味的故事情节里时,我们会被突然冒出的一股强烈的激情深深吸引,我们会因某种崇高之美而得到精神上的升华,或者陶醉于优美的歌曲之中。这个世界既枯燥乏味,又充满欣喜,既令人愉悦,又稀奇古怪,充盈着夸张的笑声,却也诗意盎然、辉煌灿烂。这个世界渐渐征服了我们,剥夺了我们所拥有的某件东西。我们此时失去了些什么?是什么让我们如此执着,如果不能立即拥有,便要另寻他途?是孤寂。伊丽莎白时代的戏剧里没有隐私。门总是开着,总是有人进来。一切都是共享的,一切皆可闻可见,一切都充满了戏剧性。与此同时,心灵似乎厌倦了与人相伴,偷偷地陷入孤寂的冥思之中;思考,而非行动;评论,却不分享;探索自己的黑暗之处,而不是他人明亮的表面。心灵转向多恩[①],转向蒙田,转向托马斯·布朗爵士,转向这些守卫孤寂的人。

(程辰雨 译)

[①] 概指约翰·多恩(John Donne,1572—1631),英国诗人,生于伦敦的一个富商之家,是英国詹姆斯一世时期的玄学派诗人。他的作品包括十四行诗、爱情诗、宗教诗、拉丁语译本、隽语、挽歌、歌词等,代表作有《日出》《歌谣与十四行诗》《神圣十四行诗》《给圣父的赞美诗》等。

蒙田

蒙田曾在巴勒迪克见过一幅西西里国王勒内的自画像，于是问道："为什么不能允许每个人像国王勒内那样提起笔来描绘自己呢？"有人可能会立即回答说，不仅应当允许人人描绘自己，而且这是件再简单不过的事了。我们也许不了解别人，但是对自己就太熟悉了。那就让我们开始吧。然而，就在我们试图完成这项任务时，笔却从指尖滑落下去，我们此时才意识到这是一件深奥、神秘、困难重重的事。

毕竟，就整个文学世界而言，能在这件事上取得成功的大概就只有蒙田、佩皮斯[①]和卢梭。《医生的宗教》是一块彩色玻璃，透过这块玻璃，人们在恍惚之间，仿佛看到了你追我赶的星星和一个奇怪、混乱的灵魂。一面擦得锃亮的镜子里，映衬出鲍斯威尔[②]的脸，他似乎正在窥视笔下那些大名鼎鼎的人物。然而，谈论自我，追溯个人的变化历程，全面描述处在迷茫动荡中的灵魂，以及灵魂的种种缺陷，是一门艺术，而掌握这门艺术的人，非蒙田莫属。几个世纪过去了，人们仍会簇拥在那幅画前，目不转睛地盯着那幅画的纵深之处。似乎在那里看到了自己的面孔。凝视的时间越久，看到的东西就越多。至于到底看到了什么，没人能说出个所以然。版本不断更新，恰恰印证了蒙田经久不衰的吸引力。英国纳瓦拉出版社重

[①] 塞缪尔·佩皮斯（Samuel Pepys, 1633—1703），英国日记作家、政治家，著名的《佩皮斯日记》的作者。
[②] 詹姆斯·鲍斯威尔（James Boswell, 1740—1795），英国传记作家、日记作家，作品包括《约翰生传》《赫布里底群岛之旅》。

印了由科顿翻译的、装订精美的五卷本文集①，而与此同时，法国的路易·科纳尔公司也正准备发行一套《蒙田全集》，其中包括了阿曼高博士对蒙田作品的多种解读。阿曼高博士为此倾尽了毕生研究。

发现自我，讲述真实的自我，绝非易事。蒙田曾说：

> 据闻，踏上这条路的古人不过两三位而已。此后便无人问津。这条路比看起来更加崎岖不平。踏上这条路，就是要跟随灵魂的步伐，漫无边际地踌躇前行，就是要深入复杂曲折的灵魂内部，探索其幽暗的奥秘，就是要有选择地抓住众多机敏的小动作。这是一个崭新的、不同寻常的事业，它让我们远离世上普普通通却最受推崇的工作。

首先是表达上的困难。思考是一个奇怪的过程，我们都会乐在其中，然而，即便是向人面对面说出自己的想法，我们能传达的思想也是少之又少！思想如同幽灵，没等我们发现它的行踪，它就已经不翼而飞了。要不然，就是一道游移不定的光，一闪而逝之后，又慢慢地重新陷入深邃的黑暗之中。对话时，人的面孔、语音和腔调可以弥补文字的不足，口语的种种特征掩饰了文字的缺陷。笔则是一件僵硬的工具，言语不多，却有着自己的习惯和程式。笔还有专横跋扈的特点，常常把普通人变成先知，把磕磕巴巴的自然谈吐变成庄严肃穆的书面文字。正是出于这个原因，蒙田活力四射的行文风格让他从一大批死气沉沉的作家中脱颖而出。我们绝不会对他的作品有片刻怀疑。他拒绝说教，不断重申，自己与别人没有什么不同，不过是努力记录下自己的思想经历，努力与人交流，努力揭示真理罢了。然而，这却是一条"比看起来更加崎岖不平"的道路。

除了自我表达的困难之外，最难做到的莫过于保持自我。灵魂，或者我们内心的生命，绝不会与我们体外的生命保持一致。如果有人斗胆探问灵魂的想法，得到的答案总会与别人的说法相左。比如，别人早就认定，

---

① 《蒙田散文集》(*Essays of Montaigne*)，查尔斯·科顿翻译，共5卷，纳瓦拉出版社出版。——原注

年迈多病的人就该待在家里。还用他们婚姻忠诚的特例来教育其他人。蒙田的灵魂则会说，人应该在晚年出门旅行，婚姻很少以爱情为基础，在人生接近尽头时，它常常成了夫妻间形式上的纽带，与其如此，不如分道扬镳。就政治而言，政治家们总是为伟大的帝国高唱赞歌，还宣扬说，教化野蛮人是一种道德责任。看到那些驻扎在墨西哥的西班牙人，蒙田却发出了怒不可遏的呐喊："城市被夷为平地，国家纷纷消亡……这里曾是世上最富饶、最美丽的地方，现在却因为珍珠和胡椒交易而被折腾得天翻地覆！这是机械的胜利。"然后，他又写道，曾有几个农民来找他，告诉他，他们发现了一位身负重伤、奄奄一息的人，但是担心自己会遭到司法起诉，于是把那人抛下了。于是蒙田问道：

> 我能对他们说些什么呢？可以确定的是，司法机构很可能会给他们带来麻烦。世上没有什么能像这些法律制度一样，存在着如此普遍、如此严重的错误。

此处，蒙田的灵魂变得焦躁不安，对自己深恶痛绝之事，对种种成规、礼仪大发雷霆。我们可以设想这样一座塔楼，虽然与主建筑物分离，但是从塔楼的内室可以眺望整座庄园。请注意，灵魂就在这间塔楼的内室里，对着摇曳的火苗，忧心忡忡。在世上所有造物之中，灵魂确实是最奇怪的一种：既非英勇无畏，又爱见风使舵，"既害羞，又傲慢；既贞洁，又好色；既喋喋不休，又沉默寡言；既能吃苦，又精致脆弱；既精巧，又沉重；既忧郁，又欢乐；既欺伪，又真诚；既通达，又无知；既自由，又贪婪、挥霍"——简而言之，灵魂如此复杂，如此模糊不清，与她①的公共形象毫不吻合。人们为了追踪灵魂的足迹，有时要穷尽毕生精力。这虽然会损害人在尘世间的发展前景，但是追逐灵魂的快乐也是任何奖赏都难以匹敌的。人一旦有了自我意识，就有了独立性。这样的人从来不会感到无聊，而只恨人生太短。深沉、温和的幸福感一次又一次浸透全身。他是唯一真

---

① 指灵魂。

正活着的人,其他人不过是礼仪的奴隶,他们让生命如梦境般从身旁溜走。人一旦变得循规蹈矩,只做别人做过的事,惰性就会随之而来,灵魂的胆识与才华被悄悄偷走,灵魂因此变得沉闷、冷漠,人也变得徒有其表、内心空洞。

如果我们向这位生活艺术的大师求教,让他透露一下自己的秘诀,他肯定会建议我们撤回到塔楼的那间内室,在那里翻翻书,追逐一个又一个幻想,把治理天下的要务交给别人去做。在他开出的药方里,退隐、沉思必定是其中的主要成分。然而,事实并非如此。在这一点上,蒙田的态度含混不清。这个人眼皮沉重,他似笑非笑的表情里夹带着些许忧郁,神情迷离却又充满了质疑。想要从他身上得到一个清晰明了的答案是不可能的。事实是,读书、种菜、养花的乡村生活极其无聊。他从来没有注意到自己种的绿豌豆比别人种的好很多。全世界,巴黎是他最钟情的地方——"哪怕是它的瑕疵和污点"。说到读书,他很少会连续读上一小时。他记性很差,从一个房间走到另一个房间的工夫就能把脑子里的事统统忘记。学习书本知识没什么值得骄傲的,科学成就又算得了什么?蒙田总是和聪明人混在一起,他父亲非常崇拜这些人,但蒙田发现,这些人虽然有值得尊敬的时刻,但是就他们的狂想与愿景而言,即便其中最聪明的人也显得近乎愚蠢。你可以自我观察一下:上一刻你得到推崇,下一刻你因打碎玻璃杯而惊慌。走极端总是危险的,所以最好站在路中央,即便那里泥泞不堪,也要站在车碾过的车辙里。在写作时,就要选用常用词语,避开激情澎湃的狂想和滔滔不绝的雄辩。然而,诗歌无疑是美味诱人的,而最好的散文正是那些最具诗性的散文。

我们追求的似乎是一种民主式的简朴。塔楼上的房间粉刷一新,里面还放着宽大的书架。我们也许会喜欢这间房。然而,在塔楼下的花园里,有人正在掘地。他今天早晨刚刚埋葬了自己的父亲。只有这样的人,才会过真实的生活,才会说实实在在的话。这种想法多少有些道理。社会底层的人也能高谈阔论。与饱学之士相比,无知者可能也具有很多重要的品质。然而,乌合之众是何等恶劣!"愚昧、不公、反复无常的源头。如果一位智者的生活要由蠢人来评判的话,这合理吗?"他们脑力不足,虚弱疲软,毫无招架之力。必须有人相告，他们才会得到一些必要的知识。面对真相不是他们擅长的事。只有高贵的灵魂——"天生高贵的灵魂"才能洞晓真理。那么，什么样的人才具有高贵的灵魂呢？如果蒙田给我们的启发能够再明确一些的话，我们也许能够以此人为榜样。

但是他没有。"我只会讲述，而不会教导。"毕竟，他该如何解释别人的灵魂呢？他甚至无法用"简单、扎实、毫不含糊的语言"来谈论自己的灵魂，而灵魂却一天比一天灰暗。灵魂大概只有一种特质，或者说只遵循一条原则：无规则可循。比如，我们想效仿艾蒂安·德·拉·波埃西[①]这样的人，但这些人总是有着最为多变的灵魂。"用单一原则来绑定自己，便是虽生犹死。"法规不过是约定俗成的惯例，与复杂的人类冲动格格不入。风俗习惯是一种便利设施，服务于那些生性胆小、不敢让灵魂自由发挥的人。但是，对于我们这些将私人生活视为至宝的人来说，没什么能比特立独行的做派更令人起疑的了。于是，我们开始抗议，故作姿态，着手制定各种法律法规，与此同时，我们也开始消沉下去，因为这是在为别人而活，而不是在为我们自己而活。我们必须尊重那些牺牲自我、服务公众的人，向他们致以敬意，并对他们不得不做出的让步表示同情。但是，不论是声望、荣誉，还是使我们对他人负有义务的职位，我们还是统统放弃了吧。让我们在混杂着困惑、冲动、奇迹的锅里慢慢沸腾，因为灵魂每时每刻都会为我们带来奇观。行动与改变是我们存在的本质，顽固僵化、墨守成规意味着死亡；让我们直抒胸臆、重申自己，让我们不惧怕自相矛盾，不畏惧信口雌黄，让我们跟随最荒诞的幻想，不用顾忌世人的言行与想法，因为生活之外无大事，当然，秩序也很重要。

于是，我们存在的本质——自由必须被控制。然而，既然各种针对个人意见和公共法律的控制都遭到了人们的嘲笑，而且人性中的愁苦、软弱、虚荣总是遭到蒙田的鄙夷，那么很难确定我们应该求助于哪种力量。因此，求助于宗教也许是可行之法。"也许"是此人最钟情的一种表达方式。"也

[①] 艾蒂安·德·拉·波埃西（Etienne de La Boétie, 1530—1563），法国人文主义作家，蒙田的亲密好友。

许""我认为",以及种种类似的表达,修饰了人类因无知而做出的轻率假想。有些意见不宜直接表达,否则就会有失审慎,此时可以用这些词语来掩饰个人意见。因为做不到知无不言、言无不尽,所以有些事只能意会,不能言传。文章也只能写给那几个读得懂的人。当然,我们可以寻求神的指引,但是,对于那些沉湎于精神生活的人而言,还有另一位来自内心深处、无影无形的监督者——"内心深处的雇主"。这位监督者知晓真相,因此他的指责比其他所有指责都更令人畏惧,然而,没有什么能比得到他的认同更加甜美的了。他是我们必须服从的法官,是帮助我们实现秩序、体现灵魂高贵优雅之风的审查官,使我们"即使在私下也能井然有序,以一种精致的方式生活";但是他有自己的行事标准,并且通过把握内在平衡,获得了某种稳定性,不过这种稳定性依旧处在岌岌可危、动荡不安的状态下。它虽然控制着灵魂,但是不会限制灵魂探索、试验的自由。没有他人指导,没有前车之鉴,过好私人生活无疑要难于公共生活。私人生活是一门艺术,要单独学习。不过,我们或许可以找到一些能给予我们帮助的榜样,例如荷马、亚历山大大帝、伊巴密浓达①等历史人物,或者像艾蒂安·德·拉·波埃西这样的现代作家。榜样可能会对我们有所帮助。但是,私人生活是一门艺术,复杂多变、神秘莫测的人性是这门艺术所使用的材料,因此,我们必须与人性保持紧密联系。"一定要生活在活生生的人当中。"不论古怪异常,还是精致文雅,只要阻碍了人与人之间的联系,就该令我们畏惧。能够从容地与邻居谈论他们的运动、建筑、争执,真心实意地享受与木匠和园丁聊天的乐趣,是一种福气。交流是我们的主要营生。社会和友谊为我们带来欣喜和满足。读书不是为了获得知识,不是为了安身立命,而是为了将这种交流延伸到自我之外的时空中。奇异的翠鸟、未知的土地、各种奇风异俗……世上充满种种奇观,它们也许是远高于我们自己的存在。在我们的世界,也许我们正在沉睡,也许还有另一些显而易见的存在,而它们具有我们所缺乏的某种感官。

虽然有各种矛盾和限制,但是有一点是可以肯定的:这些散文试图与

---

① 伊巴密浓达(Epaminondas,前418—前362),古希腊军事家、政治家。

人进行灵魂上的交流。蒙田至少在这一点上是十分明确的。他想要的并非名声,不指望人们多年后依旧摘引他的文章,也不想在市场上为自己立一尊雕像。他唯一的愿望就是与自己的灵魂交流。交流是一件健康、真实、快乐的事。分享是我们的责任。大胆地探索下去,揭示思想里最为病态隐晦的部分,毫无保留,也绝不装腔作势。如果我们无知,就如实相告,如果我们热爱我们的朋友,就不要向他们隐瞒。

从确定的经验中总结出一个道理,如果失去朋友,那么曾经与朋友无话不说、畅所欲言便是最甜美的安慰。

有些人在旅游时,总是把自己严严实实地包裹起来,在沉默与猜忌中,"用冷漠来捍卫自己"。他们晚餐时吃的食物也必须与家里的食物一模一样。只要是与自己家乡的景色与风俗不相像的,那么必定是坏的。对于这些人而言,旅途就是归途。以这种方式踏上旅程就大错特错了。旅行一开始就不能抱着固定的想法,比如:晚上在哪儿过夜、什么时候回家等等。旅行的过程就是一切。最为必要却鲜少能碰上的好运是,在旅行前找到一位志同道合的旅伴,可以向他诉说各种新鲜的想法,因为乐趣只有在分享之后,才会变得津津有味。为了享受快乐,即使冒些头疼脑热的小风险也是值得的。"快乐是最大好处。"此外,做自己喜欢的事,就是在做对自己有益的事。医生和智者也许会反对这个意见,但是我们不必理会他们的悲观哲学。对我们这些普通人来说,既然大自然赐予了我们感官,我们就该尽情使用,以示感谢。生活要尽量多样。要在太阳下山前,充分沐浴温暖的阳光,要尽情感受青春的吻,欣赏卡图卢斯①诗歌的美妙回响。不论是雨天还是晴天,每个季节都有可爱之处;不论是红酒还是白酒,不论是与人相伴还是独处,各有各的好处。睡眠时,乐趣虽然锐减,但是仍然可以有联翩美梦。联想可以让行走、聊天、在果园里独处这种最普通的活动变得多姿多彩。美无处不在,美与善只有寸步之遥。所以,以身心健康之名,不要在旅行

---

① 卡图卢斯(Catullus,约前84年—约前54年),古罗马诗人,作品有《歌集》。

的尽头踌躇不前。让死亡在我们种菜、骑马的时候降临，或者，让我们死前，偷偷溜到某人的小屋里，让陌生人合上我们的双眼，因为仆人的抽泣与触摸会让我们崩溃瓦解。最好是在从事日常工作时死去，周围的姑娘和好心的人既不会为此愤愤不平，也不会痛心疾首。让死神降临"在我们游戏、赴宴、闲谈，或欣赏音乐、诗歌的时刻"。不过，死亡已经谈论得够多了，重要的是生活。

随着这些散文全速冲向悬念而不是终点，生命这一主题才越来越清晰地呈现出来。随着死亡逼近，生命变得越发引人入胜，自我、灵魂，以及存在的方方面面，没有一件事实不是微小得能从指缝间溜走的：某人不论冬夏，都要穿丝质的袜子；葡萄酒里总要掺一些水；总是在晚餐后理发；喝水必须用玻璃杯；从来不戴眼镜；大嗓门；手里总爱握着一根细软的枝条；偶尔会咬到自己的舌头；紧张起来会晃动双脚；喜欢抓耳朵；喜欢吃高品质的肉；用餐巾擦牙齿——感谢上帝，那副牙齿还不错；床必须用帘子围起来；奇怪的是，一开始喜欢小萝卜，后来讨厌它，再后来又喜欢上了。除了对事实本身的兴趣之外，我们还有一种用想象来改变事实的神奇力量。请观察灵魂如何投射光与影；使实在之物变得空洞，脆弱之物变得实在；让白昼充满梦境；幽灵与现实同样令人兴奋不已；即便是死亡降临的那一刻，灵魂仍在开着小玩笑。我们还可以观察灵魂的两面性和复杂性。会为朋友的损失心生怜悯，但也会在其他人痛苦时，体会某种五味杂陈、不无恶意的快感。灵魂总是在信与不信之间摇摆，年轻时尤其容易受到各种感官印象的左右。一个富人去偷盗，是因为他小时候没有从父亲那里得到足够的钱。一个人建一堵墙不是为了自己，是因为他父亲喜欢建筑。总之，灵魂中掺杂了各种不安与同情，这些情绪影响着灵魂的一举一动。但是，即便在1580年，那些生性怯懦、热爱传统的人仍不清楚灵魂是如何运作的，只知道它是世间最神秘之物，人既是最大的怪物，又是最了不起的奇迹，除此之外，人们并不知道灵魂为何物。"对自我了解得越多，就越是惊讶于自己的变形，就越是不理解自己。"观察，永不停歇地观察。蒙田会说，只要仍有纸墨，"便笔耕不辍"。

如果能让这位生活艺术大师从工作中抬起头来，那么我们还有最后一个问题要向他请教。在这套不同凡响的文集里，有的文章短小而零碎，有的冗长而博学，有的既逻辑严谨，又自相矛盾，我们从中听到了灵魂的每一次脉动，感受到灵魂的节奏，日复一日，年复一年，灵魂的面纱也变得日益透明。生活是一项危机重重的事业，这个人却取得了成功。他报效祖国，活到了退休；他成了房东、丈夫、父亲；款待过国王，爱慕过女人，也能独坐良久，在古书中沉思冥想。不间断的试验、细致入微的观察，最终让蒙田对灵魂中反复无常的部分做出了奇迹般的调整。他紧握世间美好之物，收获了幸福与快乐。蒙田曾经说过，如果自己可以再活一次，他还会用同样的方式来生活。灵魂在我们的眼皮底下展现出一幕幕扣人心弦的精彩画面。就在我们一心一意观看这些画面时，问题也会油然而生：快乐是一切的最终目的吗？人类对于探知灵魂的本质，有着难以抗拒的兴趣。这一兴趣从何而来？与人交流的欲望为什么有着征服一切的力量？这个世界上的美已经足够了吗，或者说，对于这种神秘之物还有其他解释吗？这些问题会有怎样的答案呢？没有答案。只有另一个问题："我知道什么？"

（程辰雨　译）

纽卡斯尔公爵夫人[①]

"……唯有名声为我所欲",纽卡斯尔公爵夫人玛格丽特写道。她也确实在有生之年实现了这个愿望。玛格丽特穿戴花哨,习性怪诞,有着端庄的举止、粗鲁的谈吐,一生中既引来了大人物的嘲笑,也博得了饱学之士的掌声。而如今,喧嚣已尘埃落定,除了查尔斯·兰姆在她的墓上留下的那几段瑰丽的文字之外,玛格丽特本人也早已杳无踪迹。她的诗、戏剧、哲学、演说和论文,在阴暗的公共图书馆里慢慢腐烂。这些对开本或四开本的书里承载了玛格丽特的反抗,展现着她的真实生活。然而不论其学识多么渊博,公众也只能管中窥豹。甚至那些受到兰姆的启发、求知若渴的学生,也会在她的陵墓前退缩。他们费力地朝里面望一望,环顾一下四周,便匆匆忙忙地走出去,关上了大门。

但是,匆匆一瞥便足以向他们展现玛格丽特的掠影。据推测,这位令人缅怀的人物生于1624年,是托马斯·卢卡斯家最小的孩子。玛格丽特尚在襁褓之中时,父亲托马斯就去世了,母亲一手将她养大。母亲外表出众,庄严高贵,具有"经久不衰"的美。"她对房租地契、土地安置、宫廷事宜、管理下人等事务,都能驾轻就熟。"财富渐渐积累,但是母亲并没有把钱用来为孩子购置妆奁,而是慷慨地花在了各种闲情逸事上。"她认为,如

[①] 参见《纽卡斯尔公爵威廉·卡文迪许的一生及其他》(*The Life of William Cavendish, Duke of Newcastle, Etc.*,C.H. 弗斯编)、《诗歌及幻想》(*Poems and Fancies*,纽卡斯尔公爵夫人著)、《世界的奥利欧及各地巡讲》(*The World's Olio, Orations of divers Sorts Accommodated to Divers Places*)、《女性演说》(*Female Orations*)、《戏剧》(*Plays*)、《哲学信札》(*Philosophical Letters*)等。——原注

果只靠生活必需品来养育我们，我们就可能养成贪婪狡诈的恶劣品性。"她有八个儿女，没有人挨过打，她从来都是以理服人。孩子们个个衣着华丽考究，被禁止与仆人交谈。这倒不是因为仆人的身份，而是因为他们"往往出身卑微，缺乏教养"。女儿们也学习一些普通的技艺，但"不是为了从中受益，而是走走形式罢了"，因为母亲认为，对女性而言，性格好、快乐和诚实，比会弹琴、唱歌、"说几种语言"更有价值。

自童年起，玛格丽特就迫不及待地利用这些机会满足自己的兴趣爱好。她好读书胜过针线活，而与读书相比，她更爱穿衣打扮、"开创时尚"，不过，她最爱的还是写作。十六本没有标题的纸质书里，写满了散落凌乱的字母。急躁狂热的思想远远超过了她书写的速度。这一切都印证了母亲自由开明的育儿成果。幸福快乐的家庭生活所带来的成效不止于此。这家人彼此忠诚，相互关爱。玛格丽特注意到这些漂亮帅气的兄弟姐妹，即便是婚后过了许久，也依然保持着匀称的身材、白净的肌肤，人人有着褐色的头发、健康的牙齿。他们说话时，"声音悦耳"、坦率平实。这些共同特点将他们"凝聚在一起"。有陌生人在场时，他们会保持沉默，一旦独自相处，便会口无遮拦。不论是在春园街或者海德公园散步、听音乐，还是在游艇上吃晚餐，他们都会"一起寻欢作乐……只要觉得合适，便会随心所欲地评论一番，或评判谴责，或称赞表扬"。

幸福的家庭生活也影响了玛格丽特的性格。童年时，她会独自漫步几个小时。只要是"感官所及之处"，她都会沉思默想，自己理论一番。不论什么活动，她都兴致索然。玩具不能逗她开心，她也不会学习外语，或者像别人那样穿衣打扮。她最大的乐趣是为自己设计服装。玛格丽特说过，这些衣服别人复制不了，"因为我喜欢特立独行，即使是日常装扮也是如此"。

这种既封闭又自由的教养方式，本该培养出一位识文断字、乐于隐世独居的老姑娘，她可以著书立传，也可以翻译传世经典，这些都可以用来证明女祖先们的文化素养。但是，玛格丽特身上有一道狂野不羁的烙印，即她喜欢华丽的服饰，喜欢铺张奢侈之物，喜欢出名，这就一再搅乱了秩序。她听说女王手下的宫女自爆发国内战争以来比以往少了许多，便有了当宫女的"强烈愿望"。虽然全家反对,母亲还是顺了她的心意。家里人认为,玛格丽特从未离开过家,极少离开家人的视线,所以她在宫廷里的一举一动很可能会对她不利。玛格丽特也承认,"情况确实如此。人们认为我天生不聪明,因为一旦离开了母亲和兄弟姐妹的视线,我就会变得十分害羞……不敢抬头张望,不敢开口说话,也不敢与人交往"。朝臣们嘲笑她,她当然会予以回击。那里的人都爱吹毛求疵。男人嫉妒有头脑的女人,女人则对聪明的同性心怀戒备。她常常自问:自己在散步时,其他女人都在想些什么?她们是否也在思考大自然的本性,或者蜗牛长没长牙齿?提出这样的问题,毫不为过。嘲笑令玛格丽特感到愤慨,她求母亲让自己回家。母亲拒绝了她的请求。事后证明,母亲的做法非常明智。玛格丽特先在宫里待了两年(1643—1645),最后随女王去了巴黎。来巴黎觐见女王的流亡者中,有一位是纽卡斯尔侯爵①。此人虽然勇敢坚毅,却没有多少作战的能力,曾经率领国王的军队征战沙场,却一败涂地。让人意想不到的是,这位贵族竟然爱上了那位腼腆沉静、穿着怪异的宫女。据玛格丽特所言,那不是"情欲之爱,而是诚实的、高贵的爱"。玛格丽特并非绝配,而且有着谨慎和古怪的名声。是什么让这位侯爵拜倒在她的裙下呢?旁观者对她充满嘲笑、蔑视和诽谤。玛格丽特在给侯爵的信中写道:"我担心,虽然我们不这么看,但别人已经预见了我们未来的不幸,否则也不会费心解开我们爱情的结了。"她又写道:"圣日耳曼是一个诽谤横行的地方。这里的人认为,我给你寄书信过于频繁。"她还警告侯爵:"我有不少敌人,敬请三思。"然而,这明显是一段完美的姻缘。侯爵热爱诗歌、音乐,喜欢创作剧本。他对哲学有着浓厚兴趣,而且坚信"没人知道,也不可能知道一切事物的起因"。这样一位浪漫慷慨的人自然会被玛格丽特吸引,她不但自己创作诗歌,而且是一位思维方式与他相似的哲学家。侯爵的慷慨大度为玛格丽特提供了庇护和援助,因此,她在侯爵身上倾注的不仅是对同行的艺术家的敬佩之心,还有对其体察人心的感激之情。"他的确支持,"她写道,

---

① 即威廉·卡文迪许(William Cavendish,约1593—1676),1643年被封为纽卡斯尔侯爵,1665年被封为纽卡斯尔公爵,是第一代纽卡斯尔公爵。

"那些常常受人指责的令人脸红和恐惧的事。虽然我恐惧婚姻,且尽可能地避免与男人相伴,但我……无力拒绝他。"在漫长的流亡岁月中,玛格丽特始终陪伴在侯爵左右。侯爵爱骏马,她便以理解的态度步入这个行当,虽然对此不甚了解。侯爵训练出的马可谓完美无缺。当西班牙人见到这些马做出种种高难度的动作时,情不自禁地在胸前画着十字架,嘴里高呼:"真是奇迹呀!"玛格丽特坚信,只要侯爵走进马厩,那些马就会欢快地跺起脚来。护国公时期①,玛格丽特在英国为侯爵辩护;斯图亚特王朝复辟后,他们得以重返英格兰,双双隐居乡下,过着与世隔绝、心满意足的生活:一起胡乱地写些戏剧、诗歌、哲学文章,兴高采烈地阅读彼此的作品,当然,偶尔遇到自然奇观时,会就此谈笑一番。二人虽然遭到世人耻笑,比如霍勒斯·沃波尔②就曾对此嗤之以鼻,但是,毫无疑问,他们过着非常幸福的生活。

此时,玛格丽特可以不受干扰地写作,可以为自己和仆人们设计服装,可以越来越快地信手写下文章,字迹则变得越发潦草难辨。她甚至可以奇迹般地把自己的剧本拿到伦敦演出,让饱学之士拜读自己的哲学论著。如今,玛格丽特的一部又一部著作陈列在大英博物馆里,洋溢着一股扭曲、躁动的生命力。她对条理、逻辑、发展脉络统统置若罔闻。她对一切都无所畏惧,像孩子般胆大妄为、不计后果,又有着公爵夫人的傲慢气焰。如果最狂野的幻想向她袭来,她便驾驭着幻想,一路漫步。在玛格丽特思绪恣肆时,我们似乎可以听到她召唤坐在隔壁、手里握着笔的约翰③,"约翰,约翰,我有主意了!"不论内容是什么,不管有没有道理,她都会把想法记下来。玛格丽特对妇女教育有些想法,认为"女人如蝙蝠或猫头鹰一样生活,如牲畜一般劳作,如蠕虫一样死去……教养最好的女人是那些最文明的女人"。或许在某日午后独自散步时,她会冒出一些令人吃惊的思

---

① 护国公时期(the Protectorate, 1653—1659),即护国公奥利弗·克伦威尔(Oliver Cromwell, 1599—1658)统治英国时期。
② 霍勒斯·沃波尔(Horace Walpole, 1717—1797),英国艺术史学家、文学家。
③ 人物出处不详,大概指其兄约翰·卢卡斯爵士(Sir John Lucas)。

考：猪为什么会得麻疹？狗为什么喜欢摇尾巴？或者，星星是由什么材料构成的？还有，仆人给她的那只蛹一直放在墙角保温，那会是一只什么蛹？一个接着一个，玛格丽特从一个主题跳到另一个主题，从不停下来修正它们，"因为创造远比修补有趣"。她总是自言自语，大声谈论脑子里充斥的各种想法，话题涉及战争、寄宿学校、树木砍伐、语法规则、道德原则、妖魔鬼怪，以及英国国民，等等。她还谈论过小剂量鸦片是否有助于精神病患者，音乐家为什么都是疯子，诸如此类话题。抬起头时，她会雄心勃勃地猜想月亮的本质；低下头时，她会自问鱼是否知道海水是咸的。玛格丽特认为，人类的头脑里装满了各种精灵，他们"像我们一样，与上帝十分亲近"。她会思索，除了我们居住的世界之外，是否还有其他世界？继而想到，下一艘船也许会为我们带来新世界的消息。简而言之，"我们处在茫茫黑暗之中"。与此同时，思考又是多么令人欣喜若狂！

维尔贝克有一处庄严、幽静的住所，玛格丽特的众多著作在那里完成。例行审查照旧带来种种异议，玛格丽特会根据心情在每部书的前言里对此或做出回应，或表示鄙夷，或据理力争。比如，有人认为，这些书不是她写的，因为她使用了学术词汇，而且"很多内容都超出了她的知识范围"。玛格丽特向丈夫求援。公爵的回应也极具特色，他说，公爵夫人"除了向兄长和我本人求教之外，从未与其他学者有过交流"。此外，公爵的学识十分与众不同。"我在这个伟大的世界里已生活良久，感官比学术话语更能激发我的思考，因为我不喜欢被权威人士或老作家牵着鼻子走。'他说'之类的话对我毫无裨益。"于是，她以孩童般倔强而鲁莽的态度继续写作，以此向世人保证，她的无知恰恰是人们所能想见的最佳品质。玛格丽特见过笛卡儿和霍布斯，但没有向他们提过任何问题。她也确实邀请过霍布斯先生共进晚餐，不过霍布斯无法赴宴。别人的话，她很难听进去，虽然在法国住了五年，但是不会说一句法语。她对老一辈哲学家的了解全部来自斯坦利先生的描述，笛卡儿的书中，她也只读过半本论述激情的著作①。除了

---

① 即《论灵魂之激情》(Les Passions de l'Âme)。

《论公民》这本小册子之外,她没有读过霍布斯的其他任何著作。玛格丽特的成就完全仰仗于自然禀赋,她对外界的帮助不屑一顾。正是由于对学术界一无所知,个人意识尚未受到影响,玛格丽特才得以独树一帜,建构起自己的哲学体系。然而结果并非皆大欢喜。玛格丽特在第一部著作中,以迷人的手法讲述了麦布女王与奇幻仙境的故事,想象新颖、别致。然而在旧体制之下,她的自然禀赋受到严重打压。

> 她居住在女王的宫殿里,
> 宫殿用蜗牛的壳建成;
> 彩虹织就的帷幔又轻又薄,
> 向首次步入皇宫的人,尽显美妙神奇;
> 琥珀制成的房间晶莹剔透,
> 如果附近有火,它会散发出甜美的气味;
> 她的床用樱桃石做成,到处雕花刻叶,
> 蝴蝶的翅膀挂在半空;
> 床单是用鸽子眼睛周围的皮肤制成,
> 枕下是一朵朵紫罗兰。

玛格丽特自幼便会写这样的诗文。然而,即便她幻想中的精灵幸存了下来,也都长成了一头头河马。她的祈祷得到了过于慷慨的应允。

> 让我的文风自由壮丽,
> 狂野不羁。

下面这一小段文字虽然不是玛格丽特最出彩的段落,但是展现了她错综复杂、大胆离奇的文风:

> 人的脑袋也许可以比作一座城镇:
> 嘴里装满食物时,就是开集的日子;

嘴里空无一物时,集市就关闭了。
这座城市有两个治水渠道:
鼻子上的两个鼻孔。

她的比喻虽然有失协调,却涌动着永恒的活力。大海成了草地,水手成了牧羊人,而桅杆则变成了五朔节花柱①。苍蝇是夏天的鸟,树木是参议员,一栋栋房子变成了一艘艘船。这个世界上,她最爱的,除了公爵之外,便是那些仙子、精灵,即便是那些仙子、精灵也都变成了或钝或利的微粒,投入惊悚的行动之中。玛格丽特认为能够集合、操控宇宙中的各种力量是一件很有趣的事情。确实,"我笔下的桑斯百瑞夫人有一种奇特而广博的智慧"。更糟糕的是,在不具备丝毫戏剧创作能力的情况下,她却开始了剧本创作。这是一个简单的转变过程。那些复杂的思想在她心里颠三倒四,她将其命名为"高登·瑞查爵士""莫尔·米布瑞德""普皮·道格曼爵士"等等。②这些人物围在一位饱学多智的女士周围,展开一场场单调乏味的辩论。他们讨论灵魂由哪些部分组成,或争辩美德是否优于财富。这位女士以一番长篇大论、老生常谈,回答他们的问题,纠正他们的错误。

有时,玛格丽特也会到外面走走,拜访一下邻近的乡绅。此时,玛格丽特会以公爵夫人的身份出场,穿戴得珠光宝气、夸张俗艳。每次出行,她都会即时记录见闻。比如,她会记下C.R.夫人如何"在公众集会上殴打自己的丈夫";F.O.爵士如何"贬低了自己的出身和财富,娶了一位帮厨的女佣";或者P.I.小姐如何入了教籍,成了一名修女,"她剪去了卷发,对黑色的补丁感到厌烦,而且认为系带鞋和套鞋只会让人迈向骄傲。她还问我,什么样的姿势最适宜祈祷"。玛格丽特的回答大概未被接受。她提到此类"八卦"时说道:"我不会再贸然去那里了。"我们也许可以大胆猜测一下,玛格丽特既不是一位深受欢迎的客人,也不是一位热情好客的主人。

---

① 五朔节为欧洲仲夏时节的民间节日。节日期间,人们常常绕着一根很高的木头柱子跳舞庆祝。这根柱子被称为五朔节花柱(Maypole)。
② 这些绰号均有明显寓意,比如,莫尔·米布瑞德(Moll Meanbred)可以理解为"出身贫贱的女歹徒"。

她有一套"自我吹嘘"的方法,虽然吓跑了客人,却并不为此感到遗憾。实际上,维尔贝克是最适合她居住的地方。在这里,她可以与和蔼可亲的公爵为伴,公爵与她最为志趣相投了。公爵在一旁进进出出,一边思考自己的剧本,一边琢磨脑子里的各种想法,而且随时准备回答玛格丽特的问题,回击来自外界的诽谤。也许正是这种与世隔绝的生活,导致行为贞洁的玛格丽特言语却有失检点。埃格顿·布莱吉斯爵士①竟然为之深感不安。他抱怨道,玛格丽特的"表达和意象,对于一位在宫廷里长大、身份高贵的女士来说,显得异常粗俗"。但是,埃格顿·布莱吉斯爵士忘记了,这位女士早就与宫廷没有往来了。与她为伍的主要是精灵、仙子,她的朋友也都是已逝之人。她的语言自然会显得粗俗。公爵夫人的哲学思考乏善可陈,戏剧作品令人不堪忍受,诗歌也常常乏味枯燥,尽管如此,其大部分作品却因真挚、诚恳的热情而显得意趣盎然。她笔下的人物飘忽不定、可爱喜人,人们禁不住诱惑,在书页间追随他们时隐时现的行迹。她身上有着某种堂吉诃德式的气质,意气风发,同时她既疯狂愚蠢,又机智过人。她有着坦荡的单纯,活跃的才智,对精灵、动物有着真挚温柔的同情之心。她古灵精怪,不负责任,冷酷,有魅力。玛格丽特曾是一位腼腆害羞的姑娘,在宫廷里甚至不敢抬头看一眼刁难自己的人。自那时起,严厉的批评家们就开始对她嗤之以鼻、奚落嘲讽。虽然蔑视嘲弄仍在继续,但是,他们当中,毕竟鲜有人能像玛格丽特那样,为宇宙的本质牵肠挂肚,对被猎杀的野兔抱有些许关怀,也不会有人像她那样,渴望与"莎士比亚剧中的傻子"展开对话。无论如何,如今,笑声并不总是来自他们那一方。

旁人的嘲笑已成过去。有传闻说,这位疯疯癫癫、来自维尔贝克的公爵夫人,要来宫廷觐见。于是人们挤满了大街小巷,以窥其尊容。塞缪尔·佩皮斯先生出于好奇,两次前往海德公园,等着看她从那里路过。但是公爵夫人的马车被围得水泄不通,他只能瞥见坐在银色马车里的公爵夫人和她的随从。她穿着天鹅绒的外衣,头上戴着天鹅绒的帽子,头发缠绕在耳后。佩皮斯先生只能从白色窗帘的缝隙,瞥见公爵夫人一晃而过的面

---

① 埃格顿·布莱吉斯爵士(Sir Samuel Egerton Brydges, 1762—1837),英国目录学及谱系学家。

孔。那是"一张清秀标志"的脸。之后，伦敦东区的百姓注视着马车从人群中驶过。大家都挤着，想要瞧一眼这位浪漫传奇的夫人。在维尔贝克的一幅画像上，她站在画中，一双大眼睛露出忧郁的神情。仪态高贵，令人惊艳。她手指又尖又长，轻轻触着桌面，对她的不朽名声显得平静而自信。

（程辰雨　译）

漫谈伊夫林[①]

如果你想确保300年后仍有人为你庆祝生日的话，那么记日记无疑是最好的方法。不过你首先要确定自己有勇气将才华封存在私人笔记中，而且不介意死后出名。优秀的日记作家要么为自己写作，要么为遥远的后人写作，因为在遥远的未来，作者即使透露了自己的全部秘密，也不会有任何危险，而且，读者在评判作者的动机时，也会做出公允的评判。对于这些读者来说，文章无须矫揉造作，也不用刻意压制情感。他们所寻求的是真情实感，是细节和数量。写作技巧信手拈来，才华并非不可或缺，天赋甚至会是一种障碍。不论是与大人物交往，还是报道名人绯闻，乃至与这片土地上的贵妇们厮混，只要你明白自己的职责，而且做得恰到好处，那么就不会遭到后人的诟病。

约翰·伊夫林的日记便是一个很好的例子。正是因为这部日记，我们才会纪念伊夫林诞辰300周年。这部日记有时写得像是回忆录，有时又像是随手记下的日程表。作者并没有在日记里揭露自己内心的秘密，里面的内容似乎都可以在晚上心平气和地读给孩子们听。如果这只是一个善良的人写就的一部平庸的作品，那么我们为什么至今仍要费力读这部日记呢？我们必须承认以下几点。首先，日记终归是日记，也就是说，这是我们在疗养时，在马背上，在与死亡纠缠时读的书。其次，关于阅读，人们已有过种种赞美，但是在绝大多数情况下，读书不过是做梦和打发时光，手捧

[①] 约翰·伊夫林（John Evelyn, 1620—1706），英国日记作家、英国皇家学会创始人之一。

一本书躺在椅子里,看蝴蝶在大丽花上翩翩起舞。读书是一件无利可图的事,因此批评家们不屑研究,大概只有道德家会为它说些好话。道德家允许读书成为一件纯洁无辜的事,他们还会说,幸福虽然源自小事,但是,与哲学和布道坛相比,或许它更能阻止人们做出改变宗教信仰和犯上作乱的事情。

在进一步阅读伊夫林的作品之前,我们应该明确现代人的幸福观与伊夫林的幸福观有何不同。当然,无知是其根源:伊夫林孤陋寡闻,而我们,相比之下,则更加博学多识。读完他在国外旅行时发生的那些故事,人人都会首先羡慕他的淳朴思想,接着羡慕他的活动。举一个简单的例子来说明彼此之间的不同。一只蝴蝶停在一朵大丽花上,这时,园丁推着手推车慢慢地从它身边经过,它会一动不动地停在那里,但如果园丁把耙子的影子投到了蝴蝶的翅膀上,那么蝴蝶就会立即戒备起来,一跃而起,飞走了。所以,我们可能想,蝴蝶只有视力却没有听力。毫无疑问,在这一点上,我们与伊夫林不相上下。但是,像进屋取刀,然后一刀斩下皇家海军上将首级这样的事,大概只有伊夫林做得出,对于20世纪一个头脑清醒的人来说,这是不可想象的。作为个体,我们知道的事情可能和伊夫林一样少,但是,就整体而言,我们已经积累了非常丰富的知识,乃至失去了探险的动力。我们求教于百科全书,而不会向一把剪刀求助。我们在两分钟内获得的知识就能超出伊夫林平生所学,而且知识量如此巨大,掌握一星半点的知识已没有什么价值。虽然无知,但是伊夫林完全有理由相信,通过自己的努力,他不仅可以拓展个人的知识领域,而且可以增进人类共有的知识体系。他接触了艺术、科学的各个领域,在欧洲大陆奔走了十余年,以经久不衰的兴致观察各种事物,比如体毛厚重的妇女、聪明的狗等,还对此做出了种种推测和猜想。如今,能与之匹敌的大概只有乡下的老妇人围在水泵边的闲谈。她们会说,今秋的月亮比以往大了许多,所以蘑菇是长不出来了,木匠的老婆肯定会生下双胞胎。伊夫林作为皇家学会会员,文化、才智都高人一等,也会仔细观察彗星,留意种种征兆。他还认为,如果泰晤士河上出现了鲸鱼,那将是一个不祥的预兆。1658年,曾有人看到鲸鱼出没，而"克伦威尔就是在那一年去世的"。17世纪，大自然似乎决意激发一下崇拜者对自己的忠诚，于是展现出其暴力反常的一面，至今罕见。于是出现了风暴、洪水、干旱等自然灾害，泰晤士河结了厚厚的冰，彗星在空中燃烧。如果有只猫在伊夫林的床上产下幼崽，那只小猫必定生有八条腿、六只耳朵、两个身体和两条尾巴。

回到幸福这个话题上来。我们与祖先之间似乎存在着一个无法抹杀的区别：我们对同一事物的价值有着不同的看法，因此令我们感到幸福的源泉也就不同。先人的无知与当代人的博学，大概是造成这一区别的部分原因。但是，我们能否就此认为，无知改变了人的精神和情感？去习惯维多利亚时代的生活一定是件让人难以忍受的苦差吗？难道我们会觉得有必要因不能忍受莎士比亚的习惯而离开他的房间，或者拒绝伊丽莎白女王的晚宴邀请吗？也许我们会这样做。伊夫林是一个极其文雅、清醒的人，但是，与我们这些挤着看狮子被喂食的人不同，他会挤进一间刑讯室一探究竟。

> 他们首先用一根结实的麻绳或是一根细缆绳把他的两只手腕捆起来，然后把绳索的一端系在一个铁环上。铁环固定在墙上，高出地面大约四英尺。接下来，用另一根绳索把他的双脚捆起来，系到地板上的另一个铁环上。两个铁环间的距离比其身高多出大概五英尺。他就这样斜斜地悬空躺着。绑着双脚的绳索下还塞了一个木马①。绳索把木马绷得紧紧的，扯断了那个人身上的每一个关节，其状苦不堪言。在这一超常规的刑罚方式下，他最终被拖了出来，赤裸的身体上就只剩下一条亚麻衬裤。

伊夫林观看了行刑的全部过程，随后评论道："这种场面太令人难受了，以至于我无法继续看下一场行刑。"而我们可能会说，狮子的吼声太大了，吃生肉的场面让人感到不快，所以还是去看看企鹅吧。即便考虑到伊

---

① 指一种行刑工具。

夫林的不适，他对痛苦的理解与我们仍有很大不同。我们不禁要问，面对事实，我们与伊夫林是否有着同样的视角？娶妻是否出于同样的动机？判断是非是否有着同样的标准？看到受刑之人伤筋断骨时，伊夫林只是顺从地坐在那里；看到那人脚下的木马越抬越高时，他也毫无退缩之意，而是继续目睹行刑之人取来一只牛角，插入那人的嘴里，顺着牛角往喉咙里灌了两大桶水。受刑之人被怀疑犯了抢劫罪，但是，他拒不承认，因而遭此酷刑。我们至今仍会在头脑里构想出一只只笼子，用来囚禁白教堂区的贱民。伊夫林面对酷刑时的种种表现，似乎足以使其被投入其中一只笼子里。但是，很显然，我们对此有某种误解。如果我们还认为，对苦难的悲悯与对正义的热爱是人类的本性，那么我们可以说，世界在进步，人类也在不断发展。还是让我们继续来读伊夫林的日记吧。

　　1652年，一切似乎都已尘埃落定。"所有事务都掌握在了造反派的手里"，伊夫林对此感到非常不快。他和妻子带着血管与动脉图、威尼斯的玻璃制品，以及其他奇珍异宝返回了英国。他作为保皇党的忠实支持者，在德特福德过上了乡绅生活。进城，去教堂，管理账务、照看花园，他打发时间的方式似乎与我们没有什么不同。"我在赛耶斯宫开了一个果园，新月当空，西风阵阵。"但是，不同之处还是有的，只不过很难用一句引言来诠释，因为能够显示差异的证据都散落在了微不足道的语言片段之中。总而言之，伊夫林善于观察，一个可视的世界总是离他很近。对于我们而言，可视的世界早已从身边退去，乃至听到别人谈论建筑、花园、塑像、雕刻等事物时都会觉得很奇怪，就好像事物的外观会让人产生困扰似的，无论人是在室内还是室外，而且事物也不局限于挂在墙上的几幅小油画。无疑，我们有着上千个借口，但是直到现在我们都还在为伊夫林找理由。不论在哪儿，只要看到胡里奥·罗马诺、波利多尔、圭多、拉斐尔、丁托列托等人的画作，或者见到一幢建造精美的房子、一处景观、一座高雅的花园，伊夫林都会停下马车审视一番，然后打开日记本，记录下自己的意见和想法。8月27日，伊夫林与雷恩博士等人来到古老且受人敬仰的圣保罗大教堂，"调查教堂的整体衰败状况"。他做出了与众人不同的判断，认为教堂应该有一个"高贵、庄严的穹顶,这种形式的教堂在英国仍不多见,但是有着超凡绝伦的优雅格调",雷恩博士对这一意见表示了赞同。6天后,伦敦大火改变了他们的看法。还有一次,伊夫林在独自散步的时候,偶然间看到了"一座简陋的茅草屋,孤零零地立在教区里的野地上",透过茅草屋的窗户,他看到一个年轻人正在雕刻一副十字架。伊夫林被那个年轻人的真挚热情所征服,于是将格林林·吉本斯[①]以及他的雕刻作品引荐给了宫廷。

能够谨慎对待虫豸的痛苦,敏锐体察女仆的债务负担固然不错,但是,如果一个人闭上眼睛,能够回想起一条条街道,街上是一座座漂亮的房屋,那又该多么令人心旷神怡。花朵红艳艳的,粉红色的苹果在午后的阳光下像是镀了一层玫瑰金色。画是迷人的,尤其是当这幅画能够淋漓尽致地展现祖父的性格,并且赋予遗传了这副愁容的家族以尊严的时候。然而,在这个变得异常单调的世界里,这一切都只是些零散的碎片,是美的遗迹。我们谴责伊夫林冷酷无情,而他很可能会把贝斯沃特和克拉彭的外围地区指给我们看。他也许会断言,当今的社会缺乏个性和信仰,没有哪个英国农民会在床边放一口敞开的棺材,以此来提醒自己终将一死。对此,我们无法立即反驳。不错,我们热爱这个国家。伊夫林从不仰望天空。

话归正题。王朝复辟之后,伊夫林因取得多种成就而崭露头角。在我们这个专家主导的时代,这些成就显得非常了不起。他就职于公共事业部门,担任皇家学会秘书,创作剧本和诗歌,是英格兰第一位研究树木和花园的权威人士。他还提交了一份重建伦敦的设计方案,谈到过伦敦烟雾及解决方案,受命撰写了荷兰战争史,据说就连圣詹姆斯公园里的椴树也是他精心设计的结果。总而言之,伊夫林完完全全超越了《公主》[②]里的那位乡绅,而且在很多方面,都可被视为其前身。

　　一个拥有一群肥牛与肥羊的地主,

[①] 格林林·吉本斯(Grinling Gibbons, 1648—1721),英国荷裔雕刻家。
[②] 《公主》(The Princess)为阿尔弗雷德·丁尼生的一部叙事诗,发表于1847年。

一个种植大瓜和高大松树的农夫,

一个赞助了约三十家慈善机构的商贾,

一个撰写关于肥料与谷物的小册子作家,

一个比谁都能干的季审法庭主席。①

此人身兼多职。然而丁尼生忽略了伊夫林与沃尔特爵士②之间的另一个共同特征。我们禁不住要猜测,此人可能会有些烦人,有点挑剔,喜欢摆架子,对自己的长处略显自负,而对别人的优点则反应迟钝。我们或许会问:哪些品格或者哪些品格的缺失抑制了同情心的生成?表里不一应该是其中的部分原因,但是说它是"虚伪"又显得过于苛刻了。伊夫林虽然为时代的种种恶习深感痛心,但是又不能不以其为中心,在宫廷里的"奢侈浮华中蹉跎光阴"。"奈莉女士"③望着花园的墙,与国王查理在墙下的林荫道上漫步,打情骂俏。这种场景让伊夫林感到极其厌恶。但是他又下不了决心与宫廷一刀两断,回到"自己那幢清静、简陋的别墅"过日子。那幢别墅自然是他的眼中宝,也是英格兰的一处胜地。此外,伊夫林虽然疼爱自己的女儿玛丽,但是在女儿去世后,他并没有因为悲哀而忘了统计葬礼上有多少辆马车是空的。他的女性朋友们将品德与美貌如此完美地结合了起来,简直无须再用智慧装饰。伊夫林在一篇真诚感人的传记中对戈多芬夫人大加赞赏。这位可怜的夫人"喜欢参加葬礼",总是挑"最干、最瘦的肉"来吃,这也许是天使的习惯,但是这些习惯并没有积极呈现出她与伊夫林之间的友谊。佩皮斯为我们对伊夫林做了总结。某日上午,在漫长的娱乐活动之后,佩皮斯说道:"总之,他比别人更加优秀,所以有些高傲自大也是可以被谅解的;他就是这样一个高高在上的人。"佩皮斯的话切中要害,"他比别人更加优秀",但是有点高傲自大。

也正是佩皮斯促使我们思考另一个问题。这一思考虽然不可避免,但

---

① 引文出自《公主》。
② 《公主》中的故事人物。
③ 即内尔·圭恩(Nell Gwyn,1650—1687),英国演员,国王查理二世的情妇。

绝非必需，甚至有些不友善。伊夫林没什么天赋。他的文章晦涩难懂，缺少清晰透彻的品质。读者从中既看不到思想的深度，也体会不到头脑或心灵的神秘运动。他既不会令我们痛恨弑君之人，也不会让我们毫无理由地喜欢上戈多芬夫人。但是他的日记写得非常好。就好像在我们昏昏欲睡的时候，伊夫林不知何故穿越300年，与我们建立了一种可知、可感的沟通方式。我们虽然没有特别关注什么，也没有刻意去梦想、去欢笑，或者停下来四处张望，但是时时刻刻都会有发现。比如，伊夫林对自己的花园总是不屑一顾，这种态度令人欣慰；在评论别人家的花园时，他又是那么尖酸刻薄。我们也许会对日记的内容信以为真，比如，赛耶斯宫的母鸡下的蛋是全英国最好的蛋；沙皇推着独轮车穿过篱笆简直就是一场灾难。我们也能猜想到，伊夫林夫人如何打扫灰尘、擦拭器皿，伊夫林本人又是如何牢骚满腹。他为人严谨，做事高效，值得信赖，并且时刻准备着为人提供建议，朗读自己的作品。再比如，在小神童理查德死去时，伊夫林是多么情深意切，其痛苦之情是多么刻骨铭心，他哀而不伤地写道："晚上祈祷之后，孩子下了葬，就在离他兄弟的坟墓不远的地方。他们都是我的孩子。"这位表情总是多愁善感的男人很少会如此节制。伊夫林不是艺术家，脑中没有盘桓不去的短语，回忆里也没有自动生成的段落。但是，仔细记录每天发生的事情是一种艺术手法，自有其迷人之处。日记里记录了永远不会被人提及的人物，引发了永远不会发生的危机，虽然介绍了托马斯·布朗爵士，但是从来不让爵士发声。在一页页日记中，好人、坏人、社会名流、无名小卒，在他的房间来来去去。我们几乎没有注意到，还有更多的人物被关在了门外，随后销声匿迹了。读者时不时会看到一个渐渐远去的身影，其中的意味远远超出了一个于众目睽睽之下静坐的人。我们也许只是在不经意间注意到了这些人。而他们大概也从未想到过，300年后仍会有人注视着自己跳过栅栏的大门，或者像老阿盖尔侯爵那样发现鸟舍中的斑鸠竟然是猫头鹰。读者的目光从一处游弋到另一处，投注情感的对象也在不断变化。比如，我们会同情脾气暴躁的雷伊船长，他的狗咬死了一只羊，而他极其易怒，一会儿要射杀羊的主人，一会儿又要杀死跌落悬崖的马。雷伊船长在日内瓦逗留时，与萨拉丁先生的女儿有染。此时，我们又会对萨拉丁先生和他的女儿深表同情。最值得同情的还是伊夫林本人。他年事已高，在沃顿的花园里散着步，心中的悲伤早已平息，有一个令他骄傲的孙子。他时不时还会脱口而出几句拉丁文。他种的树枝繁叶茂，蝴蝶在大丽花上飞舞。

（程辰雨　译）

笛福①

在记录某一事物的数百年历史时,人们常常会有这样一种恐惧,唯恐自己所记录的事物正在消逝,从而不得不预言其即将灭亡的命运。但对《鲁滨逊漂流记》而言,我们不会有这样的顾虑,就连想象一下它的终结都会显得十分荒谬。这可能是真的,到1919年4月25日,《鲁滨逊漂流记》就满两百岁了,但是,没人会去猜测这部书今后是否还会有读者。在纪念《鲁滨逊漂流记》问世两百周年时,我们不禁感慨,这部经久不衰的杰作居然只有短短两百年的历史。这部书看起来不像出自一个人之手,而更类似于一部民族世代流传的佚名作品。提到《鲁滨逊漂流记》的百年纪念,我们会立刻联想到巨石阵的百年庆典。这种联想的部分原因在于,我们从小听着《鲁滨逊漂流记》长大,笛福及其作品在我们心中的地位,就像荷马在希腊人心目中的一样。我们从未想过世上曾有笛福这个人,若是得知《鲁滨逊漂流记》出自某人之笔,我们要么会为之扫兴,要么对此无动于衷。童年的印象总是最持久、最深刻的。丹尼尔·笛福的名字似乎至今仍然无权出现在《鲁滨逊漂流记》的封面上。纪念这部书问世两百周年是在略显多余地暗示:《鲁滨逊漂流记》和巨石阵一样,仍然留存于世。

《鲁滨逊漂流记》虽然家喻户晓,其作者笛福却因此遭受了一些不公。这部书为笛福带来了某种无名的荣誉,同时也淹没了作者的其他作品。可以肯定,在我们小时候,没人会朗诵那些作品给我们听,因此,在闪电击

---

① 本文写于1919年。——原注

毁了笛福的墓碑之后,《基督世界》的主编于1870年呼吁"英国的青少年"在笛福的墓地上重竖一块纪念碑,而铭刻在大理石纪念碑上的文字表明,此处纪念的是《鲁滨逊漂流记》的作者[①]。碑文丝毫没有提及《摩尔·弗兰德斯》。我们虽然对这一疏漏感到愤愤不平,但是考虑到该书和《罗克珊娜》《辛格顿船长》《杰克上校》及其他作品所涉及的主题,这种疏漏倒也情有可原[②]。笛福的传记作者赖特先生认为,笛福的作品中,除了《鲁滨逊漂流记》以外,其余均"不适合放在客厅的桌子上"。除非我们赞同让客厅里的那件实用的家具来最终引领我们的文学品位,否则我们一定会为那几部"摆不上台面的"小说感到惋惜。这些作品貌似粗鄙,又长期埋没在《鲁滨逊漂流记》的盛名之下,因此从未受到应有的重视。在这些被埋没的作品中,至少《摩尔·弗兰德斯》和《罗克珊娜》这两部小说应该和笛福的名字一起,深深镌刻在任何一块纪念笛福的石碑上,因为在英国文学中,无可争议的伟大小说寥寥无几,而这两部小说可以跻身其中。在《鲁滨逊漂流记》问世两百周年之际,我们应该借此机会思考一下笛福小说的伟大之处,因为作品与其作者有着太多相同之处。

笛福虽然晚年才开始创作小说,却是开创小说艺术的前辈,比理查逊[③]和菲尔丁早了许多年。我们没必要费力地强调他的先驱地位,但他对小说这门艺术所持有的观点还是值得讨论的,因为其中部分内容恰恰来自笛福开创小说艺术的心得。在笛福看来,小说创作的基本原则是必须讲述真实的故事,宣扬正确的道德观念。"凭空捏造故事无疑是最可耻的罪行。"笛福这样写道。他还说过:"这就是在撒谎,在心里挖一个大洞,撒谎的习

[①] 1869年,《基督世界》(Christian World)的主编詹姆斯·克拉克(James Clarke)呼吁重修笛福纪念碑,鼓励读者每人捐献六便士。为了激发大众的热情,他们还按性别为青少年列了两个清单,以鼓励互相竞争。纪念碑上的文字为"丹尼尔·笛福。生于1661年。死于1731年。《鲁滨逊漂流记》的作者"。

[②] 《摩尔·弗兰德斯》讲述的是一个女囚犯的故事;《罗克珊娜》的主人公流落英国,嫁给酒商后被遗弃,沦为妓女和情妇。《辛格顿船长》讲述辛格顿航海冒险、开发荒岛的故事,主角原型为英国海盗埃夫里。《杰克上校》讲述私生子杰克的人生经历:照顾他的保姆死后,杰克沦为扒手,后来试图参军,却在途中被骗去弗吉尼亚,卖身为奴隶,最后跃升成为种植园园主。

[③] 塞缪尔·理查逊(Samuel Richardson,1689—1761),英国著名小说家、保守派作家,作品有《克拉丽莎》《帕米拉》等。

惯就渐渐地钻进来。"因此,他在每一部作品的序言或正文里,都煞费苦心地强调,书里的故事都有事实基础,并非空中楼阁。笛福在创作时,一向持有高尚的道德诉求,即借助小说震慑穷凶极恶之徒,警示清白无辜之人。这些原则正好也与他的秉性和才华相符。笛福将自己积累了六十多年的丰富阅历投入小说创作之中。"不久前,我用这副联句总结了我的人生经历,"他写道,"无人似我历经沧桑,十三回贫与富无常。"

在创作《摩尔·弗兰德斯》之前,笛福曾在新门监狱待了十八个月,和扒手、海盗、劫匪、伪币铸造者等罪犯打过交道。然而,在生活中遭受磨难是一回事,将这些遭遇反复咀嚼并铭记于心,则是另一回事。笛福亲身体会过贫穷的压力,也常和饱受贫穷之苦的穷人打交道。不仅如此,这些餐风露宿、苟且偷生的生活深深地触动了他,激发了他的想象力,成为创作小说的极佳素材。在他那几部伟大的小说中,男女主人公往往在开局就陷入了悲惨的境地,他们必须为了生存不断挣扎,只能靠自身的努力和运气活下来。摩尔·弗兰德斯出生于新门监狱,母亲是一个罪犯;辛格顿船长小时候被拐卖给了吉卜赛人;杰克上校虽是"绅士出身,却成了扒手的学徒";罗克珊娜本来运气不错,十五岁嫁给一位酒商,但后来丈夫破产又抛妻弃子,她和五个孩子陷入了"苦不堪言的境地"。

这些青年男女就这样开始了孤军奋战的人生,如此情境完全符合笛福的心意。摩尔·弗兰德斯是这些人物中最引人注目的一位。她出生之后仅仅过了半年无忧无虑的生活,便落入贫穷这最可怕的恶魔之手,被肆意驱使。自从学会缝纫,她就不得不以此谋生,过着颠沛流离的生活。作者不能为她安排一个温馨的家庭氛围,她对此也毫无奢求。她从作者那里所能得到的,只有识人断物的本事。故事一开始,她就要证明自己有生存下来的权利。她不得不依靠自己的头脑和决断,运用自己摸索得来的实用道德去应对每一次意外变故。她年少时便打破了各种成规,成了社会弃儿,但也因此享受着社会规范之外的自由,这让她的故事显得生动。唯一不可能发生的事情是,摩尔·弗兰德斯竟然在舒适安全的环境中安顿了下来。不过,作者在一开始便凭借独特的才能避开了冒险小说中常见的陷阱。笛福让我们明白,摩尔·弗兰德斯是一个有血有肉的独立女性,而不仅仅是一系列冒险故事中的素材。为了证明这一点,她起初像罗克珊娜一样,满怀激情地坠入爱河。然而不幸的是,她不得不振作起来和另一个人结婚,她必须仔细考虑自己的归宿和前途。这并非她藐视爱情,而要归咎于她卑微的出身。像笛福笔下的所有女人一样,摩尔·弗兰德斯有着敏锐的理解力。为了达成目的,她可以毫无顾忌地撒谎,当她讲出真心话时,就更毋庸置疑了。无论是谎言还是真相,她说出来的话总能让人信服。她没有时间对自己的情感反复思量,只允许自己掉一次眼泪,只绝望片刻,然后"故事继续进行"。摩尔·弗兰德斯有着欣然迎接风暴的精神,为施展自己的能力而感到喜悦。当她发现自己嫁的那个弗吉尼亚男人竟然是自己的亲生弟弟时,她深恶痛绝,坚决离他而去。但是一到布里斯托,她对生活又有了新的企盼:"我转道去了巴斯,因为我还年轻,心情也不错,而且还要将这样的好心情保持到底。"摩尔·弗兰德斯并非薄情寡义,没人可以谴责她轻浮放荡。她热爱生活,领着读者与她一起享受其中的乐趣。此外,尽管精明世故,摩尔·弗兰德斯仍然渴望浪漫的爱情,渴望与心目中真正的绅士结为连理。她故意让人以为她是家底丰厚的寡妇,引来一位绅士的追求,两人在乡下的小教堂里秘密结了婚。事发之后,绅士也向她坦白了自己的真实身份,她写道:"这个劫匪真是殷勤有礼,这就更让我伤心难过了。栽在他这样正派的人手里,也算是不幸中的万幸,总比栽在恶棍手里好。"依着她的性情,摩尔·弗兰德斯就该为自己最后的那位伴侣感到骄傲,因为他拒绝在种植园里工作,而更喜欢狩猎;她还应该乐于为自己的丈夫选购假发和银柄长剑,"让他看起来像个彬彬有礼的绅士,他原本就是这样的人物"。也是因为这样的性情,她钟爱温热的气候,充满激情地亲吻儿子踩过的土地。除了"卑劣至极、跋扈残忍、谄媚强者、欺压弱者"等行径之外,她对人世间的种种过错都能宽容以待。对这个世界别的方面,她只有善意。

晚年的摩尔·弗兰德斯历经世事,也犯下许多罪过,但她的高尚品德绝没有消失殆尽,因此我们不难理解,博罗提到的那位在伦敦桥上卖苹果的妇人,为何会称摩尔·弗兰德斯为"有福气的玛丽",为何会把这本书看得比自己摊位上的所有苹果都要贵重,博罗本人又为何要拿着这本书躲进小棚子里，一直读到眼睛酸痛。①我们能够对人物特征如此津津乐道，足以证明笛福并非像人们指责的那样，只会用文字记录事实，对心理学一无所知。诚然，笛福创造了许多生动、独立的人物形象，他们似乎与作者毫无牵连，完全不受其喜好的左右。笛福在创作时从不对人物精雕细琢，或刻意渲染，而是不动声色地一直往下写。当王子坐在儿子的摇篮边时，罗克珊娜观察到"王子非常喜欢看着儿子进入梦乡"。这类温情的想象对我们似乎比对笛福更有意义。此外，笛福在小说中曾就交流的重要性发表过一些古怪的现代观点。他写道，重要的事情一定要说给另一个人听，否则就会像新门监狱的扒手那样，在睡梦中讲出来。长篇大论之后，他又为自己的这些题外话表示歉意。笛福似乎已经把笔下的这些人物深深地刻在了自己的脑海中，不知不觉便对他们的经历感同身受。与许多无意识的艺术家一样，笛福并没有意识到，自己留藏于作品里的金矿远超同代人有能力发掘出来的那些。

我们对小说人物的解读可能会让笛福大惑不解。作品中小心翼翼掩藏起来的真正内涵，甚至瞒过了作者自己，如今却被我们挖掘了出来。因此，我们对摩尔·弗兰德斯的钦佩多过对她的谴责。在我们看来，笛福尚未对摩尔·弗兰德斯盖棺定论，他充分意识到，自己在思考这些社会弃儿时就已经提出了许多深刻的社会问题；此外，虽然没有直接表明，但是笛福已经在文中暗示，解决问题的方法与自己的信仰有所出入。我们知道，笛福写过一篇题为《妇女教育》的文章。他在文章中对女性的能力大加赞赏，严厉谴责了女性所遭受的种种不公。这篇文章表明笛福不仅深入思考了妇女问题，而且其思想已远远超前于他所处的时代。笛福写道：

我们剥夺了妇女接受教育并从中受益的权利。我常常觉得，

---

① 亨利·乔治·博罗（George Henry Borrow, 1803—1881），英国散文作家、语言学家、旅行家。其代表作《拉文格罗》介于回忆录和小说之间，一直被誉为19世纪英国文学经典。书中提到一位卖苹果的妇人，她的儿子因盗窃而被捕入狱。妇人将《摩尔·弗兰德斯》视为精神支柱，在向博罗推荐此书时，称女主人公是"有福气的玛丽"。博罗翻阅此书之后爱不释手，曾提出购买，但妇人坚决不卖，博罗因此只能常来这里借阅。

> 这是世上最为野蛮的一种习俗，而我们却自认为生活在一个文明的基督教国家里。我们天天都在指责妇女愚蠢无礼，但我确信，如果她们能和我们一样受益于教育的话，一定会比我们表现得更为出色。

妇女权利的倡导者可能不会把摩尔·弗兰德斯和罗克珊娜奉为自己的偶像。然而，笛福不仅有意让她们在妇女问题上表达一些颇为现代的观点，还直接向人们展示了摩尔·弗兰德斯、罗克珊娜等女性人物所遭受的磨难，从而引发读者对小说人物的同情。摩尔·弗兰德斯说过，女人需要的是勇气，是"站稳脚跟"的能力，并且亲身示范了勇气和能力带来的好处。罗克珊娜与摩尔·弗兰德斯处境相仿，以更加巧妙的方式批判了婚姻的奴役。一位曾多次向罗克珊娜求婚却屡遭拒绝的商人告诉她，她"开创了新风气"，"这是一种反驳通行做法的方式"①。然而，笛福是最不应该因干巴巴的说教而被谴责的作家。罗克珊娜之所以会深深吸引我们，正是因为她令人欣慰地没有意识到自己是女性的榜样，因此她可以坦白自己的那些观点只是"一时发挥，起初根本没有想到"。罗克珊娜清楚自己的弱点，所以才能够诚实地质疑自己的动机。作品因此成功地保住了人物形象的鲜活人性，而在诸多展示社会问题的小说中，殉道者和先行者都萎缩成为他们各自信条的一枚枚钉子和一根根支柱。

不过，说我们钦佩笛福，并非基于他被证实预料了梅瑞狄斯的一些观点，也不是基于他写过的场景被易卜生化用在戏剧中（这里出现了古怪的暗示）。无论他对妇女地位有着怎样的看法，都只是其重要美德的意外收获。笛福真正的长处在于，他能梳理出事物内部经久不变的重要本质，而非那些转瞬即逝的细枝末节。笛福也常常让人觉得枯燥。他能模仿科学家、

---

① 在小说《罗克珊娜》中，女主罗克珊娜在第一任丈夫破产、离家出走之后，为生活所迫而沦为妓女和情妇。在这个过程中她逐渐意识到，婚姻是束缚女性的牢笼。婚姻中，她是男性的附属品，而现在，虽然她身为情妇，却更加自由，可以掌控自己的命运。面对珠宝商人多年的痴心等待和多次真挚的求婚，罗克珊娜仍不为所动，在冷静地权衡了婚姻所带来的利弊之后，她还是毅然决然地拒绝了珠宝商人的求婚。

旅行家的客观和精准，以至于我们怀疑他的笔能够追踪，或者他的大脑能够构思出一些哪怕凭空出现的东西，来缓解文风的枯燥。笛福的小说完全省略了自然环境，也省略了大部分的人性。不可否认，这些是笛福作品的不足之处，然而我们也承认，许多伟大作家的作品都有严重缺陷。不过，这些缺陷丝毫无损于作品特有的长处。正因为笛福自始至终只专注于社会的某一个领域，也没有无限膨胀的雄心壮志，他才得以洞察真理。笛福曾表示，他写作的目的是揭示社会现实，然而其作品中所蕴含的真理比真相弥足珍贵、更加经久不衰。笛福之所以会对摩尔·弗兰德斯和她的朋友们感兴趣，既不是因为他们如我们所言的那样"栩栩如生"，也不是因为如作者证言的，社会大众可以从这些罪孽深重的人身上吸取教训。真正引起笛福兴趣的是这些人在艰难生活中磨砺出来的他们的自然本真。对于他们来说，没有任何借口、没有善意的收容所可以隐藏他们的动机。贫穷就是他们的监工。笛福只是口头批评他们的失败，心里却因其勇气、机敏、坚韧而感到欣喜。笛福认为，他们的世界充满了积极有益的交谈和生动有趣的故事。在这里，人与人之间相互信任，彼此遵守着朴素的道德规范。笛福为这些人变化无常的命运赞叹不已，在他自己的生活中也惊奇地赞赏、注视着这样的命运。最重要的是，这些人百无禁忌地谈论着激情和欲望，正是这些自古有之的情感让他们永葆活力。凡能公开谈论的事都有值得尊重的地方。即便像金钱这样肮脏的话题也不例外。金钱在这些人的生活中的确扮演着重要的角色，但是，当金钱代表的不再是安逸与成就，而是荣誉、诚信和生活本身时，金钱便显得不那么卑劣，反而带上了悲剧色彩。如果有人说笛福的作品乏味，你可能会对此不以为意，但是你肯定不会否认，笛福对琐碎小事情有独钟。

笛福的确是一位伟大而朴素的作家，他的作品立足于人类亘古不变的本性，尽管这一本性并非人性中最诱人的一面。从亨格福德桥上望去，伦敦像一个阴暗肃穆的庞然大物；城市里，车水马龙的繁华表象之下，暗流涌动。如果没有泰晤士河上的轮船桅杆，没有城中的塔楼和穹顶，这将是一派平淡无奇的景象，然而这景象却不禁让人联想起笛福。衣衫褴褛的女孩在街角出售手里的紫罗兰，饱经风霜的老妪在拱门下耐心地推销着火柴和鞋带,她们似乎是从笛福的书中走出来的人物。笛福虽然与克拉布①和吉辛②属于同一个文学流派,但他并不仅是与他们一起同窗苦读的同辈,而是奠定这一流派的文学大师。

(朱丽琼 译)

---

① 乔治·克拉布(George Crabbe,1754—1832),英国诗人、博物学家,其作品以描写现实生活的细节与苦难为主,代表作有《村庄》《诗篇》等。
② 乔治·吉辛(George Gissing,1857—1903),英国小说家、散文作家,其小说以描写下层社会生活和文坛人物著称,代表作有《新寒士街》《在流放中诞生》等。

艾迪生[①]

1843年7月,麦考莱勋爵[②]宣称,约瑟夫·艾迪生丰富了英国文学,"将与英语语言共存亡"。这番言论一经发表,就不再仅仅是个人观点。76年过去了,这些话听起来仍像是出自民选代表之口。这些措辞庄严有力、内容振聋发聩的语句,更适合出现在代表伟大帝国的首相宣言里,而不是刊登在杂志上的纪念文章中。诚然,这篇关于艾迪生的文章是散文名作中最为激昂的一篇,辞藻华丽又掷地有声,仿佛为艾迪生竖起了一座装饰华美的丰碑,只要威斯敏斯特教堂还在,它就会一直庇护着艾迪生。我们曾经无数次品鉴这篇特别的散文(读任何东西超过三遍,我们就都会这么说),对散文中提出的观点却从未当真。这对热爱麦考莱散文的读者来说很正常。麦考莱的散文笔力遒劲、包罗万象,令人叹服。文中的评判尽管武断,但字字千钧的论断和不容置疑的信念,让我们很难联想到一位具体的人物。他写艾迪生也是如此。麦考莱写道:"如果我们想找到比艾迪生笔下最好的形象还要栩栩如生的东西,那就只能去读莎士比亚或者塞万提斯。"他接着写道:"我们确信,如果艾迪生能更有余裕创作小说,他一定会写出当世无可匹敌的杰出作品。"艾迪生的散文"完全可以令其成为最伟大的诗人"。更有甚者,为了把艾迪生捧上幽默作家的首座,连伏尔泰都被贬为

[①] 写于1919年。——作者注
[②] 即托马斯·巴宾顿·麦考莱(Thomas Babington Macaulay, 1800—1859),英国维多利亚时代早期辉格派历史学家、政治家、散文家。

"小丑中的王子",不得不和斯威夫特①一起向艾迪生俯首称臣。

单独来看,这些华丽的修饰似乎非常荒谬,但用来装饰纪念碑又很得体,这就是整体设计的说服力。这个纪念墓碑本身就是杰作,不管是给艾迪生还是其他人都很适用。距艾迪生入葬威斯敏斯特教堂已经过去了两个世纪,就算是平平无奇的我们,也有了那么一点资格去察看一番,瞧瞧这座由文字堆砌而成的墓碑是否徒有其表,毕竟67年来,我们始终待之以毕恭毕敬的态度。艾迪生的作品将与英语语言共存亡。比起那些已经沉寂的语言,我们完全不用担心英语的生机,还是来看看艾迪生的生命力吧。如今的《闲话报》和《旁观者》,已经和"欣欣向荣""热闹非凡"搭不上边了。稍微调查一下就能知道一年中有多少人从公共图书馆借阅艾迪生的作品,下面这个例子告诉我们结果不太乐观:过去9年里,每年只有两个人借阅《旁观者》第一辑,第二辑的借阅数比第一辑还少。这样的调查结果让人振奋不起来。寥寥无几的爱好者在书上留下了一些页边评注和铅笔记号,似乎表明他们只是来找一些名篇佳句,但他们画出来的那些章句实在令人不敢恭维。不对,哪怕艾迪生如今还有人气,他也不可能出现在公共图书馆。只有那些藏在丁香树影子下的偏僻书房里,在私人珍藏的棕色对开本中间,才能听见他微弱而规律的呼吸。趁着六月的艳阳还没落山,躲进这样一个隐秘乐园里读一篇艾迪生的作品,没有比这更惬意的消遣了。

或许在英国,无论什么年代、什么季节,每隔一段时间都会有人沉迷于阅读艾迪生,虽说间隔时间可能很长。艾迪生非常值得一读。可以不看蒲柏、麦考莱、萨克雷、约翰生等人关于艾迪生的文章,但不可不读艾迪生的原文。如果你研究一下《闲话报》和《旁观者》,翻翻《加图》②,扫一眼不太厚的六本合集,就会发现艾迪生不是蒲柏或者其他人所描述的样子,他独特的人格即使在1919年这样思想动荡的年份里依然清晰可辨。诚

---

① 即乔纳森·斯威夫特(Jonathan Swift,1667—1745),英国讽刺文学大师,以《格列佛游记》《一只桶的故事》等作品闻名。
② 艾迪生的著名悲剧作品,以罗马共和国政治家、演说家马尔库斯·波尔基乌斯·加图最后的日子为背景,内容涉及个人自由与政府暴政、共和主义与君主主义、逻辑与情感等冲突,以及加图在面对死亡时保持其信仰的个人挣扎。

然，人类历史上名气较小的人物总是命运多舛，他们黯淡的身影一不留神便会湮没无闻，或者受到曲解。不太出名的作家经常得不到足够的重视和人文关怀，因为他们几乎没什么拿得出手的，但没有这些重视和关怀，是无法真正了解他们的。光阴的尘土在他们身上结出硬壳，彻底抹去了他们的特点，或许我们辛苦擦拭到最后，看见的也仅仅是旧罐子的碎片，而非一颗来自最好时期的头颅。然而，了解这些作家最困难的还不在于花工夫，而是时过境迁，我们的标准已经大不一样了。他们钟爱的事物，我们现在不喜欢了，如果他们作品的魅力只来源于品位而非信念，那么社会风气的改变足以让我们分道扬镳。这就是横亘在我们与艾迪生之间最棘手的障碍之一。艾迪生非常重视某些品德，对一些我们习惯称绅士、淑女"品行美好"的东西，他却有十分清晰的定义。他主张男性不应当成为无神论者，女性不可以穿硕大的衬裙。我们对此并不反感，只是察觉到了他与我们之间的差异。如果我们实诚点，不妨动动脑筋想象一下这些劝诫适用于哪些人。《闲话报》创办于1709年，《旁观者》在一两年后开始发行。那时的英国是什么样子的呢？为何艾迪生如此迫切地主张必须有正派的、令人愉快的宗教信仰？为何他如此频繁又不失亲切地敦促女性改正缺点？为何他会对党政的弊端深有体会？这些问题当然可以求助于历史学家，但这么做总归是不幸的，无异于往红酒里掺入大量水分。作为作家，艾迪生应该直接给出确切的答案。从他的文章中我们感受到这些建议是说给穿裙箍的淑女和戴假发的绅士听的。这样的听众已然绝迹。他们听取了教训，和劝诫者一起远远离开了。我们如今只能报之以微笑和赞叹，或许还可以欣赏一下这些服饰。

但这并不是正确的阅读方式。认为过去的人就应该受到责难，并认同这种道德优越感，把我们觉得冷酷的雄辩奉为圭臬，把我们认为肤浅的哲学捧上神坛，像个收藏家一样对这些历史痕迹津津乐道，这样的做法只是把文学当作古董束之高阁。这些年代久远的古董，其美学价值多少有点令人生疑。《加图》仍然有相当大的可读性，多半缘于此。当剧院舞台上的西法克斯[①]惊呼：

> 努米底亚荒原广阔无垠，
> 急躁的飓风骤然降临，
> 在涡流中嬉戏，于高空中盘旋
> 撕扯黄沙，横扫整个平原，
> 无助的旅人惊讶万分，
> 干燥沙漠升起在他周身，
> 尘土飞扬的旋风是他窒息的坟。

　　我们的脑海里不禁浮现出那激动人心的场面：座无虚席的剧院里，女士们不住地点头赞同，装饰发髻的羽毛随之晃动，先生们倾身向前拍打手杖，邻座之间互相赞叹这是多么美好，每个人嘴里不停喊着："好极了！"但我们怎么激动得起来呢？还有赫德主教，他在笔记里夸赞艾迪生"洞若观火""在情感和表达方面都非常精准"，并且淡定地表示，当"目前崇拜莎士比亚的风气过去"，《加图》终将"为所有公正、明智的批评家所推崇"。我们愉快地幻想着前人那褪了色的浮夸修饰，或者当代大胆做作的吹捧，实在有趣极了。但这并不是平等的交流，更不是那种设身处地从作者角度出发，体会作者良苦用心的交流。人们偶尔还是可以从《加图》中拣出一些尚不过时的句子，约翰生博士更认为它"无疑是体现艾迪生天才的最伟大的作品"，但大体来说，这部悲剧作品已经成为收藏家的文学古董了。

　　大多数读者读到这些散文时，可能也会心存疑惑，是否有必要居高临下。我们不禁好奇，尽管艾迪生树立起了某些风度、道德和品位的标准，但他本人是否身体力行这些绅士标准，且绝口不提比天气更加令人兴奋的事情呢？《旁观者》和《闲话报》看起来只是在用生花妙笔书写无聊琐事，比如，拿今年天气晴朗的天数与去年的阴雨天数比较。从他发表在早期

[①] 西法克斯是公元前3世纪后期的努米底亚国王，在《加图》中曾经出场。

《闲话报》上的一则小寓言可以看出，人们很难与他平等交流。那则寓言讲述的是"一位资质平平的年轻绅士，性格活泼……他通晓一点知识的皮毛，只够让他做个无神论者或自由思想者，但离贤哲、大家就差得远了"。这位年轻的绅士到乡下看望父亲，试图"开阔乡下人狭隘的见识，并取得了不错的成果，他在席间高谈阔论，深深迷住了男管家，也令他的长姐惊讶不已……直到有一天，他谈起了家里的猎犬，说'他坚信特雷和这家中所有人一样，都是不朽的'，在激烈的争论中，他告诉父亲，对他自己来说，'他期待自己死去的时候能像条狗一样'。听到这话，暴跳如雷的老绅士咆哮着：'臭小子，那你就像条狗一样过活吧。'于是挥起手中的拐杖，把儿子赶出了家门。这对他来说反而是件好事，自那天起，他便发奋读书，现在已经是中殿律师学院①的学士"。这则故事里到处都是艾迪生的影子：他不喜欢"晦暗、动荡的前景"，他尊重"幸福和荣誉的公私道德准则"，他关心男管家，相信活泼的年轻绅士最好的归宿就是好好读书并从中殿律师学院毕业。这位艾迪生先生迎娶了一位伯爵夫人，"悉心教导他的小议员遵纪守法"，并在临终之际给年轻的沃里克伯爵送去了那句关于基督徒如何面对死亡的名言②。这句名言如今已经彻底没落了，比起病床上古板自满、行将就木的老绅士，人们更同情那位愚蠢甚至糊涂的年轻贵族。

蒲柏的智慧，或者说维多利亚中期那些催人泪下的文学作品侵蚀了艾迪生的形象，在他身上结出了痂壳。现在让我们剥掉这些痂壳，看看到如今还剩下些什么。首先，艾迪生的文章历经两个世纪仍然值得一读，这难能可贵的优点艾迪生当之无愧。其次，若把艾迪生比作一股潮流，那他的散文就是潮水表面不时泛起的一些小漩涡，带来了一丝生动的气息。我们从中注意到他作为散文家的冲动、奇思妙想和怪癖，照亮了他一板一眼、

---

① The Honourable Society of the Middle Temple，尊贵的中殿律师学院，简称中殿（Middle Temple），是英国伦敦四所律师学院之一，负责向英格兰及威尔士的大律师授予执业认可资格。中殿律师学院的历史可上溯至公元14世纪，学院取名自当地历史上曾经存在的圣殿骑士团总部。
② 根据塞缪尔·约翰生博士所说，艾迪生在与沃里克伯爵夫人夏洛特结婚之前，曾是夏洛特之子爱德华·里奇的家庭教师。年轻的沃里克伯爵生活放荡，名声不好。虽然他并不尊重艾迪生，艾迪生仍竭力劝告他。当艾迪生发现自己天年将尽时，将沃里克伯爵叫至床前，对他说："我唤你来，是想让你瞧瞧一个基督徒是怎么死的。"

无可挑剔的道德家面孔，我们不由得相信，无论怎样紧闭双唇，艾迪生的眼神仍非常明智，一点也不浅薄。艾迪生的观察力细致入微。小手笼、银色吊袜带、镶边手套之类的小物件引起了他的注意，他观察时，敏锐的目光迅速瞥过，不乏友善又兴致勃勃，没有一点指责的意思。他那个时代的确有很多愚蠢的事情。咖啡馆里挤满了政客，光顾着议论国王，荒废了自己微小的事业；观众每晚都在为听不懂的意大利歌剧拼命鼓掌；批评家只会讨论三一律。男人可以为一个郁金香球一掷千金，至于女人，艾迪生喜欢称呼她们为"美丽的性别"，她们的蠢事更加数不胜数。艾迪生满怀爱意，尽其所能将之一一列举出来，可这一举动激怒了斯威夫特。但艾迪生就是有本事把这件事做得引人入胜，正如下面这段话所示：

> 我认为女人是一种美丽、浪漫的造物，得用皮草、羽毛、珍珠、钻石、贵重金属和丝绸装饰起来。猞猁应该把自己的皮毛丢在她的脚下，给她做条披肩；孔雀、鹦鹉和天鹅必须贡献自己的羽毛给她做围巾；为了她可以穷尽海中的珠贝和地下的宝石；自然万物都应该倾尽全力去装扮这最完美的造物。以上种种都可以为女人增添光彩，至于我提到过的衬裙，我不能、不愿，也不允许她们穿着。

艾迪生总是站在理智、品位和文明的一边。每个时代都有这样一小撮人，默默无闻却又必不可少，他们一贯重视艺术、文学和音乐，并观察、鉴别、批评、欣赏它们。艾迪生是其中卓尔不群的一位，反倒与我们这个时代更合拍。大家都认为，如果能把自己的手稿交给艾迪生，那将是极大的快乐；若有幸能得他指点一二，将会是极大的启迪和荣幸。尽管有蒲柏这样的文学家，人们还是觉得艾迪生的批评更好，艾迪生一向以开放的态度对待新事物，但在稿件的采用上始终坚持自己的原则。他大胆地为《切维·切斯》[①]辩护，证实了他的开明。艾迪生将"优秀文章的精神和灵魂"

[①] 一首中世纪英国民谣，主要内容是关于英格兰和苏格兰的一场最终演变成战争的打猎活动。

铭记于心，无论是从古朴民谣中，还是在"那部神圣的作品"《失乐园》里，他总能准确捕捉它。此外，他不但懂得鉴赏已经沉寂、消逝的美，还了解当下的审美潮流；他严厉批评"哥特风"，警惕地维护英语这门语言的权利和荣誉，提倡简洁、平实的文风。现在，让我们看看威尔咖啡馆和巴顿咖啡馆里的艾迪生：他静静坐着直到深夜，喝下过量的酒，逐渐克服了沉默寡言的毛病，开始发言。然后他"把所有人的注意力都牢牢地吸引到了自己身上"。蒲柏说："艾迪生的谈话魅力，比任何人都更令我着迷。"这点毋庸置疑，艾迪生的文章完美保留了他收放自如的谈话节奏，抑扬顿挫如行云流水一般——微笑在变成大笑之前就停止，避开浅薄或抽象，思想自发地喷涌而出，带来新奇、丰富多样的观点。他似乎想到什么就说什么，从不刻意提高嗓门。艾迪生说自己是鲁特琴，这比喻妙极了。

> 鲁特琴是和鼓完全相反的乐器，不管是单独弹奏，还是在非常小型的音乐会上演奏，都很好听。鲁特琴的琴音轻柔优美，很容易淹没在众多乐器之中，除非你特别关注，不然两三种乐器的协奏就可以将其完全盖住。鲁特琴的听众很少超过五人，而鼓在五百人的大场面上还能发挥出优势。因此，鲁特琴演奏家大都天生优雅、思维敏捷，很有亲和力。品位高雅之人才懂得欣赏他们，也只有这样的人才适合鉴赏这种愉悦、柔和的旋律。

艾迪生就是一位鲁特琴演奏家。麦考莱勋爵的评价在众多评语中其实是最违和的。只读艾迪生的散文就称他为伟大的诗人，或者预言他如果有余裕写小说，一定会创作出"当世无可匹敌的杰出作品"，这是将艾迪生与号、鼓混为一谈，不仅夸大其词，更忽略了他真正的优点。约翰生博士一锤定音，高超地总结了艾迪生的诗才：

> 首先来看他的诗歌，我们必须承认，他的诗歌往往没有可

以修饰情感的优美辞藻，也没有焕发语言活力的激昂情绪；诗中鲜见激情澎湃、气势磅礴或欣喜若狂的抒情描写；几乎没有恢宏壮丽的宏伟叙事。他以公正、温和的方式思考着。

艾迪生的"罗杰·德·科弗利爵士"系列是看起来最像小说的文章，但这些文章的优点并不在于概括、启迪或预示什么，它们本身就是完整的。如果将这些文章当作艾迪生对小说创作摇摆不定的初次尝试，其中孕育着伟大小说的种子，那么你就会错过它们的特别之处。这些文章以旁观者的视角默默地观察、记录着。从整体上看，这些文章构成了一幅乡绅群像画，我们看到这个人拿着他的钓竿，那个人牵着他的猎犬，人人都身处恰当的位置。但把每个人的故事抽离出来时，它们又能独立成篇，无损于全局或个体。而在一部完整的小说中，每一个章节都需要接续前一章的内容，或者为后一章埋下伏笔，绝不容许出现如该系列文章这样分散的结构，因为这会把小说的整体节奏、草蛇灰线的细节以及全文的架构破坏殆尽。艾迪生的写作手法也许缺少这些特质，但还是有可取之处的。他的每一篇文章都非常完整。他用一系列条理极为分明的笔画勾勒出了清晰的人物形象。不可避免的是，这些文章篇幅有限，只有三四页的长度，没有空间来展现博大精深的叙事或错综复杂的细节。《旁观者》中有一个例子，可以很好地说明艾迪生是怎样干脆利落地创作出一幅肖像画，来填充这个小画框的：

> 这些不幸之子中有一位叫索布里斯的，他认为自己有义务悲伤和沮丧。对他而言，突然笑出声无异于违背受洗誓言。他会对无心的玩笑感到震惊，仿佛这是在亵渎神明。得知有人获得荣誉头衔，他就会举起手来仰望天空；听说热闹的庆典，他只会摇摇头；看到华丽的马车，他就连连喊着上帝保佑。对他来说，生活中的一点小小装饰都是浮华虚荣的，欢声笑语很轻浮，聪明伶俐也是一种亵渎。他反感年轻人的活泼，讨厌儿童的嬉闹。他坐在受洗现场或婚礼宴席上，就如同参加丧礼；看

到故事圆满结局，他会叹息，身边的人都很快活，他就严肃起来。总之，索布里斯非常虔诚，假使他生活在基督教遭受迫害的年代，倒不会显得这般不合时宜。

这种模式是不可能发展出小说的，这样的思路不会有什么后续。就其本身而言，这种叙事很完美，但在《旁观者》和《闲话报》上，随处可见由想象和轶事构成的同类短篇佳作，令人不得不怀疑其创作范围很狭窄。散文自有其独特、完美的形式；完美的事物无须计较细节。没人会去比较到底是雨滴还是泰晤士河更受人喜爱。的确，艾迪生的散文有许多是单调、肤浅的，充斥着过时的寓言、古板的虔诚和陈腐的道德，但艾迪生的散文依然是完美的散文。任何艺术发展到最成熟的阶段，总会有这样一个时刻：一切似乎都在暗中帮助艺术家创作，在后世看来他似乎对此懵懵懂懂，但创作已经成为一种给他带来愉悦的本能。艾迪生就这样日复一日、孜孜不倦地写作，他本能地、确切地知道自己该怎么做。无论散文曾经是阳春白雪还是下里巴人，无论它们是曾经比史诗隽永，还是比抒情诗热烈，毫无疑问，因艾迪生之故，散文如今才变得平易近人——普通人也能借其向世界表达他们的看法。对无数后生而言，艾迪生是可敬的奠基人。随手拿起一本周刊，"夏天的乐趣"或者"步入老年"等文章都在向我们倾诉他的影响。但我们也清楚，散文这门艺术如今只剩马克思·比尔博姆①先生硕果仅存。散文曾经像一滴漂亮的银色水滴，包裹着我们的观念与美德、激情与深邃，撑起浩瀚无垠的天空和人类生命中许多明亮的小愿景，现在却像一个匆匆塞满行李的旅行包。即便如此，散文家还是会努力向艾迪生看齐，虽然可能是无意的。

艾迪生曾多次用他那理智、温和的思考方式，兴致勃勃地推测他作品的命运。他很清楚这些作品的性质与价值。他写道："我已经重新瞄准了所有嘲讽的炮口。"然而，由于他的许多文章是为针砭时弊而作的，针对的是

---

① 即亨利·马克西米利安·比尔博姆爵士（Sir Henry Maximilian Beerbohm，1872—1956），英国著名散文家、讽刺作家和讽刺漫画家。

"荒谬的时尚，可笑的习俗，以及受其影响的语言"，他认为，有朝一日，也许就在一百年后，他的文章将"像许多过时的旧盘子，只剩下可观的重量"。二百年的时光把艾迪生的盘子打磨得光滑锃亮，几乎看不见上面装饰的图案，但盘子纯银的质地显露出来了。

（朱丽琼　译）

无名者的人生

这是一间陈旧破败的图书馆，说不定只要花上五先令就可以在这里终身借阅。除了地方财政的一点补贴外，图书馆主要的赞助来自牧师遗孀，还有乡绅，他们继承的书多到妻子们都懒得掸扫。这个房间宽敞通风，面朝大海，下面是铺着鹅卵石的街道，时不时会传来叫卖沙丁鱼的声音。房间里摆放着一排花瓶，插着当地生长的花草样本，没精打采地蔫着，每种花草的名字都标在了下面。上了年纪的人、不合群的人、百无聊赖的人，在这里漫无目的地翻阅一张张报纸，或捧着脑袋翻看厚厚的《伦敦新闻画报》和《卫斯理新闻报》的过刊。自1854年开馆以来，就不曾有人在此大声喧哗。寂寂无闻的著作在墙上沉睡，懒洋洋地靠在一起，仿佛困得站不住。这些书的封皮斑驳脱落，许多连书名都看不清了。为什么要打搅它们安眠呢？为什么要重新打开那些安宁的坟墓？图书管理员从眼镜上方瞧着你，似乎在责问。要从那些无名的墓碑中找出第1763号、第1080号和第606号确实有些辛苦，他感到有点恼火。

一、泰勒与埃奇沃思

人们总是喜欢把自己想象成一个浪漫的救赎者，提灯穿过荒芜的岁月，去拯救那些被困住的灵魂。笼罩着皮尔金顿夫人、亨利·埃尔曼牧师、安·吉尔伯特夫人①等人的愁云越来越浓，他们只能等待着、恳求着，渐

---

① 安·吉尔伯特夫人（Mrs.Ann Gilbert, 1782—1866），娘家旧姓泰勒，英国童诗作家。

渐被人遗忘。或许是听到了有人靠近的脚步声,他们开始坐立不安地走来走去,精心打扮自己,翘首以待。他们迫不及待想要吐露往日的秘密,好让自己得到美妙的解脱。灰尘扬起,受到邀请的是吉尔伯特夫人。能接触到活生生的人总是有好处的。至于吉尔伯特夫人,她十分忙碌,可无暇考虑我们。一点也没有。1800年的科尔切斯特对泰勒家的年轻人来说是一处"世外桃源",就像肯辛顿是他们母亲的天堂一样。那里住着斯特拉特、希尔、斯泰普顿等人家,那里还有诗歌、哲学与雕刻。泰勒家的年轻人从小就学会了吃苦耐劳。他们帮着父亲作画,忙碌了一天之后,就可以偷偷溜去斯特拉特家聚餐,这是他们享受快乐的权利。尽管父亲已经给了他们"达顿与哈维"口袋书作为奖励。斯特拉特家有个人认识詹姆斯·蒙哥马利①。在那些快乐的聚会上,人们谈论着摩尔人的装饰和各种猫,谈到要出版一本《吟游诗人》合集,即使罗伯特本人不投稿,詹姆斯也可以去。本·斯特拉特老先生是个怪人:他不与人来往,也不让他的女儿们吃肉,难怪她们会死于结核病。斯泰普顿家很有诗学底蕴,莫伊拉和比提娅会趁着月夜到巴尔克恩山的老城墙那边一边散步,一边吟诵诗歌。1800年的科尔切斯特应该是充满了诗情画意的。人到中年的安回首那段意气风发的青春岁月,不得不为那些未竟的事业和无法实现的承诺而悲叹。斯泰普顿家因为英年早逝的孩子,沉沦于痛苦之中;"皮肤黝黑,一脸不屑"的雅各布,曾发誓要整晚在街上帮安寻找丢失的手镯,他也消失了。"我最后一次听说他的消息,是他在罗马的废墟无所事事——他自己也已经是个废人了。"至于希尔家,他们是最不幸的。漂亮的范妮·希尔,接受公开洗礼已经是有点轻浮了,她居然嫁给了M上尉!所有人都劝她离开M,但她还是坐上M精致的四轮敞篷马车走了。多年来她杳无音讯。泰勒一家搬到了昂加。一天晚上,老泰勒夫妇坐在火炉旁,想着既然已经九点了,月亮也圆了,他们是不是应该像承诺的那样,对着满月思念他们离家的孩子。这时有人敲门,泰勒夫人下去开门。门外站着一个看起来衣衫褴褛、面容哀怨的女人。她是谁?"哦,你们不记得斯特拉特家和斯泰普顿家了吗?不记得

---

① 詹姆斯·蒙哥马利(James Montgomery,1771—1854),苏格兰诗人。

你们是如何劝我不要嫁给M上尉了吗？"她喊道，她就是范妮·希尔。可怜的范妮·希尔，她如今多么憔悴不堪；可怜的范妮·希尔，她曾经多么光彩照人。她住在离泰勒家不远的一所孤零零的房子里，被迫伺候她丈夫的情妇，因为M上尉挥霍掉了她所有的财产，毁了她的一生。

安嫁给了G先生，当然了。"当然"，这个词不断回荡在这些不起眼的书卷中。回忆录作者将我们带入一个苍茫世界中，这里弥漫着一种庄严的宿命感，一切好像都是命中注定的，脆弱的人生仿佛一叶小舟，只能在宿命的波浪中随波逐流。我们想到1800年的科尔切斯特。故事开始的时候，他们随手写下一两句诗，鉴赏蒙哥马利的作品；然后，正如人们所想的那样，希尔家、斯泰普顿家、斯特拉特家，慢慢分崩离析。但回忆录告诉我们，安多年以来仍在坚持写作，最后，诗人蒙哥马利本人来到了她家。她请求诗人抱一抱她的孩子，好让孩子能沾一沾诗歌的灵气。单身的诗人拒绝了，而选择带她去散步。安误以为他们听到的雷声是炮声，诗人用她永生难忘的声音说道："是的！来自天堂的炮声！"这就是无名之人的魅力所在，他们的身份各不相同，他们的人生千姿百态；他们不像杰出的人物那样身份出众，而是彼此融合在一起。封皮和扉页在慢慢消失，数不清的书页交织成连绵的岁月，如此我们就可以靠着椅子，仰望无数生命化作雾气，毫无阻碍地穿越过一个又一个世纪，进入一个又一个生命。一些场景脱离了出来。我们看到一群人。在布莱顿，年轻的埃尔曼先生正与毕芬小姐交谈。她没有四肢，出入只能靠男仆背着。她是教埃尔曼的妹妹画袖珍画的老师。然后他和纽曼①一起乘坐公共马车前往牛津。纽曼一句话也没说，但埃尔曼觉得自己已经认识了当代所有伟大的人物。他就这样在苏塞克斯的田野上，不停来回踱步，直到老得不能动弹，然后坐在教区房里，一边回忆着纽曼和毕芬小姐，一边为传教士做系绳袋，这就是他最大的宽慰了。然后呢？继续看。没发生太多事。但眼睛在昏暗的光线下非常放松。我们看到斯特朗德大街上，年幼的弗伦德小姐正小跑着跟在她的父亲身后。他们遇到一位目光炯炯的男子。弗伦德先生招呼道："布莱克先生。"在克利

---

① 约翰·乔治·纽曼（John George Newman，1801—1890），英国神学家、牛津运动创始人之一。

福德的小酒馆，戴尔夫人为他们沏上了茶。查尔斯·兰姆先生刚刚离开了房间。戴尔夫人说，乔治娶她完全是因为他被洗衣女工蒙蔽了。她问：你们猜乔治为了洗衬衫花了多少钱？朦胧雾气再次缓缓地、美丽地掩过天空，仿佛傍晚温柔的云彩。这雾气不是空洞的，而是布满无数生命的厚厚星尘。突然间，天空中出现了一道缝隙，我们看到一艘19世纪中叶的破旧小邮船颠簸着驶离爱尔兰海岸。船上的油布，还有戴着防水帽、多毛怪一样的海员，明显带着1840年的气息。他们在倾斜的甲板上东倒西歪地行走，朝地上吐着口水，然而，遇到那个裹着披肩、头戴阔边女帽的年轻女人，他们倒是不乏善意。女人孤身伫立在甲板上，凝望着，注视着。不不不！她是不会离开甲板的。她会一直站到天黑，谢谢！"她无比热爱大海……这位贤妻良母抵不住大海的诱惑，时不时地走出家门。除了她丈夫，没有人知道她去了哪里，她的孩子长大后才知道，她突然消失的那几天，就是在海上短途航行……"为了赎罪，她会在英国中部的穷人中辛劳工作几个月。然后，渴望再次降临。她私下向丈夫坦白后，又出走了——这就是乔治·纽恩斯爵士[①]的母亲。

如果不是那些吓人的幽灵突然冒出来瞪着我们，我们会觉得盲目地顺从命运，孜孜不倦埋头于自己的兴趣，这样的人是幸福的。这些幽灵都绷着脸，神色苍白。他们生前决心名垂千古，却与显赫声名失之交臂，热切地渴望得到补偿。海顿、马克·帕蒂森以及布兰科·怀特牧师等人就是如此。全世界可能只有一个人抬起头看了一会儿，试图解读那些威胁恐吓的表情、怒不可遏的挥舞着的拳头，然后，这人的注意力就被众多的人情世故、多样的面孔、回荡的声响、扬起的衣摆和小道上渐渐消失的女帽飘带永远勾走了。看呀，18世纪的伯克郡山上滚下来一个巨大轮子，那是什么？轮子滚动得越来越快；突然，一个年轻人从里面跳了出来；紧接着，轮子跃过了一个石灰坑的边缘，摔成了碎片。这就是埃奇沃思[②]干的好事，理查德·洛弗尔·埃奇沃思，一个自负、无聊的人。

[①] 乔治·纽恩斯爵士（Sir George Newnes，1851—1910），英国出版商，《花絮》杂志的创办人。
[②] 理查德·洛弗尔·埃奇沃思（Richard Lovell Edgeworth，1744—1817），爱尔兰作家，小说家玛利亚·埃奇沃思的父亲，两人曾合写关于抚养孩子方面的一篇文章——《实用教育》。

他就这样从两卷回忆录中冒了出来：他纠缠拜伦，和戴交朋友，是玛利亚①的父亲，差点发明了电报，而他确实也发明了一种机器，能切萝卜、爬墙，遇到窄桥可以收缩，遇到障碍物还可以抬起轮子。总而言之，他勤奋又进步，还是值得称赞的，但正如他的回忆录所揭示的那样，他就是很无聊。他天生躁动，血液流淌的速度比正常人至少快二十倍。他的面色红润、气色好，看起来神采奕奕。他的大脑飞速运转。他的嘴说个不停。他娶过四个妻子，生了十九个孩子，其中一个就是小说家玛利亚。此外，他什么人都认识，什么事都干过。他的精力能冲开最神秘的门，钻进最隐蔽的房间。例如，他妻子的祖母每天都会神秘地消失一会儿。埃奇沃思误打误撞地找到了她，见她披散着白发，老泪纵横，正在十字架前祈祷。那么她其实是一个罗马天主教徒，但为什么要忏悔呢？原来她的丈夫死于一场决斗，她却嫁给了杀死丈夫的人。埃奇沃思再次跌跌撞撞地走出来，反思道："宗教给人带来安慰，也能带来恐怖。"还有多芬尼森林城堡里那个美丽的年轻女子。她半身瘫痪，说话的声音细如蚊呐。埃奇沃思闯进来的时候，她正躺着读书。织锦壁毯拍打着城堡的墙壁；五万只蝙蝠挂在下面的洞穴里，这"可憎的动物，恶臭难闻至极"。那里没有人听得懂她说的话。但她和这个英国人讨论起书籍、政治和宗教，一说就是几个小时。他倾听着，当然也有交流。他坐在那里，为女子的言论折服，目瞪口呆。但他又能为她做些什么呢？唉，也只能让她躺在象牙、老人和弓箭之间，读书、读书、读书。因为埃奇沃思还有工作在身，要负责罗讷河的改道工程。他必须回去工作。他从这次邂逅想到的是："我决心，一步步坚持培养自己的理解力。"

他对自己所处的浪漫情境无动于衷。每一次经历都只能强化他的性格。他反思、观察，每天都在进步。埃奇沃思先生曾告诉他的孩子们，生命中的每一天都可以进步。"他常说，只要会反思，他们终将有所成就，否则，他们将一事无成。"他沉着冷静，不屈不挠，自信与日俱增，他具备一个自

---

① 玛利亚·埃奇沃思（Maria Edgeworth，1767—1849），英裔爱尔兰作家，以写富有想象力、有道德教育意义的儿童故事和反映爱尔兰生活的小说闻名。

负之人的天分。他劲头十足地横冲直撞，把那些本来被黑暗吞没的畏首畏尾之人带了出来。在他前进的道路两侧站着许多人，在独自忏悔时被他打断的老太太只是其中一位。这位好心人突然闯入了他们的书房，打断了他们的祷告，令他们哑口无言，即便是如今的我们也能清楚感受到他们的讶异。他做梦也想不到我们透过这些人的眼睛所看到的样子。对他的第一任妻子来说，他是多么暴虐啊！她经历了那么多难以忍受的痛苦！但她从未吐露只言片语。埃奇沃思讲述了她的故事，却完全没意识到自己对她做了什么。"我妻子有点奇怪，"他说道，"她从未对我和弗朗西斯·德拉瓦尔爵士的亲密关系感到焦虑不安，却极其反感戴先生。要知道在英国，没有人比前者更危险、更诱惑，也没人比后者的品德更加高尚。"这的确是非常奇怪。

第一任埃奇沃思夫人是乡下破落绅士家的女儿，家中一贫如洗，她的父亲只会坐在火堆旁边，捡起煤渣扔进炉子里，时不时叫一声："嘿！嗨呀！"因为他的脑子里又有了一个发财的计划。她没有受过教育，只跟着一位巡回的写作教师学会了几个字。埃奇沃思上大学时，从牛津骑着马过来，让她坠入了爱河，最后嫁给了他。她渴望从贫穷、神秘和灰尘中逃离，像其他女人一样拥有丈夫和孩子。但结果如何呢？巨大的车轮滚下了山坡，上面载着泥瓦工的儿子。奔驰的车厢飞出去，几乎撞坏四辆马车。切菜机确实能切萝卜，但是一点效率都没有。她儿子像穷人家的孩子一样在乡间光着腿晃荡，没人教育他。而戴先生从早到晚和她丈夫争论着科学原理和自然法则。

不过，我们夜间游荡于这些被遗忘的名士中时，遇到了一个陷阱。对待真实存在的人物，要严格符合事实实在太困难了，我们难免会虚构一些场景。如果往日重现，我们可能会发现这些场景都不够准确。特别是像托马斯·戴这样的人物，他的故事就不太可信，我们像一块吸了太多水的海绵开始渗出水滴了，这水滴就是我们的惊奇。某些场景令人着迷的地方在于其虚构的想象而非冰冷的现实。例如，我们可以想象那位可怜的埃奇沃思夫人在日常生活中遭受的所有痛苦。她的浑浑噩噩，她的孤独寂寞，她的绝望无力。她一定很困惑是不是真的有人需要能够翻墙的机器。她告诉绅士们用刀切萝卜会更快,她犯了错,又不知所措,受到了冷落,害怕那位几乎每天都来拜访的高个子年轻人。他傲慢、忧郁的脸上满是天花留下的痕迹,茂密的黑发总是梳不整齐,他还过分清洁自己的双手和全身。他的语速又快又流利,每次都滔滔不绝地谈上几个小时的哲学、自然,还有卢梭。然而,这里是她家,她必须招待他用餐。他吃饭的时候看起来像是在打瞌睡,胃口却很大。就算向丈夫抱怨也没用。埃奇沃思说:"她总是斤斤计较一些小事。"他接着说道,"一起生活的女人抱怨起来会让家庭变得不幸。"他虽开明,却迟钝,反应过来才问她在抱怨什么。难道他曾让她独守空房吗?结婚五六年来,他夜不归宿的次数屈指可数。戴先生可以作证。戴先生可以证明埃奇沃思说的每一件事。他怂恿埃奇沃思进行实验。他告诉埃奇沃思不用管儿子的教育。他一点都不在意亨利小镇上的飞短流长。总之,他才是埃奇沃思所有荒唐和放纵行为的根源,是他把埃奇沃思夫人的生活变得一团糟。

然而,我们再去瞧瞧可怜的埃奇沃思夫人最后的人生场景。她正从里昂回来,戴先生与她同行。他站在前往多佛的轮船甲板上,没有比他更奇怪的人了,他非常高大,身姿挺拔,一根手指插入大衣的胸口,任风吹乱他的头发,哪怕最时尚的衣着穿在他身上也怪怪的,狂野、浪漫与专断、自负同时出现在他身上。这个厌恶女性的怪人,要照看一个即将成为母亲的女人,他还收养了两个孤女。为了赢得伊丽莎白·斯内德小姐的芳心,他逼自己每天站在木板中间六小时,只为了学习舞蹈。他时不时地用脚尖摆弄出标准的姿势,沉浸在满天乌云、飞溅的水花和英格兰的身影出现在地平线上的美梦中,然后,他醒来,用过来人常见的那种聪明、做作的语气发出命令。水手们目瞪口呆,但还是听从了。他身上有一些真诚的品质,一种对他人的想法漠不关心的骄傲。是的,他同时也有某种令人舒适的和仁慈的品格,所以埃奇沃思夫人决定以后不再嘲笑他。但人总是奇怪的,而生活又很艰难,可怜的埃奇沃思夫人困惑地叹息一声,或许还带着一点解脱,在多佛生下一个女儿,死在了产床上。

与此同时,戴去了利奇菲尔德。当然,伊丽莎白·斯内德拒绝了他,人们说她怒吼着,说自己爱过姓戴的无赖,但厌恶姓戴的绅士,说着便冲出了房间。人们接着说,后来又发生了一件可怕的事。戴先生一气之下想起了他收养的童养媳萨布里纳·悉尼,便去萨顿科尔菲尔德看望她,一见到她便勃然大怒,朝着她的裙子开枪,把融化的封蜡倒在她的手臂上,还打了她几耳光。"不,我绝不会做出这样的事。"当人们提起这场面时,埃奇沃思先生总是这样说。直到晚年,每当他想起托马斯·戴,他就陷入沉默。如此伟大,如此富有激情,如此无常——戴的人生就是一出悲剧。想到他的朋友,他此生的挚友,理查德·埃奇沃思陷入了沉默。

这几乎是他唯一沉默的时刻。冥想、忏悔、沉思都与他的天性相悖。他的妻子、朋友和子女都是在他喋喋不休的谈话中生动地呈现出来的。没有什么能让我们如此清晰地看到他第一任妻子的鲜明轮廓,或者看到反复无常的哲学家托马斯·戴的既仁慈又残忍、既先进又保守的性格。但这种能力并不局限于人物;风景、群体、社群似乎从他身上分裂出来,我们甚至可以跑在他前面,提前在那里等着他到来。他的评论经常前言不搭后语,他的形象也极度矛盾,反而将其他人衬托得更加生动了。这些人看上去极其美丽、梦幻、庄严又神秘。埃奇沃思就不是这样。尤其值得一提的是,他向我们展示了柴郡的一座花园,花园坐落于一处古老宽敞的牧师住宅里。

推开白色的大门便是草坪,面积不大,但保养得很好。树篱上开着鲜艳的玫瑰,墙上有葡萄藤垂挂下来。但是草坪中间的那些物体究竟是什么?一个巨大的白色球体在秋日的余晖中闪闪发光。它的周围错落分布着大大小小的球体,看起来就像行星及其卫星。是谁把它们放在那里的呢?为什么呢?宅院里静悄悄的,窗门紧闭,没有一点动静。老人的脸从窗帘后悄悄窥探,一闪而过。那是一张英俊、邋遢又心烦意乱的脸,旋即消失了。

人类总是喜欢将自己想象出来的神秘加诸大自然。飞蛾与小鸟飞越这个花园时都变得比在别处安静,一切都笼罩在梦幻般的宁静之下。忽然,好奇又聒噪的理查德·洛弗尔·埃奇沃思红光满面地闯了进来。他看了看这些球体,确信它们"设计合理,结构精巧"。他敲了敲门。他敲了又敲,无人应答。最后,当他的耐心快要耗尽的时候,有人慢慢拔掉门闩,缓缓打开了门。一位牧师出现在他面前。这位牧师没有得到很好的照料,衣着凌乱,但仍看得出是一位绅士。埃奇沃思做了自我介绍,他们一起走进客厅。那里堆满书籍和论文,以及开始腐朽的贵重家具。最后,埃奇沃思再也按捺不住自己的好奇心,询问花园里的球体到底是什么。这位牧师立刻变得异常激动。那是他的儿子亲手做的,他解释道:他的儿子是一个小天才,一个最勤奋的男孩,有着远超同龄人的美德和学识。但他的儿子死了,他的妻子也死了。埃奇沃思试图转移话题,但失败了。这个可怜人被激情冲昏头脑,语无伦次地谈论着儿子,他的天才,他的死。埃奇沃思说道:"我很震惊,他的悲痛已经影响了他的理解力。"他变得越来越不自在。这时门开了,一个十四五岁的少女拿着茶盘走了进来。老牧师的话题突然变了。她非常美丽,穿着一身白色衣裙,她的鼻梁可能太高挺了,不不,她的比例正合适。"她是一位学者,一位艺术家!"她一离开房间,牧师就解释道。但她为什么要离开房间?如果她是牧师的女儿,为何不来接待客人?她是情妇吗?她到底是谁?为什么这座房子如此衰败?为什么大门紧闭?为什么这位牧师看起来像个囚犯,他身上有什么秘密?埃奇沃思坐下来喝茶,问题一个接着一个挤进他的脑袋,而他只能摇摇头,说出最后的想法:"这里恐怕有什么不对劲。"他关上了身后的白色小门,永远离开了处于行星和卫星之间的那所脏乱的房子,离开了疯牧师和可爱的女孩。

二、利蒂希娅·皮尔金顿[①]

我们要再麻烦图书管理员一次,请他从底下取出那本棕色小书,掸掸灰尘,交给我们。那是《皮尔金顿夫人回忆录》三卷合订本,1776年由诗人彼得·霍伊出版于都柏林。无边晦暗笼罩着她隐秘的过往;有一块木板松动了,也就是说,厚重的尘土将她安眠的地方掩埋。很久没有人读过这本书了;最后一位读者还是上世纪初的,说不定是一位女士,可能是反感她的淫秽,或者突然亡故,这位女士只读到一半,用一张褪色的商品和杂

---

① 利蒂希娅·皮尔金顿(Laetitia Pilkington,约1712—1750),英裔爱尔兰诗人,其最知名的作品是《皮尔金顿夫人回忆录》,主要记录了乔纳森·斯威夫特的人生。利蒂希娅出身显赫,年纪时嫁给了爱尔兰教会牧师马修·皮尔金顿。1725年,斯威夫特辅助皮尔金顿一家,帮助马修成为伦敦市市长的随行神职人员。

货清单夹在书中作标记。如果世间需要一位女英雄,那就非利蒂希娅·皮尔金顿莫属。她是什么人呢?

你能想象得出,有一个女人,兼具摩尔·弗兰德斯和里奇夫人[①]的人生经历,既有良好的出身和教养,又在城市里寻欢作乐?利蒂希娅·皮尔金顿就属于这种人。她不守本分,喜怒无常,喜欢冒险,但就像萨克雷的女儿、米特福德小姐、塞维涅夫人[②]、简·奥斯汀和玛利亚·埃奇沃思一样,深受古老的女性传统思想的熏陶,她的写作就像淑女们的谈话一样,是为了愉悦他人。在她的整部回忆录中,我们总能看到她为取悦他人而努力,为自己不幸的命运伤心落泪。她抹着眼泪,压抑自己的痛苦,乞求我们原谅她这惹人不快的出格行为。她一生都在忍受苦难,那就是P先生令人发指的迫害,还有C女士(她一定要说某h)的恶毒刁难,才能对此做出解释。有谁会比基尔马勒克伯爵的曾孙女更加清楚,要想当一位淑女,就得隐藏她的痛苦呢?所以说利蒂希娅也秉承了英国才女的伟大传统,以取悦他人为职责,隐瞒自己的痛苦是她的本能。尽管她在伦敦皇家交易所附近的住所破旧不堪,桌子上铺的是看戏的节目单而不是桌布,用鞋子盛黄油,凑巧沃斯代尔先生那天早上用茶壶打了一点啤酒过来,于是她仍然要掌控局面,仍然要款待客人。她的语言可能稍显粗俗。但她的英语老师是谁?是伟大的斯威夫特博士。

在颠沛流离和惨淡经营的日子里,她总会回忆起早年在爱尔兰的时光,那时斯威夫特一点点逼着她学会了得体地讲话。她会因为乱翻抽屉而挨打;斯威夫特曾用烧焦的软木塞涂抹她的脸颊,以磨炼她的脾气;他命令她脱掉鞋袜,然后背靠墙壁以测量身高。起初,她拒绝了,后来又屈服了。"噢,"这位教长说道,"我怀疑你要么穿着破袜子,要么脚臭,无论哪种情况,我都很乐意跟别人揭发你。"他宣布,她只有三英尺二英寸高。但利蒂希娅抱怨是斯威夫特压着她脑袋,害她缩短了一截。但她的抱怨很愚蠢。

[①] 安妮·伊莎贝拉·萨克雷·里奇(Anne Isabella Thackeray Ritchie,1837—1919),英国作家,维多利亚时期文学界的核心人物,其创作的小说风靡一时。她还是《名利场》的作者萨克雷的长女。
[②] 塞维涅夫人(Madame de Sévigné,1626—1696),法国作家,著有《书简集》。这本书反映了路易十四时期的宫廷生活和社会状况。

她得以亲近斯威夫特也许多亏了她只有三英尺二英寸的身高。斯威夫特一生都生活在巨人之中，现在觉得小矮人也有可爱之处。他把这个小家伙带到了他的书房。"'好吧，'他说，'我带你来看看我在内阁时赚到的钱，但你可不许偷。''我才不会，先生。'我说道。于是他打开一个柜子，给我看了一整柜的空抽屉。'上帝保佑，'他说道，'钱不翼而飞了。'"她的惊讶很可爱，她的谦逊也很可爱。他可以打她，吓唬她，他失聪后让她大喊着说话，强迫她的丈夫吃残羹冷炙，为他们支付马车的费用，把基尼①塞进一块姜饼里，然后突然和颜悦色起来，似乎一想到如此愚蠢的小家伙开始有了自己的生活和思想，心底就生出了一种冷酷的愉悦感。在斯威夫特面前她很自在，这是斯威夫特的天性使然。如果他让她脱袜子，她就得脱。所以，尽管她害怕他的讥讽，尽管与他在教长的寓所共进晚餐时，看到他透过面前挂着的大镜子，盯着男管家从餐具柜里偷啤酒让她非常不快，但她知道，和他在花园里散步是一种荣幸。她听他谈论蒲柏先生，引用《休迪布拉斯》②，然后冒着雨被他催着回去，只为了省下车马费；和管家布伦特夫人坐在客厅里聊天，谈论教长的古怪和仁慈，以及他如何把省下的六便士车费给了在街角卖姜饼的瘸腿老人，与此同时，教长正猛地冲上前楼梯，又冲下后楼梯，她担心他会摔伤自己。

　　但对伟人的追忆于事无补。它们像灯塔的光芒一样落在人生的激流中，闪烁着，冲击着，揭示着，消逝着。当生活中的烦恼纷至沓来时，怀念斯威夫特对利蒂希娅来说毫无用处。皮尔金顿先生为了寡妇W而离开了她。父亲，她亲爱的父亲去世了。治安官辱骂她。她被丢在一个空荡荡的房子里，还要养活两个孩子。茶叶盒当掉了，花园的门上了锁，账单也付不起。但她仍然年轻可爱，活泼动人，热爱写诗，渴望读书。这正是她不幸的根源。那本书很有趣，但天色已晚。那位绅士不愿意借给她，只说可以留下来等她看完。他们坐在她的卧室里。她自己也承认，这是很轻率的行为。

---

① 基尼（Guinea），是英格兰王国以及后来的大英帝国及联合王国在1663年至1813年发行的货币，是英国首款以机器铸造的金币。
② 《休迪布拉斯》（*Hudibras*）是诗人塞缪尔·巴特勒（Samuel Butler）在17世纪创作的一首英雄体模仿诗。这首讽刺诗主要针对清教、长老会以及参与第一次英国革命的某些其他派别的人。

十二名警卫突然打破厨房的窗户闯了进来，皮尔金顿先生出现了，他的脖子上系着一条亚麻布手帕。拔剑出鞘，有人头破血流。至于她的申辩，皮尔金顿先生和那十二名警卫又怎么会相信呢？只不过是在看书！只是为了看完一本新书才坐到这么晚！皮尔金顿先生和警卫只会用男人的角度看待这种情形。只有她相信，热爱学习的人会理解她的热情，并痛惜这个结果。

现在她该怎么办呢？读书已经害惨了她，但她仍然可以写作。事实上，自从她会写字以来，她便以难以置信的速度和无比优雅的文笔，书写过致霍德利小姐、都柏林的法官，以及德尔维尔博士等的诸多颂歌、演讲稿以及赞语。"欢呼吧，快乐的德尔维尔，幸福的地方！""有没有一个人，在目不转睛地凝视——"这些诗句在如此微不足道的场合倾泻而出。所以现在，她远渡英格兰，为自己打广告，称可以为法律内容以外的任何主题代写书信，只要十二便士的现钱，不接受赊账。她借宿在怀特巧克力店对面，当她夜里在铅板屋顶浇花时，对面窗户里的高贵绅士们为她的健康干杯，给她送来一瓶勃艮第葡萄酒；后来她听到老上校领着M家的D踏上她黑暗的楼梯，嘴里喊着："上帝呀，推我一下，推我一下。"那位可爱的绅士，为他自己的头衔增添了不少光彩。老绅士亲吻她，赞美她，打开他的皮夹，替弗朗西斯·柴尔德爵士送来一张五十英镑的钞票。这种赞美激励了她，当场用笔迸发出惊人的感激之词。但是，如果有人拒绝付钱或者暗示写得不妥，这支生花妙笔也会因痛苦扭曲而写出仇恨和谩骂的文字。她指责起来，"我说过你的F是因为亵渎了全能的上帝而死的吗"，结果当然是不宜发表的。她的笔下，贵妇因各种堕落行为受到指控，而神职人员遭受着没完没了的责难，除非他们的诗歌品位无可厚非。她从未忘记，皮尔金顿先生就是一位神职人员。

基尔马勒克伯爵这位曾孙女的社会阶层无疑在慢慢下降。她离开了圣詹姆斯街和高贵的主顾们，搬到了格林街，借住在斯泰尔勋爵的男仆家里，他的妻子是为上等人浣洗衣物的女工。她曾与公爵们打交道，现在为了排遣寂寞，也乐意与男仆、洗衣女工以及格拉布街的穷酸文人一起跳方块舞。这些人喝着黑啤酒，啜着绿茶，抽着烟草，议论着他们主人的飞短流长猥琐话语和粗鄙举止极为相称。利蒂希娅从他们那里听来了不少贵人的逸事，将其变成手稿里随处可见的破折号。当生意惨淡或者房东太太来刁难时，这些逸事便有了用处。生活实在太艰难了，她在冰天雪地里步行前往切尔西，身上只有一件印花布罩衣御寒，而汉斯·斯罗恩爵士只用少得可怜的半克朗[1]小费打发了她；她又走到奥蒙德街，从可恶的米德医生那里抠出两基尼，她高兴得抛起硬币，结果乐极生悲，硬币掉进地板缝里不见了；连男仆都能羞辱她；坐下喝一杯开水，因为她不能让房东太太知道她连一小撮茶叶都拿不出来。曾经有两次，在菩提树开花的夜晚，她徘徊在月光下的圣詹姆斯公园，想跳进罗莎蒙德湖自杀。还有一次，她在威斯敏斯特教堂的墓地沉思，被锁在了里面，只得睡在布道坛底下，裹着祭坛上的毯子，以免被老鼠袭击。她感叹道："我渴望听到目光明亮的小天使的声音！"但前方等着她的是截然相反的命运。尽管柯利·西伯先生和理查森先生送给她刷金边的信纸和小亚麻纸，但她的房东太太们，那群好几年不打理头发的泼妇喝光了她的麦芽啤酒，吃掉了她的龙虾，然后成功地把斯威夫特的朋友、伯爵的曾孙女送进了马歇尔西监狱[2]，和普通的欠债人关在一起。

她怨恨地诅咒她的丈夫，他害她成为一个四处冒险的女人，而不是她本性所期望的成为"一只无害的家鸽"。她越来越绞尽脑汁地搜寻任何可以填满一页纸的东西，逸事、回忆、丑闻，以及关于大海的深不可测、陆地的易燃性之类的观点，并靠这些来赚取一基尼。她回忆起曾经和斯威夫特一起吃过鸻鸟蛋。"看，小丫头，"他说，"这是一个鸻鸟蛋。威廉国王曾经花几克朗买了一个……"她记得，斯威夫特从未笑过。他总是板着脸不让自己笑出来。她还记得什么呢？许多绅士，许多房东太太；父亲去世时，窗户是如何关上的，她的姐妹笑嘻嘻地拿着糖罐走下楼来。她的人生全是痛苦和挣扎，除了她热爱的莎士比亚以及相识的斯威夫特，他们支持着她在漂泊无依的一生中，面对每一次变故都保持着乐观的精神。在她短暂一

---

[1] 克朗（Crown），英国旧制五便士硬币。
[2] 位于伦敦的监狱，主要囚禁负债的人，于1842年废除。

生的尽头，她凭着几分淑女的教养和本性的勇敢，还能开着玩笑，享受她的鸭肉，虽然心中存着死亡的念头，枕边围着讨债的人。

（朱丽琼　译）

简·奥斯汀

如果卡桑德拉·奥斯汀小姐①一意孤行,那么除了简·奥斯汀的小说之外,我们可能看不到任何与她相关的东西。简·奥斯汀只对自己的姐姐信笔直书,只对她一人吐露心中的愿望。如果传言属实,简·奥斯汀还向姐姐道出了一件人生憾事。随着简·奥斯汀的名声与日俱增,年事渐高的卡桑德拉·奥斯汀小姐顾虑重重,她担心有朝一日,简·奥斯汀会成为陌生人猎奇的目标、学者们猜测的对象。于是,她不顾自己的巨大损失,将所有能够满足人们好奇心的信件付之一炬,只留下了一些自认为琐碎、无趣的信件。

因此,我们对简·奥斯汀的了解只能依赖于一些传闻、几封信和她的书。先谈谈传闻。所有传闻,但凡能够流传至今,就一定不会令人厌恶。只要稍加整理,就能为我们所用。比如,据简·奥斯汀的堂妹费拉德尔菲亚所言,简小时候"一点都不漂亮,而且非常拘谨古板,根本不像一个年方十二的少女……她个性古怪,矫揉造作"。奥斯汀姐妹年纪尚轻的时候,米特福德夫人就认识她们了,而且认为简"在她记忆中,是最漂亮、最愚蠢、最矫揉造作的花蝴蝶,忙着给自己寻觅一位理想夫君"。米特福德夫人有一位不知名的朋友,她"在拜访了简·奥斯汀之后说,简现在已经锤炼成了一位不折不扣、沉默寡言的独身主义者。这简直是世间少有。《傲慢与偏见》让人们见识到,这个坚硬的盒子里竟装着一块如此珍贵的宝石,此

---

① 简·奥斯汀的姐姐,业余画家。

前她不为社会重视,就好像是一根拨火棍或者壁炉前的一块防火板……不过今非昔比"。此人接着说:"她现在虽然仍是一根拨火棍,不过,是一根人人生畏的拨火棍。一个谈吐风趣,专会拿捏人物性格的才女,她沉默的时候着实让人害怕!"

首先,那个在费拉德尔菲亚看来,矫揉造作、离奇古怪、一本正经、完全不像十二岁的小女孩,很快就脱胎换骨,写出了《爱情与友谊》这样一部让人大吃一惊、毫无稚气的小说。让人难以置信的是,简·奥斯汀完成这部小说时只有十五岁。《爱情与友谊》似乎是家庭教室里的娱乐之作。作者故作严肃地将书里的一则故事献给了哥哥,姐姐卡桑德拉还为另一则故事配上了精心描画的水彩头像。我们会觉得,这都是些供家人传看的戏耍之作。它们的讽刺直击要害,因为奥斯汀家的孩子们都觉得那些"长吁短叹,动辄晕倒在沙发上"的淑女很可笑。

简对大家都深恶痛绝的恶习进行了抨击,当她大声读出自己的最后一击时,兄弟姐妹们一定笑得前仰后合。她写道:"失去了奥古斯都,我殉身于自己的悲痛之中。一次严重的晕厥就要了我的命。亲爱的劳拉,提防那些晕厥……你可以随时发疯,但是千万不要晕过去……"简·奥斯汀继续奋笔疾书,讲述了各种人物的种种遭遇:劳拉与索菲亚,菲兰德与古斯塔夫斯,每隔一天就驾着马车往返于爱丁堡与斯特林之间的绅士,桌子抽屉里被盗的珍宝,《麦克白》中饥饿的母子。各种奇遇和传奇,精彩绝伦。毫无疑问,这些故事一定在家庭教室里引得哄堂大笑。然而,这个十五岁的女孩独自坐在客厅角落里奋笔疾书,绝不是为了赢得兄弟姐妹的笑声,也不是仅供家人消遣。简·奥斯汀不为任何人写作,或者说,她的作品是写给所有人的,写给小人物,写给我们这个时代,也写给她自己。换而言之,简·奥斯汀虽然年纪尚轻,但是已经开始进行真正意义上的文学创作了。这可以从她充满韵律、均衡、严谨的句式中感受到。"她不过是一个脾气温顺、彬彬有礼、乐于助人的年轻女子,因此我们不可能不喜欢她,她只是容易被人轻视罢了。"这样的句子注定了要比圣诞节更持久。它轻松自在,趣味横生。《爱情与友谊》就是这样一部作品。然而,整部小说中回荡着一种清晰透彻，却与小说其他部分格格不入的声音。那是什么呢？是笑声。这个十五岁的少女独自坐在角落里嘲笑着世界。

十五岁的女孩子总是爱笑。她们会笑话宾尼先生错把盐当成了糖，会因为汤姆金老太太一屁股坐在了猫身上而笑得喘不过气。然而，转瞬间，又会变得泣不成声。她们对人没有一成不变的观点，人性中总有什么是永远可笑的，男人和女人也总有一些能一直引得我们讽刺的特征。她们不知道，每场舞会上都会有人像格雷维尔夫人那样冷漠，也有人像可怜的玛丽亚那样遭人怠慢，这是舞会的永久特征。但是，简·奥斯汀自出生之日起就对此一清二楚。肯定是她一出生，就有一位栖息在她摇篮边的精灵，带她飞越了整个世界，所以，当她再次回到摇篮里时，她不仅知道了这个世界是什么样子的，而且选好了自己的国度。她当时就已经同意，只要让她统治那片领土，她就不再贪图其他地方。因此，十五岁时，她就对自己和他人不再抱有任何幻想了。不论写些什么，她所创作的结局、转折和设定都是基于这个宇宙，而不是基于某座牧师住宅①。简·奥斯汀是一位不带感情色彩的作家，令人捉摸不透。牧师的女儿简·奥斯汀曾遭格雷维尔夫人冷落，但作为作家，简在书中对她的言行进行了精彩刻画，却没有留下丝毫恼怒的痕迹。作者始终将目光对准靶心，读者也明确知道她瞄准的是人性中的哪个部位。我们之所以对此一清二楚，是因为简·奥斯汀严守契约，从不越界。哪怕在十五岁这样多愁善感的年纪，她也从来没有为自己感到过羞耻，从来没有因为一时的恻隐之心而削弱讽刺的锋芒，也没有因一时的狂热而模糊人物的轮廓。她的手里好似握着棍子，指着说道：怜悯和狂热，到此为止。一切都边界分明。但是，她也不否认还有明月、高山、古堡这类浪漫之物，在世界的另一侧。简甚至写了一部关于苏格兰女王玛丽一世的爱情故事②。她对女王十分崇拜，称其为"世上首屈一指的人物"。小说写道，是"一位迷人的公主。诺福克公爵曾是她唯一的朋友，而

---

① 简·奥斯汀的父亲乔治·奥斯汀是一位牧师。
② 简·奥斯汀于1791年创作了一部历史小说《英格兰史》（*The History of England*），苏格兰女王玛丽一世是小说的主要人物之一。

现在她的朋友只有我、惠特克先生、勒弗洛伊夫人和奈特夫人"。①运用这样的语言,简·奥斯汀不仅巧妙地克制了自己的激情,而且总是以笑声收尾。联想到不久之后,年轻的勃朗特在其位于英国北部的牧师住宅里写了一部关于威灵顿公爵的小说②,会十分有趣。

那个一本正经的小女孩儿长大了,成了米特福德夫人记忆中"最漂亮、最愚蠢、最矫揉造作的花蝴蝶,忙着给自己寻觅一位理想夫君",而且不经意间创作了《傲慢与偏见》。这部小说是在一扇吱呀作响的房门背后偷偷摸摸写就的,时隔多年才得以出版。有人认为,写完《傲慢与偏见》之后不久,简·奥斯汀就开始创作《沃森一家》,但出于种种原因,她对这部小说并不满意,因此该书并未完成。伟大作家的二流作品也是值得一读的,因为这些作品为评论作家的杰作提供了最佳视角。这些二流作品更加清晰地暴露出作者在创作中所遇到的种种困难,而那些克服困难的手段也尚未被巧妙地遮掩起来。首先,小说开头几章显得僵硬、直白,这表明简·奥斯汀是那种先在第一版中粗略陈述事实,然后再添枝加叶、反复修改的作家。很难说她是怎么做的,她会做哪些增删,会采用怎样的艺术手法。但是有奇迹出现。十四年乏味的家庭生活被精巧、毫不费力地引入小说之中。读者将永远猜不到初稿是怎样艰难地写出来的。这里我们会发现,简·奥斯汀毕竟不是魔术师。和其他作家一样,她必须努力营造出一种氛围,才能让自己独到的才华结出硕果。她不断摸索,让读者翘首以待。突然间,她成功了,故事终于可以按照她喜欢的样子呈现了。简·奥斯汀告诉我们:爱德华兹一家要去参加舞会;汤姆林森家的马车匆匆驶过;有人给查尔斯"递上了一副手套,要他把手套戴好";汤姆·马斯格雷夫捧着一桶牡蛎,躲到偏僻的角落里,显得极其享受。③作者的才华得以释放,才如泉涌。

---

① 惠特克先生,即约翰·惠特克(John Whitaker,1735—1808),历史学家,著有《苏格兰玛丽女王之辩护》(*Mary Queen of Scots Vindicated*)。勒弗洛伊夫人和奈特夫人均为简·奥斯汀的好友。
② 夏洛蒂·勃朗特(Charlotte Brontë,1816—1855)创作《威灵顿公爵轶事》(*Anecdotes of the Duke of Wellington*)时年仅十三岁。
③ 爱德华兹一家、汤姆林森家、查尔斯、汤姆·马斯格雷夫等人物皆出自《沃森一家》。

我们瞬间感到眼花缭乱，目不暇接，只有简·奥斯汀才能让读者体会到这种独特、强烈的感受。但是，这一切都是由什么构成的呢？乡下小镇子上的一场舞会，在礼堂内握手言笑的几对夫妇，吃吃喝喝的小型宴会，等等。至于灾难性场面，也不过是一个男孩被一位年轻女士冷遇，又被另一位女士善待。这里既没有悲剧，也没有英雄壮举。然而，出于某种原因，这些不起眼的场景在庄严的外表下暗流汹涌。作者让我们见识到，如果爱玛能够在舞会上有如此举止，那么当她遇到更大的人生危机时，她该如何体贴周到，如何温柔仁爱，如何情真意切！爱玛的一举一动，不可避免地出现在眼前。因此，简·奥斯汀能够驾驭比表面上看起来更加深厚的情感。读者在她的激励之下，用想象填补空白。她写的看起来只是些琐碎小事，其间却包含了某种在读者头脑中不断扩展延伸的东西，那些表面上微不足道的场景也因此被赋予了最持久的生命形式。人物性格永远是小说的重中之重。玛丽在三点差五分的时候，拿着托盘和刀箱走了进来，而奥斯本勋爵和汤姆·马斯格雷夫正好在这个时候造访。我们不禁要问：爱玛此时会有何举动？场面十分尴尬，因为这两位年轻人过惯了更加精致的生活，而爱玛会被当作一个没有教养、粗俗猥琐的平庸之辈。人物之间的对话迂回曲折，让读者提心吊胆。我们的注意力一半在当下，一半在未来。最后，爱玛的表现印证了读者对她的厚望，我们为之深深感动，就好像见证了一个重大事件。不错，这部作品没有完成，而且略逊于简·奥斯汀的杰作，但是作者的伟大之处通通囊括在这部小说里。《沃森一家》具有永恒的文学品质。小说对人类价值观的洞察力极其敏锐，即便忘了作品的表层活力，忘记它如何贴近生活，这种洞察力也足以为读者带来更深层次的乐趣。把这也忘了吧，一个人能够沉浸在更为抽象的艺术形式之中，享受由此而来的极度满足感。这一艺术形式在描绘舞厅时，改变了场景中人物的情绪，调整了段落之间的比例。我们欣赏这段描写，并不是出于它在故事中所起的衔接作用，而是出于其自身价值，这与欣赏诗歌如出一辙。

然而，据传言所说，简·奥斯汀顽固、古板、严谨、细致，且沉默寡言，是一根"人人生畏的拨火棍"。这些传言也是有迹可循的。她可以毫不留情,是整个文学史上最持之以恒的讽刺家。《沃森一家》前几章的突兀,表明简·奥斯汀并不是那种多产的天才。她无法像艾米莉·勃朗特那样,只需推开门就能让世人感知到自己的内心。她要像采集筑巢用的树枝和草芥那样,恭恭敬敬、高高兴兴地收集素材,然后再把这些素材整整齐齐地排列在一起。然而这些树枝和草芥本身显得干巴巴、灰扑扑的,不外乎是些大大小小的房子,一场场茶会、晚宴,以及为数不多的几次野餐罢了。生活不过是宝贵的人脉和充足的收入,是泥泞的小路、打湿的双脚和女士们常常感到厌倦的情绪。乡下中上层家庭通常受到的教育,以及一些不会带来重大后果的小原则支撑着他们的生活方式。在这样的日子里,恶习、冒险、激情均不占一席之地。然而,简·奥斯汀对这种普普通通、卑微琐碎的生活毫不回避,将一切都清清楚楚地展现在读者面前。她耐心地告诉我们说,他们如何"一路马不停蹄,直至抵达纽伯里才停下来,在那里舒舒服服地享用了一顿融正餐与夜宵为一体的美餐。享乐又疲惫的一天就此结束"。简·奥斯汀对传统的敬重绝不只是表面敷衍,她不仅接受了这些成规,而且对其深信不疑。在描写像埃德蒙·伯特伦①这样的神职人员或者水手的时候,她好像是受到了其神圣职位的影响,以致无法自由发挥喜剧天分,而这却是简·奥斯汀的重要工具,因此描写常常沦为彬彬有礼的赞美,或者实事求是的陈述。但这些只是例外。在大多数情况下,简·奥斯汀的态度让人想起那位匿名女士脱口而出的话:"一个谈吐风趣、专会拿捏人物性格的才女,她沉默的时候着实让人害怕。"简·奥斯汀既不想革新,也无意于抹杀些什么。她只是保持着沉默。这让人害怕!她创作出了一个又一个笨蛋、凡夫俗子,以及清高之士,柯林斯先生、沃尔特·艾略特爵士、班纳特夫人这样的人物接二连三地出现在她的笔下。她的语言如同挥舞着的鞭子,将人物团团围住,来回抽打的鞭子为这些人物勾勒出了永恒的轮廓。既没有为这些人物寻找任何借口,也没有对他们流露出丝毫怜悯之情,朱莉娅和玛丽亚·伯特伦的故事一旦讲完,两个人就销声匿迹了,只剩下伯特伦夫人。

---

① 埃德蒙·伯特伦出自简·奥斯汀的小说《曼斯菲尔德庄园》(Mansfield Park)。

其实，我们也不希望有任何改变。虚荣与浮华令人义愤填膺，道德沦丧让我们怒火中烧，由此而来的痛苦与热忱敦促我们改良这样一个相互刁难、充满愚蠢行径的社会，即便如此，这一任务远超我们的能力，因为人性就是如此。十五岁的简·奥斯汀就已对此心知肚明，成人之后更是将其展现得淋漓尽致。就在伯特伦夫人试图把伯格从花坛边赶走的时候，她派查普曼晚些时候去帮范妮小姐一把。洞察力如此完美，讽刺如此公允，虽然始终如一，却几乎逃脱了读者的注意。这些小肚鸡肠、相互刁难的品行未能打破读者的沉思。奇怪的是，我们在欣喜之时，却又忍俊不禁。美照亮了这些愚人。

事实上，这种难以捉摸的品质通常由完全不同的成分构成，将其融为一体，需要某种特殊才能。简·奥斯汀的幽默与品位相得益彰。在她笔下，傻瓜就是傻瓜，势利小人就是势利小人。简·奥斯汀之所以可以做到这一点，是因为她头脑中有一个清醒、理智的典范，即便是在逗笑读者的时候，这一典范也会毫不含糊地传达给读者。此前，还没有哪位小说家能够更充分地利用对人类价值的无可挑剔的感知力。简·奥斯汀以一颗持之以恒的心、始终如一的高雅品位，以及近乎苛刻的道德观念为依托，展现了种种与真诚、善良、实事求是相背离的人和事，而真诚、善良、实事求是存在于英国文学中最令人欣喜的事物。她在描绘玛丽·克劳福德好坏参半的人品时使用的就是这一方法。作者任她絮絮叨叨地说个不停，要么埋怨牧师，要么赞美一万镑年薪和一位准男爵，驾轻就熟、精神饱满。但是，简·奥斯汀会时不时地敲出自己的音符，虽然只是轻轻一击，却恰到好处，玛丽·克劳福德的牢骚虽然依旧好笑，却索然无味了。小说的场景因此有了深度、美感和复杂性。小说的美感，乃至庄严肃穆的氛围，正是源于诸如此类的对比，其非凡之处不仅不亚于作者的才智，而且是构成这种才智不可或缺的部分。简·奥斯汀在《沃森一家》中让读者预先体验到这种力量，我们不禁要问：在她笔下，普通的善举何以变得意味无穷？这一才华在她的杰作中得到了完美呈现。正值北安普敦郡的正午时分，一个迟钝的年轻人在楼梯上与一位身体虚弱的年轻女士说话，他们正要上楼去换晚宴时要穿的衣服，此时女仆们从他们身边经过。然而，就在这些平凡琐事之中，语言突然充满了意义，此时此刻成了两个人平生最难忘的一刻。此情此景充实、丰满、熠熠生辉；在我们面前展开了一幅深沉、安详，又令人战栗的画面。然而这幅画面转瞬即逝，接下来，女仆从身边经过，生活中积攒的所有快乐都汇聚成一滴水珠，悄悄地沉下去，成了滚滚红尘中的沧海一粟。

简·奥斯汀对生活琐事有着深刻的洞见，选择以聚会、野餐、乡间舞会等为创作对象就再自然不过了。摄政王和克拉克先生[①]曾"建议她改变写作风格"，但这并不足以引起她的兴趣。在简·奥斯汀的眼里，爱情、历险、政治、阴谋都赶不上那些在乡下别墅楼梯间度过的生活。摄政王和他的图书管理员曾试图动摇简·奥斯汀不受腐蚀的良知，扰乱她准确无误的判断力，却遇到了相当大的阻碍。十五岁就能写出一手好文章的她自此从未停止过写作，并且她的小说不是写给摄政王或者图书管理员看的，而是写给全世界看的。简·奥斯汀对自己的能力一清二楚，知道哪些材料适合自己。她对作品的要求极高，只会选择自己能够驾驭的材料。不过仍有一些超出她的领域的事情，有些情感是她无论怎么努力、用何种手段都无法完美传达的，比如，她不知道该如何让女孩子热情洋溢地谈论旗帜、教堂这些事情，也无法全身心地营造浪漫时刻。她采用各种手段来避免激情的场面，以自己的方式侧面描写自然及其美，比如，描写美丽的夜色，却没有提过月亮一次。她写道："晴朗的夜，光辉熠熠，与树林间幽暗的阴影形成鲜明的对比。"当我们读到这些文字时，夜景瞬间变得"庄严肃穆、舒缓可爱"。一切如其所言，简简单单。

简·奥斯汀对各种天赋的平衡异乎寻常地完美。她完成的小说没有败笔，几乎没有哪一章节有失水准。然而，她毕竟四十二岁就去世了，她当时正处于创作高峰。她仍在经历种种变化，而这些变化往往让作家生涯的最后阶段成为最有意思的时期。简·奥斯汀生机勃勃、热情洋溢，天生富

[①] 詹姆斯·斯坦尼尔·克拉克（James Stanier Clarke，1766—1834），英国神职人员、文人，曾为摄政王——威尔士亲王乔治管理图书。

有伟大的创造力,毫无疑问,只要还活着,她就会创作出更多作品。人们不禁会想到,她也许会写出不同风格的作品。边界已经划定。月亮、山丘和城堡都在边界的那一边。但是,她不是有时也会忍不住想要越界一分钟吗?她不是正考虑用自己快乐、美妙的方式开启一次短暂的发现之旅吗?

《劝导》是简·奥斯汀完成的最后一部小说,让我们以该书为参考,看看她如果活着的话,会写出怎样的作品。《劝导》有其独到的美妙与沉闷。沉闷往往是过渡期的标志。作家感到些许厌倦,因为她对自己笔下的世界过于熟悉,已看不到任何新鲜之处。她的喜剧场景中出现了粗糙的地方,这意味着沃尔特爵士的虚荣心或者埃利奥特小姐的势利已不再让作者感到好笑。作品中的讽刺变得尖刻,喜剧成分则变得粗糙。作者已无法以新颖的视角来感知日常生活中的好笑之处,也没法集中精神看待眼前的事物。然而,尽管我们觉得简·奥斯汀以前写过类似的作品,而且写得更好,我们还是感到她在这部小说里进行了一些从未有过的尝试。《劝导》里有一些新鲜元素,大概正是这一品质点燃了惠威尔博士[①]的热情,他坚持认为,"《劝导》是简·奥斯汀作品中最优美的一部"。简·奥斯汀渐渐发现这个世界比她以为的更辽阔、更神秘、更浪漫。我们感觉,她对安的描写同样适用于她自己:"她年轻时被迫谨言慎行,随着年龄的增长,她学会了浪漫——一个不自然的开端引发的自然结果。"她常常谈论自然界中美丽且忧郁的一面,谈到秋色,以前她更爱谈及春天。比如,她提到"乡下的秋季让人感到既甜美又忧伤"。她注意到"泛黄的叶子,枯萎的树篱",还观察到"人们对某地的热爱不会因在这里遭受痛苦而减弱"。简·奥斯汀对大自然有了新的感知,但是变化并不仅仅体现于此,她对待生命的态度也发生了改变。在《劝导》的大部分篇幅中,简·奥斯汀以一位不幸的女人的视角看待生活,因此对别人的幸福与不幸有着特殊的同情心,最终不得不用沉默来品评人生。因此,与以往不同,小说对生活的观察更侧重于人物感

[①] 威廉·惠威尔(William Whewell,1794—1866),英国科学家、哲学家、基督教神学家。

情,而非客观事实。在描写音乐会的场景中,以及在讨论女性忠贞的著名段落里,作者的某种情感得以表达,这从作者生平和小说艺术的两个层面表明,简·奥斯汀不仅爱过,而且不再惧怕谈论爱情。严肃的生活经历只有在经历了时间的冲刷和彻底的沉淀之后才会成为小说创作的素材。1817年,简·奥斯汀已经准备就绪。从外部看,她所处的环境也即将发生巨大变化。此前,简·奥斯汀的名声提升缓慢。奥斯汀-利先生①曾写道:"我怀疑,是否还有其他知名作家会有如此默默无闻的个人生平。"如果简·奥斯汀能再多活几年,一切就会大不相同。她也许会留在伦敦,外出就餐,会见名人,结交新朋友,或者读书、旅行,然后回到宁静的乡村小屋,闲暇时尽情回味自己积累下的所见所闻。

而这一切对简·奥斯汀还没来得及写的六部小说会有什么影响呢?她不会写犯罪、激情、历险等主题的小说,也不会为了满足出版商的要求,或者迎合朋友们的奉承,而写出潦草、虚伪的作品。但是她会比以前知道得更多,安全感会受到动摇,喜剧创作也会因此受挫。她可能不再那么信任(这一点在《劝导》中已初露端倪)人物之间的对话,而是更多地依靠反思来让读者了解她笔下的人物。那些精彩、短小的对话在几分钟内就概括了人物的方方面面,不论是克罗夫特海军上将,还是马斯格罗夫夫人,这些信息足以让读者彻底了解小说人物。然而,这种随性的速写虽然涉及人物分析和心理描写,但是已经显得过于粗糙,无法承载简·奥斯汀目前对复杂人性的理解。她也许会找到一种方法,既能像以往一样保持清新、沉稳的风格,又能让作品变得更加深刻、富有启发性。这种方法既能够传达人们言说的事物,又能表达未被言说的事物;不仅能展现人物的本质,也能描绘生活的真相。简·奥斯汀也许会与小说人物保持更远的距离,更多地把他们视为一个群体,而非孤立的个人。作品中的讽刺也许不会像从前那样连续不绝,但是会变得更加严肃、尖刻。简·奥斯汀也许能够成为

---

① 概指詹姆斯·爱德华·奥斯汀-利 (James Edward Austen-Leigh, 1798—1874),著有《简·奥斯汀回忆录》(*A Memoir of Jane Austen*)。

亨利·詹姆斯①、普鲁斯特的先驱。够了，不需要再假设下去了。这都是些徒劳无益的设想：简·奥斯汀是女性中完美的艺术家，写出了不朽的佳作，"就在她开始对自己的成功感到自信的时候"与世长辞了。

(程辰雨 译)

---

① 亨利·詹姆斯（Henry James，1843—1916），美国小说家，美国现代小说理论的奠基人，代表作有《一位女士的画像》《小说的艺术》等。

论现代小说

在考察现代小说时，无论多么松散随意，人们都难免想当然地认为，现代小说的创作在某种程度上是对旧小说的改进。有人认为，仅仅凭借简单的工具和粗糙的材料，菲尔丁①便创作出了不错的小说，简·奥斯汀做得还要出色一些，但是你比较一下，我们的机遇比他们更好！旧时代的杰作自然带有一种异样的简洁风格，然而这就好比把文学创作比作制造汽车，乍看之下似乎成立，再看就很难说得通了。几个世纪以来，我们在制造机器方面学到了很多，但是，在文学创作上，很难说我们学到了任何东西。我们并没有写得越来越好。只能说，我们所作的一切无非是保持运动。如果站在足够高的顶点，俯瞰整个运动轨迹的话，就会发现，我们时而向这个方向移动几步，时而向那个方向移动几步，呈现出绕圈子的趋势。无须赘言，我们甚至不能宣称哪怕只是暂时站在了有利的地势上。平原之上，人群之中，风沙遮蔽了视线，一场博弈之后，我们不无妒忌地回头，望着那些比我们更加幸福的武士们。他们打了胜仗，功成名就，而气氛却如此宁静，以至于我们不禁耳语道，他们的战斗不如我们的战斗激烈。如今小说创作是处在散文体虚构作品发展的开端，还是尾声，还是恰好处于伟大的年代，要由文学史专家来决定，因为我们站在平原上，几乎看不到什么。我们只知道，对前人的感激与敌意共同激励着我们的创作。我们还知道，有些路通向膏腴之地，有些则通向黄沙大漠。也许值得对此记述一番。

---

① 具体所指不详，可指亨利·菲尔丁或其妹妹莎拉·菲尔丁。

我们争论的对象不是那些经典作品，而是威尔斯先生、贝内特先生和高尔斯华绥先生三位作家，因为他们的作品，正如作者本人一样，有着明显的缺陷，读者因此可以随心所欲地解读这些作品。然而，在感谢这些作家为小说创作做出种种贡献的同时，我们要把最真挚的谢意毫无保留地献给哈代先生和康拉德先生，其次还有《紫原》《绿楼》以及《遥远的过去》的作者哈德森先生[①]。威尔斯先生、贝内特先生和高尔斯华绥先生曾经激起过人们的无限希望，又让希望一次次破灭。他们让人们看到，有些事本可以实现却没有完成，有些事则是我们肯定做不到，也不想去做的。为此，我们要向他们表示感谢。这些作品数量庞大，品质优秀，有些令人钦佩，有些则正好相反，因此，对这些作品的批评和谴责不是只言片语就可以总结清楚的。如果一定要用一个词来概括的话，我们可以说这三位作家都是"物质主义者"。他们令读者大为失望的正是，他们关心的只是人的肉体，而非精神世界。这让人觉得，英国小说越早礼貌地背弃这些作家，大踏步向前走，哪怕走进荒漠也在所不惜，对其灵魂就越好。自然，面对三个不同对象，没有哪个词能做到"一语中三的"。以威尔斯先生为例，物质主义这个词显然失之偏颇。即便如此，我们仍注意到，威尔斯先生的才华中含有某种致命的组合，像是把纯净的灵感与一大块泥巴搅拌在了一起。由于贝内特先生的手艺最好，所以他也许是三者中罪孽最深的一位。他的书构思精巧、技艺扎实，即便是最严格的批评家也很难发现，破绽会从哪条裂缝显现。这就像是密不透风的窗棂或严丝合缝的木板。然而，如果生命拒斥那里的生活呢？这是一场冒险，但是《老妇谭》的作者贝内特先生，以及乔治·坎农、埃德温·克莱汉格[②]等其他小说人物可能会声称自己已经规避了这一风险。这些人物过着富裕得甚至难以想象的生活。但是我们仍不清楚他们是如何生活的，生活的目的又是什么。在我们看来，这些人物

[①] 即威廉·亨利·哈德森（William Henry Hudson, 1841—1922），英格兰裔阿根廷作家、博物学家和鸟类学家，最著名的小说是《绿楼》。
[②] 乔治·坎农、埃德温·克莱汉格均为阿诺德·贝内特系列小说《克莱汉格一家》（*The Clayhanger Family*）中的人物。

渐渐抛弃了五镇①上建造精美的别墅,在装有软席的头等车厢里度日,没完没了地按电铃,找人服侍。他们旅行的目的地变得越发奢华,毋庸置疑,住在布兰顿最好的酒店里也越来越被视作一种永恒的幸福。而在过度钟情于结构的坚固性这一意义上,很难说威尔斯先生是一位物质主义者。他过于慷慨大度,以至于对内容疏于管理。威尔斯先生是物质主义者,纯粹是由于心地善良,肩负起了本该由政府官员完成的工作。他有很多想法,知道很多事情,以至于无暇注意或忘记了笔下的人物有多么粗糙、鲁莽。但是,如果从今往后,他的人间和天堂都住满了像琼和彼得②这样的人物,那么还有什么样的批判能比这更具伤害性呢?无论书中描绘了怎样的制度、理想,人物的低劣本性难道不会玷污作者的慷慨施予吗?同样,我们虽然非常敬仰正直、仁慈的高尔斯华绥先生,但是也没有在他的作品中找到我们意欲寻求的东西。

之所以给所有这些书都贴上"物质主义者"的标签,是因为这些书的内容在我们看来全都无关紧要。作者费尽周折,不过是让那些琐碎、易逝之物显得真实、恒久罢了。

不得不承认,我们有些苛刻了。然而,是什么让我们如此苛求呢?对这个问题的回答很难解释我们心怀不满的原因。我们在不同的时候,用不同的方式提出同一个问题。这个问题常常出现在刚刚读完一本小说的时候。在一声长叹中放下读完的小说,心想:这部小说有价值吗?读它的意义何在?难道说,由于人类常常会制造一些小偏差,所以高尔斯华绥先生制造的那台用来捕捉生活的宏大装置也出现了一到两英尺的偏差?结果,生活从这个装置中逃走了。没有了生活,其余一切就都变得毫无价值。坦白说,使用这样的比喻未免有些含糊不清,但是像评论家那样,动辄谈论现实,也不会对解决问题有多大帮助。含糊不清是所有小说评论都要面对的问题。在承认这一问题的同时,让我们斗胆提出以下观点:当下最流行的小说形式并不能锁定读者所寻求之物,与之失之交臂则是更常见的情况。无论称

---

① 阿诺德·贝内特在小说《五镇上的安娜》中将特伦特河畔的斯托克地区称为五镇。
② 来自赫伯特·乔治·威尔斯的讽刺小说《琼与彼得》(*Joan and Peter*)。

之为生命还是精神，真理还是现实，这些生活的本质已开始远离小说，拒绝继续受制于我们为之提供的并不合身的外衣。即便如此，我们依旧不屈不挠、认认真真地构思二三十章小说，而小说的设计却与脑海中的情景相差越来越大。费力去证实故事是否有坚固的现实基础，是否与生活相似，不仅白费力气，而且把力气用错了地方，以至于遮蔽了小说最初的创作思想。作家似乎受到了种种制约，这种制约并非出自作家的自由意志，而是某个强大且肆无忌惮的暴君。这个暴君将作家玩弄于股掌之中，规定小说必须有情节，有悲剧、喜剧、爱情角色，要全面保有现实可能性。小说要完美无缺地呈现出社会的方方面面。如果小说中的人物生活在现实世界里，他们会发现自己从头到脚，乃至外套上的一枚纽扣，都与当时的时尚样式毫厘不差。作家服从了暴君的意志，小说就此收尾。然而，就在小说以惯常的方式不断展开时，我们会偶然感受到作品中出现了瞬间的质疑和短暂的反抗，似乎在问：生活就是这样的吗？小说一定要这样写吗？随着时间的推移，这种感觉出现得越来越频繁。

内省一下就会发现，生活似乎远非"这样"。在某个平常日子里审视一下一个普通人的头脑。它每天接受难以计数的信息，有些琐碎，有些奇妙，有些转瞬即逝，有些则印象深刻，犹如用锋利的钢片镌刻在大脑之上。这些信息从四面八方涌来，好像是在下一场没完没了、由无数原子构成的雨。当雨落入人间，变成日常生活的时候，重音就落在了与先前不同的地方。重要时刻也从此处转移到了彼处。所以，一位未受奴役、思想自由的作家可以写自己选择的话题，而不是非写不可的话题。如果作家在创作时，能够以自己的切身感受而非成规为基础的话，那么无论是构思情节、设置爱情角色，还是创作悲剧、喜剧，都无须遵从现有的文学风格，也许完全不需要在外套上缝一枚像邦德街上的裁缝们缝的那种纽扣。生活不是马车上对称排列的车灯，生活是一束熠熠的光，是一个半透明的信封，从我们有意识时起，就始终围绕着我们。无论小说显得多么怪异、多么复杂，小说家的任务不就是将这种变幻莫测的自由精神，在尽量不受外界干扰的情况下表现出来吗？这里，我们不仅仅是在呼吁作者的勇气和诚意，而是建议，构成小说的恰当元素应当与我们习以为常的认知略有不同。

无论如何，我们试图借助这种方式来界定几位年轻作家的作品，这些作品所具有的文学品质将其与前代作家的作品区分开来。这些作家中，詹姆斯·乔伊斯先生是最引人注目的一位。他们试图在创作中更加贴近生活，更准确地留住那些有趣的、感人的东西。为此，他们势必放弃小说家通常遵守的惯例。让我们按照原子降落的顺序，记录它们是如何坠入脑际的吧。让我们描画各个场景、各种事件在意识中留下的图案，无论这些图案看起来多么零散、无序。让我们不要想当然地认为，众人心目中的伟大人生一定比碌碌无为的平凡生活更充实。凡是读过《一个青年艺术家的画像》或者《尤利西斯》的读者都会冒险揣测一下乔伊斯先生的创作意图。如今，《尤利西斯》已在《小评论》上连载，预计会比上一部小说更有意思。对于我们而言，面前只有一个片段，所以理论上的揣测只能是一种冒险，而得不到任何确证。但是，无论其整体意图是什么，小说写得情真意切，这是毋庸置疑的，而且，无论我们认为它有多么难懂或令人不快，它都有着无可否认的重要性。乔伊斯先生恰恰与被我们称作物质主义者的作家相反，他是重精神的作家。他所关注的是如何将发自内心深处、在头脑中闪烁不定的灵光揭示出来，为此他不惜一切代价。为了能够留住那灵光，乔伊斯先生勇敢地无视了那些在他看来纯属意外的元素，不论这些元素是否具有可行性，是否前后一致，等等。对于过去几代人而言，这些标志可以帮助读者想象那些见不到、碰不着的东西。比如，在墓地场景，它时而光彩照人，时而肮脏龌龊，时而语无伦次，时而闪现出重大意义。毫无疑问，这段描写极其接近心灵的感受，无论如何，第一次读到这段文字时，很难不将之称为杰作。若你要找的是生活本身，那么你肯定能够在这里找到。若我们试着说出除此之外我们还希冀些什么的话，我们甚至会变得笨嘴拙舌、局促不安。同样，很难解释为什么一部如此具有独创性的作品无法与《青春》或《卡斯特桥市长》①这样高水平的小说一较高下。我们也许可以草草地认为这是因为作者的思想相对贫乏，然后就此了事，但是，我们也可

---

① 《青春》（*Youth*）概指约瑟夫·康拉德于1898年发表的自传体短篇小说。《卡斯特桥市长》（*The Mayor of Casterbridge*）为英国小说家托马斯·哈代的作品。

以再向前一步,试想自己被关在一间明亮却狭小的房间里,既不能扩大房间的面积,也无法脱身逃离,这难道不正是我们在方法及思想上受到束缚时的感受吗?是写作方法阻碍了创造力吗?我们既感受不到快乐,又做不到宽宏大度。相反,我们总是以自我为中心,神经敏感,易受伤害,从来不接纳自我以外的事物,更不用说创造出超越自我的作品。难道,这也是写作方法造成的吗?强调不检点的言行也许是出于说教的目的,但这是否会产生孤立、偏颇的效果呢?或者仅仅是因为,对于同代人而言,感受原创性作品的不足要比指出其长处更容易?无论如何,以旁观者的眼光来审视"创作方法"是错误的。如果我们是作家的话,不管使用哪种方法,只要能尽表达之意,就是正确的方法。这一方法的好处在于,它让人更加接近我们打算称之为生活的东西自身。阅读《尤利西斯》难道没有让人想到,生活中有多少东西遭到了人们的排斥和忽视吗?在翻开《项狄传》①或者《潘登尼斯传》②时,我们难道没有为之一惊,没有因此确信生活不仅具有多面性,而且有些方面还很重要吗?

不管结论如何,小说家目前面临的问题是如何找到一条自由创作的途径,我们以为这个问题在过去就一直存在。作家要有吐露真情的勇气,要大胆说出自己的兴趣已转移至"他处",然后,他必须从这个"他处"出发,来构思作品。对于现代人而言,这个"他处",这个让人感兴趣的地方,很可能就是心灵里的某个阴暗角落。所以,重音突然落在了不同的地方,作家开始强调一些先前被人忽略的事物。同时,事物的轮廓也势必变得与以往不同,这就让我们觉得小说难以驾驭,让前人觉得文理不通。也许只有现代俄国人才会对契诃夫在短篇小说《古谢夫》中描写的情景感兴趣。一些俄国士兵病倒在返回俄国的船上。小说先是简单交代了这些士兵

---

① 《项狄传》全名为《绅士特里斯舛·项狄的生平与见解》(*The Life and Opinions of Tristram Shandy, Gentleman*),表面看来是讲述特里斯舛的生平,实则多以主人公的视角讲述别人。这部作品打破了传统小说的叙事结构和时间顺序。米兰·昆德拉曾把《项狄传》纳入欧洲最伟大的小说行列,认为其写作的无序性、散漫的、没有主题却具有复调性质的文本,是西方小说朝意识流方向发展的源头宝库。
② 《潘登尼斯传》(*Pendennis*) 全名为《潘登尼斯传:他的幸与不幸,他的朋友与最大的敌人》(*The History of Pendennis: His Fortunes and Misfortunes, His Friends and His Greatest Enemy*)。作者是威廉·梅克皮斯·萨克雷。

之间的对话和他们的思想活动，然后一名士兵死了，被抬了出去，对话在其他士兵间继续进行，直到古谢夫本人也死了，像"萝卜一样"被扔下了船。小说的重点出人意料，以至于乍看之下毫无重点。然而，当我们习惯了室内昏暗的光线，认出事物的形状之后，便可看清完整的故事结构，理解小说的深邃之处，以及契诃夫在选材上如何忠实于自己的愿景，又如何将这样或那样的素材拼接起来，组合成一部新颖的作品。然而，若要指出"这是喜剧""那是悲剧"，则是不可能的。此外，就我们所受到的教育而言，短篇小说应当简短且具有结论性，而《古谢夫》则显得模棱两可、难下论断，所以能否将这部作品视为短篇小说，也是件无法确定的事。

在对英国现代小说做出最基本的评论时，很难避免提及俄国的影响。一提到俄国人，就会有这样的危险：除了俄国文学之外，讨论其他文学都会让人觉得是在浪费时间。如果我们想要理解人的灵魂与心灵，我们还能在哪儿找到与此同等深奥的描写呢？如果厌倦了英国文学中的物质主义，就来读一下俄国小说吧。即便最不重要的俄国小说家对人类的精神世界都怀有一种与生俱来的崇敬。"学会贴近人民……但不要用头脑去同情，因为这样做很容易，而是要用心灵、用爱去同情他们。"如果说，对他人的爱，对其痛苦遭遇的同情，以及为了实现最苛刻的精神诉求而做出的不懈努力构成了人的神圣性，那么我们几乎可以在每一位伟大的俄国作家身上发现这些圣人的品格。正是这些作家身上的神圣性让我们惊讶地体会到，自己因缺乏宗教情感而显得卑微渺小，许多著名的小说也因此变得花哨、低俗，让人觉得不过是些小把戏罢了。因此，俄国人的心灵如此包容，俄国人如此悲悯天下，其结论大概不可避免地是极度的悲观。我们甚至可以更确切地称之为俄国思想中的不确定性。这是求解无门的感觉：生活在经过诚实地审视之后，向我们提出了一个又一个问题，然而，即便在故事结束后，这些问题仍然余音绕梁。无望的求索让人陷入深深的绝望之中，乃至最终产生怨恨的情绪。他们也许是对的。不像我们有着严重的视力障碍，这些作家无疑比我们看得更远。但是，我们也许会看到一些他们看不到的东西，否则，抗议之声为何会与我们的沮丧混在一起？这声音来自另一个古老的文明，这一文明似乎已然在我们体内孕育了某种本能，它让人更倾向于享受与战斗,而非忍受与理解。从斯特恩到梅瑞狄斯,英国小说见证了我们对幽默和喜剧,对自然之美,对智力活动以及壮硕体格有着天然的喜好。然而,任何通过比较两部相去甚远的小说得出的推论都是徒劳无效的,不过,这也确实让我们充分意识到,这门艺术有着无限的可能性,小说创作的视野没有限制。在这一领域内,除了虚情假意、虚与委蛇之外,一切皆有可能,即便是最粗糙的写作"方法",最放荡不羁的创作实验,也不会遭到禁止。"恰当的小说素材"是不存在的,一切事物、一切思想和感情都是构成小说的恰当材料。小说创作取材于各式各样的精神和才智,因此没有哪种认知是错误的。我们可以想象一下,如果小说艺术是我们当中某个活生生的人,无论我们拳脚相加,还是敬仰爱慕,她都不会在意,因为只有这样,小说才能焕发青春,永葆威严。

(程辰雨 译)

论《简·爱》与《呼啸山庄》[①]

在夏洛蒂·勃朗特诞辰后的百余年里,她已经吸引了众多崇拜者,成为无数传奇、文献的中心人物。然而,她的生命仅有三十九年。如果她的寿命能与普通人一样长久的话,那么这些传奇该会多么不同呀!这种想法让人感到有些怪异。她可能会和同时代的名人一样,常常在伦敦或其他地方抛头露面,成为无数图片和逸事的主角,创作出诸多小说,也许还有回忆录。撒手人寰之后,她在人们的记忆中仍旧是一位功成名就的中年人。她可能会变得非常富足,事业有成。但是,事实并非如此。提到夏洛蒂·勃朗特,我们必须想象出一位与现代社会格格不入的人,把思绪投回到19世纪50年代,回到约克郡的荒野上一座偏远的牧师住宅。夏洛蒂·勃朗特的一生就是在那座房子里,在那片孤独、不幸的荒野上,在贫穷与狂喜中度过的。

这些环境可能在她的作品中留下了痕迹,一如它们对她性格的影响。我们认为,小说家必然要用易朽的材料来搭建小说的结构。这些材料一开始为小说增添了真实性,最后使它被废料拖累。再次翻开《简·爱》,我们不禁猜测,夏洛蒂·勃朗特的想象世界古老、过时、充满了维多利亚时代中期的风格,就像牧师建在荒野上的家一样。来这里参观的只有一些猎奇之人,对其加以保护的也只能是些虔诚之士。于是,我们打开《简·爱》,只读了两页,脑海中的疑虑便统统一扫而光了。

[①] 写于1916年。——原注

猩红色的窗帘层层叠叠，遮住了我右边的视线。左边是明亮的玻璃窗。窗子保护着我，使我免受十一月阴沉天气的侵扰，同时又让我与外界有着些许联系。我一边翻着书，一边时不时地观望一下冬日午后的风景。远处是一团苍白的云雾，近处的草坪湿漉漉的，树丛经受着风暴的洗礼。阴雨连绵，狂风呼啸，雨水从窗前横扫而过。

没有什么比荒原更易朽，也没有什么比"狂风呼啸"更易受到潮流的影响。字里行间的兴奋之情绝非转瞬即逝。它催促着我们迅速通读全文。我们既没有时间思考，也没有工夫稍事休息。书中的场景如此引人入胜，即便有人在屋里走动，也不会将读者的思绪拉回现实。相反，我们会误以为这些动静全都发生在远方的约克郡。作者拉着我们的手，逼着我们与她一路同行，见其所见，感其所感，作者不离左右，绝对不会让读者忽略她的存在。夏洛蒂·勃朗特的才华、激情和怒火最终令我们一次次陶醉其中。一副副引人注目的面孔，一个个轮廓分明、性格扭曲的人物在我们面前闪过。然而，正是通过夏洛蒂·勃朗特的双眼，我们才得以领略到这些人物的风采。作者一旦消失，人物也将无迹可寻。想到罗切斯特，就不得不想到简·爱。提到荒原，我们想到的还是简·爱。再想一想那间客厅，那些"客厅和闺房里都铺着白色的地毯，像是铺满了灿烂的花环"，还有那个"浅色的帕里斯壁炉架"，镶嵌在架子上的波希米亚玻璃有着"红宝石"一般的色泽，这简直就是"雪火相融"。想到这些，除了简·爱，我们还会想起谁呢？①

---

① 夏洛蒂·勃朗特与艾米莉·勃朗特对色彩有着非常相近的感受。"啊！这个地方太美了。只见此处华丽堂皇，地面上铺着深红色的地毯，椅子和桌子上也都罩着深红色的布料。纯白的天花板上镶着金色的边，天花板中央有一条银链，上面挂着一串玻璃珠，在柔和的烛光下闪闪发光。"（《呼啸山庄》）"然而，这只是一间非常漂亮的客厅，里面有一间闺房。客厅和闺房里都铺着白色的地毯，像是铺满了灿烂的花环。两间屋子的天花板都装饰着葡萄及藤叶造型的雪白饰条，深红色的沙发和坐垫熠熠生辉，与天花板形成鲜明对比。浅色的帕里斯壁炉架上装饰着闪闪发光的波希米亚玻璃，呈现出红宝石般的色泽。窗户之间的大镜子里再次展示出雪火相融的整体色调。"（《简·爱》）——原注

不难发现,简·爱这样的人物其实有很多缺点。她们总是在当家庭教师,总是深陷爱河。然而,世上并非人人如此。在这样的世界里,一成不变的人物设置严重限制了小说的创作。相比之下,简·奥斯汀和托尔斯泰笔下的人物则更具多样性。这些人物生动、真实,性格复杂,形形色色的人都受其影响,从而折射出他们的性格特征。不管作者有没有留意,人物总是在四处走动,生活在自己建造的世界里。对于读者而言,这是一个看似独立,却可以亲自造访的世界。托马斯·哈代性格坚强,视野狭窄,这与夏洛蒂·勃朗特非常相像。但是,他们之间的区别也很大。我们不会急于读完《无名的裘德》,而是思前想后,在文字之外浮想联翩。我们的万千思绪萦绕在各种人物周围,无意间营造出一种问与答的气氛。哈代小说中的人物虽然都是些头脑简单的农民,但是读者不得不直面人物的命运,提出极其重要的问题,因此,小说中最重要的人物常常是那些名不见经传的人。这种思辨力和探求欲,在夏洛蒂·勃朗特的作品中完全缺失。夏洛蒂·勃朗特根本就不打算解答人生的问题,甚至没有意识到人生中存在着这些问题。她所有的力量都投入了"我爱""我恨""我很痛苦"这样的申诉之中,而且束缚越多,力量就越大。

受到自我的局限、以自我为中心的作家都有一种特殊的力量,这种力量是那些胸襟宽广、思想开放的人所不具备的。这些作家闭关自守、视野狭窄,对外界的印象也很有限。他们很难从其他作家那里学到什么,即便采用了别人的手法,也很难将其消化吸收,融入自己的作品。哈代和夏洛蒂·勃朗特的文风似乎都是从僵硬、文雅的新闻报道发展而来,其散文大多笨拙生硬。但是二人都有着勤劳与正直的品格。一切想法只有在深思熟虑之后,才会形诸笔墨。因此,他们的散文不仅完整地呈现了作家的思想结构,而且自有其优美、强劲、敏锐的一面。至少,对于夏洛蒂·勃朗特而言,大量阅读并没有令其从中获益。她从来没有从职业作家那里学会如何写出流畅的作品,或者如何随心所欲地驾驭文字。她写道:"与性格强大、心思缜密、温文尔雅的人交谈曾令我焦虑不安,无论此人是男是女。"似乎每一位外地期刊的主笔都能写出这样的文字,然而,夏洛蒂·勃朗特接着又全力以赴,继续抒发真情实感:"然而如今,我克服了惯有的矜持,获得自信,在他们心中赢得了一席之地。"正是在人们的心中,她找到了自己的位置;红通通的心灵之火时明时暗,闪烁着照亮了她的书页。换而言之,我们阅读夏洛蒂·勃朗特的作品,并不是为了读她对人物细致入微的观察,也不是为了她写的那些喜剧,或者作品中体现的人生哲思。她笔下的人物虽然充满活力,却未得到充分发展;她的喜剧阴冷、粗糙;作为一名乡村牧师的女儿,她的哲思也不出其右。我们阅读夏洛蒂·勃朗特的作品,是为了她的诗。也许所有作家都像她那样有着突出鲜明的性格特征。因此,如我们在生活中常说的那样,他们只需推开门便能让外界感知到自己的存在。他们身上有着某种未经驯化的凶猛野性,总是在对抗事物的既定秩序,与其耐心观察,他们宁愿立即开始创作。这种热情拒斥了遮遮掩掩,克服了其他的小障碍,超越了普通人的日常行为,而与他们难以言表的激情相契合。激情成就了诗人。但是,若他们选择写散文的话,其限制也会让他们难以忍受。所以,艾米莉与夏洛蒂都会寻求大自然的帮助。她们感到人性中潜伏着某种巨大的、沉睡着的激情,这种激情难以用语言和行动来表达,因此,必须用一种更有力的象征物来体现。夏洛蒂出色的小说《维莱特》以一场暴风雨收尾。"天空低沉阴暗。一艘破船从西边驶来;云变幻出千奇百怪的形状。"她借用自然景观来描述人物难以言传的思想状态。不过勃朗特姐妹对自然的观察都没有多萝西·华兹华斯[①]那么精确,对自然的描画也不及丁尼生那般细腻。但是她们捕捉到了大自然中与其自身或者与人物感受最接近的方面,因此,在她们笔下,狂风暴雨、荒野莽原与宜人的夏日,都起着传情达意的作用,绝不只是一种用来活跃气氛、展示作者观察力的点缀。

  掌握一本书的内涵绝非易事,因为传情达意的往往不是书里发生的事件,也不是作者说了什么,而是不同事物在作者眼中的相互关系。如果作者像勃朗特姐妹那样充满诗意的话,情况就更是如此,因为作品的内涵与文字分不开,而文字本身则更着重于体现某种情绪,而非观察世界。相比

[①] 多萝西·华兹华斯(Dorothy Wordsworth,1771—1855),英国作家、诗人,也是浪漫主义诗人威廉·华兹华斯的妹妹。

之下,艾米莉比夏洛蒂更具诗人的才华,因此《呼啸山庄》比《简·爱》更难理解。在写作时,夏洛蒂可以用雄辩、瑰丽、激情洋溢的语言,来表达"我爱""我恨""我痛苦"。她所经历的情感虽然更加强烈,但仍然处于与我们相同的层次。而在《呼啸山庄》里,我们则找不到这个"我",找不到家庭教师或者雇主这类人物。书里描述的爱也并非男女之爱。艾米莉的灵感来自某些更具普遍意义的概念。促使她创作的不是其自身所遭受的苦难和伤痛。放眼世界,只见一切纷纷陷入四分五裂、动荡混乱的局面之中,艾米莉在内心深处感受到一股强大的力量,这股力量要把这个混乱分裂的世界统一于书页中。小说通篇都体现了作者的雄心壮志;奋力抗争、愈挫愈勇。借人物之口,艾米莉要表达的不是"我爱""我恨",而是"我们所有人类""你们,永恒的力量……",作者此处欲言又止。这其实也并不奇怪。令人惊讶的是,艾米莉能够让读者感受到自己的肺腑之言。比如在《呼啸山庄》里,凯瑟琳·恩萧说道:"只要他活着,即便其余一切都消亡了,我也会活着。如果他消亡了,即便其他一切尚存,我大概也不会存活于世。"虽然言犹未尽,却涌现出作者的意图。再如,面对死亡时,作者写道:"我见到无论人间还是地狱都无以搅扰的憩息,我相信,他们已然步入了既无止境,亦无阴影的永恒世界,那里生命永驻,充满了爱与欢乐。"作者暗示,在彰显人性时,有一股潜藏的能量,这股能量体现了人性的伟大,小说也因此成为同类作品中的佼佼者。但是,对于艾米莉·勃朗特来说,写几句歌词,发出呐喊,或者表达一种信念是远远不够的。这一切都已在她的诗歌中得以实现,而且与小说相比,诗歌的影响力可能更加持久。然而,艾米莉·勃朗特是一位诗人,也是一位小说家。她必须肩负起一些费力不讨好的任务,必须面对他者的存在,掌握外界事物的运作机制,盖出能够为人识别的农场、房屋,描述自身之外的男男女女,并且汇报他们的言谈。因此,将我们推向情感巅峰的不是咆哮、怒吼,也不是激情洋溢的言论,而是在树间游荡,独自吟唱着古老歌曲的女孩,是在荒野上啃着草皮的羊,是草丛间轻柔的风。农场的生活,连带着它的荒诞和不真实感,全部展现在我们眼前。读者可以把呼啸山庄与真实的农场相比较,也可以对比一下希斯克利夫与现实人物之间的异同。我们会问,既然小说中的人物与现实中的男女多有不同，那么又如何在这些人物身上体现真理、洞见，如何表现更加微妙的情感呢？就在我们提出这个问题的时候，我们可以在希斯克利夫身上看到一位兄长的身影，这正是天才妹妹艾米莉眼中的兄长。我们也许会认为，世上不可能有希斯克利夫这样的人，但是在文学世界中，没有哪个兄长比他还要栩栩如生。小说中前后两个时期的凯瑟琳也是如此。在我们看来，现实中的女性永远都不会有她那样的感受，也不可能像她那样去行事。尽管如此，凯瑟琳仍是英国虚构文学中最让人怜爱的女性。艾米莉·勃朗特凭借着一股超越现实的生命力，撕毁了我们对人性的一切认知，留下道道裂缝，令人难以辨识，然后又用生命的力量将其一一缝合起来。艾米莉·勃朗特有着世间少有的才华，在她笔下，生命不再依附于事实。只需一两笔，人物的面庞便暗示了其灵魂，因此无需形体；只需提及荒野，风卷与雷鸣便会自动浮现。

（程辰雨　译）

乔治·艾略特

越是专心地阅读乔治·艾略特的作品,就越会意识到我们对她知之甚少。我们以一种半自觉、半蓄意的轻信态度接受了维多利亚时代晚期人们对这位被蒙蔽的女性的看法,而她用幻想控制着比她受蒙蔽更深的读者。人们很难探明什么时候、什么方法破除了她的魔咒。有人将其归因于她的传记的出版。也有人认为是乔治·梅瑞狄斯称她为"活泼的小戏子""出格的女人",这样的评价如同千万支毒箭,肆意地乱射一通。于是,艾略特成为年轻人的笑柄,成为一群严肃作家的便宜象征,这群作家都曾被奉为偶像,如今可能被轻视、排斥。阿克顿勋爵[1]曾夸赞艾略特比但丁更伟大;赫伯特·斯宾塞[2]曾禁止从伦敦图书馆外借任何小说,却唯独豁免了她的小说。乔治·艾略特是女性的骄傲和典范。而且,关于她私生活的记录对读者的吸引力不亚于她的公开活动。要描述小修道院的某个下午,讲述者总会暗示,肃穆的星期日下午的记忆已经开始勾起他的幽默感了。坐在矮椅上的女士表情凝重,他看到这些,便惶恐万分,急着说些聪明话。当然,就像这位伟大的小说家清晰记录下来的一条笔记,那是一场严肃的讲话。笔记是星期一上午写的,她自责讲话时没有事先考虑好马里沃[3]的情况而将其说成了另外一个人;当然,她的听众已经帮忙做了纠正。但即使如此,

---

[1] 阿克顿勋爵(Lord Acton, 1834—1902),英国剑桥大学历史系教授,历史学家、英国理论政治家。
[2] 赫伯特·斯宾塞(Herbert Spencer, 1820—1903),英国哲学家、社会学家、教育家。
[3] 马里沃(Pierre Carlet de Marivaux, 1688—1763),法国著名古典喜剧作家。

那个和乔治·艾略特谈论马里沃的星期日下午并不是一段浪漫的回忆。时间流逝,这段记忆已经褪色,没有了当时的生动。

乔治·艾略特的脸庞修长而忧郁,严肃而愠怒的神情在人们心中打下了深深的烙印,以至于那张脸会透过书页浮现在读者面前。戈斯先生①最近描述了艾略特坐着四轮折篷马车经过伦敦街头的情景:

> 这位女先知矮胖、健壮,正襟危坐。她的五官都很大,从侧面看去很是阴郁,头戴一顶插着巨大鸵鸟羽毛的帽子,这是巴黎最流行的时尚,但与她的气质不太吻合。

里奇夫人也曾用同样的笔触留下一幅更私密的居家画像:

> 她坐在火炉旁,身着一件漂亮的黑色缎面长袍,身旁的桌子上摆放着一盏绿色灯罩的台灯,还有一本德文书、一堆小册子和象牙色的裁纸刀。她安静、高贵,目光沉稳,声音甜美。在我看来,她像一个朋友,不是私交甚笃的那种,她身上有一股善良、亲和的力量。

艾略特的一段话留存至今。"我们应该慎重对待自己的影响力,"她说,"经验告诉我们,我们受他人的影响非常大,同样地,我们也要牢记自己会对别人产生重大影响。"这段话被我们珍藏起来,牢记在心。你可以想象一下,三十年后回想那个场景,复述这段文字,突然间,你第一次大笑出声来。

在所有记录中,你能感觉到记录者即使当时在场,也会头脑清晰地保持一定距离,即使他多年后重读这些小说,也不会被其中栩栩如生、魅力四射的人物迷惑了双眼。小说中的人物个性纷繁复杂,却缺乏魅力,这是一大缺憾。艾略特的批评家们多是男性,都有意无意地表达出对她的不满,认为艾略特缺乏女性特别重要的吸引人的特质。乔治·艾略特既不妩媚动

---

① 埃德蒙·威廉·戈斯(Edmund William Gosse,1849—1928),英国诗人、作家和评论家。

人,也没有强烈的女性特征,还缺乏艺术家身上那种孩子般的单纯和可爱。对很多人来说,艾略特给人留下的印象,也许就如里奇女士描述的那样——"她像一个朋友,不是私交甚笃的那种,她身上有一股善良、亲和的力量。"但如果我们仔细品读,就会发现这都是在描写一位出了名的中年女性,她身着黑色缎面的衣服,坐在四轮折篷马车里,她历经了困难,因此也想对别人有些价值。除了年轻时熟悉的那个圈子,她不愿亲近任何其他人。我们对她的青年岁月知之甚少,但我们又的的确确知道,艾略特是一位木匠的孙女,她的文学、哲学、名声、社会影响力都是在如此卑微的地位上建立起来的。

她人生传记的第一卷单调而压抑。从中可以看到她抱怨、挣扎着,从乡村难以忍受的狭小环境中挣脱出来(她的父亲也曾跻身中产阶级,但生活并不是诗情画意的那种),当上伦敦一家品位极高的评论刊物的助理编辑,成为赫伯特·斯宾塞先生受人尊敬的同伴。鉴于克洛斯先生[①]要求她讲述自己的人生故事,她在一段悲伤的独白中透露了这个痛苦的阶段。她年轻时就是个"以办服装俱乐部的方式把一切快速办妥"的人,为了集资翻修教堂,她会去做教会的历史图表;之后,她失去了信仰,以至于父亲愤怒到拒绝和她一起生活。接着,她又劳神费力地翻译施特劳斯[②]的作品,作品本身沉闷,让人"精神麻木",更何况她日常还要承担其他事务,例如料理家事、照顾垂死的父亲。她这样一个依赖情感的人,痛苦地意识到自己这种"女学者"的身份让她失去了哥哥的尊重。她说:"我像一只猫头鹰一样遭到哥哥的厌弃。"一位亲眼见到她在基督复活像前辛苦翻译施特劳斯作品的朋友说:"可怜的人啊,看到她苍白的病容,为她垂死的父亲头痛欲裂、焦虑至极的时候,我真的很同情她。"读她的故事,我们不得不怀抱一种强烈的愿望,即她的人生之旅就算没有很轻松,也应该更美好,但是她顽强的意志最终使得她构筑的文化堡垒凌驾于人们的同情之上。她向前发

[①] 乔治·艾略特的第二任丈夫。
[②] 大卫·弗里德里希·施特劳斯(David Friedrich Strauss,1808—1874),德国新教神学家、作家,著有《耶稣传》。

展得很慢、很艰难,但她的背后有一股不可抵挡的推动力,那就是高贵的、根深蒂固的野心。最终,她扫清了路上的所有障碍。她去认识每一个人,阅读每一本书,并以超人的智慧收获了成功。充满挫折的青年时代一去不返。然后,在她到达创造巅峰,也是人生最自由的35岁时,她做了一个无论是对自己还是对我们都影响深远的决定——一个人跟随乔治·亨利·刘易斯①去了魏玛。

两人在一起后,她创作的作品充分证明个人幸福给她带来了极大解放。这些作品也为我们提供了精神盛宴。然而,从她早期的写作生涯中,人们察觉到早年生活对她的影响,这促使她的思绪远离自身和现在,回到了乡村小镇和安静、美好、单纯的童年。我们也因此明白了为什么她的第一本书是《教区生活场景》而不是《米德尔马契》。与刘易斯的结合让她被爱情的甜蜜包围,但鉴于当时的社会环境和世俗眼光,这桩情事也让她与世隔绝。1857年,她写道:"我希望人们能理解,我不会接待任何不请自来的探访者。"后来,她又说:"我与这个世界隔绝了。"但她一点也没有遗憾。起初的境遇和后来的名气让她备受瞩目,同时她也失去了默默无闻时那样可以自由生活的能力。对一位小说家来说,这是严重的损失。不过,阅读《教区生活场景》如同沐浴在阳光下,我们沉浸在艾略特"遥远的过去",感受着她成熟的思想,以及由此而生的一种珍贵的自由感,说是"损失"也许不太恰当。对于艾略特这样的灵魂,任何经历都是一种收获,经过层层认知与反思的过滤,带来心灵的滋养和充实。在评估艾略特对小说的态度这点上我们说不上什么,因为我们对其早年生活知之甚少,但要说她从之前经历中汲取过什么经验的话,也许就是一种逆来顺受的忧郁气质。艾略特对日常生活怀有悲悯,乐于演绎平凡生活的喜怒哀乐。有的作家个性鲜明,永不满足,在世界背景下刻出自己鲜明的身影,艾略特则完全没有这种强烈的浪漫思想。她描写一位面目可憎、沉醉于威士忌的老教士,与《简·爱》强烈的自我中心主义相比,这位老教士的爱情和伤悲又算什么

---

① 乔治·亨利·刘易斯(George Henry Lewes, 1817—1878),英国哲学家、文学和戏剧评论家,艾略特的灵魂伴侣,二人曾公开一起生活,但未结婚。

呢？艾略特的早期作品《教区生活场景》《亚当·比德》《弗洛斯河上的磨坊》都非常优美。她笔下的波伊泽一家、多德森一家、吉尔菲一家、巴顿一家，以及他们周遭的环境与相关事物，都有无法估量的价值。他们有血有肉，我们跟随他们的故事，时而厌烦，时而同情，但无论怎么样，我们都毫不犹豫地接受他们的所作所为，这是只有伟大的原创作品才能赋予读者的感受。她非常自然地将记忆和幽默的源泉倾注在一个人物身上，编织一个又一个场景，直到再现英格兰古老乡村的全景。她的叙述仿佛将我们带入真实生活的进程，我们几乎没有意识到有什么可以批判之处。我们接受了。从她的作品中感受到怡人的温暖和灵魂的释放，这是只有具有创造力的伟大作家才能给予读者的。多年后，当我们重温这些作品，它们依然能释放出超出预期的能量和温暖，我们情愿被这种温暖环抱，好似沐浴在从红色果园围墙照射下来的阳光里。我们不假思索地放任自己接受英格兰中部的农夫们和他们妻子的幽默感，在这样的环境里，这是自然而然的。我们几乎不愿去分析我们感受到了什么深刻的人性。谢伯顿和海斯洛普的故事发生在遥远的过去，农夫的思想和乔治·艾略特读者的思想也相去甚远，但是，作品中的故事，从屋舍到铁匠铺，从村舍的客厅到教区牧师的花园，依然能带给我们轻松与快乐，原因就是乔治·艾略特能分享书中人物的故事，并非出于恩赐与猎奇，而是心怀悲悯。艾略特不是讽刺家，她的思维活动缓慢而笨拙，很难创造出喜剧作品。但她几乎把握住了人性中的主要元素，并用宽容而全面的理解将它们松散地组织在一起。重读作品，你会发现她不仅能使人物保持新鲜感和自由度，而且出乎意料地赋予了他们掌控读者悲喜的能力。就拿著名的波伊泽太太来说，她的特征很容易被过度渲染，事实上，艾略特就是如此，让她在同一个地方笑得过于频繁。但是合上书后，一些被人物最突出的特征掩盖的细节和微妙之处就会浮现于眼前，就像现实生活中时常会发生的一样。我们想起她身体欠佳，在一些场合寡言少语，在患病的孩子前忍辱负重，溺爱托蒂。除了波伊泽太太，你还可以对乔治·艾略特创造出的更多人物进行思考和推测，并且会发现即使是最微不足道的人物，也被赋予了展示特质的广阔空间，而她并未要求寂寂无闻的他们带有这些特质。

艾略特早期的作品充满了宽容与同情,但也有压力更大的时刻。她用无处不在的幽默感塑造了众多意象,傻瓜与失败者、母亲和孩子、狗和肥沃的中部田野,以及时而精干时而喝得醉醺醺的农夫、马贩、旅店老板、助理牧师和木匠。他们都被一种浪漫的情调笼罩着,一种乔治·艾略特唯一许可的浪漫——昔日的浪漫。这些作品极具可读性,没有任何浮夸或做作的痕迹。有一些读者对她早期作品了如指掌,对他们来说,很明显,回忆的迷雾逐渐消散了。这并不意味着艾略特的创作能力降低了,而是因为我们认为《米德尔马契》这部成熟的巅峰之作是英国小说中少有的为成年人而写的作品,尽管它并不完美。然而,艾略特不再满足于田野和农场中的世界。在现实世界中,她也曾在别处寻找转机;尽管回忆过去让她感到平静和安慰,但她早期的作品中仍有一个忧郁灵魂的踪影,一个苛刻、怀疑、迷惑的人,那就是乔治·艾略特本人。《亚当·比德》中的人物戴娜身上有艾略特的痕迹;在《弗洛斯河上的磨坊》中的玛吉身上,她更是公然完整地表露自己。她是《珍妮特的忏悔》中的珍妮特,是罗慕拉,是《米德尔马契》中寻找智慧却发现没有人知道到底是什么、与拉迪斯劳结婚的多萝西娅。我们认为,那些对她不满的读者正是不满她创作的女性角色,这也在情理之中,因为这些女主角呈现出最坏的一面,陷入绝境、自我怀疑、扭捏、迂腐,有时还很虚荣。但如果抛开这些女性角色,你也会远离一个更狭隘、更低一等的世界,尽管这个世界充满了完美的艺术和更高级的欢乐安逸。如果说艾略特在创作上有失误,你会想起她在37岁之前从未写过小说,而一到37岁,她便怀着痛苦与愤怒交织的心情反思自己的人生。很长一段时间内,她逃避自我审视。然而,当第一次强烈的创作激情消耗殆尽时,她迎来了自信,从而越来越频繁地以自己的立场写作,但她从来没有毅然抛却自己年轻时的影子。当她借女主角之口说出自己想说的话时,她都在强调自我意识。她竭尽一切可能去乔装打扮她们,赋予她们美貌与财富,甚至虚构出她们对白兰地的喜爱。但她的天赋还是逼着她踏入了宁静的田园,这是一个令人既不安又兴奋的事实。

那个高贵、美丽的女孩坚持认为自己出生在弗洛斯河上的磨坊。她就是一个最突出的例子，证明女主角会破坏周围的一切。在她还稚气未脱时，跟着吉卜赛人逃跑或者将钉子敲进玩偶里就能让她开心，那时幽默感是她的主要性格特征，令她很招人喜欢。但她也在发展，就连艾略特自己都没厘清发生了什么时，她笔下的女主角已经深谙世事，吉卜赛人、玩偶再也无法满足她了，哪怕她所在的圣奥格镇都不行。于是，艾略特塑造了菲利普·威肯姆，后来又塑造了斯蒂芬·盖斯特。人们经常说这两个人物，一个软弱，一个粗糙。与其说乔治·艾略特不擅长刻画男性角色，不如说当她要为女主角构思合适的伴侣时，她没有把握、不太坚定，这种摸索的经过影响了她下笔。她从一开始就被迫离开熟悉、热爱的家园，踏入中产阶级的客厅，整个夏天的早上，那里的年轻男子除了唱歌不干别的，年轻女人们则为集市上售卖的烟帽做刺绣。在这里，她觉得自己格格不入，就像她所讽刺的"上流社会"证实的：

> 上流社会有它自己的红葡萄酒和天鹅绒地毯，宴会可以持续六周之久，有歌剧和梦幻般的舞厅……在上流社会，科学探究由法拉第完成，宗教活动由来自名门望族的教士长主持，这样的阶层怎么会需要信仰和力量呢？

这段文字没有流露出诙谐和见解，我们只感觉出于个人恶意的妒忌。对于一个越界的小说家，社会制度的复杂性要求其更具同情心与洞察力。玛吉·塔利弗不仅将乔治·艾略特从她的天然环境中拽出来，还坚持要艾略特在情节中融入强烈的情感。她一定要恋爱，陷入绝境，紧抱着哥哥溺亡。越是仔细审视这些情感丰富的情节，越是能紧张地感到乌云在头顶酝酿、聚集，变得浓重，随时会在关键时刻降下一阵冗长的、令人幻灭的大雨。一方面，当对话不是方言时，她的处理不恰当；另一方面，她在处理激烈的情感时表现出疲乏与恐惧，像一个上了年纪的人，在关键时刻退缩了。她让女主角说得太多，言语又缺乏精妙之处。她缺乏那种将故事的关键点融成一句话的能力。奈斯利先生在韦斯顿家的舞会上问："你和谁跳舞？"爱玛说："如果你邀请，我就跟你跳。"这样的表达其实已经足够了，卡索邦太太却会说上一小时，这使我们不耐烦地看向了窗外。

然而，毫不留情地打发掉这些女主角，并将乔治·艾略特局限于田园世界中"遥远的过去"，这种做法不仅削弱了她的伟大，也错过了她的本色。我们丝毫不怀疑她的伟大。视野广阔，主要人物高大而鲜明的形象，熠熠生辉的早期作品，具有探究力和反思性的后期作品，让我们徘徊、徜徉，甚至超越我们的极限。然而，我们要对这些女主角投以最后一瞥。多萝西娅·卡索邦说："我从小就寻找自己的信仰，我之前经常祈祷，现在却很少这样做。我试着不是只顾一己私欲……"她代表着艾略特所有的女主角。这是她们共同的问题。她们的生活不能没有信仰，而且她们从小就开始寻找了。每一位都饱含女性的热情与善良，她们带着强烈的渴望和极大的痛苦站在一处，这里便是作品的灵魂所在，如同一处宁静、隐蔽的朝圣之所。但她们已不知该向谁祈祷。她们在女性日常的职责中，以及更宽广的女性发展领域中一边学习，一边寻找目标。她们没有找到，我们也不为此感到疑惑。充满痛苦与敏感的传统女性意识经历了几代人的沉默，似乎已在她们身上溢出，喊出她们所缺乏的某种东西——她们也不知道那是什么——那是一种可能与人类存在的现实毫不相容的东西。乔治·艾略特强大的智慧使她不会去干预这些事实，圆融的幽默感也不能使她缓和冷酷的真相。女主角们的努力蓄积了最大的勇气，但努力奋斗的结果往往是悲剧，或是更加令人悲伤的妥协。其实，她们的故事是乔治·艾略特本人经历的不完整版。对她而言，女性的重负和复杂处境是不够的，她必须超越那个境界，为自己摘取散发着异样光彩的艺术与知识的果实。她像极少数女性那样紧紧地抓住它们，既不会放弃自己的遗产——不同的见解、不同的标准，也不会接受过度的赞誉。如此，我们看到的艾略特是一个令人难忘的形象，得到过分的称赞，又在名望面前退缩，沮丧、矜持、颤抖着回到爱情的怀抱中，似乎只有从那里她才能得到满足或解释。但同时，她"过分挑剔，但野心勃勃地"伸出手，希望生活能满足她自由而渴求的心，用她的女性意志对抗这个男性主宰的世界。无论她的创作如何，胜利是她最终的果实。我们想起她的勇敢和成就,想起她如何面对每一个与她对抗的障碍——性别、健康、成规——进而去追求更多的知识和自由,直到最后她的身体被双重的负担折磨得疲惫不堪。我们应该尽自己的能力在她的坟前摆上桂冠和玫瑰。

(陈娟娟 译)

俄国人的视角

我们虽然与法国人和美国人有很多共同之处,但是仍会时常怀疑他们能否理解英国文学。同样,我们必须承认,我们还有更大的疑虑:尽管人们对俄国文学怀有满腔热情,但是英国人能够真正理解俄国文学吗?此外,什么是我们所谓的"理解"呢?关于这个问题的讨论也许会无止境地持续下去。这样的例子将发生在每个人身上,特别是那些美国作家,他们以高度的辨别力书写和描绘了英国文化与英国国民。他们在英国住了一辈子,最终通过法律程序,成为国王乔治的臣民。即便如此,他们了解我们英国人吗?直至生命终结,他们不是一直都是外国人吗?读过亨利·詹姆斯的小说之后,是否会有人相信,作者所描述的社会就是他长大成人的社会呢?又有谁会相信,这位对英国作家评头论足的人,读过莎士比亚,却完全没有意识到我们两个文明之间相隔的大西洋和两三百年的时间。亨利·詹姆斯的作品具有一种特殊的敏锐和疏离感,以及外国人常有的辛辣视角。但是,其文风仍显拘谨,缺少同胞之间的轻松自在,以及共同的价值观,作品因此难以像熟人间的快速交流那样,呈现出既亲密又理性的风格。

使我们与俄国文学隔阂的不仅有这些因素,还有更大的障碍——语言差异。在过去的20年里,出现了一批欣赏托尔斯泰、陀思妥耶夫斯基、契诃夫等作家的读者,其中大概只有一两个人能够阅读俄语原文。在评判作品质量的时候,评论家的意见左右了我们的观点,而这些评论家从来没有读过一个俄文单词,也没有去过俄国,甚至没有听到过俄国人说俄语,他们不得不彻底盲目地依赖于翻译过来的作品。

我们的意思是，我们所评价的俄国文学早已丧失了其原有的风格。如果把句子中的每一个俄语单词都翻译成英语的话，那么不仅词义变得略有不同，就连词语的发音、重音，以及重音的位置也都发生了彻底改变，所以，除了原始的简单含义之外，原文的语言风格丧失殆尽。因此，这么处理之后，伟大的俄国作家就像是遭遇了地震或者铁路事故的人，他不仅失去了所有衣物，还失去了其自身独有的行为方式、性格特征等更微妙、更重要的东西。然而英国人的狂热崇拜却证明俄国文学在翻译之后，仍旧保留了某些强劲的、令人印象深刻的东西。但是，我们能在多大程度上保证自己没有误读这些作品，没有把莫须有的要旨转嫁到作品之中呢？因为作品在翻译之后已变得残缺不全，所以这个问题的答案很难确定。

我们说，这些小说在经历了一场可怕的灾难之后失去了所有的衣服，因为那些刻画得充满人性、朴实无华的形象，由于受到惊吓，不再尽力伪装和掩饰自己的本能。不论是翻译使然，还是其他更加深刻的动因使然，俄国文学让我们感受到了这种淳朴的人性。这一品质浸透了俄国文学，不论在大作家的作品中，还是次要作家的作品中，这一点都同样显而易见。"学会贴近人民。我甚至还要补充一句：让自己成为人民中不可或缺的一部分。但是不要用头脑去同情，因为这样做很容易，要用心去同情，用心去爱。"①无论在哪里偶然间听到这句话，就会有人立即说道："这句话是俄国人说的。""不要用头脑去同情，因为这样做很容易，要用心去同情。"这句话简单、淳朴、不加修饰，它的观点是在这个充满苦难的世界里对我们的首要要求是理解那些和我们一样受苦受难的人。这是笼罩在俄国文学上空的一片云。在它的引诱之下，我们试图脱离自己干涸的、被炙烤的大道，向云层下的阴凉处扩张，当然，这也带来了灾难性的后果。我们拒绝接受自己的文学特质，因而变得尴尬狼狈，局促不安，拙劣地模仿善良、淳朴，让人感到极其厌恶。我们无法用坚定而简单的口气，称呼别人为"兄弟"（brother）。比如，在高尔斯华绥先生的一则故事里，两个深陷不幸的人就

---

① 语出托尔斯泰。

是这样称呼彼此的。故事瞬间变得拘谨、不自然。在英语中，与"兄弟"对等的词应该是"伙计"(mate)。"伙计"是一个非常不同的词，既夹杂着冷嘲热讽的意味，又带有一种难以言喻的幽默感。那两个偶然碰到的英国人虽然相识于微末，但是读者可以确信，他们会找到一份工作，会发家致富，会在奢侈的生活中安度晚年，还会留下一笔钱，以免其他穷人在泰晤士河堤岸上称对方为"兄弟"。然而，兄弟情谊产生于共同的苦难，共同的奋斗与渴望，而不是共享的快乐与幸福。正如哈格伯格·赖特博士[①]所见，"沉痛的悲悯"是俄国人民的典型性格，正是这种悲悯创造了俄国文学。

即便这种归纳陈述在论及文学整体时有一定道理，但是，在天才作家的创作中，则必然会发生深刻变化。同时，也会出现其他问题。保持一种"姿态"并不容易，这是件十分复杂的事。人如果衣不蔽体，失去了优雅的举止，或是受到了铁路事故的惊吓，就会变得出言不逊。即便灾难在他们身上孕育了某种简单放纵的性格，但是有些话仍然会让人觉得刻薄、难以接受。契诃夫留给读者的第一印象不是淳朴而是困惑。作者意在何为？为何要编造这样一个故事？我们一边问着这样的问题，一边一个故事接着一个故事地读下去。一个男人爱上了一个有夫之妇，然后二人分分合合，最后谈论各自的立场，以及如何才能挣脱"这种无法忍受的束缚"。

"'怎么办？怎么办？'他抱头问道……不过问题似乎很快就会得到解决，灿烂的生活就会重新开始。"故事结束了。一个邮递员开车送一名学生去车站。学生一路上试图让邮递员开口说话，但是邮递员始终保持沉默。突然间，邮递员出人意料地说道："规定禁止用邮车送人。"之后他在站台上走来走去，一脸怒色。"他在生谁的气？是人，是贫穷，还是秋天的夜晚？"故事又到此结束了。

然而，我们会问，这就是结局吗？我们感觉像是错过了某些信号，又像是一支曲子，在和声收尾之前，便戛然而止了。有人会说，这些故事没有结尾。我们以为故事都该有个一目了然、清清楚楚的结局，并把这种观

[①] 查尔斯·西奥多·哈格伯格·赖特爵士（Sir Charles Theodore Hagberg Wright，1862—1940），苏俄文学专家，曾任大英图书馆馆员。

点当作品评故事的基础框架。这种做法让我们对自己的读者身份提出了质疑：我们是合格的读者吗？大多数维多利亚时期的小说都有着清晰明确的结尾，比如有情人终成眷属、恶人和歹徒受到惩罚、阴谋诡计大白于天下等等。如果读的是这种曲调熟悉、结尾明确的小说，那么读者在理解时就很少会出差错。然而，曲调一旦变得陌生，结尾处仍留有疑问，或者像契诃夫的小说那样，结尾只告知读者，人物间的对话仍在进行，那么我们就要对文学抱有一种非常大胆且警觉的感知力，以便听出作品中的曲调，特别是和声收尾时的最后几个音符。也许我们要在大量阅读之后，才能体会到小说各部分之间的联系，才能认识到契诃夫并不只是断断续续地说些不着边际的胡言乱语，他时不时地敲击出这样或那样的音符是为了能够完整地表达自己的意思。

　　为了能够在这些奇怪的故事中发现故事的重点，我们不得不四处搜寻。所幸，契诃夫用自己的语言为我们指明了正确的方向。他说："……对于父母而言，我们之间的这些对话是无法想象的。到了晚上，他们不言不语，却睡得很好，而我们这代人，总是辗转反侧，睡不安稳，滔滔不绝地说个不停，非要给是非曲直下个定论。"我们创作的社会讽刺文学，以及那些与心理学技巧相关的文学皆源于这些睡不安稳的觉、谈不完的话。但是，在契诃夫与亨利·詹姆斯之间，在契诃夫与萧伯纳之间，毕竟存在着巨大的区别。这一点显而易见，但是，区别源自何处呢？契诃夫同样意识到了社会中存在着罪恶与不公，并为农民的处境深感震惊。但是，他没有改革家的热忱。这并不是我们就此止步的信号。他对人的思想颇感兴趣，对人类关系的分析细致入微。但同样，这还不算完。他最感兴趣的不是灵魂与灵魂之间的关系，而是灵魂与健康、与善良之间的关系。难道不是这样吗？契诃夫在故事里向读者展现的尽是些矫揉造作、装腔作势、虚情假意的灵魂。比如，某位妇人陷入了一段虚假的关系，某个男子因冷酷无情的周遭环境而走上了邪路。病弱的灵魂、治愈的灵魂、无药可救的灵魂，构成了契诃夫故事里的重点。

　　眼睛一旦习惯了这些暗影，小说中的"定论"就会消失大半，像幻灯片一样，一束光从背后射过来，画面变得花里胡哨，显得刺眼而虚浮。小说在最后一章里，对婚姻、死亡，以及各种价值观大肆鼓吹，重点强调，这种整体梳理是再粗浅不过的了。我们觉得，问题没有得到解决，一切都显得错乱、没有章法。而另一种手法，虽然乍看起来漫不经心、缺乏定论，且常常纠缠于一些琐事，反倒呈现出一种极其讲究、独创、新颖的品位。小说选材大胆，布局万无一失，以俄国人独有的真诚一统全局。这些问题也许没有解决答案，但是，我们不该篡改证据，以编造出迎合自己虚荣心的事物。这也许无法吸引公众的注意。毕竟，人们更习惯于听些吵闹的音乐，采取更激烈的手段。但是，作家还是按照自己听到的旋律，将其记录下来。当我们读到这些无关紧要的小故事时，灵魂却获得了惊人的自由。

我们阅读契诃夫的小说时，会发现自己在不断重复"灵魂"这个词。"灵魂"洒落在书页上。老酒鬼使用这个词时，很随意。"……亲爱的孩子，你虽然职务很高，高不可攀，但是没有真正的灵魂，你的灵魂缺乏力量。"不错，俄国小说的领衔角色正是灵魂。契诃夫描写的灵魂脆弱、细腻，极易受到各种情绪与坏脾气的影响。而在陀思妥耶夫斯基的笔下，灵魂则变得更加深沉、博大。灵魂虽然很可能会得暴病、发高烧，但仍是作家们最关心的问题。这也许就是为什么英国读者在重读《卡拉马佐夫兄弟》或者《群魔》这样的作品时，需要花费很大的力气才行。英国读者对"灵魂"感到非常陌生，甚至有些反感。灵魂缺少幽默感，对喜剧一无所知，无影无形，与理性才智也没有多少瓜葛。灵魂显得迷茫、弥散、躁动不安，似乎完全不受逻辑与诗歌的约束。陀思妥耶夫斯基的小说是不停旋转的漩涡，是盘旋的沙尘暴，是轰隆作响、汹涌翻转的水龙卷，把我们统统吸了进去。这里全是些纯纯粹粹的灵魂物质。我们被不情愿地拉了进去，被转来转去，就在我们感到两眼发黑、气喘吁吁的时候，我们心中也充满了令人目眩的狂喜。除了莎士比亚之外，就没有比这更激动人心的作品了。我们打开门，突然发现房间里挤满了俄国将领、将领们的老师，以及他们的继女和远房亲戚，还有各式各样的人物，每人都在高谈阔论自己的隐私。但是，我们身在何处呢？当然，告知读者他们是在旅馆，在公寓，还是在一间租住的房间里，是小说家的工作。可是没人对此做出过任何解释。我们都是一些饱受折磨、郁郁寡欢的灵魂。灵魂唯一要做的就是谈论、倾吐、忏悔自己的罪恶。这些隐晦难辨的罪恶在我们心底的沙滩上匍匐潜行。只要有皮开肉绽、神经断裂之处，灵魂就会将罪恶拉扯出来。但是，只要我们侧耳倾听，困惑就会慢慢化解。我们抓住一段独白，就像抓住一根扔过来的绳子。我们九死一生，握紧这根绳子，在水波中被冲来冲去，疯狂地逆流而上，时而被淹没水下，突然茅塞顿开，收获了只有在生活的全副重压之下才能得到的启示。就在我们翱翔之际，所有的信息都被一一拾起：人物的姓名，人物之间的关系，谈话的地点是在鲁莱滕堡大街上的一家旅馆里，波丽娜卷入了格里厄侯爵①所设下的阴谋，等等。但是与灵魂相比，这些又是多么微乎其微呀！重要的是灵魂，是激情洋溢、骚动不安的灵魂，是美与龌龊杂糅并存的灵魂。如果我们突然尖声大笑，或者被剧烈的抽泣所震撼，还有什么比这更自然的吗？这几乎无须评论。我们的生活节奏如此之快，如同飞转的车轮，擦出了火花。此外，感知的速度提升了，灵魂的要素尽现眼前，人类的心灵便呈现出一幅崭新的全景图。与思维略为缓慢的英国人所设想的不同，不论是在幽默还是充满激情的场景中，灵魂的要素不会分别单独出现，而是相互牵扯、交织，紧密结合。旧有的区分变得模糊不清，融为一体：人可以既是恶棍又是圣徒，人的行为可以既美好又卑鄙，我们可以既爱且恨。曾经习以为常的好坏之分已荡然无存。我们最喜欢的人常常是罪大恶极之人，对于厚颜无耻之徒却往往抱有最强烈的钦佩与爱戴之情。

先冲上浪尖，然后撞到水下的石头，被碰得粉碎，这很难让英文读者感到安心自在，因为这个过程与他们在阅读本国文学时所习惯的步骤正好相反。以一位将军的爱情故事为例。这样的人物一开始就会令我们不禁捧腹。如果要讲述他的爱情故事的话，就应该从他的房子开始讲起，先要确定他的生活环境。只有当一切就绪之后，我们才会开始描述将军本人。此外，统治英国文学的不是俄式大茶炊，而是英式小茶壶：时间有限，空间拥挤，我们在作品中可以轻而易举地感受到来自不同观点、不同书籍，甚至不同时代的影响。社会分为上、中、下三个阶层，每个阶层都有自己的

---

① 出自陀思妥耶夫斯基的《赌徒》。

传统习俗、举止规范，在一定程度上，还有自己的语言。不论是否情愿，承认并接受这些社会障碍是英国小说家一直承受的压力，因此，秩序以及某些文学形式被强加其上，小说家也就更倾向于创作讽刺作品，而非表达怜悯之情；更喜欢审视社会，而非理解人物个体。

此类限制不会落在陀思妥耶夫斯基身上。无论你是高贵气派还是单纯朴素，是流浪汉还是大小姐，对他来说都一样。不论你是谁，无非是一具承载灵魂的器皿。灵魂是一种令人困惑的东西，像是发酵过的液体，浑浊不清，却弥足珍贵。灵魂不会受制于任何障碍。它汹涌泛滥，与其他灵魂融为一体。一个银行职员买不起一瓶红酒，这不过是一个简单的故事。但是，还没等我们意识到发生了些什么，这个简单的故事就已经展开，渗透到别人的生活当中：比如，他的岳父，以及五位遭到岳父虐待的情妇，此外还有住在同一栋公寓里的邮递员、清洁女工和贵妇。一切皆囊括在陀思妥耶夫斯基的创作范围之内。他累了也不会停下，而是继续前行，无法自已。滚烫炙热的灵魂、五味杂陈的灵魂、奇妙的灵魂、可怕的灵魂、压抑的灵魂，向我们滚滚而来。

还有一位最伟大的小说家。除此之外，我们还能怎样称呼《战争与和平》的作者呢？托尔斯泰是否也让我们觉得他是一个格格不入、陌生、难懂的外国人？至少在我们成为他的门徒，从而迷失方向之前，他总是让我们在猜忌与疑惑中与之保持一臂之遥，这样的视角是否有些古怪？不管怎样，读了小说开篇的几个字，我们便可以确信，这个人的所见与我们相同，他的创作不是先里后外，而是由外向里，这也是我们熟悉的步骤。在托尔斯泰营造的世界里，早上八点听到邮递员敲门的声音，晚上十点到十一点间上床睡觉。托尔斯泰这个人既不野蛮，也不会与大自然特别亲近，他受过教育，有过各种经历，出身贵族世家，知道如何充分利用自己享有的种种特权。他不是市郊的，而是大都市的人物。他有着敏锐、强大，经过充分培养的感知力和领悟力。这样的身心对生命发起攻击时，总会带有一股自豪感，一种凌驾于一切之上的感觉。似乎没有什么可以从他身边逃脱。即便一掠而过的事物，他也会一一记录下来。所以，要让一位身强体壮的年轻人感受激动人心的体育运动、漂亮的马匹，以及世上所有强烈的渴望，没人能够像他那样,将其一一道尽。每一根树枝、每一片羽毛都牢牢地吸附在他的笔下。他注意到孩子身上穿的蓝色或红色的连衣裙,注意到马尾摇摆的姿态,注意到咳嗽的声音,还注意到人如何试图把手伸进封了口的衣袋里。不论是描写咳嗽声,还是使用双手的技巧,他的双眼都会给出准确无误的报告,而他的大脑则会指向某些暗藏在这些特征之中的事物,读者因此十分熟悉他笔下的人物,不仅知道这些人物如何相爱,持有何种政治观点,或者怎样看待灵魂不朽这个问题,还知道他们如何哽咽,如何打喷嚏。即便是在读翻译作品时,我们也会觉得自己置身于高山之巅,手里握着一副望远镜,一切都显得异常清晰鲜明。我们深深地吸了一口气,感到欢欣鼓舞、神清气爽。然而,就在此时,某一细节——也许是一个人的脑袋——突然出现在画面中,以一种令人警觉的姿态向我们走过来,就好像是在生活的重压之下,被挤了出来。"突然,在我身上发生了一件奇怪的事:我先是看不到周围的东西;然后他的脸似乎渐渐消失了,最后就只剩下了一双眼睛,对着我闪闪发光;之后,这双眼睛似乎长在了我的头上,接下来,一切都变得混乱不清。我什么也看不见,只好闭上眼睛,以此来摆脱他的目光在我身上引起的快乐和恐惧……"我们一次又一次地体会到玛莎在《家庭幸福》中的感受。闭上双眼,逃避快乐与恐惧。最重要的通常是快乐。这个故事描述了两种快乐。一种是女孩儿在夜晚与情人漫步花园的快乐,另一种是新婚夫妇在客厅里欢腾雀跃的快乐。第二种快乐传达出一种强烈的幸福感,只有合上书,才能更好地体会这种感受。然而,总有一种恐惧感让我们像玛莎一样想要逃离托尔斯泰凝视的目光。这种恐惧是否源于对灾难的预感?在托尔斯泰笔下,幸福太过强烈而难以维系,让人有种大难将至的感觉。在现实生活中,这种感受会让我们忧心忡忡。要不然是我们所能承受的快乐的强度有问题,所以只能借用波兹涅谢夫在《克莱采奏鸣曲》中的一句话:"为什么要活着?"生命主宰着托尔斯泰,正如灵魂主宰着陀思妥耶夫斯基。"为什么要活着?"这个问题如同一只蝎子,总是趴在鲜艳灿烂的花瓣中。书总是围绕着像奥列宁、皮埃尔、列文这样的人物展开。这些人饱经世故,能够翻云覆雨,却总是在问:这一切有何意义?什么才是我们的目标?他们似乎陶醉于这样的问题。能够以最有效的方式摧毁我们欲望的人并不是牧师，而是托尔斯泰。他不仅了解而且热爱人类的种种欲望。当他对欲望冷嘲热讽时，世界便在我们脚下灰飞烟灭。因此，恐惧与快乐交织互生。在三位伟大的俄国作家中，托尔斯泰是最令人着迷，也是最遭人排斥的一位。

思想的偏见来自思想的起源地。所以，当遇到像俄国文学这样陌生的文学时，我们的思想无疑会突然背离真相。

（程辰雨　译）

摘记

一、米特福德小姐[1]

实话说,《玛丽·罗素·米特福德及其环境》不是一本好书,既不能开拓思维,也不能净化心灵。书中既没有谈论首相,也没说太多米特福德小姐的事情。不过,必须承认:有些书即使你不用思想或心灵品读,仍能收获许多乐趣。这本书算不上传记,充其量只是"剪贴簿",它最大的价值就是允许"编织谎言"。如果你不相信希尔小姐[2]对米特福德小姐的评价,你可以自由创造自己心中的米特福德。我们不会指责希尔小姐在说谎,因为这也是我们的缺点。举个例子,书中写道:"奥尔斯福德[3]是她出生的地方,米特福德小姐对自然的热爱鲜有人及,她的作品'散发着干草地的气息和山楂树的香气',似乎向我们吹来一阵'香甜的微风,飘过金色的麦田和雏菊遍地的草地'。"米特福德小姐的确出生于奥尔斯福德,但这样一写,我们简直怀疑她是否真的来过这世界。诚如希尔小姐所说,她出生于"1787年12月16日,在米特福德小姐笔下,'出生在一间宽敞、舒适的房

---

[1] 玛丽·罗素·米特福德(Mary Russell Mitford, 1787—1855),英国作家和戏剧家,代表作有《我们的村庄》。她的父亲乔治·米特福德曾从事外科医生的工作,并在后来的生活里获得了未经授权的"医生"头衔。她的母亲玛丽·拉塞尔是贵族罗素家族的后裔。1797年,年仅十岁的玛丽·罗素·米特福德为父亲赢得了2万英镑的彩票。

[2] 康斯坦斯·希尔(Constance Hill, 1844? —1929),英国女作家,著有《简·奥斯汀:她的家和朋友们》《玛丽·罗素·米特福德及其环境》等。

[3] 位于英格兰汉普郡温切斯特市的一个集镇和公民教区。

间'。"是的，米特福德小姐出生在早餐厅里，那天下着雪，时间大概是八点半，即医生喝第二杯和第三杯茶之间。"'抱歉，我感觉……'米特福德太太说着，脸色变得苍白，但同时她没忘给丈夫的茶里加上适量奶油。"谎言就这样开始了，但内容有些可信，甚至在写作时加入了巧思，比如她对奶油的描写就有历史依据。众所周知，医生将玛丽在爱尔兰买彩票中的两万英镑全部用来购买韦奇伍德瓷器，中奖号码印在汤盘上一把爱尔兰竖琴的中央，米特福德家的纹章覆盖在上面，周围环绕着约翰·伯特伦先生的格言，约翰·伯特伦是征服者威廉①的骑士之一，米特福德家族声称有其血统。"注意，"谎言继续道，"医生是以什么姿态在喝茶，而那个可怜的女人离开房间时又是何等卑躬屈膝。"喝茶？我深表怀疑，因为医生虽然身形保持良好，但脸涨得发紫，穿着精致的蕾丝衬衣，活像只发怒的公鸡。"女士们离开房间后"，谎言又开始了，所有的杜撰只为证明一件事：米特福德医生在雷丁郊区有一个情妇，他假借投资德·查瓦纳侯爵房屋照明与供热的新发明，给情妇送钱，最后的结果是一样的，也就是把自己送进国王法院监狱。"天还下着雪"，陈词滥调的记叙分散了我们的注意力，容不得我们去回想这个地方与文学、历史的关联。人类世代更替，气候也发生了巨大的变化。古代的雪比现在的形状更鲜明，质地更柔软，惹人爱怜。18世纪的母牛既不像现在的母牛，也不像伊丽莎白时代牧场上那种健康、暴躁的母牛。这在文学中一向被忽略，但无疑非常重要。

才华横溢的年轻人在寻找主题方面往往做得不够好，还不如投入一两年的精力去研究文学作品中的母牛、雪花，以及乔叟和考文垂·帕特莫尔作品中的雏菊。无论如何，1808年2月16日，雪下得很大，朴次茅斯的邮车迷失了方向，几艘船沉没了，马尔盖特码头完全被毁了，二十只羊被埋在哈特菲尔德的佩韦拉尔，还有一只啃着附近的甜菜以延续性命。恐怕法国国王搭乘的开往科尔切斯特的车会被堵在路上。

可怜的米特福德太太！自从二十年前离开那个早餐厅以后，她就再也

---

① 征服者威廉（William the Conqueror, 1028—1087），英格兰第一位诺曼国王，于1066年至1087年在位。

没有收到过孩子的消息。似乎"谎言"编得让人有些不好意思,但《玛丽·罗素·米特福德及其环境》的故事向我们保证,只要有耐心,一切都会步入正轨。法国国王的专列正开向博金,那里住着查尔斯·默里·艾因斯利①勋爵及其夫人。查尔斯勋爵非常害羞,并且一贯如此。十六年前,羊群还未丢失,法国国王亲临博金,五岁的玛丽·米特福德"错把勋爵当成她爸爸,爬上了他的椅子,让一向腼腆的查尔斯勋爵恼羞成怒"。他不得不离开这间屋子。虽然希尔小姐惊讶地发现查尔斯勋爵和夫人的社交圈很有趣,可她不想在"引出一个发生在1808年2月与他们相关的小插曲"前就停笔。然而,既然这件事跟米特福德小姐没有关系,就不要在微不足道的事上费笔墨了。就算查尔斯勋爵夫人是米特福德家的亲戚,查尔斯勋爵性格内向,这本谎言之书已经准备好随时插入"小插曲",然而,我们必须重申,我们受够了鸡毛蒜皮的小事。米特福德小姐不算伟大的女性,就我们所知,甚至算不上良善,但作为文学批评家,我们也有不可逃避的责任。

还是让我们从英国文学说起吧。虽然时过境迁,母牛一代代变化,但英国诗歌中的天然美从未消失。虽然如此,蒲柏和华兹华斯的风格差异是非常值得探讨的。《抒情歌谣集》出版于1798年,《我们的村庄》在1824年问世,一个是诗体,另一个是散文,没必要对元素的合理性以及每卷书的根源进行比较。像伟大的前辈一样,米特福德喜欢乡村胜于城市。因此,细说一下萨克森王②、玛丽·安宁和鱼龙化石,也没有什么不合时宜。更不用说玛丽·安宁和玛丽·米特福德有同样的名字,能进一步将她们联系起来的还有一件事,也许并不是真事,不过姑且可以说有一种可能性。米特福德小姐在莱姆里吉斯寻找化石,十五年后,玛丽·安宁找到了化石。萨克森王曾于1844年到访莱姆,并在玛丽·安宁的橱柜中看到一个鱼龙头

---

① 查尔斯·默里·艾因斯利(Charles Murray Aynsley, 1771—1808),1803年被任命为埃塞克斯郡博金的院长,在那里招待过法国国王路易十八和他的随从。
② 萨克森王,即弗雷德里克·奥古斯都二世(Frederick Augustus Ⅱ of Saxony, 1797—1854),是萨克森国王和韦廷家族的成员。1844年,在私人医生的陪同下,萨克森王对英格兰和苏格兰进行了一次非正式(匿名)访问。他到访过莱姆,并从当地化石收藏家和经销商玛丽·安宁那里购买了鱼龙骨架,作为自己的自然历史收藏。

骨，于是邀请她到平尼勘测岩石。他们寻找化石的时候，一个老妇人坐在萨克森王的车座里，她会是米特福德小姐吗？事实让我们不得不承认，那不是她。我们也要认真地说，玛丽·米特福德时常表达心愿，希望自己能结识玛丽·安宁，但可惜，她们从未相识。1844年，玛丽·米特福德五十七岁了。迄今为止，由于谎言及琐碎的书写方式，我们对她所有认知就是：她不认识玛丽·安宁，没有找到鱼龙化石，她没有在暴风雪中出现，也没有见过法国国王。

谎言该停止了，让我们从头开始。

希尔小姐究竟是出于什么样的考量，才决定要写《玛丽·罗素·米特福德及其环境》这本书的呢？有三个因素至关重要。首先，米特福德小姐是一位女性；其次，她出生于1787年；最后，可供女性作家做传记素材的女性人物已经所剩无几。例如，人们对萨福知之甚少，所知的那一点儿内容也不完全属于她；简·格雷①女士虽值得钦佩，但不可否认她也鲜为人知；至于乔治·桑，人们越了解她，对她的赞誉就越少；乔治·艾略特被引向邪路，她的人生哲学无法为其辩解；至于勃朗特姐妹，不管我们对其才华有多高的评价，她们都缺乏一些淑女特质；哈里特·马蒂诺②是无神论者；勃朗宁夫人是已婚妇女；简·奥斯汀、范妮·伯尼、玛丽亚·埃奇沃思都被研究过了。所以，从各方面来说，玛丽·罗素·米特福德是唯一可被研究的女性。

当我们在书的背面看到"环境"这个词，自然会意识到年代的重要性。这里的"环境"指的是18世纪的环境。当我们读到"看着从楼上房间通下来的阶梯时，我们会幻想看见一个微笑的身影蹦跳着跑下来"，如果台阶是雅典式的、伊丽莎白式的或巴黎式的，那会让我们感到不忿。当然，它们是18世纪的阶梯，从老旧的镶板房间通向阴凉的花园，在那里，威廉·皮

---

① 简·格雷（Jane Grey，1537—1554），英格兰都铎王朝的女王，在位仅仅十三天，是英国历史上首位被废黜的女王。
② 哈里特·马蒂诺（Harriet Martineau，1802—1876），英国女作家。

特①玩着传统的弹子游戏。如果想象得再大胆一点,我们几乎能听见,在宁静的夏日,波拿巴在法国海岸边的击鼓声。在想象力的极限,一端是波拿巴,另一端是蒙默思郡,如果想象去和艾伯特王子或约翰国王玩耍,那后果会是严重的。想象力有其自知之明,在18世纪更是如此。还有一点更加令人费解:她一定是一名淑女。然而,那到底意味着什么,以及我们是否认同,可能都是可疑的。如果我们说简·奥斯汀是个淑女,而夏洛蒂·勃朗特不是,那我们就需要按照下定义的方式尽力做出解释,并且不偏不倚。

毋庸置疑,因为沉默寡言,希尔小姐被归为淑女的行列。不如意时她们会叹息,会一笑了之,但绝不会抓着银质的桌腿不放,或将茶杯猛砸到地上。以一个一辈子都没有大声说过话的人为主题,在许多方面都有很大的便利性。十六年相当长,对玛丽·米特福德这样的淑女而言,可以说"她在这里度过了人生的十六年,开始了解并爱上这里的环境,自己的美丽庭院,还有周围每一条荫蔽小巷的转角处"。她喜爱植物,她周围的小巷绿树成荫。当然,那时她还在简·奥斯汀和舍伍德夫人②曾经就读的学校学习。她去过莱姆里吉斯,在那里提到科布③。她曾从圣·保罗教堂的顶端看到伦敦,那时的伦敦比现在小得多。她从一幢可爱的房子搬到另一幢,好几位著名的文学家向她道贺,并参加她的茶会。餐厅的天花板掉下来不会碰到她头上,但她买彩票会中奖。如果上述句子里出现了任何两个音节以上的单词,那是我们的错,而不关希尔小姐的事,因为书中的大部分句子不是引用米特福德小姐的话,就是得到克里西先生的权威支持。

然而,生活是多么危险的一件事!谁能肯定那些品质不纯的桃木制品会一直在阳光下空置?即使是橱柜也有暗藏着的弹簧。说起来可怕,希尔小姐肯定是无意间碰到它时,把一位肥胖的老人推了出来。说直白点,米

---

① 威廉·皮特(William Pitt, 1759—1806),活跃在18世纪晚期、19世纪早期的英国政治家。1783年任首相。
② 玛丽·玛莎·舍伍德(Mary Martha Sherwood, 1775—1851),19世纪的儿童作家,代表作有《亨利·米尔纳的历史》《仙童家族的历史》等。
③ 位于莱姆里吉斯的海港墙,它是作为防波堤建造的,用来保护船只和村庄。

特福德小姐有个父亲,实际上这没有什么不合适的,很多女士都有父亲,不过米特福德的父亲被关在一个橱柜里,换句话说,他不是一个好父亲。希尔小姐甚至猜想"邻居和朋友们庄严地列队"送他来到墓地。"我们不禁会想,与其说这是他们对这位父亲的特殊致意,不如说是对米特福德小姐表现的同情和尊敬。"尽管这个评判很严苛,但从这位贪吃、嗜酒又好色的老人的所作所为来看,他得到这样的评价无可厚非。关于他的谈论越少越好。只是如果从你幼时起,父亲就赌博、投机倒把,先是用你母亲的钱,然后是用你的,花掉你所有的收入,不断催促你去挣更多钱供他挥霍,如果晚年他躺在沙发上说新鲜空气对孩子们不好,如果他死后留下大笔债务,需要你变卖一切甚至还要朋友救济才能还清,那么即使是淑女,有时也会大声发泄不满。米特福德小姐有一次说道:"离开是件悲伤的事,我辛苦地工作,不断地奋斗,深深体会到许多女性常遭受的极大的焦虑、恐惧,和希望。"这就是一位淑女,一位拥有茶壶的淑女的表达!书页的底部还画着这个茶壶的图样。但现在这些都没用了,米特福德小姐已经把它砸得粉碎。这是关于女性的最糟糕的作品,她们有父亲,也有茶壶。此外,米特福德医生的韦奇伍德餐具还有一些残片尚存,还有米特福德小姐曾在学校获得的一本《亚当地理学》"暂时由我们持有"。如果这个推测没有不妥之处,难道不该再写一本关于它们的书吗?

二、 本特利博士[①]

本特利博士曾以无上权力主宰过一些著名的学院,漫步其中,会看到一个身影仓促地奔向小教堂或礼堂,直到人影消失,这一切都吸引着我们的热切关注。据说,他对索福克勒斯的所有作品了如指掌。他能背下《荷马史诗》。他读品达的诗选就如我们读《泰晤士报》一样。除了吃饭、祷告的短暂时间,他一生都与古希腊著作为伴。的确,我们学识浅薄,无法对他的校勘工作给予恰当的赞赏和重视,他一生的著作就像是一本尘封的书。

---

① 理查德·本特利(Richard Bentley, 1662—1742),古典学者、评论家和神学家,曾任剑桥大学三一学院院长。

但我们依然珍惜他那黑色长袍闪过的痕迹,感觉就像天堂之鸟从身边掠过。他的精神如此光鲜,我们有幸在阴暗的11月傍晚看见它振翅飞过,栖息在不凋花之地和灵草圃中。对所有人来说,伟大的学者都是最神秘、最威严的,既然不可能与之亲近,或最多只能看见他们一袭黑袍在暮色中穿过庭院,那么我们能做的就是阅读他们的传记,例如蒙克主教①的《本特利博士传》。

阅读这本书会给我们带来很大的意外。这位伟大学者,读古希腊文就像我们当中最精通的专家读英文一样,他不仅能准确地理解文意和语法,还能敏感细致地察觉到语言中的关联和暗示。他能增补丢失的字行,给尚存的文字碎片注入新的生命。这个人本该一生都沉浸在这样的美好中(如果他们对古典著作的评价是对的),好比沉浸于甘甜蜂蜜的蜜罐。但与此相反,他是最好争吵的那类人。

传记作家记录:"这个人三年之内在最高法院打过六次官司,我姑且认为这对一个人来说不算多。"顺便说明一下,这六场官司,本特利都赢了。尽管本特利博士称得上是一位一流的律师和伟大的战士,"但不得不说,这样的表现不适合一位博学、庄严的教士"。事实上,这些争论不全是出于他对文学的热爱。他为自己辩护、驳回的那些指控,都是直接针对他的剑桥三一学院院长身份的。他经常不去小教堂,他在房屋和家用上面的开销太大,他在不足法定十六人参加的会议上使用学院印章,等等。总之,本特利博士担任三一学院院长的生涯,伴随着一系列的攻讦和反抗。他对三一学院学会的态度,就像成年人对待一群纠缠不休的粗野孩子。他们难道敢暗示那个可容四人并排而行的楼梯已经够宽了吗?他们能不批准他再建一个新楼梯的费用吗?一天傍晚,礼拜过后,在大英博物馆的大中庭遇到他们时,他非常文雅地提出疑问,而他们回绝了,于是,他突然变了脸色和语调,质问他们是不是"忘了他那把锈剑的厉害"。迈克尔·哈钦森先生和其他人首先感受到了来自那件武器的压力,于是也向上级施压。最终,他

---

① 蒙克主教(Bishop Monk, 1784—1856),即詹姆斯·亨利·蒙克(James Henry Monk)英国主教、古典学者,代表作有《本特利博士传》。

们付了三百五十英镑的费用,他们的晋升也获得担保。其实,本特利早在他们同意之前就把楼梯建好了。

年复一年,照他的想法,先后建造了壮观、实用的后院,以及天文台和实验室,但这不能证明他傲慢自大的行为是正当的。很多琐碎的私欲也通过这种专横的方式得以满足。他有时要煤块,有时要面包和麦芽酒,本特利太太会打发仆人拿着代表本特利身份的鼻烟壶去储藏室任取所需,费用由学院承担,而学院认为如此大量的物品远超出本特利博士本身所需。再说,有四个学生借住他家,他们要付给他数目不小的伙食费,而食物却是靠鼻烟壶从学院免费取来的。一个院长(一个沉浸在古典艺术中的伟大学者)本应"温文尔雅、和善待人",但这些对他来说都不适用。他争辩说那四个贵族学生"吃几片学院的面包"的花费,早被他自费为他们安装的三个大格窗的钱抵清了。然而,这理由并不能让董事会信服。在1719年的三一礼拜日,董事会成员发现学院有名的自酿麦芽酒味道不对,问询管理人后才得知,这些酒是在院长的命令下用他家贮藏的麦芽酿造出来的,而且他把这些被象鼻虫噬坏了的麦芽卖了个高价,这让董事会成员很不满。

这些关于面包和啤酒的争吵毕竟只是家庭琐事。他在职业中的表现能让我们更清楚地了解他。一旦从砖块和房屋、面包和啤酒、贵族学生和他们的窗户中跳脱出来,我们就会发现博士在荷马、贺拉斯、马尼利乌斯研究中的影响力,他的研究证明了世代流传下来的经典对我们大有裨益。但证据很难为废弃的语言获得赞誉。大家公认他在那场关于法拉利斯书简的激烈论战中表现出色。他风度翩翩,学富五车。然而,这次辩论胜利后,紧接而来的是一连串争执,我们看到了意想不到的场面:那些有学问、有才智、权威又受人敬仰的学者,为了希腊文本和拉丁文本争论不休,互相辱骂,就像赛马场上的赌徒或后街的洗衣妇。暴烈的脾气和恶毒的言语不限于本特利一个人,很遗憾,这是整个学术界的特点。早在1691年,他的一位牧师教友霍迪就找他理论,因为他没有使用霍迪首肯的名字马列拉(Malela),而写成马列拉斯(Malelas)。在这场接下来的论战中,本特利表现出了学问和智慧,而霍迪只是没完没了地重复攻击那个多加的"斯"字。霍迪失败了,"有很多理由可以相信,这个微不足道的原因激起的辩论,使他们的关系再也没有恢复"。纠正一句诗,毁掉一段友谊。莱顿的詹姆斯·格隆诺维斯①曾攻击本特利长达十年,因为本特利成功修正了卡利马科斯②的残篇,而他失败了。

格隆诺维斯绝不是唯一一个怨恨成功的竞争对手的学者,就算这人为了编订古典著作耗费了四十年,直到头发花白,也未能消除这种愤怒。欧洲所有主要城镇,都有像乌得勒支的德·波乌③那样臭名昭著的人,他是一个"完全可以被看作文学界的害群之马和耻辱的人",有新学说或新版本出现时,他们就会联合起来嘲笑、羞辱这位学者。蒙克主教评价德·波乌说:"……他所有的作品都证明他不坦率,缺乏信仰,没有礼貌和绅士风度,他不仅集所有批评家和评论员的缺点和恶劣品质于一身,还外加一项独有的特点,就是总倾向于粗鄙的暗示。"有这样的脾气和习惯,又无法忍受生活的痛苦、贫穷和怠慢,他们通过结束生命来了结这一切就不奇怪了。比如约翰生,一生都在找寻结构中的细小错误,后来发疯,在诺丁汉附近的草地低洼处溺死了。1712年5月20日星期五傍晚,烛光前,人们发现希伯来语教授思科博士用腰带上吊自杀,轰动了整个三一学院。据报道,库斯特也是自杀身亡,解剖尸体时,发现"他的腹部下方有一个硬块,我猜,是因为他总是以一种像快要折叠起来的样子趴伏在一个很矮的桌子上写作,身边的地上围着三四圈书,就像我们经常看到的那种状态"。像约翰·科尔这样的非学院派穷教师,由于一辈子的冷遇而扭曲,他们因能跟本特利博士在院长住宅用餐而满心喜悦,那时他们的谈话中提到equidem(拉丁文,意为"当然")这个词的用法,回家后马上把用法都查出来,想要反驳博士的看法。当他们又去博士住处时,他正要去参加坎特伯雷大主教的宴会。他们跟随他走到街上,而本特利却表现得冷淡、厌烦,连再见都不说就走了。他们回到家,对所受的伤害念念不忘,伺机报复。

对于这些来自小人物的争论和怨恨,本特利本人并没有如处理私人事

---

① 詹姆斯·格隆诺维斯(James Gronovius, 1645—1716),荷兰古典学者。
② 卡利马科斯(Callimachus, 约活动于公元前3世纪),古希腊诗人,亚历山大里亚派诗人的代表。
③ 科尼利厄斯·德·波乌(Cornelis de Pauw, 1739—1799),荷兰哲学家、地理学家,普鲁士大帝腓特烈宫廷外交官。

务般将其抹掉，而是把它夸大。早期论战中，他表现出来的谦恭有礼和心平气和早就消磨殆尽，"……长期受到的憎恶和多年放纵怒气，削弱了他在辩论中的鉴赏力和判断力"，虽然，辩论的主题是希腊文的《新约》，但他骂对手是"蛆""害虫""老鼠""笨蛋"，暗指其精神有问题，并详述他的牧师教友留着及腰的胡须这件事，以此作为支持。

本特利博士暴烈、好斗且放肆，经历风暴骚动后幸存下来，尽管被停职、身份被剥夺，仍沉静地坐在家中，戴着宽檐帽来保护自己的眼睛，抽着烟斗、享受美酒，跟朋友论述他关于伽马函数的学说。他就这样活到了八十多岁，他说这日子足够去"阅读所有值得读的书"，他又以特有的方式说：

现在我伟大的灵魂就要走入地下。

三一学院里，他的坟墓上立着一小块方形石碑，但董事们拒绝在墓碑上注明他曾是院长。

这个奇特的故事中还有一句最奇特的话没被写下来，蒙克主教把它当作普通的事情而不加任何评论，"一个人，既不是诗人也无评诗的鉴赏力，还敢做这样一份工作，真不是一般地自以为是"。这项工作就是要从《失乐园》里找出语言上的纰漏和所有不得体、意象失真之处。众所周知，结果令人惋惜。然而，我们会问，这与其他本特利表现出色的工作有何不同？如果本特利无法欣赏弥尔顿的诗，我们怎能接受他对贺拉斯和荷马所下的结论？难道我们不能绝对地信赖学者吗？对希腊文的研究不是能完善礼仪、净化心灵吗？好了，打住吧，我们的学者从礼堂回来了，灯亮了，他的研究重新开始，我们亵渎的推测也该停止了。况且，这一切都发生在很多年以前。

三、多萝西·内维尔夫人[1]

她以卑微的身份在公爵家待了一个星期。她目睹了一群穿着精致考究的人三三两两地下楼吃饭，上楼睡觉。她在一个走廊偷偷看见公爵在擦拭玻璃罩里的模型，公爵夫人扔下手中的钩针编织品，好像这个世界从不需要这种编织品。从她目之所及的高窗向外看去，一条绕着绿色小岛的砾石路蜿蜒通向一片遮阴的小树林，消失在尽头。她看着公爵的马车进进出出，从与去时不同的路回来。她的结论是什么？这是一个疯狂的精神病院。

她确实是一位夫人的女佣，如果多萝西·内维尔夫人在楼梯上碰到她，会找机会向她指出女佣和夫人是极其不同的：

> 我母亲总是指出，工厂女工、女店员彼此称呼"夫人"是愚蠢的，所有这些事情，在她看来，纯粹是一种庸俗的虚伪，她向来如此说。

我们能向多萝西·内维尔女士指明什么呢？她虽家世显赫，但从未学过拼写？她写不出符合语法规范的句子？还是说，她活了八十七岁，除了把食物送进嘴里、把金戒指戴在手上，别的什么也没有做？尽管发泄义愤令人畅快，但如果赞同女佣的想法，那就错了，她认为出身高贵的人天生就有精神病，患者只是遗传了祖先的疾病并忍受着，多半人非常坚忍地活在舒适的精神病院里，委婉地说，是活在英国的贵族家庭中。

沃波尔家族并非公爵之家，霍勒斯·沃波尔的母亲是肖特家[2]的小姐，本卷书虽未提到多萝西女士的母亲，但她的曾祖母是女演员奥德菲尔德夫人，为此多萝西女士感到"万分骄傲"。所以，她不是贵族阶层的典型实

---

[1] 多萝西·内维尔（Dorothy Nevill, 1826—1913），英国作家，奥福德第三代伯爵霍雷肖·沃波尔的女儿，沙龙女主人，曾撰写过多卷回忆录。
[2] 约翰·肖特爵士（Sir John Shorter, 1625—1688），肯特郡比布鲁克的一位富有商人。他的女儿凯瑟琳·沃波尔是英国第一任首相罗伯特·沃波尔爵士的第一任妻子。

例，她被关在一个鸟笼中而不是精神病院里，通过笼子的围栏，她看见人们逍遥自在地散步，偶尔一两次她出人意料地飞到外面。很难看到比她更快乐活泼、生机勃勃的笼中人，以至于我们不得不问，所谓的笼中生活，是否就是那些被迫单独旅居世上的智者选择的命运？逍遥自在毕竟意味着被排除在外，浪费大半人生去敛财消费，去享受多萝西女士一睁眼就拥有的一切绚丽夺目的事物。多萝西于1826年出生在伯克利广场11号街（霍勒斯·沃波尔也曾住在那里），但一年后，她的父亲奥福德在一晚的赌局上将房子输掉了。诺福克的沃尔顿宅邸①里，到处都是雕塑和壁炉台，花园里有珍贵的树种，还有一片巨大而有名的草地。这是小说家想要的最迷人、最浪漫的环境，可以以此为背景编写两个小女孩的故事：她们正在长大，生性不羁，但作息规律，她们会跟女家庭教师一起阅读波舒哀②的书，也会在选举日骑着小马驹走在佃农的最前面。如果谁的祖先是下面这封信的作者，那无疑是件让人无比自豪的事。这封信是写给诺里奇圣经公会的，工会曾邀请奥德福成为他们的会长：

> 我长期沉迷于赌博，最近又迷上了赛马，恐怕我会屡次地亵渎神。我从未散布过宗教传单。这些你们都是知道的。尽管如此，你们仍然认为我是会长的合适人选，那么愿上帝饶恕你们的虚伪。

那时，奥福德不是那个关在笼子里的人。但是，啊哈！奥福德在多塞特郡③拥有另一栋乡村别墅——伊尔辛顿宅邸，多萝西女士在那里第一次接触桑树，后来又认识了托马斯·哈代先生，我们也第一次瞥到了鸟笼的围栏。一般而言，我们不会假装对一般的"水手之家"抱有一丝热情，毫无疑问桑树看起来会更可爱。但是，当多萝西女士将砍倒桑树建造房屋的

---

① 位于英格兰诺福克郡的一座大型乡间别墅，1772年霍雷肖·沃波尔获得了沃尔顿庄园的住宅。
② 雅克-贝尼涅·波舒哀（Jacques-Bénigne Lignel Bossuet，1627—1704），法国主教、神学家，以布道和其他演讲而闻名。
③ 位于英格兰西南部英吉利海峡沿岸。

人称为"破坏者",让他们将桑木制成搁脚凳,然后题词"乔治三世①经常坐在上面喝茶",我们就要反问:"你说的是莎士比亚吧?"她随后对哈代先生的评论证明,多萝西女士指的并不是莎士比亚。她"非常欣赏"哈代先生的作品,曾经抱怨"郡县的家族太愚蠢而无法欣赏其才华,不能正确评价其价值"。乔治三世喝着茶,郡县的家族欣赏不了哈代先生——毫无疑问,多萝西女士身在樊笼。

同查尔斯·达尔文与毛毯的故事一样,没有什么事情能巧妙地显示我们意识到多萝西女士与外界的隔阂的存在。多萝西女士的娱乐消遣中,有一项是养兰花,因此与"知名的自然学家"产生了联系。达尔文夫人邀请她到家里做客,貌似坦率地谈论到,自己从很多进入伦敦社交圈的人那里听说他们喜欢将人裹着毛毯抛来抛去,于是在信的结尾写道:"恐怕我们无法向你提供那类东西。"两位是否真的辩论过将多萝西女士裹在毯子里抛来抛去的必要性,或达尔文夫人是否隐晦地暗示自己的丈夫与这位兰花夫人之间有一些不协调的东西,我们不得而知。但我们能感到这两个世界的碰撞,碰撞后形成的碎片里,浮现的并非达尔文的世界。我们越来越多地看到,多萝西女士在一个巨大、通风、装饰华丽的鸟笼里,从一根栖木跳到另一根栖木,在这儿叼千里光,在那儿啄大麻籽,沉浸在优美的颤音中,并在一个糖块上磨着她的喙。笼子里充满了吸引人的娱乐消遣,她一会儿装饰那些树叶标本,一会儿对改良驴的品种感兴趣;然后开始养蚕,几乎在澳大利亚引发蚕灾,"实际上成功地获得了足够做一件连衣裙的丝线";此外,她是第一个发现花些钱就可以把发潮腐朽的木头做成小盒子的人;她探究关于真菌的问题,证实被英国人忽略的松露之功效;她引进稀有鱼类;她花费大量精力试图将鹤和康沃尔的红嘴山鸦引诱到苏塞克斯郡繁殖,但徒劳无果;她在瓷器上描画;她用纹章装饰徽章,把口哨系在鸽子的尾巴上,制造出绝妙的效果——它们飞翔时,"就像一个空中的管弦乐队"。在研究烹饪天竺鼠的方法上,萨默塞特公爵夫人当得赞誉,但多萝西女士

---

① 乔治三世(King George Ⅲ, 1738—1820),从1760年10月25日起担任大不列颠和爱尔兰国王,直到1801年1月1日两个王国合并,之后他成为大不列颠及爱尔兰联合王国国王,直到1820年去世。

是查尔斯大街最先将这种小动物菜肴端上午宴餐桌的人之一。

笼子的门一直半开着。内维尔先生所说的"高级的波希米亚世界"受到了侵袭，于是多萝西女士就和"作家、记者、演员，以及其他讨人喜欢、风趣的人"一起返回。多萝西女士的判断被事实证明了，他们很少行为不端，的确变得更喜欢家庭生活了，也会给她写"非常文雅的信"，有一两次她自己飞出了鸟笼，说道："这些讨厌的中产阶层真是非常聪明，而我们真愚笨；看看他们被教育得多好，而我们除了学会了花父母的钱，其他的什么都不会！"她为这个事实担忧，有些地方出差错了，她很敏锐、率直，诚实地指出自己阶层的一些过失。她评价一位自称有修养的女士："我看她的水平差不多算刚刚识字。"评价另一位说："她确实好奇，比较适合待在露天市集里。"不过，我们认为她最著名的一次言论发生在其去世前的一两年，在维多利亚和阿尔伯特博物馆：

> 我非常赞同你，她写道。虽然我不该这么说——上流社会非常——我不知该说什么——不过他们除了打高尔夫，对其他的事情完全没有兴趣。一天，我在维多利亚和阿尔伯特博物馆，只稍微逛了一下，因为我确信那些展品看起来无关紧要，毫无灵气。但两个日本人使我的目光变得柔和起来，他们认真研读手册上的每篇文章……当然，我们只会傻笑和目空一切。更糟的是，在这里看不到任何一个上流社会的人。事实上，我从没听任何人说过知道这个地方，而我们为这里花费大把金钱——这实在太令人痛苦了。

这实在太令人痛苦了，她觉得断头台隐约就在前方。可是她不会遭受这样的灾难，谁会想看一个尾巴上系着口哨的鸽子被砍掉脑袋呢。但是，如果整个鸟笼被翻倒，"空中的管弦乐队"呼啸着振翅飞过，我们确信，她会像约瑟夫·张伯伦说的那样，成为"英国贵族的骄傲"。

四、汤姆森大主教

汤姆森大主教的出身是个谜。他的叔公"可能被合理地认定"是"一个为中产阶层增光添彩的人",他的姨妈嫁给了一个曾目睹瑞典国王古斯塔夫斯三世①被杀的绅士;他的父亲在八十七岁高龄时的一个大清早踩到一只猫,就这么辞世了。这些逸事隐含的生命力融合了大主教身上的非凡智慧,预示他不管从事什么行业都会获得成功。在牛津大学时,他看起来会走上研究哲学或科学的道路,攻读学位期间,他抽时间写出《思想规则概述》一书,此书"立刻成为牛津大学公认的教科书"。诗歌、哲学、医学和法律都向他伸出诱惑之手,他却把这些念头抛诸脑后,也许根本不曾考虑过,因为他从一开始就下定决心献身神圣事业。他在这个颇为崇高的领域获得的成功,可由以下事实证明:1842年,二十三岁的他被任命为执事;1855年成为牛津大学皇后学院的学监和财务主管;1855年担任教区长;1861年成为格洛斯特和布里斯托尔的主教;1862年成为约克郡的大主教。至此,四十三岁时,他的职位就仅次于坎特伯雷大主教了,大多数人还错误地期望他最终也能达到那个高位。

阅览这张履历,你是心怀尊敬还是深感厌烦,在你看来大主教的帽子是顶王冠还是个灭火器,这取决于气质和信仰。如果像现在的批评家一样,乐于坚持一个单纯的信念,认为外在品质与内在品性相符,即牧师是个好人,教士更好,而大主教就是最好的人,你会发现研究大主教的生平非常吸引人。他抛开诗歌、哲学和法律,专门研究德行;把自己奉献给神职事业;他在教会发展,一路由执事到牧师、由牧师到主教、由主教到大主教,只用了短短二十年。整个英国只有两个大主教,所以似乎可以由此推论,他是全英国第二好的人,他的帽子就是最好的证明,甚至以世俗的认知看来,他的帽子是最大的帽子之一:比格拉德斯通先生②的大;比萨克雷的

---

① 古斯塔夫斯三世(Gustavus Ⅲ, 1746—1792),1771年至1792年间的瑞典国王。
② 威廉·格拉德斯通(William Gladstone, 1809—1898),英国政治家,在长达60多年的职业生涯中,他担任了12年的英国首相。

大；也比狄更斯的大；实际上，他的帽商说，他帽子的型号是"整八号"，我们也倾向于认同这一点。他的人生起步与他人无异，曾一怒之下打了一个大学生而被罚休学，写过一本逻辑方面的教科书，还是一个划桨好手。但被授予圣职后，他的日记显示出他神职事业的发展。他思考了很多事情：他的灵魂状态，"买卖圣职这块毒瘤"，教会改革，以及基督教义。他得出结论："自我牺牲是基督徒宗教信仰和道德品性的基础……人生最大的智慧就是能做到舍己并培养这种人生态度。因此，与库辛①观点不同，我认为宗教比哲学更高深。"早期，他在日记中提到过一次化学家和毛细现象，即使是在这个阶段，科学和哲学也有被排挤的危险。不久，日记就变换了基调。传记作者说，他"似乎没时间把想法写下来"，只记下他的行程，他几乎每晚都会参加宴会。亨利·泰勒爵士曾在这样的宴会中碰到过他一次，描述道，他是一个"率直、稳健、善良、有能力且令人愉快"的人。也许是他的稳健与他"非常科学的"思想转变，以及他的温柔与宽大胸襟相融合，给那些伟大的人留下深刻印象，使他们相信基督教会已经找到一个最符合需要的捍卫者。他"强大的逻辑"和魁梧的体格似乎很适合去应对一个连最强的人都会感到困难的任务——那就是怎么调和现今的科学发现与宗教信仰之间的矛盾，甚至证明科学发现"是对真理最强有力的证明"。如果有人能做到这一点，那就是汤姆森。他不被神秘主义和梦幻的思维阻碍的实践能力，在他管理学院事务的工作中得到充分证明。他很快就从主教升到大主教，成为英格兰首席主教，并兼任卡尔特修道院和伦敦皇家学院的理事，他拥有120个圣职的授予权，有权任命约克、克利夫兰和东莱丁区的副主教之职，并掌握约克大教堂牧师会会员和牧师的俸禄。主教宅邸本身就是一个巨大的宫殿，他马上面临一个"棘手的问题"，是要买下全部的家具（很多都破旧不堪），还是花费大量财力重新布置房间。此外，院子里还有七头奶牛，这或许可以保证托儿所九个孩子的牛奶供应。随后，威尔士亲王与王妃来此小住，大主教亲自负责布置公主寓所的任务。他去伦敦买回八盏调节灯、两个西班牙雕塑烛台，还曾提醒自己买来"王妃专用

---

① 维克多·库辛（Victor Cousin, 1792—1867），法国哲学家，提出"折中主义"。

香皂"。与此同时,更重要的事情也需要他全力以赴。他受到鼓励,运用强大的逻辑思维反击了《随笔与评论》①作者的诡辩,并在《信仰的援助》一书中做出了回应。近在咫尺的谢菲尔德镇居住着大量未受过良好教育的工人,成为怀疑主义与不满情绪的温床。他把处理这些问题作为自己的特殊使命。他喜欢看碾轧装甲板,时常在工人大会上发表讲话。"那么这些虚无主义、芬尼亚主义②和秘密社团又是什么呢?它们都意味着什么呢?"他问道。"自私,"他回答说,"一个阶级对抗其他阶级,才是他们最基本的主张。"他提到一个自然法则,劳动报酬就根据这个法则上下调整,"你必须接受这个提高和下调……只要能让人们意识到这一点,那一切都会发展得更好、更顺畅"。谢菲尔德的工人对他的回应,是赠给他五百件镶纯银的餐具。这些勺子和叉子中,大概也有一定数量的刀具。

科伦索主教比谢菲尔德的工人麻烦得多。那些仪式主义者经常与他争论,他无穷的精力都要耗尽了。那些交由他决定的问题特别适合去嘲弄、激怒一个像他那样温柔宽厚的人。"难道一个被发现死在沟里的醉汉,或一个从天窗掉下来摔死的窃贼造福了丧葬业吗?"他被问道。点蜡烛是"最难的"问题,彩色祭带的穿戴和五花八门的圣餐杯的管理都颇让他伤脑筋。最后是约翰·帕奇斯牧师,他穿着斗篷式白麻布圣衣,戴着四角帽和交叉祭带,往一个容器里倒上黑色粉末,抹在会众的额头上,并在圣桌上挂着"一只保持飞行姿态的鸽子标本、雕像或者图画"。平常积极乐观、冷静沉着的大主教被严重激怒了。"会不会有一天,力求将英国国教作为全民共识的代表之举动,被认为是犯罪?"他问道。"可能会,但我不会看见。我做了很多努力,但不为自己的尽力后悔。"如果一会儿大主教问出这样一个问题,我们必须承认自己感到完全困惑。我们最优秀的好人怎么了?他烦恼,疲累,花时间解决鸽子标本和彩色祭带的问题,早饭前要写八十多封信,

---

① 《随笔与评论》由约翰·威廉·帕克(John William Parker)编辑,于1860年3月出版,是一本关于基督教的七篇随笔的全教会卷。这些主题涵盖了德国评论家的《圣经》研究、基督教的证据、英国的宗教思想以及《创世记》的宇宙学。
② 起源于芬尼亚兄弟会(Fenian Brotherhood),该民族主义团体成立于19世纪末,致力于推翻英国统治、争取爱尔兰独立和建立爱尔兰共和国。

几乎没有时间去巴黎给女儿买一顶帽子,最后还要自问将来是否自己的行为会被认为是犯罪。

是犯罪吗?假如是这样的话,是他的错吗?他不是一开始就认定基督教与克己有些关系,而且这完全是一个常识问题吗?如果荣誉和责任、浮华和财富一并包裹着他,作为一个大主教,他怎么去拒绝这一切呢?王妃们必须有自己的香皂,宫殿必须有相配的家具,孩子们需要奶牛。虽然看起来很可怜,但他从未失去对科学的兴趣。他随身携带计步器,他是最先使用相机的人之一,相信未来会有打字机,晚年还试图修理一个坏掉的钟。他也是一位和蔼可亲的父亲,写过很多妙趣横生、简明扼要、通达事理的书信,叙述非常中肯。他去世时仍然在职。的确,他是一个有才干的人,但如果我们要强调善良,那么一个善良的人能成为大主教吗?这是轻而易举的事吗?这可能吗?

(陈娟娟 译)

赞助人与藏红花

文坛中的年轻作者常听到这样一条建议：无论写什么都要尽量简短、清楚，脑子里有什么就写什么，不用考虑其他。这条建议看似值得赞许，但其实毫无可行性。提建议时，从未有人提到过的一条要点是，"务必谨慎选择赞助人"，而这恰恰是重中之重。书是为了供人阅读的，赞助人不仅支付稿酬，还会在写作过程中，以一种微妙隐晦的方式激发、启迪作者，最终影响书的内容，因此，选择一位理想的赞助人是件极为重要的事。

一位理想的赞助人能充分发掘作者的聪明才智，激发其最大的创作潜力，从而催生出丰富多样、生动有力的文学作品。可是，到底谁能胜任这一角色呢？对于这个问题，不同的时代有不同的答案。大体而言，在伊丽莎白时代，作家为贵族和剧场里的观众写作。18世纪的赞助人是稍具才华的凡夫俗子和格拉布街①的廉价书商。19世纪，大作家们则会给半克朗一本的高档杂志供稿，供有闲阶级消遣。回顾历史，这些形形色色的赞助人创造了辉煌的成就。但是，在为之鼓掌叫好的同时，我们又会感到，与目前的困境相比，这一切显得如此简单明了，甚至令人心生嫉妒。当前的难题是：我们到底为谁写作？如今，赞助人的来源空前繁多，让人眼花缭乱。我们有日报、周报、月报。在我们的读者中，有的来自英国，有的来自美国；有的追捧畅销书，有的偏爱冷门作品；有的喜好阳春白雪，有的只求

---

① 伦敦街名，19世纪改名为弥尔顿街。旧时，这里是穷文人的居住地，故"格拉布街"泛指"穷文人""文坛"或"文学出版界"。

情节跌宕。这些读者群都有意识地自我组织起来，通过各种渠道向作者提出要求，表示赞同，或宣泄不满。因此，如果一位作家被肯辛顿公园①里初绽的藏红花触动，他必须在提笔之前，先从一大批竞争者中选出一个最适合自己的主顾。那种"别理他们，只管写你的藏红花"的说法无济于事，因为说到底，写作是一种交流；作家笔下的藏红花只有与他人分享之后，才能实现其完美的价值。世上大概只有第一个出生或者最后一个死去的人才能做到只为自己写作。但是，此人只是一个例外，完全不值得羡慕，因为除了此人之外，世上再无旁人。当然他可以邀请飞禽走兽来读他的书，如果飞禽走兽也识字的话。

不错，所有的作家都在为这样或那样的读者写作。心高气傲的作家会说，不论作家想写什么，读者都该洗耳恭听，欣然接受。这种论调似乎有理，但风险也很大。这类作家眼中有读者，心里却觉得自己凌驾于读者之上。这是一种令人不悦且十分不合时宜的心态，塞缪尔·巴特勒②、乔治·梅瑞狄斯和亨利·詹姆斯的作品也许就是例证。这些作者都看不起读者，却又渴望拥有读者，最终谁都没能赢得读者。他们将创作的失败转嫁到读者身上，写出的作品一部比一部生硬、晦涩、矫揉造作。如果他们能把赞助人视为与自己平起平坐的朋友，就不会这样做了。他们笔下的藏红花是扭曲的，虽然美丽鲜亮，却像畸形的"歪脖子"，一边枯萎，一边旺盛。如果能见点阳光，接点地气，或许会开得更好。另一个极端是，《泰晤士报》和《每日新闻报》的编辑可能会对作家提出这样的建议："现付给阁下20英镑，预订您的藏红花大作，全文1500字整，并附作者署名，明日上午9点前准时见报，从英国的约翰奥格罗茨到兰兹角③，每家每户都会在吃早餐时读到这篇文章。"这种讨好似的提议也许只是幻想，但我们应该全然接受吗？

---

① 英国皇家园林。
② 塞缪尔·巴特勒（Samuel Butler, 1835—1902），英国维多利亚时代的小说家、批评家，代表作是其半自传小说《众生之路》。
③ 约翰奥格罗茨，地名，在苏格兰最东北处。兰兹角，地名，在英格兰最西南端。"从约翰奥格罗茨到兰兹角"指全部英伦本土。

而且，一朵藏红花够吗？必须是那种黄灿灿的、光芒万丈的、如此昂贵的、带着作者署名的吗？无疑，出版业盛产各种藏红花。如果我们仔细品味，就会发现出版发行的花和那些每年3月初盛开在肯辛顿公园草丛中的黄色或紫色的小花相去甚远。报纸中的藏红花虽然惊艳，但终究是另一种植物。它散发着金色的光辉，亲切、友好、热情。文章加工完美，不长不短，刚好填满报纸中指定的篇幅，这让人不敢小觑《泰晤士报》的戏剧评论员和《每日新闻报》的林德先生[①]的艺术功力。能让一百万人的头脑在早上九点钟活跃起来，还能把活泼亮丽、生动有趣的事物呈现在他们眼前，这个功夫并不令人讨厌。而一旦夜幕降临，这些花就凋谢了。就像一小片玻璃，一旦从大海里捞出来，就会光泽尽失；如果把大名鼎鼎的女明星关进电话亭，她就会如鬣狗般嚎叫；同样，一篇才华横溢的文章一旦失去了成就它的条件，就会如尘埃和草芥一般，变得一文不值。如果把新闻报道收藏到书里，那么该报道也就失去了可读性。

如此说来，一位理想的赞助人应该能让我们的文学之花经久不衰。时代不同，赞助人的素养也在发生变化。我们要坚守初心，坚定信念，只有这样，才不会被假象迷惑，不受派别蒙蔽，因此，找到一位合适的赞助人是对作家的历练。知道为谁写作，才懂得如何写作。不过，如今一些赞助人禀赋平平。因此，很显然，作家此时需要的赞助人应该有读书而非赶场子的习惯。此外，赞助人还应该对其他时代和其他民族的文学有所了解。当然，基于这个时代文学特有的短板和倾向，我们还要求赞助人具备一些其他素质。比如，在"不雅文学"这个问题上，当代作家遇到的困扰远甚于维多利亚时代的作家。为此，20世纪的文学赞助人必须做到处乱不惊。他必须能够准确辨别，哪些文字虽然不雅，但是确有必要，哪些文字只是虚张声势的污言秽语。他必须能敏锐地判断，哪些重要的社会因素对现代文学起到完善和加强的作用，哪些起到抑制和削弱的作用。除此之外，赞助人还要就作品中所表达的情感给予评价，最有效的方式莫过于以下两种：

[①] 罗伯特·威尔逊·林德（Robert Wilson Lynd, 1879—1949），英国批评家、散文家，伦敦《每日新闻报》的文学编辑。

一方面，他可以帮助作家避免过于多愁善感；另一方面，可以帮助作家克服不敢表达自己情感的怯懦心理。他会告诉作家，惧怕表达情感比情感过剩更糟糕，也更常见。他也许还会谈及语言的艺术，指出莎士比亚如何用词过多、违反语法，而我们，虽然谨小慎微、墨守成规，却没写出比《安东尼与克莱奥帕特拉》①更好的作品。赞助人还会说，最好忘记自己的性别，作家是没有性别之分的。不过，这里要顺便提一下，这都是些非常初级且颇有争议的见解。一位理想的文学赞助人最主要的素质并不是这些。如果要用一个词概括其最重要的素质，大概只能用"氛围"这个唾手可得却含糊不清的词来表达。摘下那朵藏红花，并在它周围营造出某种气氛，使其显得至关重要，这是赞助人有必要完成的一项任务，因为这样一来，任何对藏红花的歪曲描写都会成为令人发指、为世人所不容的行径。他必须让我们这些作家感到，只要是名副其实，一朵藏红花对他便足矣。他不想听人教训、提高认识，也不想接受指导，或者有所改进。过去，赞助人曾经一度盛气凌人，在其胁迫之下，卡莱尔②的文章成了大声疾呼的檄文，丁尼生不得不写起田园牧歌，而罗斯金③也开始胡言乱语。如今，赞助人为此深感抱歉，愿意遵照作家的意愿，进退自如。赞助人与作家之间的关系胜于母子，亲如兄弟。他们就如同一对孪生子，同生死，同荣辱。这种和谐的联盟将决定文坛兴衰。这些都证实了我们最初提出的观点：选择一位理想的文学赞助人至关重要。但是，我们该如何做出正确的选择？该如何写出好的作品？这些是值得思考的问题。

(陈娟娟　译)

---

① 《安东尼与克莱奥帕特拉》(Antony and Cleopatra)，莎士比亚的名剧，讲述了罗马大将安东尼和埃及女王克莱奥帕特拉的爱情悲剧。
② 托马斯·卡莱尔(Thomas Carlyle, 1795—1881)，苏格兰历史学家和散文作家，著有《拼凑的裁缝》《法国革命》等。
③ 约翰·罗斯金(John Ruskin, 1819—1900)，英国作家和美术评论家，代表作有《建筑的七盏明灯》《建筑与绘画》《威尼斯之石》等。

现代散文

瑞斯先生①说得对:散文不论是源于苏格拉底,还是源于波斯人西拉尼,完全没有深究的必要。正如一切有生命的事物,散文的现在比过去更重要。何况,这一文体发展甚广,有的流派已登大雅之堂,有的却落入新闻业,朝不保夕。散文的形式也变得丰富多样,篇幅可长可短,内容可严肃可轻松,可以谈论上帝和斯宾诺莎,也可以说说海龟和齐普赛街。但是,在翻阅这套散文集②时,我们会发现纷杂混乱之中自有定律。这套文集收录了从1870年到1920年的散文,共五卷。回顾这段短暂的历史,我们似乎可以从中领会到散文发展的历史沿革。

散文是最少使用多音节词的一种文体。散文的原则是给人快乐,驱使我们从书架上取下一本散文的动力就是享受愉悦。散文里的一切自始至终都要服从这个目的。开篇的第一个字就得让我们着迷,通读全篇之后我们要有如梦初醒、神清气爽之感。在阅读过程中,我们会经历各种丰富的情感,比如欢乐、诧异、好奇、愤慨等等。我们可能跟随兰姆飞向幻想的高空,也可能与培根一起潜入智慧的海底,我们自始至终沉浸在阅读之中。散文把读者团团围住,就像是在读者与外部世界之间拉起了一道帷幕。

但是很少有散文能达到这样的境界。为此,读者和作家都负有责任。

---

① 欧内斯特·瑞斯(Ernest Rhys, 1859—1946),英国作家、编辑,《万人丛书》(*Everyman's Library*)的主编。

② 《现代英语散文集》(*Modern English Essays*),欧内斯特·瑞斯主编,共5卷。——原注

作者的习惯与惰性让创作变得单调呆板。小说有故事情节，诗歌有节奏韵律，可是，作家在这些短小的散文作品中要运用什么样的艺术手法，才能使我们不断想要读下去，并以一种充满生命活力的精神状态沉醉于阅读中呢？这样的阅读体验仿佛唤醒了我们的全部感官，让我们感觉沐浴在愉悦之光中。首先，最关键的是散文作家必须深谙写作之道。他的学问可以像马克·帕蒂森①一样渊博，但是也要借助写作的魔力将学问融入散文，不论是事实还是理论，都不能显得过于突兀。在这方面，麦考莱和弗劳德以各自不同的手段实现了这一点，写出了一篇篇登峰造极的作品。他们在一篇散文中向读者灌输的知识超过了连篇累牍的教科书。但是，马克·帕蒂森长达三十五页论述蒙田的文章则让我们感到，他之前没有好好消化M.格伦②的作品。M.格伦是位绅士，曾写过一本不甚出色的书。然而这本书却值得涂上防腐香料保存下来，供我们慢慢揣摩。但加工过程太烦琐，帕蒂森既没有耐心也无时间来琢磨这本书。他将M.格伦的作品原封不动地搬了出来，就像在熟肉里放了一颗硬果仁，让人永远嚼不烂。马修·阿诺德③和某位斯宾诺莎的译者④也有类似的毛病。在文章中罗列事实，或者挑剔别人的毛病，即便是出于善意，这些内容也不符散文风格。因为散文创作不仅仅是为了迎合少数人的趣味（比如《双周评论》⑤3月号的编辑们），更是为了造福世世代代的读者。如果疾言厉色永远不该出现在散文里，那么还有另一种腔调如蝗灾一样让人难以忍受：行文不畅、浑浑噩噩、用词随意、毫无章法，文章主旨晦涩不清。例如赫顿先生⑥的这段文字：

除此之外，他的婚姻很短暂，只维持了七年半就意外中断

---

① 马克·帕蒂森（Mark Pattison, 1813—1884），英国学者、教育家和传记作者。
② 格伦，法国作家，著有《蒙田传》一书。
③ 马修·阿诺德（Matthew Arnold, 1822—1888），英国诗人、文学评论家，著有《文化与无政府状态》等。
④ 指斯宾诺莎《神学政治论》一书的英译者罗伯特·威利斯。
⑤ 19世纪英国著名刊物，创办于1865年。
⑥ 理查德·霍尔特·赫顿（Richard Holt Hutton, 1826—1897），英国19世纪的刊物《旁观者》的编辑，下面一段引自他写的《密尔传》。

了。用他的话来说，他对亡妻的记忆力及其天赋有着宗教一般的热情崇拜。在其他人眼里，这种情感即便不是一种错觉的话，也不免显得有些夸张。他自己也一定充分意识到了这一点。但是，他被一种无法遏制的渴望死死地纠缠着，想要把这种情感用一种情意绵绵且热情奔放的夸张笔法体现出来。对于一位以"客观理性"而获得声誉的作家而言，这样的想法不禁令人恻然，同时，我们为密尔先生①在职业生涯中遭此意外感到悲哀。

如果出现在一本书里的话，这段话是可以容忍的。但是放在散文里，则毁了整篇文章。如果把这段话放在一部维多利亚时代的两卷本传记中也还合适，因为在那类书里，作者有着更大的自由空间，说些题外话，放松一下，都无伤大雅，而且确实有其自身价值。但是，这些价值在此处是不应予以考虑的，因为这些价值源于赫顿先生不甚合理的愿望，他希望把自己从各种渠道得来的材料统统塞进这本书里。

散文容不得任何文学杂质。或是精雕细琢，或是浑然天成，或是二者相辅相成，散文必须有净如水、醇如酒的特质，但又不可流于死板无趣，也不能庞杂、有异物。在这套散文集的第一卷中，沃尔特·佩特②在"纯净"这一点上做得最好。他在动笔写《论莱奥纳多·达·芬奇札记》③之前，就已经设法将素材进行了消化吸收。沃尔特学识渊博，但是我们从这篇文章中读到的不只是达·芬奇的生平史实，还有人物的完整形象。正如在一部优秀的小说里，字字句句都是为了能够将作家的构思完整地呈现在读者面前。只不过，散文的限制更加严格，不能随意添油加醋，而像沃尔特·佩特这样的大家，反而能将这些限制转化成优势，显示其自身特质。文章的威信来源于内容的真实性。作家从各种限制出发，为文章谋篇布局、遣词造句，以提升作品的力度。这样一来，多余的装饰点缀便失去了容身

---

① 约翰·斯图尔特·密尔（John Stuart Mill, 1806—1873），英国著名哲学家、心理学家和经济学家。在哲学方面的主要著作有《论自由》。
② 沃尔特·佩特（Walter Pater, 1839—1894），英国批评家和散文家。
③ 此文收入沃尔特·佩特写的《文艺复兴》（*Studies in the History of the Renaissance*）一书。

之地。在过去,作家们对这些装饰点缀情有独钟,而我们之所以称其为装饰点缀,大概是因为对此不屑一顾。沃尔特·佩特曾这样描写达·芬奇笔下的蒙娜丽莎,这段描述曾名噪一时,但是,如今已无人敢效仿:

> 她通晓坟墓的奥秘;也曾潜入深海,对潮起潮落习以为常;她曾与东方商人贸易往来,换得各种奇异织物;她是勒达,海伦之母①;她是圣·安妮,圣母玛利亚的母亲……②

这段文字太标新立异,很难自然地融入上下文中。但是当我们不经意间读到下面这些文字时,则会有不同的感受,比如"女人的笑颜与波涛滚滚的江水",或者"人物的衣衫是大地的颜色,显得愁苦悲哀,再配上苍白的石子,烘托出死者高贵文雅的气质"等等。这些文字让我突然想起自己尚有耳目感官,想起在那一长串厚重的典籍里,载满了不计其数的英语词汇,其中许多词汇都是多音节单词。如果健在的英国人当中,有谁曾经翻阅过这些典籍的话,那么除了那位祖籍波兰的康拉德先生外,别无他人。如今,这些词汇已被弃置不用,这毫无疑问为我们省去了行文中装腔作势、夸夸其谈的浮华,也避免了高高在上、趾高气扬的架势。严肃理性的文风虽然盛极一时,然而我们为此所要付出的代价则是托马斯·布朗爵士的华丽文风,以及斯威夫特的文章中的遒劲之势。

与传记和小说相比,散文的语言可以更加大胆、醒目,可以使用更多暗喻之类的修辞手段,也可以反复打磨,直至字字生辉。但是散文也有其自身的风险:很快,那些"小装饰"就会显得很碍眼,让文章"气韵"的流动慢下来,而气韵则是文学作品的生命线。文章本该熠熠生辉,或者暗流涌动,如今却凝结在一起,就如同一串串装饰圣诞树的葡萄,只在当夜闪闪发光,第二天就黯淡无光、俗不可耐。越是微不足道的主题,就越有过度修饰的倾向。试问:如果仅仅是"享受一段城市漫步,或者自得其乐

---

① 勒达(Leda),古希腊神话中的人物,宙斯与她生下海伦(Helen),海伦是引起特洛伊之战的主要人物。

② 引自《论莱奥纳多·达·芬奇札记》。

地在齐普赛街信步闲游,顺便透过橱窗,看一眼斯威廷先生店里卖的乌龟",那么,在读者看来,描写这些活动有什么值得津津乐道之处吗?在描写这些家长里短的小事时,斯蒂文森①和塞缪尔·巴特勒分别采用了不同手法,以激发读者的阅读兴趣。斯蒂文森是按照18世纪的传统手法,将素材加以修饰润色。在这方面,他干得很出色。但是,随着文章不断发展推进,读者不禁会为之感到担忧,唯恐这些单薄的素材禁不起作者的千锤百炼。斯蒂文森在文章结尾处写道:

静坐冥思:忆女子之美颜,却不为所动;喜男儿之壮举,却不为所妒,事事处处,悲悯天下,欣然自得,我之所终。②

综上所述,不难理解这段话为何会显得虚无缥缈,它似乎暗示着,文章收尾时,作者已无实实在在的素材可用。巴特勒则采用了另一种截然不同的写法。他认为,文章不仅要传达作者自己的思想,而且要尽量以朴实无华的方式将其呈现出来。执着于某种固定思想,则像橱窗里伸头露爪的海龟一样,有着致命的弱点。因此,文章所涉及的领域甚广,可以无所顾忌地从一个观念跳跃到另一个观念,比如,我们会读到,律师受伤是件如何严重的事;苏格兰人的玛丽女王③戴着一副骨折康复支具,在托滕南法院路④的马蹄铁酿酒厂旁突然晕厥;还会理所当然地认定,现在无人会把埃斯库罗斯放在心上了,诸如此类,不一而足。作家在文章中记录了各种趣闻逸事,表达了自己的深刻反思,最后总结道:既然受人嘱托,在齐普赛街的游记不得超出《万象评论》⑤十二页的篇幅,那还是就此打住为妙。

---

① 罗伯特·路易斯·斯蒂文森(Robert Louis Stevenson, 1850—1894),英国小说家、散文家,代表作有《金银岛》《化身博士》。
② 引自斯蒂文森《徒步旅游》一文。
③ 苏格兰人的玛丽女王(Mary Queen of Scots, 1542—1587),即玛丽一世,信奉天主教,卷入政治纷争,后为英国的伊丽莎白女王所杀。
④ 伦敦旧地名。
⑤ 以上为塞缪尔·巴特勒《齐普赛街漫步》(Ramblings in Cheapside)一文的内容。该文原发表于1890年的《万象评论》(Universal Review)。

很显然，巴特勒至少和斯蒂文森一样，对读者的阅读感受颇为在意。巴特勒以自己的个人风格来写作，却从未将其视为文学创作。艾迪生之类的作者虽然可以写出不错的文章，但是前者的艺术风格则更加难能可贵。

维多利亚时代的散文家虽然风格各异，却也有相同之处。他们的散文要比现在长得多。而且，他们的读者不仅有更多时间坐下来认真阅读这些杂志，而且会以那个时代特有的高雅文化的标准去评价作品的好坏。因此，在散文中谈及一些严肃话题是值得一做的。此外，登在杂志上的文章会在一两个月后收录成册，供读者再次品读，因此，尽全力写好一篇文章，也没有什么荒唐可笑之处。但是出现了一个变化：散文读者由一小群文化修养较高的人，扩大到了普通大众。这种变化并不完全是件坏事。在第三卷中，我们看到贝瑞尔先生①和比尔博姆先生的文章篇幅缩减了，腔调也没那么铿锵响亮了，但总体风格更接近艾迪生和兰姆的作品，简直可以称之为经典风格的回归。总而言之，如果要卡莱尔撰文论述贝瑞尔先生，那么这篇论述文章必定与贝瑞尔先生论述卡莱尔的文章大相径庭。马克思·比尔博姆的《一抹云裳》和莱斯利·斯蒂芬②的《一位玩世不恭者的道歉》也不尽相同。然而，散文依旧充满活力，我们无须灰心丧气。随着写作环境的改变，散文家也要与时俱进，要对读者的舆论保有敏锐的感知力，不断调整状态，适时而动。优秀的作家能够做到因势利导，而蹩脚的作家则会适得其反。贝瑞尔先生当然是优秀的作家，虽然他大大缩短了散文的篇幅，但行文更加灵活多变，抨击也正中要害。再来说说比尔博姆先生。他毕生专注于散文写作，无疑是该领域的高手。然而，他对散文创作有何贡献，又从中汲取了些什么，则是一个更复杂的问题。

比尔博姆先生的贡献当然是作家本人。从蒙田到查尔斯·兰姆，作者的身影时断时续地萦绕在散文作品中。而在查尔斯·兰姆之后，这一身影便销声匿迹了。读者眼中的马修·阿诺德从来不会是"马特"，沃尔特·佩特也从不会被大众亲热地称为"沃特"。这些作家为读者写了很多东西，但

---

① 奥古斯丁·贝瑞尔（Augustine Birrell, 1850—1933），英国政治家和散文家。
② 莱斯利·斯蒂芬（Leslie Stephen, 1832—1904），英国评论家和传记家，弗吉尼亚·伍尔夫的父亲。

其本人从未真实地出现在作品中。散文的目的不外乎勉励、劝诫、传播信息、公开谴责等等，19世纪90年代的读者对于这类散文已习以为常。因此，当他们发现自己熟悉的声音竟来自一位普通人时，一定会为此备感惊讶。这位作家有着自己的喜怒哀乐，既不传播福音，也不传授学问。他就是他，简单、直接，始终保持着自己的个性。比尔博姆先生重新将作者的个性引入文学作品，这是散文家最得心应手的工具，但同时也不无危险与脆弱之处。如今文坛又有了一位能将这把"双刃剑"用得游刃有余的作家。在署名"马克思"的散文中，比尔博姆先生有意识地运用了这一技法，并且做到了天衣无缝。读者在阅读这些散文时，甚至察觉不到作为散文家的"马克思"与生活中的"比尔博姆先生"有何联系，但是在字里行间无处不感受到作者的精神特质，这就是以风格制胜。个性虽是文学写作中的重要元素，但也可能成为危险的对手，要想在文学中发挥个性，就必须深谙写作之道。难点在于，作家在写作时，既要忠于自我，又不能尽展个性。说实话，在瑞斯先生收录的这部散文集中，有些随笔家并没有圆满地解决这个问题。看到那些腐朽的、细碎的人物个性永存于出版物中，不免令人作呕。作为谈资，这些内容无疑很吸引人；酒桌上，这样的作家也注定是不错的伙伴。但是，文学对作品的要求是很严格的，高尚、迷人，甚至博学和聪颖都不足以成就一篇好文章，因为在文学创作中，被反复强调的一项要旨：深谙写作之道。

比尔博姆先生将这一技艺打造得炉火纯青。不过，他没有去字典里寻找多音节词汇，没有使用严谨有力的长句，也没有利用错综复杂的节拍，或者用不同寻常的韵律来吸引读者的注意力。在这一方面，亨利[①]、斯蒂文森等同时代作家，倒是一时间给人留下了更深刻的印象。然而，我们在比尔博姆的《一抹云裳》中却感受到作者卓越的表达力，对人生无以言表的不公平和激烈的情感刻画得入骨三分。这样的作品，你永远品不完，如同与一位朋友之间的友谊，不会因离别而中断。生活日积月累，推陈出新，

[①] 威廉·欧内斯特·亨利（William Ernest Henley, 1849—1903），英国作家，罗伯特·路易斯·斯蒂文森的朋友。

书橱里的书如果有生命的话，也在不断变化着，这让我们产生再读一遍的欲望。每次重读，都会发现新的变化，所以当我们回顾比尔博姆的一篇篇作品时，我们知道九月或者来年五月，我们会再次细读这些文章。在所有作家中，散文家对公众舆论是最敏感的。如今，人们常常在客厅里阅读，比尔博姆的散文便恰如其分地放在了客厅的桌子上，客厅里没有杜松子酒，没有刺鼻的烟草味，没有人说俏皮话，也没有酩酊大醉、神志不清的行为举止。在这里，绅士、淑女聊天攀谈，不过有些话自然不便明说。

但是，在客厅里只阅读比尔博姆先生的作品是愚蠢之举，把这位散文艺术大师视为时代的表率，将其作品均视为圭臬就更不明智了。这部文集的第四卷与第五卷根本没有收录比尔博姆的作品。他的年代仿佛有些久远了，客厅里的桌子已经失去了昔日的功能，现在看上去倒像是一个神坛，过去，人们将自家果园里种的果子和亲手制作的礼物当作贡品供奉在上面。如今，环境再次发生了改变。但读者依然需要好的散文作品，这种需求似乎比以往更甚。篇幅中等、轻松易读的散文现已供不应求。这些文章一般在一千五百字以内，特殊情况下也不超过一千七百五十字。粗略算一下，如今贝洛克先生写365篇文章所用的字数与兰姆一篇文章的字数不相上下，或者只够比尔博姆写两篇文章的。文章很短，但是对散文写作轻车熟路的作家能够非常巧妙地利用好有限的篇幅：比如，尽可能从纸的最顶端开始，准确判断文章的长度，知道该在何时转到下一页，如何迂回反复，而丝毫不浪费空间，收笔时，文章恰恰满足编辑对字数的要求。这样的写作技巧真的值得好好观摩一番。但是，与比尔博姆一样，贝洛克的文章仰仗于作者的个性，而这一个性却会在这样的写作过程中消失殆尽。对于读者来说，听到的不再是丰富自然的语调，倒像是在听一个人在风中对着麦克风扯着嗓子大喊大叫，那种声音拘谨、单薄、矫揉造作。"小朋友们，我的读者们，"贝洛克在一篇题为《陌生国度》的散文里这样写道：

> 几天前，在芬顿集市上出现了一位牧羊人，他赶着羊群从东边的路易斯来到这里。他眼神里流露出对远方旷野的记忆，那种眼神是牧羊人和山民独有的……因为牧羊人的说话方式与

别人不同，于是我就跟着他，想听听他会说些什么。

幸好，这位牧羊人无话可说。即便一杯啤酒下肚后，也没能对"陌生国度"说出一二。从他仅有的一点谈论来看，他要么是个末流诗人，完全不适合牧羊这个行当，要么就是贝洛克杜撰出来的人物。这是如今惯常写散文的作家必须面对的一项"刑罚"：散文作者不得不虚构杜撰文章的内容。他既没有时间刻画自我，也没有时间深入他人的世界，只能触及思想的皮毛，淡化人物的人格力量。现在的行规不再是每年发表一篇货真价实的好文章，而是每周交出一篇质量大打折扣的文章。

然而，贝洛克先生并不是唯一要忍受这一风气的作家。文集中收录到的截至1920年的文章未必是作家最杰出的作品。不过，我们如果把康拉德先生、赫德森先生[①]这些偶尔写散文的作家排除在外，只关注那些惯常写散文的作家，就会发现，写作环境的变化给作者的创作造成了很大影响。如今的作家周周写、日日写，文章要写得短小，要为那些早晨匆忙赶火车的人写，为那些夜里筋疲力尽回到家里的人写，对于那些可以鉴别好坏文章的作家而言，这无疑是个令人心碎的任务。他们在写作时，本能地从文章中剥离出珍贵却不宜与公众接触的内容，或者过于尖锐、会刺激读者的内容。因此，我们在读过卢卡斯先生[②]、林德先生[③]、斯夸尔先生[④]等作家的大量作品后，会感到一种笼罩一切的灰暗情调。这些文章远没有沃尔特·佩特的精美绝伦，与莱斯利·斯蒂芬的直言不讳也相去甚远。很显然，要把美与勇气塞进一栏半的篇幅里，是个非常冒险的尝试；在如此短小的文章里，任何深刻的思想都会破坏文章的均衡性，就好像是在马甲上衣的口袋里塞了一个牛皮纸包裹。当今的作家是在为一个友善、疲倦、懈怠的社会而写作。令人惊奇的是，他们至少仍在尝试写出好文章。

[①] 赫德森（W.H.Hudson，1841—1922），英国博物学家和散文家。
[②] 爱德华·维拉尔·卢卡斯（Edward Verrall Lucas，1868—1938），英国作家、评论家，著名的散文集有《炉边与阳光》《人物与喜剧》《闲逛者的收获》《冒险与热情》等。
[③] 他与卢卡斯都是复兴查尔斯·兰姆散文体传统的先驱。
[④] 约翰·科林斯·斯夸尔（John Collings Squire，1884—1958），英国散文家。

在这一点上，我们无须为克拉顿·布罗克先生[①]长吁短叹，因为他充分利用了现有环境，成功实现了从散文作家到公众人物，从客厅到阿尔伯特音乐厅的转变。这一转变如此自然，人们甚至不能确定这是否是作者有意为之的。此外，文章的篇幅虽然缩短了，作者的个性却得到了展现。这不能不算是一个悖论。现在的作者已不再像比尔博姆或兰姆那样在文中使用"我"这个代词，取而代之的是"我们"。"我们"这个词代表了各种公共团体或名流要人：听《魔笛》[②]的人是"我们"，从中受益的是"我们"，是"我们"在很早以前，以一种神秘的方式，精诚合作，共同创作了《魔笛》。音乐、文学和艺术作品都归属在"我们"的名下，否则就无法在阿尔伯特音乐厅这样的地方占有一席之地。克拉顿·布罗克先生真诚无私的话语虽然远播四方，深入人心，但没有特意迎合大众的性情和癖好，这该是件令人欣慰的事。自我是人类关系中难以驾驭的一个部分，当"我们"作为一个群体感到心满意足时，作家的"自我"却陷入了绝望。任何事情，他都要独立思考，亲身感受。把这些思考、感受消化之后，再拿来与那些受过良好教育、心怀善意的人分享，无疑是件令作家感到极度苦恼的事情。当我们专心致志倾听作者的心声，并从中受益匪浅时，作家的自我却销声匿迹，好像是溜进了树林和田野，为一片草叶或一枚孤零零的马铃薯感到欢欣。

在读到这部现代散文集的第五卷时，读者似乎与愉悦的阅读体验、高超的写作艺术有了一段距离。然而，为了公允起见，我们在评论1920年的散文家时，不能因其名声斐然、饱受赞誉，就为之鼓掌称道。对于已故作家，我们也不能因其撒手人寰，就赞美有加。当我们评论某位作家，认为他文笔出众，为读者带来了快乐时，我们必须清楚这些评论的依据是什么：我们要把他们的作品进行比较，阐明文章的品质、特性。比如下面这段文字，我们需要说明该段文字之所以优秀，是因为其描述精确、真实，想象力丰富：

[①] 阿瑟·克拉顿·布罗克（Arthur Clutton Brock, 1868—1924），英国评论家和散文家。
[②] 莫扎特的著名歌剧。

人即使到了该退休的时候，也是无法隐退的，即使理智告诉他应该隐退了，他也是不情愿的。哪怕人衰老了，需要有个隐退之所，人也无法忍受离群索居的孤寂。正像有些市民那样，人虽然老了，但仍然坐在街头，摆出一副老态龙钟的样子，让人嘲笑。①

再比如，我们要指出下段文字之所以写得不好，是因为其结构松散、语言花哨、俗气：

他嘴角带着彬彬有礼却又玩世不恭的笑容，回想着，幽静的闺房，月下的潺潺清泉，如泣如诉的音乐从阳台飘向开阔的夜空，情人如母亲一般伸出佑护的双臂，流露出警醒的眼神，还有那在阳光下酣睡的田野，温和的天空下，海浪起伏，炎热的海港，华美芳香……②

文章继续，但我们已经被这种语调弄得晕头转向，什么也没听见，什么也感受不到。在比较了不同作者的文字之后，我们可以这样认为：紧贴着某一个思想是写作艺术的脊梁。作品中应当含有坚信不疑的信仰、准确详尽的观察和令人信服的语言。兰姆、培根、比尔博姆先生、赫德森、维尔农·李、康拉德先生、莱斯利·斯蒂芬、巴特勒和沃尔特·佩特等一群才情各异的作家，正是以这种思想观念为依托，才取得了高于他人的成就，在形形色色的文坛才俊中，有些作家推动了作品传情达意的功能，有些则起到了阻挠的作用。有人惨淡经营，有人青云直上。但是，贝洛克先生、卢卡斯先生和斯夸尔先生不会紧贴着任何一种东西写作。他们与当代人一样，面对着同样的困境，即缺乏一种固执、倔强的信念。然而，只有这种

---

① 引自培根《论高位》(*Of Great Place*) 一文。
② 引自斯夸尔《死者》(*A Dead Man*)。

信念才能将短暂易逝的思想融入人类含混不清的语言,使之成为永恒完美的结晶。作为对优秀散文的一种界定,以下说法难免含混不清,但还是要指出:好的散文必须具有某种永恒的特质,它必须能像一道帷幕那样,把读者团团围住,而不是将读者隔离在作品之外。

(陈娟娟　译)

约瑟夫·康拉德[①]

客人突然离去,没有给我们留下任何理清思路,准备措辞的时间。他不辞而别,没有任何告别仪式,就像多年前,他神秘地来到英国并在此定居一样。他身上总有着一种神秘的气质。这种神秘感一方面来自他出生于波兰的身世背景,一方面来自令人难忘的外表。此外,他喜欢深居乡下,远离流言蜚语,所以,要知道他的消息,就只能依赖于访客们提供的证据。他们虽然不知道主人是谁,但是会习惯性地按下门铃,然后汇报说,这家的主人有着完美的举止、炯炯有神的双眼,操着一口带有浓重外国口音的英语。

死亡虽然惯常加速聚焦人们对逝者的回忆,但是康拉德的天赋中仍然有某种本质上的而非偶然让人难以接近的东西。除了一个明显的例外,康拉德晚年在英国无疑是名声鼎沸,却并不怎么受欢迎。在读他的书时,有些人怀着强烈的喜悦之情,其他人则觉得冷漠无趣、光彩全无。他的读者群两极分化,在年龄和性情上相去甚远。十四岁的学生一口气把康拉德,连同玛丽亚特[②]、司各特[③]、亨蒂、狄更斯一起,生吞活剥地读完了;而那些经验丰富又挑剔的读者则会把康拉德的书小心翼翼地放在宴会桌上,慢

[①] 本文写于1924年8月,康拉德去世之际。
[②] 奥古斯塔·玛丽亚特(Augusta Marryat,1828—1899),英国儿童文学作家,代表作为历险小说《少年兰伯特》(The Young Lamberts)。
[③] 沃尔特·司各特(Walter Scott,1771—1832),英国历史小说家、诗人,代表作有《艾凡赫》《中世纪骑士传说》等。

慢享用。随着时间的推移，他们已经学会了细嚼慢咽，吃透了文学的核心，反反复复地琢磨那几段宝贵的片段。困难与分歧的根源就在人们一直以来都知道的地方，也就是其作品的文学之美。翻开康拉德的书，就会有种海伦照镜子时的感受，看着镜子里的美女，觉得她不论做了什么，在任何情况下都不会被当作一个平凡普通的女子。康拉德是一个自学成才的天才。他在英语这一陌生的语言里寻求其特有的拉丁语个性，而非撒克逊语的特质，并且觉得自己对这一语言负有某种责任，因而下笔时似乎不会做出任何丑陋或毫无意义的举动。他的文风有时如同他的情人，在憩息中昏昏欲睡。但是，只要跟她说说话，她就会以华丽的姿态向我们逼近，何等的容颜、何等的成就、何等的威仪！然而，如果康拉德只写他要写的内容，少关注作品的表面形式的话，那么他极有可能在赢得名誉的同时，也更受欢迎。评论家们指出一些著名段落，认为其表面形式阻碍了读者对内容的理解，分散了读者的注意力。将部分段落从上下文中剥离出来，与其他英语散文并列在一起，正在成为一种习惯。他们还认为，康拉德的作品显得局促、死板，装饰过于繁复，与人类的痛苦相比，作者更珍视自己的心声。这样的批评很耳熟，它就像耳聋的人在听《费加罗》①演奏时给出的评论，很难予以反驳。他们见到管弦乐队在演奏，听到远处有一些难听的嚓嚓声，自己的发言也被打断了，于是很自然地下结论说，与其演奏莫扎特，这五十位小提琴手不如去路上砸石头，这也许会更有益于实现人生目标。既然音乐之美与声音分不开，而他们又听不见，那么我们该如何让他们相信，美是一名严格的管理员，是我们的老师呢？康拉德的作品如同一段僵硬阴沉、矜持骄傲的音乐，其间还有着一股广博坚定的诚恳之情，但是，如果读过他的大量作品之后，仍无法在这样的"乐曲"中领会，善如何战胜恶，忠诚、诚实、勇敢又为何是一种美德的话，那么读者势必会对文字的含义感到茫然若失，即便康拉德表面上只是想向我们展现大海的美丽夜色罢了。然而，从语言元素中剥离出此类暗示也是有过失的。失去了语言的神秘魔力，这些思想暗示就像是被晾晒在一只小碟子上，失去了激动人心、煽动

---

① 概指莫扎特创作的音乐剧《费加罗的婚礼》（*The Marriage of Figaro*）。

情绪的力量。康拉德的散文也就失去了其一向具有的强劲力度。

　　康拉德身上有着一种船长和领袖般的气质,正是凭借这种气质,他才得以在青少年当中有着举足轻重的影响力。正如青年读者立即觉察到的那样,不论康拉德的头脑多么敏锐、手法多么含蓄,直到写完《诺斯特罗莫》,他笔下的人物本质上都是些性情单纯、具有英雄气概的海员。他们惯于独处与沉默,与自然抗争,与人类和平相处。他们的对手是大自然,正是大自然培养了他们高尚的情操、宽宏大量的气度、忠贞不移的品格,这些都是男子汉应有的品质;正是大自然在躲避风雨的港湾里养育了美丽的少女,使其成为质朴却又高深莫测的女人;最重要的是,正是大自然造就了像威利船长和老辛格尔顿这样粗犷豪放、久经考验的人物,他们虽然默默无闻,却在默默无闻之中熠熠生辉。在康拉德看来,他们是人类中的佼佼者,因此不知疲倦地赞美他们:

　　　　他们曾是些强人,既无疑虑也不抱希望。他们虽无耐心,却持之以恒,虽骚动不安,却忠心耿耿,虽狂放不羁,却坚贞不渝。人们出于好意,曾试图将这些人描写成为了一口饭叽叽歪歪,干活时却出生入死的人。然而,事实上,他们干过苦工,经历过贫困,体验过暴力和放荡。但是他们不知恐惧、心无怨念。这些人难以驾驭,却易于启发。虽然沉默寡言,但是其性情中的男子气概足以让他们在心中蔑视那些为命运的艰辛长吁短叹的人。这是他们独有的命运。在他们看来,能够承受命运的艰辛是天选之民的特权!那一代人不善言辞,活得质朴无华。他们生前对爱情的甜蜜、家庭的庇护一无所知,死后也不用畏惧黑暗狭小的墓室。他们永远都是神秘海洋的儿子。

　　这是《吉姆爷》《台风》《"水仙号"上的黑水手》《青年》这些早期作品中的人物。无论世事变迁或潮流更迭,这些作品在经典文学中的地位都是确定无疑的。然而,要达到这种高度,就要具有不同寻常的文学品质。而这些品质在玛丽亚特,或者菲尼莫尔·库珀[①]所讲述的简单的历险故事

[①] 詹姆斯·菲尼莫尔·库珀(James Fenimore Cooper, 1789—1851),美国作家。

中是找不到的。因为，很显然，若要以恋人的热情、浪漫的情怀，全心全意地颂扬这样的人和事，就必须具备双重视野，必须做到内外兼顾。若要赞美他们的沉默，就必须发出赞美的声音。若要赏识他们的耐力，就要有感受疲惫的能力。若要理解像威利船长和老辛格尔顿这样的人物，就必须做到与这些人平等相处，同时还要躲开他们猜忌的眼睛，掩藏起这些特质。只有康拉德才能经历这种双重生活，因为他是两个人的复合体：一个是船长，另一个是被他称为马洛的人。马洛是个精明、文雅且爱挑剔的分析家。康拉德评价马洛时写道："他是一个考虑周全、善解人意的人。"

马洛是那种天生的观察家，其退隐的生活无比幸福。他最爱做的事莫过于坐在甲板上，荡舟在某条通向泰晤士河的无名小溪上，一边抽着烟，一边回忆往昔、盘算心事。一个个烟圈，化成优美的文字，直到整个夏夜变得烟雾迷蒙。马洛十分尊重那些曾与自己一起航行过的人，不过，也看到了他们的滑稽幽默之处。他摸清楚了这些脸色铁青的老水手，并用巧妙的手法将其描绘出来，成功捕捉到了他们的笨拙形象。他具有描绘畸形人类的天赋，有着尖刻的幽默感。马洛的生活也并非完全笼罩在雪茄烟雾之中。他有突然睁开双眼，环视四周的习惯：看到一个垃圾堆、一座港口、一个商店柜台，他所见之物完整地在燃烧的光环中呈现，在神秘背景的衬托之下，熠熠生辉。马洛对自己内省自察、善于分析的特质心知肚明。他曾说，这种能力突如其来。比如，无意中听到一位法国军官低声说："我的上帝，时间过得如此之快！"

> （他评论道）这是一句再平常不过的话。但是脱口而出时，正好让我看到。我们半闭着双眼，捂着耳朵，思想迟钝地走过一生，这真是太不同寻常了……然而，突然觉醒的时刻虽然不常见，但是我们当中极少有人对此毫无体验。就在甜蜜的睡意重新袭来之前，我们刹那间看到了、听到了、了解到了许许多多的东西，几乎是世间一切。在他开口说话的时候，我抬起眼睛看着他，就像是从未见过一样。

在黑暗的背景上，他描绘了一帧又一帧画面。首先描绘了各种各样的船：抛锚下碇的船，被风暴追赶的船，停泊在海港里的船，然后是晨曦、日落和夜晚的景色。他描绘了大海的方方面面，也描绘了花哨又亮丽的东方港口，那里的男男女女以及他们的房子和人生态度。马洛是一位目光精准、不屈不挠的观察家，学会了"绝对忠诚于自己的感知与感受"。康拉德写道："作家在最重要的创作时刻，应该牢牢把握住这种忠诚。"马洛有时会不动声色地写下几句富有同情心的悼文，提醒我们，眼前光辉美好的一切都衬托在黑暗的背景之上。

我们也许可以粗略区分一下，创作小说的人是康拉德，进行评论的则是马洛。这一区分有助于解释在写完《台风》的最后一则故事时，书中出现的一个变化，不过我们也要意识到，这么做是有危险的。康拉德写道，通过改变两位老友之间的关系，"灵感的性质发生了微妙的变化"。"……不知怎么，世上似乎没有什么可写的了。"他曾说过，回顾自己讲述的故事，有种悲哀的满足感，觉得自己笔下的风暴可能再也不会比《"水仙号"上的黑水手》中的更精彩，对英国海员的颂扬也不会比《青年》或《吉姆爷》里的颂词更忠诚。让我们猜想一下，说这话的人应该是作为创作者的康拉德。之后，是马洛，这位评论者，提醒他，人终将老去，终将放弃航海，最后只能坐在甲板上吐着烟圈，这是自然的进程。但是，他也提醒康拉德不要忘记那些艰苦岁月所积淀下的回忆；甚至还暗示道，威利船长的故事，以及他与天地万物的关系虽然已被道尽，但是岸上还有许多男男女女，他们之间的关系尽管更私密，但也许值得研究一下。我们还可以做进一步猜测：船上有一本亨利·詹姆斯的书，马洛让他的朋友睡觉前读一读这本书。这一猜测是有据可循的，因为康拉德1905年就针对亨利·詹姆斯写过一篇非常好的文章。

几年来，马洛一直是他的主要伙伴。《诺斯特罗莫》《机缘》《金箭》是这一合作阶段的代表作。将来，仍会有人认为，这些小说是其作品中最为丰富精彩的。他们会说，人的心灵比丛林更加复杂，其中自有狂风暴雨，自有属于暗夜里的生物。他们还会认为，作为一个小说家，你如果想要考量人在一切关系中的品性，那么人就是你的对手。人的磨难并不来自离群索居，而存在于社会交往之中。对于这些人来说，如果作者将炯炯有神的目光投向困惑混乱的心灵，而非荒无人烟的大海，那么这些书中就总会有一种特殊的魅力。但是，必须承认，如果马洛如此建议康拉德，要他转变视角的话，那么这无疑是一个非常大胆的建议，因为小说家的视野不仅复杂而且专一。说它复杂，是因为在人物形象背后，必须有某种稳定坚固之物，既与人物分离，又与之关联。之所以专一，是因为作者作为单一的个体，只拥有一种感受力，所以他能确信并接受的生活是很有限的。这之间的平衡关系十分脆弱，极易被打破。中期之后，康拉德就再也无法将人物与其背景完美地结合起来。与其早期创作的水手形象相比，他对后期作品中高度复杂的人物形象缺乏信心。小说家的另一个世界是价值与信仰的无形世界。当康拉德不得不指出小说人物与这个世界的关系时，他完全不确定这些价值到底是什么。于是，每当风暴结束时，就会反反复复地出现这样一句饱含道德意味的话——"他小心翼翼地掌舵"。但是，这个世界变得越来越拥挤、复杂，在这样的世界里，如此简短而生硬的一句话就显得愈发不合时宜。男人和女人变得错综复杂，有着多重利益关系，如此草率的判定是不会为人接受的。如果人们接受了，那么许多对于他们来说十分重要的东西就不会受到裁决。康拉德充满了旺盛、浪漫的力量，为此有必要制定出某种规则，以便对其创作加以审视。这个世界上的人文明开化，且局促不安，其本质基础不过是"几个简单的观念"。这仍旧是康拉德的信念。但是，就思想与人际关系而言，我们在哪里才能找到这些观念呢？客厅里没有桅杆，台风无从考量商人、政客的价值。康拉德后期的作品一直在为价值体系寻找支撑物，却求而无果，作品因此不由自主地变得晦涩、费解、摇摆不定，呈现出一种近乎幻灭的感觉，令人困惑、疲惫。暮色中，我们抓住的也只是那些古老而崇高的品格：忠诚、悲悯、荣誉、利他。似乎随着时代的变迁，这些品格虽然光彩依旧，但如今已成了令人感到倦怠的老生常谈。这也许是马洛的错。他在甲板上坐了太久，习惯了安安稳稳的思维方式。他的独白相当精彩，却不善与人交谈。那些"视觉敏锐的时刻"时而闪烁，时而暗淡，不及亮度稳定的灯光，无以照亮生命的涟漪以及悠长缓慢的岁月。最重要的也许是，马洛没有考虑到，康拉德首先要相信自己的作品,然后才能创作,这是必不可少的步骤。

深入探索康拉德的后期作品会给我们带来丰厚的奖赏,但是,其中大部分作品仍将鲜为人知。人们只会通读像《青年》《吉姆爷》《台风》《"水仙号"上的黑水手》这样的早期作品。康拉德的哪些作品将流传于世?他在小说家的行列中该排在什么位置?当面对这些问题时,浮现在脑海里的是那些富有叙事氛围的书。书中的故事虽然古老却很真实,曾经藏而不露,如今大白于天下。因此,无论是回答前面提出的问题,还是拿他与其他小说家比较,都显得徒劳无益。这些书如此完整,如此纯洁、美好。它们在记忆中缓缓升起,就像是炎炎夏夜里的星星,一颗接着一颗地升上夜空。

(程辰雨 译)

如何影响当代人

首先,有这样一种现象:两个批评家在同一时间,坐在同一张桌子旁,就同一本书发表评论,却给出了截然相反的意见。当代人鲜有不为此感到惊讶的。坐在右边的评论家认为,这是英国散文中的杰作,而此时,左边的评论家则会宣称,这不过是一堆废纸,把它们丢到火里去都可能会把火压灭,就应该将其付诸一炬。然而,两位评论家对弥尔顿、济慈两位作家却持有相同的意见,认为他们不仅有细腻的情感,更具有真挚无疑的热忱。只有在讨论当代作家的作品时,他们才会发生不可避免的冲突。挑起争端的这本书大约于两个月前刚出版。它既被认为给英国文学做出了持久的贡献,又被看作一部自以为是的平庸之作。这就解释了评论家们为何会有分歧。

这个解释很奇怪,读者希望自己能在当代混乱无序的文学界认清方向,而作者很自然地想要知道,自己呕心沥血,在茫茫黑暗中探索着完成的作品,是成为英国文学经典中永恒的光辉,还是从此黯淡沉寂。如果我们将自己视作读者,并且首先探索他的两难困境的话,那么我们的困惑就显得极其短暂。类似的情况以前也常常发生。《罗伯特·埃尔斯米尔》①,或者斯蒂芬·菲利普斯②掀起了这股风潮,自此,我们每年平均两次,大多是春秋两季,都能听到这些博士们对新事物产生分歧,对旧事物表示认同。不知何故,这种气氛开始在成年读者之间蔓延,人们对这些书的意见多有

---

① 英国小说家玛丽·奥古斯塔·沃德(Mary Augusta Ward,1851—1920)于1888年发表的一部畅销小说。

② 斯蒂芬·菲利普斯(Stephen Pillips,1864—1915),英国诗人、剧作家。

分歧。更令人惊讶甚至不解的是，两位评论家奇迹般地取得了一致意见，宣称布兰克的书毫无疑问是一部杰作，迫使我们必须决定是否要花费十先令六便士支持这个说法。两位都是享有盛誉的批评家，他们的意见将凝成严肃冷静的散文，用于维护英美文学的尊严。

一定是出于某种固有的、玩世不恭的成见，人们对待当今天才人物的态度总是小气吝啬、缺乏信任。正因为如此，我们在谈话中会不由自主地说道，即使评论家们达成共识（这一点很难实现），为当代作家的热情花半个基尼都是浪费，一张图书馆的借书证就足够了。因此，问题尚未解决。让咱们斗胆请教一下评论家吧。有些读者对已故作家的尊敬不输任何人，但是同时又认为尊敬逝者与理解生者二者密切相关。这一思虑让他们备受煎熬。对于这些读者而言，难道就没有任何向导了吗？两位评论家在快速调查之后，一致认为，很遗憾，查无此人。对于新书而言，评论家们自己的评判又有何价值呢？可以确定，绝非十先令六便士。评论家凭借经验，能够举出几个可怕的例子，说明以往犯下的过错。如果在评论已故作家时出现了过失，他们就会失去工作，危及名誉，如果是评论当代作家，便不会有这样的顾虑。他们所能提供的建议仅仅是，尊重自己的直觉，无畏地追寻自己的直觉。不要受活着的批评家或者评论家的左右，而是一遍又一遍地阅读过去的杰作，检验自己的直觉。

我们真诚感谢这些评论家，同时我们会不禁想到，事实并非总如此。想必很久以前曾有过某种规则或者训导，以不为当代人所知的方式控制着庞大的读者群体。这并不是说德莱顿、约翰生、柯勒律治、阿诺德这些伟大的评论家对同时代文学所做出的评判无可挑剔，然而，他们的意见为作品打下了不可磨灭的烙印，同时也省去了读者自行衡量作品价值的麻烦。这些大人物对其同代人所做出的错误评价也可谓众所周知，无须在这里加以记录。然而，文学评论只要存在，就能起到集中化的作用。仅凭这一点，就可以控制餐桌上的分歧，在随意谈到某本新书时，可以让闲谈具有某种权威性，而这种权威性正是人人都在寻求的。这种想法绝非奇谈怪论。虽然不同派别之间的争论仍会同以往一样激烈，但是每位读者在其内心深处都会意识到，至少有一个人对文学的主要原则紧盯不放。如果把当前出版的一部稀奇古怪的作品拿给他看，他会把这部作品与某些永恒持久之物联系起来，在赞美与指责的碰撞中①，用自己的权威把作品牢牢绑定。但是，就培养评论家这个问题而言，必须有慷慨成熟的社会自然环境。各种潮流层出不穷，波涛汹涌，如同一张张散落的餐桌，构成了当今现代社会。这样的社会只能由一位神话般的巨人来主宰。然而，我们希冀的这位巨人在哪里呢？我们不缺评论员，却没有批评家。有一百万个既称职又廉洁的警察，却没有一位法官。有品位、有才干的饱学之士总是在赞美逝者，教导青年。然而，其笔耕不辍的结果常常是使文学失去了水分，活生生的文学肌体因此而变成了一副干枯的骨架。德莱顿活力十足的文风，济慈优雅自然的风度、深刻理性的洞见，福楼拜的狂热，以及由狂热而产生的巨大力量，皆无处可寻。更重要的例子还有柯勒律治，他在脑海中酝酿诗歌时，会时不时地发表一些深刻且具有普适性的言论，热血沸腾的读者捕捉到这些言论，就像是捕捉到书的灵魂一样。这种感受也在评论中丧失殆尽。

对此，评论家们的意见也大体一致，都认为一位伟大的评论家是极其难得的。如果这样一个人奇迹般地出现了，我们应该如何维护他？应该用什么来滋养他呢？伟大的批评家如果不同时是伟大的诗人的话，那么他需要孕育和成长于繁荣的时代。有些了不起的人物将会得到时代的验证，有些学派将会建立，有些则会被摧毁。然而我们这个时代已几近一贫如洗。没有名震天下的人物，没有能让青年人拜师门下而深感自豪的大师。哈代先生早已抽身而退。而康拉德先生则因其才华中所蕴含的异域情调，而显得冷漠、疏离，虽然受人爱戴和仰慕，但是影响力不足，他更像是一个偶像。至于其他人，尽管数量庞大、活力充盈，且创作活动极其活跃，但是没有谁能对同代人产生重要影响，也没有人能够超越这个时代，深入到不甚遥远的未来，我们很乐于称之为不朽。如果以一个世纪为测试期限，试

---

① 以下两段摘录显示了这种碰撞多么激烈。"读这本书（《白痴日》）要像读《暴风雨》和《格列佛游记》一样。如果说麦考利小姐的诗才没有《暴风雨》的作者那么崇高，反讽用得也不及《格列佛游记》的作者那么精彩，但是她的正直与智慧绝不逊于这两位作者。"（《每日新闻》）

下一段是："此外，人们可以认为，如果T.S.艾略特先生乐意用通俗英语来写作的话，《荒原》也许不至于成为一堆废纸，因为适宜阅读这本书的人将不仅仅是人类学家、文人，还包括其他所有读者。"（《曼彻斯特卫报》）——原注

问如今在英国创作的文学作品中有多少作品会在百年之后仍然流传,那么我们不仅无法达成一致意见,而且完全不能肯定是否存在这种可以流传百年的作品。这是一个支离破碎的时代。有那么几段诗、几页书、几个散落的章节、几部小说的开篇或者结尾,可以与史上任何作家的最佳作品相媲美。然而,我们能用一沓松散、凌乱的纸片来面对后世吗?能把全部文学作品放在未来的读者面前,让他们从一大堆垃圾里筛选出几小粒珍珠吗?评论家可以合情合理、开诚布公地向其桌边的同伴,向小说家和诗人提出这样的问题。

起初,悲观情绪似乎足以压倒所有反对意见。是的,我们可以重申,这是一个贫瘠的时代,我们有很多理由证明它的贫瘠。但是,坦率地说,如果我们让两个不同的世纪相互较量,这种比较似乎对我们相当不利。《威弗莱》《漫游》《忽必烈汗》《唐璜》《黑兹利特散文》《傲慢与偏见》《海伯利安》《解放了的普罗米修斯》全部发表于1800年到1821年之间。我们这个世纪不缺少工业产品,然而若要寻求文学杰作的话,那么从表面上来看,悲观主义者似乎是正确的。一个充满天才的时代之后必然是探索、实干的时代,暴乱与奢靡之后必然是整洁与勤奋。当然,对于那些为了建立秩序、寻求改革而牺牲自我、放弃不朽的人,应当致以全部的敬意。但是,若要寻求杰作,我们应该去何处找寻呢?我们也许可以肯定,一些短小的诗歌将会流传后世,比如叶芝、戴维斯、德·拉·梅尔三位先生的几首诗。当然,劳伦斯先生有过伟大的时刻,但是更多的时候则与伟大相去甚远。比尔博姆先生的作品,以其自己的方式来衡量的话,堪称完美,然而那并不是一个了不起的方式。《遥远的过去》里的一些段落无疑会世代流传。《尤利西斯》则是一场令人难忘的灾难,可谓是勇气无可限量,灾难也巨大。所以,挑来拣去,一会儿选中了这个,一会儿又看上了那个,把作品举起来展示一下,听听别人的意见,或是受人维护,或是遭人讥笑。不过最终我们还是会遭到这样的反对:以上种种不过是在赞同评论家们的意见——这是一个无以维系的时代,随处散落着各种碎片,根本无法与前一个时代相提并论。

然而,就在各种意见盛行,我们对其权威性报以口头支持时,才强烈地意识到我们其实不相信自己说出的每一个字。我们重申，这是一个贫瘠且疲惫的时代。回顾过去，心中必然充满羡慕之情。同时，这也是春天里首个晴朗的日子。生活并非毫无色彩。电话虽然能够打断极为严肃的谈话，让非常重要的评论戛然而止，但是也有其自身的浪漫。那些与不朽无缘的人，可以畅所欲言。他们的闲谈中往往有着或美丽或怪诞的场景——灯光、街道、房屋、人类等等，永远与当下交织在一起。然而，这就是生活；而谈话的内容则是文学。我们必须试着将二者区分开来。悲观主义者的观点虽然极其可信，也更为卓越，但是我们必须试图证明乐观主义对悲观主义的鲁莽反抗是具有合理性的。

我们的乐观思想在很大程度上是一种本能反应，它源于灿烂的日子、醇香的美酒与愉快的闲谈。如果生活每天都能产出如此宝贵的财富，每日提出的设想比最健谈之士表达的还多，那么尽管对逝者怀有无限崇敬，我们还是会更喜欢过现在的生活。当今时代有着某种特别之处，即便可以选择生活在过去的任何一个年代，我们依旧不愿用现在的一些东西去交换。现代文学虽然不尽完美，但是对于我们有着同样的吸引力，同样令人着迷。它就像是一位亲戚，我们虽然对其冷落怠慢，天天挖苦，却又离不开它。现代文学有着相同的经久不衰的品质：它不是那种虽然令人肃然起敬，却只能从旁边张望的、与我们格格不入的东西，相反，现代文学是我们自己的产物，是我们的生活之所，所呈现的正是我们自己。因为我们与前辈已一刀两断，所以没有哪一代人比我们更需要珍视自己同时代的人。就像是一把秤，成年累月放在秤上的重物突然滑落，秤杆的平衡发生了变化，彻头彻尾地动摇了社会的组织结构，这就让我们与过去愈发疏远，对当下的意识也就变得分外鲜明。我们会发现自己每天的所言所行、所思所想，都是父辈们不可想象的。虽然这些差异尚未被人留意，而相似之处却已有了非常完美的表述，然而相比之下，我们对差异的感受更加敏锐。新书对读者充满诱惑力，部分原因在于，我们希望这些书能够反映出我们重新调整过的心态，而这些书，如同所有文学作品一样，会在我们领会之后将这种心态完整地返还给我们，让我们永远保存下来。书中的场景、思想、各种互不协调的事物被貌似偶然地组合在了一起，以一种强烈的新奇感影响着我们。不错，正是在此处，我们有了保持乐观的充分理由。没有哪个时代能像我们这个时代一样，拥有这么多富有决心的作家，他们决意要表达的不是自己与过去时代之间的相似之处，而是二者之间的区别。点名道姓也许会招致不满，但是，即便是最不经意的读者，在浏览诗歌、小说、人物传记时，也很难不为作品中所流露出来的勇气、真诚，以及我们这个时代普遍流行的原创性所折服。但是，我们的激动之情不可思议地削弱了下去。一本又一本书都给读者留下了同一种感受——承诺落空，思想贫瘠干涸，从生活中攫取的光彩未能转化为文学的光彩。当代作品中的很多精华都像是在压力之下，仓促之间记录下来的文字。在人物穿过书页之际，作者以惊人的文采保留住了人物的动作和表情。然而，闪烁的光芒一晃而逝，读者仍旧感到深深的不满。作品给人的快感有多强烈，其恼人的程度就有多强烈。

我们最终又回到了起点，在两极之间摇摆不定，时而满腔热忱，时而悲观沮丧，无法对同时代的作家下任何定论。我们向评论家们寻求过帮助，但是他们对这项任务不屑一顾。现在是接受他们建议的时候了。若要修正这种状态，就要向过去的杰作求教。我们也确实感觉到自己正在被推向这些杰作，然而推动我们的不是冷静的思考和判断，而是某种迫切的需求——我们需要把自己的不稳定性固定在他们的安全保护之下。但是，坦白而言，新旧之间的比较令人震惊，人们起初会为此感到焦虑不安。毫无疑问，经典巨作也有枯燥乏味之处。在华兹华斯、司各特和奥斯汀小姐的作品里是一页又一页毫不掩饰的镇静，而这种镇静差不多到了让人昏昏欲睡的地步。改变的机会出现了，他们却对此视若无睹；细微的差别层层叠加，他们对此也置若罔闻。这些作家似乎故意拒绝为读者提供感官上的快感，而现代作家对于刺激读者的感官则跃跃欲试。简而言之，这些感受包括了视觉、听觉和触觉。尤为重要的是人类的感受和感知的多样性，以及人的深度、人的复杂性、人的困惑、人的自我意识。在华兹华斯、司各特和简·奥斯汀的作品中几乎完全没有这些感受。那么，那种逐渐令读者心悦诚服的安全感是由何而生的呢？安全感来自信仰的力量，他们的信念凌驾于读者之上。这一点在哲思诗人华兹华斯的作品中一目了然。对于司各特和简·奥斯汀而言,也是如此。司各特粗心大意,在早餐前,草草写就了建造城堡的传世佳作①;谦逊朴素的奥斯汀,偷偷摸摸、安安静静地写作,只是为了给人带来快乐。二者天生抱有同样的信念,认为生命具有某种特定的品质。他们有自己判断行为对错的方式,知道人与人、人与天地万物的关系。虽然他们不会对此坦白直言,但是一切都取决于这些信念。我们不禁要说,只要有了信念,剩下的一切就会应运而生。最近出版的《沃森一家》②让人想到一个简单的例子:如果你毫无保留、毫不怀疑地认定,一个好心的女孩会出于本能,在舞会上抚慰一个受到冷落的男孩,那么你不仅会让百年之后的读者体会到同样的情感,而且会让他们觉得这是真正的文学创作,因为这种确定性是文学创作的前提条件。如果你相信自己的感受有益于他人的话,那么你就从人格的束缚与桎梏中解脱了出来。你可以像司各特那样,以令人痴迷的活力,自由自在地去探索充满奇遇与浪漫的世界。而这也是简·奥斯汀创作过程的第一步。这个过程神秘莫测,但是简·奥斯汀对此驾轻就熟。她首先从生活中选择一段令自己深信不疑的经历,然后置身其外,并在作品中为这段经历找到一个恰到好处的位置,此后她便可以自由发挥,使之成为一段完整的陈述。这就是文学。不过,创作过程中的秘密是永远不会透露给分析家们的。

当代作家之所以让我们感到苦恼,是因为他们不再有任何信念。再真诚的作家也只会告诉读者发生在他们自己身上的事。他们由于无法脱离他人,所以不可能独创另一个世界。他们不会讲故事,因为不相信故事是真实的。他们也不知道如何归纳总结。这些作家只信赖自己的感官和情感,认为由此而来的证据是可信的,而通过思维得出的信息则令人费解。因此,他们只得放弃使用这项技艺中某些最强大、最精湛的武器。虽然有着英语语言的全部财富为后盾,但是他们畏首畏尾,只有几枚最不值钱的铜板从一只手传到另一只手,从一本书传到另一本书。从一个全新的视角来展望无尽的前景,他们只能迅速抽出笔记本,怀着强烈的焦虑,记录下一闪而

---

① 大概指沃尔特·司各特的小说《危险的城堡》(*Castle Dangerous*)。
② 《沃森一家》(*The Watsons*) 为简·奥斯汀未完成的一部作品。

过的光芒。然而，这些光芒又照向何处呢？这些转瞬即逝的辉煌也许空无一物。就在此处，评论家们插了进来，并且带着一些公正性。

评论家们认为，如果这段描述成立，且与个人立场无关的话，那么评判当代文学的风险比以往任何时候都大。但是，这段描述也可能依赖于我们在餐桌上的位置，以及我们与芥末罐和花瓶之间纯粹的关系。如果评判偏离了靶心，他们可以为自己找到充分的借口。毫无疑问，最好还是像马修·阿诺德建议的那样，从熊熊燃烧的当下撤回到安全宁静的过去。他写道："当我们应对诸如拜伦、雪莱、华兹华斯等人所写的诗歌时，我们就踏入了火场，这些诗歌的年代与我们如此接近。对这些诗歌所作出的评估往往不仅带有个人色彩，而且充满了个性化的激情。"评论家们提醒我们，这段话写于1880年。他们又说了小心将几英里长的丝带截取一英尺放到显微镜下的情况。如果耐心等待，问题自会解决。他们的建议是，中规中矩，学习经典。此外，人生苦短。拜伦的百年纪念即将来临，而当下迫在眉睫的问题是，他是否娶了自己的姐妹？如果每个人都同时发言，那么任何结论都是有可能的，而现在就是畅所欲言的时候。总而言之，如果以上论述属实，那么当今作家的明智之举似乎是放弃写出杰作的希望。他们的诗歌、戏剧、传记、小说不是书，而是笔记本。时间会像一位优秀的教师那样，把它们拿在手中，指着上面的墨水渍、潦草的字迹、涂抹的痕迹，然后将它们撕成两半。但是，他不会把这些笔记本扔进废纸篓。他要留着它们，因为其他学生会觉得这些笔记本很有用。未来的杰作正是从这些笔记本里创作出来的。正如评论家刚才所说，文学历史悠久，经历了许多变化。在海上颠簸的小船会因疾风骤雨而飘摇，但是只有目光短浅、思想狭隘的人才会夸大疾风骤雨的重要性。暴雨淋漓只是表面现象，大海深处则保持平静。

至于那些评论家，他们的任务是对当前出版的新书做出评判。我们要承认，他们的工作既艰难又危险，而且常常令人反感。不过，我们还是要请求他们，在评论新书时，能够不吝鼓舞，同时要省去花环、皇冠之类的不实之物，这些东西很容易变形、褪色，佩戴它们的人在六个月的光景内就会显得荒唐可笑。请他们能够以更宽广、更客观的视角来看待现代文学作品，把现代作家视为大型建筑工程的参与者。一部作品就像一座建筑物，是共同努力的成果，有些分工不同的工人可能会隐姓埋名。有些店家温馨舒适，里面白糖便宜，黄油充足，但是请他们关上这家店的大门，至少暂时放弃讨论诸如拜伦是否娶了自己的姐妹这样吸引人的话题。他们也许应该从我们坐着聊天的那张桌子上撤出，与之保持一掌的距离，说些有趣的、与文学自身相关的话题。让我们在他们离开的时候，拦住他们，让他们回忆一下海丝特·斯坦霍普夫人[①]，这位面容憔悴的贵妇在马厩里养了一匹乳白色的马，为救世主的降临做好了准备。她总是不停地扫视群山之巅，搜寻救世主来临的迹象，虽然有些急躁，却满怀信心。我们请求评论家们以海丝特·斯坦霍普夫人为榜样，扫视整片文学疆域，看到过去与未来之间的关系，以此为文学杰作的问世铺平道路。

（程辰雨　译）

[①] 海丝特·斯坦霍普夫人（Lady Hester Stanhope，1776—1839），英国贵族，古董收藏家、旅行家。

The Common Reader
Second Series

第二辑

陌生的伊丽莎白时代的人

这个世界上,还有什么事会比回到三四百年前,成为一名伊丽莎白时代的人更令人兴奋的吗?至少是在幻想中。当然,幻想只是幻想,这种"成为伊丽莎白时代的人"的想法,这种像阅读当代作品一样,带着当代性和确定性阅读16世纪作品的想法,都只是异想天开。要是伊丽莎白时代的人听到我们说他们的语言,可能根本听不懂。对伊丽莎白时代生活的想象虽然让我们心神激荡,但也许会遭到他们的恶语相向。尽管如此,那种虽不能至,心向往之的本能依然情难自抑,他们书页中的清新和活力向我们袭来,让我们就算冒着被嘲笑、被讥讽的风险,也要向他们奔去。

如果要问,为什么在英国文学的这个特定领域,我们走的弯路要比其他领域的多,答案一定是伊丽莎白时代的散文,虽然语句曼妙、情感丰富,它却算不上完美的媒介。文章的一大功能,便是让人明白晓畅地谈论普通事物,但伊丽莎白时代的散文却无法做到这一点。在我们如今这个时代,文字依然具有某种功利目的,我们清楚地知道每个人在醒来之后、入睡之前如何打发一天的时光;人们无爱无恨、不喜不悲时会如何表现。诗歌不会注意这些细枝末节,在莎士比亚的戏剧里,社会学的学生也没法得出什么日常生活的事实。如果散文都不能给我们些许启发,那研究另一个时代男男女女的道路就被彻底堵死了。伊丽莎白时代的散文,没有脱离诗歌的主题范畴,仍然在高谈阔论一些宏大的主题,比如人生如白驹过隙,比如人固有一死;比如春天万物复苏,冬日凄凄惨惨。当然,或许正是因为它没有自贬身价,去书写日常琐事,才成就了那个文章辞藻华丽、气势磅礴的年代。不过,追求这样的辉煌壮丽也是要付出代价的。一旦触及平凡实际的生活,伊丽莎白时代的散文就会显得笨拙不适,比如西德尼夫人在夜晚感到凉意,不得不请求侍从长给她换一间温暖一点的居室,任何一位跟她年龄相当的女仆都可以用更清楚明白的话语,掷地有声地说明自己的要求。因此,倘若我们像如今要了解蒲柏、丁尼生、康拉德的作品,就会去阅读传记作家、小说家、记者的作品一样,为了理解伊丽莎白时代的诗歌,而去阅读伊丽莎白时代的散文时,就会发现此路不通,而完全不知所措。我们发出疑问,莎士比亚时代的寻常男女究竟过着一种什么样的生活呢?即使当时关系比较亲密的人之间的通信也并不能给我们多少有用的信息。亨利·沃顿爵士①的文字华而不实,完全将我们拒之门外。他们的历史作品里回荡着号角和鼓声,他们的大开本著作充斥着对死亡的冥想、对灵魂不朽的反思。我们得以一窥他们卸下防备、袒露真我、与他们相处融洽的最佳机会,就是找到一个性格恬淡的人。他们往往徘徊在名人集会的外围,聆听、观察,时不时地在本子上记上一笔。不过这些人踪迹难觅。加布里埃尔·哈维②,也就是斯宾塞③和西德尼的好友,或许是个不错的人选。可惜,当时的价值观让他相信,写修辞学,写托马斯·史密斯④,用拉丁文写伊丽莎白女王,都比记录斯宾塞和西德尼的谈话更有价值。不过他有一些现代人的习性:记录琐事、保存信件副本,在书页的空白处记下脑海里的突发奇想。在这些只言片语中翻找搜索,我们无论如何都会远离光明大道,来到诗人们把酒言欢的酒馆门前,听着里面传来阵阵笑声;抑或遇到身份低微的人,看着他们挤牛奶、谈恋爱,完全不会让人想到这就是伟大的伊丽莎白时代,更想不到,莎士比亚此时或许正沿着河岸街漫步,但凡

---

① 亨利·沃顿爵士(Sir Henry Wotton, 1568—1639),英国作家、外交官和政治家。
② 加布里埃尔·哈维(Gabriel Harvey, 约1552—1631),英国作家,1566年被剑桥基督学院录取,1570年被选为剑桥彭布罗克学院的研究员。他是埃德蒙·斯宾塞的朋友,二人有不少书信往来。
③ 埃德蒙·斯宾塞(Edmund Spenser, 1552—1599),英国文艺复兴时期的诗人,代表作有长篇史诗《仙后》、田园诗集《牧人月历》。
④ 托马斯·史密斯(Thomas Smith, 1650—1691),美国新英格兰殖民地的画家、奴隶贩子。他创作的自画像被认为是现存最早的美国自画像。

有人拉住他的衣袖,他就会讲讲十四行诗是为谁而作,《哈姆雷特》在表达什么。

我们遇到的第一个人的的确确是一名挤奶工,加布里埃尔·哈维的妹妹梅茜。1574年冬天,她正在萨弗伦沃尔登①附近的一片田野里和一位老妇人一起挤牛奶。一个男人走过来,给她带来蛋糕和马姆齐甜酒②,请她一起去林子里享用美味,顺便把老妇人支开去捡树枝,然后解释自己的来意。是萨利勋爵派他来的,萨利勋爵,一个和梅茜年纪相当的年轻贵族,大概十七八,已有家室。那天他正在玩滚木球,看到了这个挤奶女孩儿,风掀起她的帽子,"她的脸色微微一红"。一言以蔽之,萨利勋爵对她一见钟情,无法自拔,所以派人送来他的手套、丝带,还有从帽子上摘下来的珐琅花戒,那还是他的姑母W夫人特别赠予他的。梅茜一开始断然拒绝,她不过是一个卑微的挤奶女工,而他则是高贵的绅士,但她最终还是同意在自己乡下的房子里见他一面。就这样,在圣诞前一个朦胧的雾夜,萨利勋爵在侍从的陪同下,来到萨弗伦沃尔登,酿酒坊里只有她的母亲和姐妹,居室里,只能看到她的兄弟,梅茜芳踪难觅,他们"一路风尘仆仆,疲惫不堪",无计可施之下只得起身返程。最后,几经商议,梅茜终于答应午夜和萨利勋爵单独约会,地点就选在她的邻居家。她在小客厅看到了他,"只穿着紧身衣和短裤,衣服的系带松着,衬衫扔在一边"。他试图将她强推到床上,结果她大声呼救,那家好心的女主人敲了门,声称有人找她,那是她们曾经约好的暗号。萨利勋爵没有得手,气急败坏,一边谩骂一边诅咒:"真见鬼!真见鬼!"为了诱惑她,他掏出口袋里所有的钱,零零散散一共十三先令,叫她拿着。但她分文不取,匆匆离开,答应平安夜再见一次。平安夜那天刚刚拂晓,她早早起床,尽管雨雪交加,地面泥泞,早上六点,她就赶到了距离萨弗伦沃尔登七英里远的地方。而那个仆人P,因为不得不穿着木鞋踏着泥浆前行,晚一点才赶到约定地点。圣诞节就这样过去了。一周之后,在她守护清誉的关键时刻,整件事情不知为何东窗事发,一切

---

① 英格兰埃塞克斯郡的一个集镇。
② 一种浓郁甜美的白葡萄酒,产自希腊和地中海东部岛屿。

匆匆结束。新年前夕,她的兄长加布里埃尔,这个彭布罗克学院的年轻学者,正骑马赶回剑桥,路上遇到了一个他在家里见过的淳朴的乡下人,两人一路同行,聊些村子里的闲话,谈着谈着,那人说自己口袋里有一封给加布里埃尔的信,上面还写着:"致亲爱的哥哥,加布里埃尔·哈维。"加布里埃尔直接在路上拆开信件,发现那称呼根本是假的,这并不是妹妹梅茜寄来的信,而是寄给她的。信上的称呼是"我最亲爱的梅茜",落款则是"是他自己的,更是你的菲尔①"。读到"我突然控制不住地想象到种种情形,更无法克制内心的愤怒",加布里埃尔气愤到几乎不能自已。这不只是一封情书,它比情书更恶劣,上面的承诺,明明是要占有梅茜。信里还包了一枚精致的古金币。加布里埃尔在乡民面前尽力控制住自己,把信和金币交还给他,让他把它们交给在萨弗伦沃尔登的"妹妹",并捎上一句口信:"堕落之前请三思而后行,自己领会这句话吧。"而后,加布里埃尔继续骑马前往剑桥。他给这位年轻的贵族写了一封长信,委婉地告诉他,这场爱情游戏结束了,加布里埃尔·哈维的妹妹绝不会做已婚贵族的情妇,她宁愿在奥德丽庄园②史密斯夫人的宅邸里做一个勤勉忠诚、千依百顺的女仆。自此,梅茜的爱情故事戛然而止,乌云再次降临,我们再也看不见那个挤奶女孩、老妇人,和那个带着美酒、蛋糕、戒指和丝带,试图引诱可怜女孩的奸诈侍从。

  这或许并不是一个多么罕见的故事,一定有很多挤奶女孩在劳作时帽子被风吹起,也一定有不少贵族对此一见钟情,随即拆下帽子上的首饰,派侍从去牵线搭桥。不过,保留自己的信件,甚至在兄长的质询之下讲述自己故事的女孩可就少之又少了。但是,当我们试图借她的文字来了解维多利亚时代的田野、房屋和起居室,又会陷入同样的窘境。就算雾霭蒙蒙,风雨交加,洪水泛滥,想象一下挤奶女工、草地和去捡树枝的老妇人的故事,还是很容易的。伊丽莎白时代的诗人早就技法娴熟地告诉我们了。但是,倘若我们控制住自己将这些从阅读中获取的只言片语当作真实历史的

---

① 萨利勋爵名叫菲利普,菲尔是昵称。
② 坐落在英格兰埃塞克斯郡萨弗伦沃尔登郊外的一处乡间别墅,是英格兰最好的雅各布式房屋之一。

冲动，就会发现梅茜对我们的帮助也不太大。她是一名挤奶女工，只能借着豆大的烛光在阁楼上写下字迹潦草的回信。尽管如此，伊丽莎白时代的文风影响力如此强大，他们行文的方式如此矜持高贵，就连挤奶女工的文字也显得优雅得体，仿佛来自某位出身高贵、教养良好的淑女笔下。萨利勋爵强迫她屈服时，她回应道：

> 勋爵大人，您的行为是对上帝的亵渎，对世界的冒犯。我的朋友们会为我悲痛欲绝，对我自己而言，则是莫大的耻辱。恕我冒昧，这还有损您的体面。家父曾嘱咐我，贞洁，是少女花园里最美丽的花朵，是贫苦姑娘最宝贵的嫁妆……他们说，贞洁，就像时间，一旦失去，便无可挽回。

措辞严正，掷地有声，她仿佛乐在其中，很是享受写作。当她想让勋爵知道，她只是一个卑微的乡下姑娘，不是他妻子那样高尚的贵族夫人时，会说："勋爵大人，您府上已然拥有了昂贵精美的摆饰，为何还要跑出来追求粗鄙的乡下物什呢？"行文里还押上了韵脚，虽然不及她的散文深沉悦耳，但这些细节表明，她把写信当作艺术，而非只陈述事实。如果她想要一针见血，让文字铿锵有力，父亲曾告诫她的箴言便会行诸笔端，《圣经》中的比喻俯拾即是："我，一个可怜的女孩，将成为老鹰的食物，堕入深渊苦海，万劫不复，友人悲恸哀鸣。"总之，挤奶女工梅茜文笔自然高尚，一点也不粗俗，当然也不显亲切。人们会觉得，如果让梅茜给她的情人读一篇精彩文章，讲讲荣华富贵的泡影、贞洁的宝贵和命运的变迁，那实在是手到擒来。不过，在这个特定的梅茜和特定的菲利普之间，感情难觅踪影。以及，当他们处理几句话就能说清楚的小事时，就拿亨利·西德尼①的妻子举例，她是诺森伯兰公爵的千金，写信要求一间更暖和的房间时，反而像一个不太识字的小女佣，不仅错字连篇，前言不搭后语，而且喋喋不休、

---

① 亨利·西德尼爵士（Sir Henry Sidney，1529—1586），爱尔兰副勋爵，彭斯赫斯特的威廉·西德尼爵士的长子，亨利八世和爱德华六世统治时期著名的政治家和朝臣。妻子玛丽是第一任诺森伯兰公爵约翰·达德利的长女。

斤斤计较。翻来覆去的几句话凑成了长篇大论,让人根本没有耐心读完。挤奶女工梅茜·哈维文笔精妙,而诺森伯兰公爵的千金玛丽表达拙劣,这种情况究竟为何产生?我们不得而知。伊丽莎白时代人们的生活底色,我们知之甚少。

那就让我们跟随加布里埃尔·哈维来到剑桥,学一些更浅白的口语,更好地接近这些陌生的伊丽莎白时代的人。履行完兄长的职责,加布里埃尔便投身年轻知识分子的生活,打算做出一番事业。他学习勤奋,几乎不参与娱乐活动,因此在同伴那里受了冷落。很显然,既要对英文诗歌的未来怀有浓厚兴趣,钻研文字,又要会玩牌、逗熊这些消遣,是不可能的。他不会将亚里士多德所说的一切当作福音真理。但是,若能和志同道合的人谈论诗歌、韵律,分享被轻视的英语演说和匮乏的英语文学,分析如何让它们跻身于世界上最伟大的语言和文学之列,那他可以滔滔不绝,一小时又一小时,甚至一整夜又一整夜地说下去。当我们听他讲话时,也不禁会思考,现在,在美国那些新成立的大学里,或许正在进行着这样的辩论。年轻的英语诗人们大胆直言,又有些拘谨和傲慢——"英格兰,从有英格兰的那一刻开始,就不曾培养出比现在更高尚的头脑,更具有冒险精神的灵魂,更勇敢的双手,更卓越的智慧"。然而,生为英国人却被视为一种罪行,"不管是什么,只要是英格兰的,就会被看作低劣的、卑贱的、不堪的"。如果说,伊丽莎白时代的人对未来的希冀和对早前文明的敏感,就跟如今年轻国度让我们时不时感到困惑的那种敏感如出一辙,那么他们曾对即将发生之事的好奇和即将踏上新大陆的沉思,就跟科学在我们这个时代富有想象力的英国作家脑海中激起的兴奋一样。然而,无论想象中1570年剑桥大学会议厅中针锋相对的唇枪舌剑多么让人心神激荡,我们都不得不承认,要系统性地阅读哈维的文字实在超越了人类的耐心极限。字词被烧得通红,融化成滚烫的液体,四处流淌,以至于我们痛苦地叫喊着想要读出一个确切的意义。他总是把一个想法翻来覆去地说:

> 大自然的技艺至高无上,但哪个花园没有杂草,哪亩果园不生虫子,哪垄玉米田不长杂草,哪方鱼塘没有青蛙,哪片天

空没有黑暗,哪面知识的镜子映不出无知,地上的人哪个不脆弱,世上哪个有价值之物没有缺陷呢?

就这样周而复始。我们像磨坊里转圈的骡马,突然意识到脑子里塞满了声音,我们正在阅读的东西,本该是以声音的形式听到。那些铺陈、重复,像拳头捶在讲台上一样的重音,都是为了满足迟钝世俗的耳朵,它们只喜爱玩弄感官,耽于声音,伴着口语般的词汇,还带着说话人的表情和姿态,所有这些让他的话增加了些许戏剧效果,为不绝于耳的空谈添上了音调,让文字插上翅膀,飞到听者的心房。因此,当我们将哈维对纳什①的谩骂和他写给斯宾塞的关于诗歌的书信单独放在眼前时,就觉得举步维艰,丧失了任何明确的方向。我们抓住一些事实,就像溺水者抓住浮木。送信人是克尔克夫人;佩恩在彼得豪斯的房子里养了一只小动物来自娱自乐;"你的上一封信……是我的女主人送来的,我正在炉火边,身边围着一群诚实、友好的同伴,当时他们喝多了,变成了通情达理、坦率真诚的酒鬼";格林去世前向伊萨姆夫人乞要了"一便士的马姆齐甜酒",之前他的衣服送洗的时候,还找伊萨姆夫人借过她丈夫的衬衫,格林昨天被埋在贝德拉姆附近的新墓地里,价格是六先令四便士。重重黑暗中,光明似乎隐隐浮现。但没有,正当我们想要抓住莎士比亚的衣服后摆,正当我们要倾听斯宾塞说话,哈维的雄辩冉冉升起,我们再次陷入辩论,气势汹汹、滔滔不绝、冗长驳杂、陈词滥调。翻阅书页时,我们会发出疑问,我们究竟如何才能认识伊丽莎白时代的人?然后翻页、跳读,随意浏览,在言辞激烈的文字和连篇累牍的辩论中,断断续续地浮现出一些东西——一个人的身影,一张脸的轮廓,一个不是那么典型的"伊丽莎白时代的人",而是一个有趣、复杂、独特的人。

首先,我们从他处理妹妹的情书这件事开始了解他。我们看到他骑马前往剑桥,当时梅茜正在原野里跟着一个贫苦的老妇人挤奶。我们饶有兴

---

① 托马斯·纳什(Thomas Nashe,1567—1601),伊丽莎白时代的剧作家、诗人,代表作有《不幸的旅行者》。

致地观察,加布里埃尔·哈维会认为什么样的行为才合乎剑桥学者妹妹的身份。教育已经在他跟自己的家庭中间造成了一条鸿沟。他的父亲以制作绳索维生,他的母亲在麦芽厂工作。他从一条乡间街道骑马去往剑桥。由于出身卑微,他极度渴望出人头地,对妹妹非常严厉,谄媚权贵,有点以自我为中心,张扬不羁,却不以自己的家庭为耻。他的父亲可以将三个儿子送往剑桥,也不曾为自己的手艺而羞愧,甚至将自己编织绳索的场景制成雕像,摆在壁炉上方,此人绝非寻常。加布里埃尔的弟弟们跟随兄长来到剑桥,并成了他在校园里最好的同伴和值得骄傲的兄弟。他甚至会为梅茜而骄傲,毕竟她的美貌足以让一位尊贵的贵族摘下帽子上的宝石。毫无疑问,他也非常自负,身怀一种靠自己奋斗成功的骄傲。别人打牌时,他在阅读。他不会无底线地效忠权威,也与亚里士多德观点相左,这使得加布里埃尔在剑桥格格不入,甚至差点失去学位。但是这样的不幸让他得以在年纪尚轻的时候就学会了捍卫自己的权利,坚持自我。而且,他又比别人更能干、更敏捷、更博学、更英俊,即使他的对手也无法否认(纳什曾承认他"风头正盛时真的有点人模人样"),既然如此,他完全有理由相信自己一定会功成名就,只是同学心怀嫉妒和敌意使他功亏一篑。有一段时间,凭借自己的筹谋和经营,他在学术问题上战胜了对手。他开始发表演讲。伊丽莎白女王驾临奥德的庄园时,他应邀参与辩论,甚至获得了女王的关注。"他看起来像个意大利人。"当他引起注意时,女王发表看法。不过,他垮台的端倪在他成功时已经显现。他既不自尊自爱,也毫无自制力。他让自己显得荒谬可笑,也让他的朋友惊恐不安。当我们读到他精心打扮,"穿着一身不平整的天鹅绒套装";时而奴颜媚骨,畏缩不前,时而"明目张胆地挡住菲利普·西德尼爵士的去路";一会儿跟女士调情,一会儿"让她们猜下流的谜语";当女王称赞他时,他如何得意忘形,操着意大利口音讲着萨弗伦沃尔登的英语,我们就能想象他的敌人如何肆意取笑他,他的朋友又如何害臊脸红。所以,就算拥有一身的优点,他的人生也很快走向下坡路。他没有被莱斯特勋爵①聘用，没有成为校方发言人②，也没有被任命为三一学院的院长。不过，他的确在一个地方获得了成功。在一个烟雾缭绕的狭小房间里，当斯宾塞和其他年轻人谈论诗歌、语言和英国文学的未来时，哈维没有被嘲笑。相反，他在这里被严肃地对待。对于这些朋友来说，他跟所有人一样伟大。他可能是注定会让英国文学声名鹊起的人物之一。他对诗歌怀抱着无私的热情，学识渊博。当他滔滔不绝地探讨诗歌的音节长短和韵律的铿锵，当他津津乐道古希腊人写出了什么，意大利人写出了什么，以及英国人可能写出什么的时候，毋庸置疑，他为斯宾塞创造了一种充满希望，饱含好奇心和健全学识的氛围，这种氛围有助于激发一个年轻作家的想象力，并且让每一首新鲜的诗歌就仿佛是一小群冒险家的共同财产。斯宾塞是这么看他的：

> 哈维，比最幸福的人还要幸福的人
> 你总是静坐旁观，
> 在世界的舞台上，辣笔批判，
> 剖析世间种种弊端。

诗人需要这样的"旁观者"，需要置身战场之外，在瞭望塔上辨析战情。他会发出警告，也会预见时局。哈维发表意见的时候，斯宾塞一定心怀喜悦。然后他会停止聆听，让激烈的语言、好斗的声音继续下去，而他自己则从理论滑向实践，在脑海里构思出几句诗行。只是，旁观者可能坐得太久了，发表的看法愈发离奇古怪、霸道蛮横。他的理论或许太过严谨有序，无法适应生活的杂乱无章。因此，当哈维放弃理论而试图实践写作的时候，除了干瘪贫瘠的诗句、乏善可陈的韵律和油腻谄媚的颂词，别无他物。他没能成为一个诗人，正如他曾经没能成为一名政治家，没能成为一位教授，也没能成为院长一样。他似乎在曾经试图一展抱负的所有领域

---

① 莱斯特勋爵，英国贵族头衔。
② 即公共演说家（Public Orator），大学的传统官方职位，尤其是在英国，主要在公共场合充当大学的发言人。

都一败涂地，除了一点，他成了斯宾塞和菲利普·西德尼的朋友。

不过，让人开心的是，哈维留下了一本札记。他读书时有在页边做笔记的习惯。我们由此看到了哈维的两面性，要知道伊丽莎白时代的人很少会让人看到这一点。在表面的哈维背后，我们发现了另一个哈维，隐藏在怀疑、努力和沮丧之中。幸好，这本札记很小，书页留白很少，哈维不得不简而言之，因为是写给自己看的，所以只有在突如其来的记忆和经历袭来时，他才会动笔，这些文字就仿佛自言自语。这是真的，他似乎在说：这个事情让我想到；或者，要是我早这么做的话。我们因此而意识到了两个哈维的矛盾：一个屡屡在人群中犯错的哈维，一个家里坐拥书籍、才思敏捷的哈维。那个行动中受苦的哈维带着自己的实践和经历，求教于正在阅读和思考的哈维，寻求意见和安慰。

的确，这两个自我他都需要。第一个哈维生活中充满了冲突和困难。绳索匠人的儿子虽然表面看起来勇敢无畏，但在与一群绅士打交道时，卑微的出身依然让他饱受折磨。然后，静坐旁观的哈维就用那些获得了成功的人安慰他。想想"亚历山大①，一个毛头小子"。想想大卫②，"一个年纪轻轻的牧童，竟然战胜了凶猛的巨人"。想想友弟德③和教皇琼安④以及她们的英勇创举。最重要的是，想想那个"勇敢的女战士……圣女贞德⑤，一个能力出众、勇敢无畏的年轻姑娘……要是精力充沛、勇于冒险的姑娘都能干出一番事业……一个勤奋努力、足智多谋的男人又有何不可呢？"这位聪明又年轻的剑桥学者似乎在嘲笑绳索匠的儿子，因为他在绅士的艺术中捉襟见肘。"别写了，"加布里埃尔劝告他，"这只会浪费太多的时间……

---

① 古希腊马其顿王国的国王，通常被称为亚历山大大帝。
② 《圣经·撒母耳记》中的人物，在非利士与以色列人的战争中，曾用石子击中非利士的首席战士巨人歌利亚，并且割下了他的首级。日后，大卫统一以色列，成为著名的大卫王。
③ 友弟德（Judith）是希腊文《圣经》"七十贤士译本"，及天主教和东正教《旧约》中的人物。友弟德是一个犹太寡妇，利用自己的美色摧毁了一位亚述将军，并拯救了以色列。
④ 教皇琼安（Pope Joan），根据传说是一位在中世纪担任教皇长达数年的女性，博学多才。她的故事最早出现在13世纪的编年史中，随后传遍整个欧洲。不过大多数现代学者认为故事是虚构的。
⑤ 圣女贞德（Joan of Arc，1412—1431），法国的民族英雄，推动法国民族意识觉醒的重要人物，因在奥尔良围城战中的英勇表现而被誉为法兰西民族的捍卫者。

你已经如此这般折腾到筋疲力尽。"成为雄辩和说服艺术的大师。走进这个世界，去学习击剑、马术、射击。这三项技能一周就能学会。接着，这个雄心勃勃又跃跃欲试的年轻人开始发现异性的魅力，向他聪明不凡、静坐旁观的兄弟咨询爱情事务。在另一个哈维看来，跟女性交往时，礼仪是至关重要的，必须小心谨慎、克己守礼。这位顾问继续畅所欲言，一位绅士将以"跟淑女和绅士自在相处，不用殷勤地问候，也无须太多的尊重和仪式"而著称——这种反思无疑来自他在奥德丽庄园遭受冷遇的经历。保持健康和护理身体至关重要。"我们学者总是因为自己的身体和智慧而闹笑话"。一个人一定要"精力充沛地起床，一年到头的每个早上都应该保持良好的状态"。一个人必须饮食有度，精力充沛，经常锻炼，就像H弟弟一样，"他每天至少出去遛一趟猎犬"。一个人不能"喋喋不休或者沉思默想"。一个博学的人应该成为一个入世的人，让"锻炼、欢笑，勇敢向前"成为"日常习惯"。如果有人让他不快，指责、轻蔑、嘲弄他，最好的回应是"一个诙谐而豁达的讽刺"。在任何情况下，不要怨天尤人。"为了一件小事怨东怨西，是非常愚蠢的行为，也是任性无度和自以为是的标志。"倘若时过境迁，一个人仍然未能升迁，或者付不起账单，或者进了监狱，或者不得不忍受房东的嘲讽和侮辱，那也要记得"当你安于贫穷，那就不是真的贫穷"；倘若时过境迁，斗争不断，仿佛"生活就是一场战斗"，遭受暴击的男人不得不承认"若非为了希望，心灵几欲崩溃"，书房里那位接受咨询的圣人也不会任他自暴自弃。他告诉自己"承受痛苦最多的人，藏得最深"。

两个哈维——积极主动的哈维和消极被动的哈维，愚笨的哈维和聪慧的哈维——之间的对话还在继续。表面看来，尽管他们一起咨询探讨，这两种人格却成就了一个总体看来有些令人心酸的故事。因为那个曾经自命不凡、满怀希望，为妹妹出谋划策的年轻人，最后两手空空地回到了自己的故乡。在他人生最后的漫长岁月里，他待在萨弗伦沃尔登，成了一个无名之辈。他给附近的穷人行医看病。他生活窘迫，以黄油、根菜和羊蹄为食。即使如此，他有自己的宽慰之道，他仍然珍视自己的梦想。他穿着那套据纳什说从马鞍上偷来的破旧的天鹅绒套装在花园里闲逛，他的思想全部关乎力量和荣耀，关乎斯图克利[1]和德雷克[2]，关乎"黄金的获得者和佩戴者"。他拥有丰富的回忆，"关于美好的事物的记忆很快就会消失，倘若不能经常更新或者频繁想起。"他写道。不过，他的内心仍然怀抱着一些焦灼的冲动，那是对行动、荣耀、生活、冒险的渴望，这些东西让他无法沉溺于过去。他曾写下："只有此时此刻才值得珍视。"他也不曾用学术的灰尘来饮鸩止渴。作为真正的读者，他喜爱的书籍不是那种束之高阁的战利品，而是必须"沉思、练习、融入身体和灵魂"的活生生的内容。这位年纪老迈、心灰意冷的学者胸中，还抱持着一种不同寻常的任性的学习观。"学习一切事情最勇敢的方式就是没有书房、乐趣无穷。"他评价道。这样一个付不起账单，蜗居在乡间小屋，生活简朴，以黄油、根菜为食的老乞丐，肉体已经枯萎，皮肤"就像烧焦的羊皮纸一般爬满皱纹"，仍然怀抱着金奖获得者和佩戴者的梦想、行动和力量的梦想，看起来格外耀眼。最终他获得了自己的胜利。他活得比他的朋友和敌人——斯宾塞和西德尼，纳什和佩恩——都要久。他的寿命相对一般的伊丽莎白时代的人来说也更长，他大概活到了81或82岁[3]。当我们说哈维活过了，我们的意思是他吵过架、讨人厌、很可笑，努力过也失败过，他有一张跟我们一样的脸——一张总在变化的普通人的脸。

（董灵素　译）

---

[1] 托马斯·斯图克利（Thomas Stukley，1525？—1578），英国雇佣兵，据称是亨利八世国王的私生子。
[2] 弗朗西斯·德雷克（Francis Drake，1540—1596），英国探险家。1577年英格兰的伊丽莎白一世派德雷克在美洲太平洋沿岸与西班牙人展开远征。他的远征开启了英国人在美洲西海岸与西班牙人冲突的时代。
[3] 疑为作者笔误，哈维死于1631年，享年79岁。

三百年后读多恩

过去的三百年里,在英格兰被书写、出版的文字何止百万,然而随着时间的流逝,大部分都已湮没无闻,不留一丝踪迹。一想到这些,就让人忍不住发出疑问,多恩的文字究竟有何魅力,可以经久不衰、历久弥新。当然,即使在多恩逝世三百年(1931)这样一个歌功颂德和美言奉承都可以被理解和原谅的特殊年份,我们也断不会说多恩的诗歌被广为传诵,或者说下班路上,从正在乘坐伦敦地铁的打字员身后看去,就能发现她手里捧着一本多恩的诗集。不过他的作品仍然被阅读,他的名字仍然能被听到。作品新版本的出版,频繁的文章评论,这些事实都足以证明他的影响力。从伊丽莎白时代到现在,他的声音究竟是如何飞越横亘其间的波涛汹涌的大海,至今回响在我们耳畔?研究他的作品之于我们的意义,或许是值得的。不过,他的诗歌最吸引我们的第一个特质,并非其意义,而是更纯粹、更直觉的东西。他的语言具有极强的震撼力,无须开场白,也不用兜圈子,他能从最短的路径跃入诗歌,一句话就可以省略所有铺垫:

我渴望与昔日恋人的灵魂交流[①]

或者:

[①] 出自约翰·多恩的《爱神》。

> 他疯了,若谁说
> 自己转瞬坠入爱河[1]

只需一瞬,我们就被他抓住了。立定站好,听他发号施令:

> 立定站好,听我发表演讲
> 我要讲爱,讲爱的哲学[2]

立定站好,我们只得侧耳倾听。开头寥寥数语,就让我们全身震颤。先前麻木、迟钝的领悟力,在颤抖中苏醒,视觉和听觉神经立马敏锐起来,那"光亮的发圈"[3]仿佛在眼前燃烧。值得注意的是,我们不仅会留意那些让人难忘的美丽诗行,还会被推入特殊的心境之中。在多恩激情的冲击下,那些散落在平淡生活中的元素,组成一个和谐的整体。那个片刻之前还平凡单调、纷纷扰扰的世界消失了,取而代之的是多恩的世界,所有其他感觉都被隔绝在外。多恩拥有一个独特的品质,那就是瞬间震慑和征服读者的力量,他就是凭借这一点成为诗坛翘楚,也正因如此,我们才能在只言片语间抓住他的诗歌的精髓。不过,这种精髓在作用于我们的同时,又化作各自矛盾的碎片。很快,我们就开始沉思,这些精髓到底是由什么构成的,又是如何构成如此深刻复杂、直入内心的印象。从诗句的表面就可以看出一些端倪。比如阅读《讽刺》,不需要了解创作背景,我们就可以看出这是一个少年的作品。他拥有少年疾恶如仇、黑白分明的特征,憎恶中年人的愚蠢以及陈旧规范的迂腐。乏味的人、说谎的人、谄媚的人,他们都是些面目可憎的骗子和伪君子,能用寥寥几笔就勾勒出他们的形象,再清扫出这个世界,何乐而不为呢?年轻气盛的少年发出嘲笑,向这些愚昧的人发出猛烈的抨击,在无情的讥讽中,也展现了少年对生活的激情、

---

[1] 出自《破碎的心》。
[2] 出自《关于影子的演说》。
[3] 出自《遗迹》。

信心和乐趣。少年那表情复杂、充满好奇的脸庞成了读者的早期印象，冲动中掺杂着细腻，感性又神经质，但继续读下去，我们开始怀疑他是否拥有一些独特的品质，让他在年轻人中卓尔不群。这不仅是因为年轻人想法太多又急于表达，来不及思考语言是否优美、思路是否清晰便脱口而出。也许在这种删繁就简、出其不意的意念堆叠之中，隐藏着更深层的不满，而不只是年轻人对时代的不满、诚实的人对腐朽的不满。他是一个反叛者，不仅反对比他年长的人，也反对那个时代风气中一切他反感的东西。在他的时代，有些人有意拒绝使用当代的流行语汇，他的诗歌却反其道而行之。这些诗歌仿佛无视舆论的压力，为了古怪而古怪，所以有时候外在的评判也不得其门而入。他不守成规，就像勃朗宁和梅瑞狄斯，肆意任性，常纵情又无端地利用古怪来宣示自己的离经叛道。不过，想要了解他对自己的时代究竟有何不满，不妨想想他创作初期可能对他造成显著影响的事物，比如他阅读的书籍。在他的自白中，我们不难发现，他选择的书多是"庄重的神学"，"哲人"的著作，"有趣的政治家，教人如何将城市破碎的悲惨躯体连接起来"的作品，还有编年史。很显然，他热爱事实和辩论。倘若说他的书中也有诗人之作，从他贬低那些诗人为"头脑空空的幻想家"来看，他根本看不上这门艺术，或者他完全明白诗歌中有哪些特质是他反感的。然而，他的确生活在英国诗歌的蓬勃发展时期，斯宾塞的作品一定会是他的"架上之宾"，还有西德尼的《彭布罗克伯爵夫人的阿卡迪亚》《精巧乐园》，莱利①的《尤菲斯：智慧的解剖》。他还有机会去剧院欣赏戏剧，也的确去过，因为他说"我跟他说了新戏"。他看过马洛、莎士比亚的表演。他到伦敦游历之时，也一定见过了当时的各位作家，斯宾塞、西德尼、莎士比亚，还有琼森②；在这家或者那家小酒馆里听说各种新剧、新诗，听博学的人激烈地讨论英文的潜力和英文诗的未来。然而通过他的传记，

---

① 约翰·莱利（John Lyly, 1554—1606），英国作家、剧作家、朝臣，代表作有《尤菲斯：智慧的解剖》，及其续篇《尤菲斯和他的英格兰》。英语中"委婉语"（euphemism）一词正是来源于这两本书的主人公尤菲斯（Euphues）。
② 本·琼森（Ben Jonson, 1572—1637），与莎士比亚同时期的英国文艺复兴剧作家、诗人，代表作有《炼金术士》《每个人都幽默》等。

我们才知道，他既未结交同代的作家，也并没有读过他们的作品。他是一个遗世独立的人，无法从身边正在发生的一切中获益，反而会被当时的社会风气扰乱心神，不能专心致志。回过头来再读《讽刺》，就能轻松看出为何如此。他思想大胆、思维活跃，喜欢研究现实，他的感官神经时刻绷紧，捕捉每一次撞击感官的刺激，再试着把它们原原本本地表现出来。被厌弃之人当街拦住，多恩准确、生动地形容他：

>　　他的衣着古怪而粗糙，乌黑无装饰；
>　　无袖的紧身上衣，
>　　曾是天鹅绒，现在（已经露了底）
>　　变成塔夫绸；

接着，多恩喜欢直白地写出人们口头说的话：

>　　他，干涩的声音如绷紧的鲁特琴弦，哦，先生
>　　谈到国王，我就高兴。
>　　我说啊，在西敏寺，
>　　那个看管教堂坟墓的人，
>　　每个来客都得付出点代价。
>　　我们所有的亨利们，我们所有的爱德华们，
>　　从国王到国王，还有所有的皇亲国戚，
>　　你所听到的只有国王，
>　　你所看到的只有国王，
>　　到那里去的路，就是国王大道。

他诗歌的优缺点在这里尽显，他会选出一个细节，深思良久，直到精练成几个词汇来表现它的古怪。

>　　你患风湿的手指，短粗红肿，

就像一捆腐烂的萝卜。

可惜他无法看到事物的全貌。他无法置身事外地纵览大局，所以他的描述只是一刹那的激情迸发，很少涉及更宏观的一面。那么自然而然，他难以利用戏剧手法来描述角色的冲突，只能借着独白的方式直抒胸臆，进行讽刺或自我分析。斯宾塞、西德尼、马洛都不是拥有外部视角的诗人。典型的伊丽莎白时代文人热爱雄辩的语言，渴望使用新潮的词汇，总是喜欢夸大其词，概括大意。他们喜欢广阔的风景，英雄的品格，遥不可及或者处于英雄冲突中的崇高人物。就连散文家也偏爱这种夸大的写法。就比如德克尔①，他在描写英国女王伊丽莎白一世驾崩时，不去描绘去世的场景，也不讲事情发生的春天，而是谈及全部的死亡、所有的春天。

> 杜鹃整日啼叫（像孤独的提琴手，从一家小酒馆演奏到另一家）。小羔羊在山谷间上下跳跃，孩子和山羊在山坡上来回奔跑。牧羊人坐在一旁抽着烟斗，乡下姑娘哼唱山歌，小伙子们正为心爱的姑娘写十四行诗，姑娘们在为爱慕的小伙编织花环。乡村四处欢笑，城镇一片欢腾……午夜，没有尖叫的猫头鹰惊吓淳朴的乡下人，中午，没有鼓声叨扰城里人。但是，一切比一池清水还要平静，万籁俱寂，仿佛天神在无声地嬉戏。总而言之，天堂好像一座宫殿，大地恍若一个乐园。可是，人类的幸福多么短暂！这世间的快乐转瞬即逝，如过眼云烟！

简单来说，就是女王驾崩了。要问帮德克尔打扫房间的老妇人说了什么，或当晚齐普赛街的人群看到了什么，都是没有用的。他必须夸大，他必须概括，他必须美化。多恩的才华恰恰相反。他喜欢删繁就简，呈现细节。在精致的外观上，他可以观察到每一个污点和每一处褶皱，而且怀着

---

① 托马斯·德克尔（Thomas Dekker，1572—1632），英国剧作家、散文家，代表作《鞋匠的假期》等。《美好的一年》是他的第一篇散文，这是一篇关于伊丽莎白去世、詹姆斯一世登基和1603年瘟疫的新闻报道，它结合了多种文学体裁，试图传达那一年的大事件，获得了巨大的成功。

极大的好奇心去记录自己对这种参差对照的反应,将两个互相矛盾的画面并列对比,让它们自己发出不和谐的声音。在那样一个崇尚华丽的时代,他渴望洗去铅华,决心不去记录那些看似圆润和完整的相似之处,而是记录那些打破平衡的矛盾所在,让读者同时感受到爱、恨等不同情感,这些特质让他有别于其他同代的诗人。倘若日常琐事,比如被无聊的人纠缠、被律师套话、被谄媚者怠慢,都可以给他留下如此深刻的印象,那么,坠入爱河对他的影响一定会轰轰烈烈。对多恩来说,陷入爱情有千般滋味,它意味着折磨不休、痛不欲生、黄粱一梦、狂喜不安。当然,也意味着要说真话。但他的情诗、挽歌和书信,为我们呈现出一个与维多利亚时代典型风格截然不同的形象。那个伟大的理想形象,经过数十支妙笔的塑造,直到现在仍在我们眼中焕发光彩。她通体雪白如石膏,笔直的长腿细腻如象牙,柔美的秀发如同金丝,贝齿则宛若东方的珍珠。她的声音悦耳动听,步态优雅端庄。她可以动情、可以嬉闹、可以不忠、可以屈服、可以残忍,也可以付出真心,但她的感情简单纯粹,与她的天性相符。多恩的诗歌所呈现的就是这样一位异乎寻常的女郎。她美丽无比,孤傲不群又擅长交际,质朴无华也喜欢城市生活,生性多疑又虔诚忠实,多愁善感又含蓄内敛,总而言之,她复杂多变,就和多恩本人一样。挑选一个完美之人,爱上她,只此一人。多恩,或者任何一个任由情绪蔓延并忠实记录自己情绪的人,怎么可能如此压抑天性,用谎言去迎合传统和体面?"爱情最甜蜜的部分"难道不是它的"多样性"?"音乐、欢乐、生命乃至永恒都是从变化中孕育的。"他吟唱着。那个时代的人拘谨保守,只会让一个女人从一而终,他则羡慕、钦佩古人,他们"拥有多重之爱而无罪"。

> 但自从那荣耀的头衔加冕,
> 我们软弱易轻信的特点一直被滥用。

我们已经从崇高的地位堕落,自然的黄金法则早已弃用。通过多恩那时而乌云遮天,时而晴空万里的诗歌之镜,我们看到他爱过、恨过的女人次第出现。那个惹他生厌、平平无奇的朱丽叶;那个愚笨的女子,他曾教给她爱的艺术；那个，嫁给了"困在摇椅里"的无用丈夫；还有那个，爱她需要冒着风险，费尽心机；那个梦到他在穿越阿尔卑斯山时不幸死去的人；那个冒险爱他，他不得不劝她离开的人；还有成熟的贵妇，他对她敬重多于喜爱。她们普通或不凡，单纯或世故，年轻或年长，高贵或卑微，但无论如何，每个人都有独特的魅力，都是与众不同的恋人，虽然男人还是同一个男人。不过这些女人或许只是同一个人的不同阶段，而并非全然独立的、不同的女人。后来，这位圣保罗大教堂的教长①想要重新编辑这些诗歌，有意掩盖其中一个情人——也许就是《就寝》和《爱情战争》中的女人。但是，倘若真的这么做了，那将铸成大错。多恩的情诗正是因为这些不同欲望的统一而焕发生机，并且拥有了一种在传统、保守的情人中少见的优势——精神性。如果我们不贪恋肉体，又如何去爱上精神？如果不去多元、自由地爱，承认对一种又一种品质的欲望，又如何在最后选出一项重要品质，然后从一而终，抚慰纷繁躁动的心弦，进入超越"男女"的境界呢？即使在反复无常、将青春的欲望放纵到极致之时，多恩也能预测到成熟的季节，等到那时，他便可以用另一种爱的方式，带着痛苦和与艰难，一个一个地去爱。在轻蔑不屑、出言不逊、冷嘲热讽的同时，他也预言到了一种超脱变化与分离的关系，即便不用肉体去爱，也可以水乳交融、合为一体。

> 即便将我们撕裂，你也无法把我们分离，
> 纵然身体可以，我们的灵魂始终相依，
> 我们依然相爱，通过书信，通过赠礼，
> 在思想上，在梦境里；

以及：

> 他们，若是生命不息，

---

① 约翰·多恩于1621年受命成为圣保罗大教堂的教长，担任此职位直到1631年去世。

就永不别离

更有：

有一件事男女皆宜，
或生或死，一般无异，
那就是爱，如此神秘。

这样一种对更深刻、更美好的状态的暗示和预期，驱策着他，惹得他终日不得安宁，永远不满于现状。在短暂的欢愉和厌恶之外，另有一重超越性的奇迹所在，这种感觉一直逗弄着他。恋人们终会实现一种超越时间、超越性别、超越肉体的交融，哪怕只有一瞬，终会抵达。在《狂喜》这首诗中，两人一同躺在河岸上。

一整天，我们都保持一个姿势
不发一语，整日如是
狂喜让人清醒
（我们说）告诉我们，什么是爱，
我们知道，它并非性爱，
我们了解，我们所见并不能真正让我们动情……
那么，我们懂了，这新鲜的灵魂是什么模样
我们由什么构成，为什么而生，
灵魂，就是我们成长的原子
任何变故都无法侵入。
但是啊，我们的肉体如此长久，如此遥远
我们为何还要忍耐？……

但是，很可惜，他在此戛然而止，这些诗句也提醒了我们，无论我们多想让多恩保持住一个姿势——因为在这种"狂喜"的状态中，纯粹的诗句喷涌而出——保持不变违背了多恩的天性,或许也违背万物的天性。多恩可以抓住这激烈的迸发,因为他知道必须做出的变化,以及必须打断的不和谐。

无论如何,环境不允许他长期保持这种狂喜的状态。我们很快就会想到,他曾秘密结婚,也曾有过孩子。他生活窘困却野心勃勃,和家人住在米查姆①一座潮湿的小房子里,还带着几个体弱多病的小孩子。他们哭闹不止,哭声会透过单薄简陋的墙壁,打扰他的工作。他自然要找清静之所,也自然要为这种清静付出代价。他去取悦那些尊贵的夫人,贝德福德伯爵夫人②、亨廷顿伯爵夫人③、赫伯特夫人④,她们拥有丰盛的食物和美丽的花园;他去讨好那些有钱的先生,他们有数不清的房间。因此,在犀利的讽刺家、傲慢的恋人背后,多恩也有曲意逢迎的一面,他是大人物们虔诚的随从、夫人们殷勤的歌颂者。这时,我们与他的关系突然变了。在多恩的讽刺诗、情诗里,呈现出一种心理的激情和复杂,这种特质让我们觉得多恩比他的同侪更加可亲。同代的其他诗人,仿佛身处另一个世界,完全体察不到我们复杂的困惑,却充满澎湃的激情,这让我们仰慕不已,却无法感同身受。虽然相似性很容易被夸大,我们依然要宣称自己跟多恩更加亲近,因为我们愿意承认参差的反差,我们渴望坦然的开放,还有错综复杂的心理,小说家们曾用他们缓慢的、微妙的、分析的笔触剖析给我们看过。现在,我们想跟上他的脚步,他却突然让我们陷入困境。他变得遥不可及,过时老旧,比任何一个伊丽莎白时代的诗人都有过之而无不及。他曾轻视不屑的时代精神仿佛突然反客为主,将这个反叛者收服为奴。我们

---

① 英国伦敦南部默顿自治市内的一个地区。伊丽莎白女王一世统治期间,她至少访问了该地区五次。约翰·多恩和沃尔特·罗利爵士(Sir Walter Raleigh)当时在这里居住过。
② 指贝德福德伯爵夫人露西·罗素(Lucy Russell, Countess of Bedford, 1581—1627),伊丽莎白时代和雅各宾时代艺术和文学的主要贵族赞助人,曾支持过本·琼森、迈克尔·德雷顿、塞缪尔·丹尼尔、乔治·查普曼和约翰·多恩等。她是维多利亚女王的终身好友,在1837年到1841年期间担任女王的寝室女官。贝德福德公爵夫人最知名的事迹是首创了"下午茶"这种餐饮文化。
③ 指亨廷顿伯爵夫人伊丽莎白·黑斯廷斯(Elizabeth Hastings, Countess of Huntingdon, 1588—1633),原名伊丽莎白·斯坦利夫人,英国贵族女性和作家,第五代亨廷顿伯爵亨利·黑斯廷斯的妻子。
④ 玛格达琳·赫伯特(Magdalen Herbert, 1561—1627),英国庄园管理人,约翰·多恩的赞助人。

再也看不见那个愤世嫉俗、直言不讳的年轻人,看不见那个纵情恣肆,渴望与爱人神秘结合的恋人,以及那种千回百转,最终寻到这种超越性交合的奇迹。于是,转而痛斥那些让纯洁的年轻人自甘堕落的赞助人和赞助人制度,也就理所应当。不过我们过于草率了。每个作家都有自己的读者群,很难说,究竟是贝德福德家族、德鲁里家族和赫伯特家族糟糕,还是如今坐拥图书馆和报刊业的人更坏。确实,这样的比较非常困难。我们从多恩的诗歌中发现,那些为他的诗歌带来奇怪元素的贵妇人们,或者只是映像,或者有些失真。回忆录和书信的时代尚未到来,倘若她们写作,据说彭布罗克伯爵夫人和贝德福德伯爵夫人都是才华横溢的诗人,她们也不敢在作品上署名,这些作品还是会随风而逝。不过,幸好有一些散落的日记,我们可以借此窥见她们亲切真实、不那么风花雪月的一面。譬如安妮·克利福德夫人[①],她是克利福德和罗素家族的后代,尽管性格活跃、务实,接受的教育不多,"因为父亲不允许,也没学过其他语言",从她日记里坦诚的言语间,我们也能感觉到,她觉得自己对文学和创作者们怀有一份责任,就像自己的母亲之前所做的一样。她的母亲就是丹尼尔[②]的赞助人。当时,人们热衷土地和房产,作为一个高贵的女继承人,她也深受影响,忙于财富和资产带来的种种琐事,即使这样,她依然会阅读优美的英文书,就像会享用上好的牛羊肉那般自然而然。她读过《仙后》和西德尼的《彭布罗克伯爵夫人的阿卡迪亚》,还出演过本·琼森的王宫假面剧作。一个有身份的女孩阅读乔叟这种老古董诗人,而不必担心会被嘲笑为老学究,这恰好表明了她对阅读的尊重。这种习惯也构成了她那教养良好的、日常生活的一部分,即使在她成为一处房产的女主人、有权拥有更大地产的时候,也一直坚持不懈。在诺尔庄园居住时,她做着刺绣,旁边有人为她大声朗读

[①] 安妮·克利福德夫人(Lady Anne Clifford, 1590—1676),英国贵族,文学赞助人,法定的第14代克利福德男爵夫人。父亲是威斯特摩兰郡比城堡和斯基普顿城堡的第三代坎伯兰伯爵乔治·克利福德,母亲玛格丽特·克利福德是诗人艾米莉·亚拉尼尔的赞助人。1630年嫁给第4代彭布罗克伯爵菲利普·赫伯特。

[②] 塞缪·丹尼尔(Samuel Daniel, 1562—1619),英国诗人、剧作家、历史学家,代表作是十四行诗《迪莉娅》、史诗《兰开斯特家族与约克家族之间的内战》。

蒙田，丈夫工作时，她沉浸在乔叟的作品中。后来，当多年的纷扰和孤独让她黯然神伤时，她又拿起乔叟，满足地叹息着："要是没有乔叟伟大的作品给予安慰，我的处境将充满烦忧。"她写道："但一读到这书，我将一切都看淡了，乔叟把他美好的精神注入了我的心。"写出过这些话的这位女士，尽管从未想过开办沙龙或者建造图书馆，却觉得自己有责任尊敬那些出身低微、生活窘迫能写出《坎特伯雷故事集》或《仙后》的作家。多恩曾在诺尔庄园为她讲道，西敏寺的第一座斯宾塞纪念碑也是由她资助建造。在为这位昔日家庭导师建立纪念碑时，她对自己的头衔和功绩大书特书，当然也不忘承认，像她这样的名门闺秀也要向书籍的创作者们献上感激。在她房间的墙壁上，钉着一些伟大作家的名言，她在里面处理生意。工作的时候，这些箴言永远围绕着她，就像蒙田在勃艮第的塔楼里所做的一样。由此，我们可以推测，多恩和贝德福德伯爵夫人的关系，跟现在的诗人和伯爵夫人之间的可能不太一样。他们的关系中，有一丝疏远和拘礼。于他而言，她是一位"品德高尚、高高在上的君王"。性格之外，她的身份令人崇敬，她的赏赐和礼物让人谦卑。他是她的桂冠诗人，他为她写赞美诗，以此获得去特威克纳姆庄园①陪伴她的机会，借此结识权贵。这些人，对有志之士的前程大有裨益。多恩有远大的志向，他不止想得到诗人的名声，更想获得政治家的权力。因此，当我们读到贝德福德伯爵夫人是"上帝的杰作"，超越世间各代所有女子时，我们意识到约翰·多恩的赞美诗不是献给露西·罗素的。他的诗歌歌颂的是高贵的地位。社会等级的差别激发的是理性而不是激情。倘若贝德福德伯爵夫人从自己随从的赞美诗里感受到了情迷一时的欢愉，那她一定聪颖灵性，精通神学的微妙含义。确实，多恩写给赞助人的诗精妙绝伦、大有深意，好像是为了说明，为这样一位读者写诗，就是为了表现诗人的天赋异禀。他写的不单单是诗，而是一些看起来就花了许多功夫的内容，以此向赞助人证明自己在为她奉献才智。而且，这样的诗会在政客和官员中间传阅，可以用来证明自己不只是会写几句诗的文人，还能胜任公事、承担职责。灵感来源的变化扼杀过许多诗人，

---

① 位于伦敦西南部特威克纳姆的一处庄园。1608年，贝德福德伯爵夫人露西·罗素继承了这座庄园。

看看丁尼生与他的《国王之歌》①就知道了,但是,在多恩身上则产生了不同的作用,激发了他多重性格和头脑的另外一面。当我们读到那些表面上赞美贝德福德伯爵夫人或歌颂伊丽莎白·德鲁里②夫人的诗篇,比如《世界的解剖》和《灵魂的进程》时,我们不禁想到,爱情的季节已经淡去,诗人还有什么可以写的?青春年少一过,许多诗人就不再写诗,也不再跑调地唱着年轻时候的歌谣,但多恩凭借其敏锐的才智和激情,在中年的艰难险阻中幸免。当"令我在写作中蔑视一切的讽刺火焰"熄灭之后,当"因为我已经冷却,我的缪斯(我曾有一位)离我而去"时,多恩依然保有剖析事物本质的能力。在激情饱满的年轻岁月里,他就是一位善于思考的诗人,先是剖析自己的爱情,进而剖析世界,从个人情感转向非个人情感对他这样复杂的性格来说,这属于自然而然的变化。人到中年,经历了太多世事,他看待事物有了新的角度,释放出了此前面对某位特别的夫人或先生时被压抑的力量。现在,他的想象力已经挣脱束缚,正信马由缰地驰骋,如火箭般疾速升腾。火箭爆炸,散落成细小的碎片,成为古怪的猜测、琐细的比较、陈旧的学识,不过头脑与心灵、理智与感性为它们插上双翼,让它们快速飞远,去往更高远的天空。通过夸张地赞美死去的女子,他振作起来,继续写道:

> 我们驾驭着群星,一路奔驰
> 无论是否心甘情愿,它们都遵从我们的节奏。
> 但地球是否浑圆如故?
> 特纳里夫岛③,或者更高的山峰,
> 如岩石般高耸,让人以为
> 漂浮的月亮会在那里触礁、沉没?
> 大海如此幽深,上钩的鲸鱼,今天

---

① 《国王之歌》(Idylls of the King) 是英国诗人阿尔弗雷德·丁尼生勋爵的叙事诗。
② 伊丽莎白·德鲁里 (Elizabeth Drury, 1556—1599),伊丽莎白一世的寝室女官。
③ 特纳里夫岛 (Tenarif),现加那利群岛中最大和人口最多的岛屿。

或者明天，不会中途死去

它们最终的归宿，是在海底

为了探测海的深度，人们垂下这么多绳索

人们有理由相信

在地球的另一端，有一个对跖点。

又或者，伊丽莎白·德鲁里死了，她的灵魂飞走了：

她不在空中

因为天空是群星的领地

她既不想知道，也不愿感受

这空中地带是否深厚浓烈

她不知晓，是否屡经火的试炼

她不曾引诱月亮，

也无意探索，在那个崭新的世界，

人是活着，还是死去

金星不曾阻挠她前进，

去询问，她是否愿意成为一颗晚星

那个曾迷惑过阿戈耳斯的甜蜜水星[①]

对她毫无作用，她早已慧眼如炬。

于是，我们步入了一个遥远的境界，与诱发爆炸的女孩之死相差十万里。不过，诗歌的价值就在于其紧密的结构和持久的力量，倘若断章取义，就是在贬损它们。诗歌需要连贯地阅读，需要把握整体的活力和能量，而不是多恩曾照亮我们漫长攀登之路的单独诗行。

[①] 水星（Mercury）一词来自古罗马神话中的信使墨丘利，相当于古希腊神话中的赫尔墨斯。阿戈耳斯是古希腊神话中的百眼巨人。宙斯爱上了妻子赫拉的女祭司伊娥，赫拉发现后将伊娥变成母牛交给百眼巨人阿戈耳斯看管，宙斯命令信使赫尔墨斯用魔法长笛吹奏摇篮曲迷住阿戈耳斯，并砍了它的头，释放了伊娥。

终于，我们读到了书的最后一部分，《敬神十四行诗》（*Holy Sonnet*）和《神启诗》（*Divine Poems*）。时过境迁，诗歌又发生了变化。赞助人为了其他赞助的需要而离开，贝德福德伯爵夫人被一位更高高在上的王子代替。这位风头正劲、赫赫有名的圣保罗大教堂教长也转投他的门下。但是这位高官的圣诗和赫伯特、沃恩们的圣诗是多么不同啊！在他写作的时候，昔日的罪孽又回到了他的脑海里。他曾饱受"欲望和嫉妒"的煎熬，他曾追求世俗的爱情，他曾目空一切、反复无常、多情易怒、卑躬屈膝、野心勃勃。他达到了目的，却衰颓得比牛马都不如。如今的他太过孤独，"我爱的人死了""我的良善也随之而去"。现在他的心思终于"完全安放到神圣的事情上"。那么，既然坐拥"由多种元素精妙拼凑的小世界"，多恩又怎么会把全部身心交付在一件事情上？

> 噢，让人烦忧的是，矛盾偏偏集于一身：
> 无常却生出了有常
> 当我无法忍受
> 我就改变誓言和信仰。

这位诗人如此奇异地发现了人生之流动变化和反差，他既如此渴求知识，又如此充满怀疑——

> 理智地去怀疑，以奇特的方式，
> 立正质询权利，并非误入歧途，
> 浑浑噩噩，才是。

他曾效忠于众多高贵的亲王、国王和英格兰教会。对他来说，要像生活纯粹的诗人那样，保持一种从一而终、确定不疑的状态，那是不可能的。他的虔诚本就是有感而发，时有时无。"我的虔诚忽来忽去，就像一种神奇的疟疾。"他的虔诚充满了矛盾和痛苦，如同他的情诗在最具情欲的时候会突然表现出对"超越男女"的融合的渴望。他写给贵妇们最恭敬的赞诗，会在瞬间变成一个多情男人写给一个有血有肉的女人的情诗,所以这些后期的圣诗,攀升与坠落同在,喧嚣与庄严共存,仿佛教堂的门开向喧嚣的街道。也许这就是它们今天仍能引起兴趣和反感、轻蔑和钦佩的原因。这位教长仍然保留了年轻时那种难以抑制的求知欲。即使他已然接受世界所能给予的一切,还是会忍不住说出真相,这种诱惑仍然存于他的心中。一种探求自己感官的顽固兴趣一直影响着他的晚年生活,搅扰了他晚年的安宁,正如它们也曾影响过他的年轻时代,让他成为一名最有力的讽刺家和最有激情的情人。因为秉性复杂,即使到达了名誉的巅峰、走到了坟墓的边缘,他也停不下来。他感到死亡临近,做了一些惊天动地的临终准备:他躺在裹尸布里,让别人按照这个样子雕刻他的墓碑,这个做法与疲惫、满足的入眠者截然不同。他要保持姿势,一动不动地站着,这是一种警告,也是一种预兆,但永远自觉又明晰。最后,这是我们今天仍在寻找多恩的原因之一,也是三百年后,我们依然可以清楚地听到他跨越时代、与我们对话的声音的原因之一。也许我们剖开一切"研究每个部分"是出于好奇,就像医生一样不知道隐藏在背后的原因,不知道为何这么多特质会集中在一个人身上。但是只要阅读他的作品,听听他那充满激情和穿透力的声音,他的身影就会超越时光的流逝,重新出现,比任何时期的他都更加挺拔、更加威严、更加神秘。甚至连大自然似乎都对他表示尊重,伦敦的大火[①]几乎摧毁了圣保罗大教堂里所有的纪念碑,唯独多恩的雕像毫发无损,就好像火焰本身发现那个结太难解了,那个谜太难猜了,那个雕像本身太完整了,无法变成普通的黏土。

(董灵素 译)

[①] 指1666年伦敦圣保罗大教堂的大火。

《彭布罗克伯爵夫人的阿卡迪亚》

如果写书的目的是逃避现实，逃避当下的卑劣与肮脏，那么读者也能感同身受。放下百叶窗、关上门，隔绝街上的噪音，遮蔽街上耀眼的强光和摇曳的灯火——这就是我们的愿望。像《彭布罗克伯爵夫人的阿卡迪亚》这样沉甸甸的巨著，好像因为太过沉重，而陷在书架最底层，但这样也别有一番魅力。读者喜欢那种超越当下的感受：在此之前，曾有无数双手触摸过这本书的皮革封面，书角也被磨得又圆又钝，无数次翻阅之后，书页也发了黄、卷了边。我们把早期读者的灵魂召集到面前，他们都从这本书中看到了自己眼中的阿卡迪亚（Arcadia）。理查德·波特在书里读到了伊丽莎白时代的辉煌；露西·巴克斯特则感受到了复辟时代的荒淫无度；时至18世纪，托马斯·哈克也还在读这本书。他的签名优雅笔直，尽显与前人的不同之处。每个人的阅读方式都不尽相同，带有各个时代的洞见与盲点，我们的阅读也同样失之偏颇。1930年的读者会错过那些在1655年看起来显而易见的东西，但同时也能洞悉在18世纪被人忽略的事情。让我们加入这些读者的队伍，带着我们这个时代的洞见与盲点来阅读《彭布罗克伯爵夫人的阿卡迪亚》，并将其传递给未来的读者吧。

如果我们是因为想要逃离现实才选择阅读《彭布罗克伯爵夫人的阿卡迪亚》的话，那么这本书给我们的第一印象是西德尼写这本书的初衷与我们大致相同。作者对自己的"妹妹，亲爱的彭布罗克伯爵夫人"说："这本书仅仅为你而著。"身居威尔顿，西德尼对眼前发生的事视若无睹，既不顾及个人的烦恼，也无心留意远在伦敦、脾气暴躁的女王。他把自己从当前的纷扰中抽离出来，只想写点东西哄妹妹开心，完全无意为人们提供更加严肃的读物。西德尼写道："亲爱的妹妹，如你所见，作品写得很潦草，七零八落。其中大部分是当着你的面写的，余下的一旦完成，便会寄给你。"西德尼和彭布罗克伯爵夫人坐在威尔顿的丘陵下，眺望远方，看着远处一片美丽的土地，他称之为阿卡迪亚。那里有幽静的山谷和肥沃的牧场，房子是用黄色的岩石垒成的小屋，有着星星的形状。住在那里的人，不是卑微的牧人便是尊贵的王子，他们要做的事就是恋爱和冒险。鲜红的玫瑰花染遍田野，漫步其间的仙女受到了狮子和熊的惊吓。公主被禁锢在牧羊人的小屋中。那里的人必须乔装打扮，牧人其实是王子，而女人则是男儿之身。简而言之，除了1580年发生在英格兰的真实事件之外，这里一切皆有可能。我们不难理解，为什么西德尼在把这些梦话交给妹妹的时候，会笑着求她笑纳。他说道："闲来无事的时候请读一读它，你优秀的判断力会看出里面的傻话，请不要指责，一笑便罢。"即使对于西德尼、彭布罗克两家人而言，生活也和书中的故事完全不同。然而，就在我们双目半阖、陷入沉思，倾吐出不切实际的幻想时，我们所创造的人生、讲述的故事，或许有着某种狂野的美，某种热切的能量。我们常常在这些幻想中揭示出种种扭曲变形的形象，而我们的渴望则以不动声色、偷偷摸摸的形式掩藏在这些形象里。《彭布罗克伯爵夫人的阿卡迪亚》有意无视作品与事实的联系，因而创造出了另一种现实。西德尼曾暗示，他的朋友会因作者的缘故而喜欢这本书。他的意思也许是指，朋友们听出了他用其他方式难以言表的话，就像坐在河边吟唱的牧羊人，"时而抒发快乐，时而宣泄悲伤，时而讲述彼此之间的挑战，时而则用隐藏的方式，来表达人们不愿面对的事"。也许一位真实的男子，借着《彭布罗克伯爵夫人的阿卡迪亚》的伪装，试图偷偷说些心里话。书的前几页充满新鲜感，这个伪装足以令读者着迷。我们发现自己在某个春天，来到了"西塞拉岛"（Island of Cithera）的沙滩上，身边是一群牧羊人，看到有东西在水面上漂着。那是一具男尸，胸前紧紧抱着一个小匣子。此人年轻俊美，虽然不着寸缕，但对他来说，赤身裸体也是一种服饰。他叫穆西多露斯（Musidorus），和朋友失散了。年轻人在牧羊人悠扬的歌声中复活,然后他们划着小舟,离开海港,去寻找皮罗克里斯(Pyrocles)。海面上出现了一块斑点,上面火光闪烁,烟雾升腾。原来是穆西多露斯和皮罗克里斯两位王子乘坐的那艘船着火了,船漂在水上,烈火熊熊,周围还漂浮着许多财物和溺死的尸体。"总而言之,打了一场败仗,战败者只剩下一堆废墟:一艘破船,稳稳地停在风平浪静的海面上,在大海中央熊熊燃烧。"

寥寥数语,我们便看到多种元素交织融合,构成了一幅恢宏的画卷。景色旖旎、静谧如画,某种柔和舒缓之物,和着牧羊人甜美的歌声,悠悠扬扬地向我们飘来。这些情景凝成短语,时不时萦绕在耳边:"海面中央燃烧的废墟""他们脸上现出期待的愁容"。喃喃细语经过拓展延伸之后,就变成了此处细节丰富的描写:"每间牧场都饲养着羊群,有着严格的安全措施,可爱的羊羔咩咩叫着,渴求着母羊的抚慰。此处,牧羊的少年吹着笛子,仿佛永远不会老去。那里牧羊的少女一边哼唱,一边编织,好像歌声可以安慰那双工作的手,而这双手伴着歌声不停编织。"这段话,让我想到了多萝西·奥斯本《书信集》中的著名描写。

美丽的景色、稳健的行动、甜美的声音——这些恩典似乎是在犒赏那些一心只求享乐的心灵。在西德尼的带领下,我们沿着弯曲的小径漫无目的地信步前行。地势虽然难以驾驭,但是在漫步中,我们得到了纯粹的快乐。单词的音节给他带来无比的喜悦。读者在起伏的句式中所体会到的韵律足以令其陶醉。词语本身也令他感到愉悦。看,他捧起那些闪闪发光的词句,似乎在哭泣,有这么多美丽的辞藻等着取用,这是真的吗?为什么不去挥霍一番呢?那么,就尽情享用吧。描写羊羔吸奶,却不用"吸奶"一词,西德尼写道"可爱的羊羔咩咩叫着,渴求着母羊的抚慰";少女不仅仅是脱下衣服,而是"去掉衣衫的遮掩";树不是简单地倒映在河面上,却像是"对着河水,在水流湍急的河边梳理绿色的头发"。这虽然荒谬,却热情洋溢,妙笔生花。与后世才思枯竭的创作相比,无疑有着天壤之别。在更加讲究形式工整的年代里,一句话因追求对仗,而显得生硬。而一丝细微的颤动,就会让这句话变得激荡不安:

  这名少年虽凶猛却俊美,虽俊美却奄奄一息。双脚失去控制,摇摇欲坠,最终跌倒在地。他气愤地咬着泥土,为自己的命运愤愤不平。他竭尽全力,与死亡抗争,而死神似乎也不愿带走少年。年轻的灵魂苦苦挣扎。为了夺取他的灵魂,死神已耗费了太多时间。

语言的不对称和灵活性为西德尼的鸿篇巨制增添了鲜活感。我们带着一半笑意,一半抗拒,匆匆读完他的作品,此时只想捂住耳朵,对理性充耳不闻,然后躺下来聆听这些含糊不清的喋喋不休之语,醉人的歌声如同房前屋后的鸟鸣,在人们晨起之前,唱着热情的大合唱。

不过,我们会轻易强调那些让人愉悦,却早已失落的品质。西德尼写《彭布罗克伯爵夫人的阿卡迪亚》,一部分是为了消遣,一部分是为了练笔,尝试英语中的新工具,然而即便如此,他仍旧只是一个小伙子。即使在阿卡迪亚,路上也会有车辙,马车也会翻车,女士的肩膀会脱臼,甚至穆西多露斯和皮罗克里斯两位王子也同样激情饱满,帕梅拉(Pamela)和菲洛克利亚虽然裹着海蓝色的绸缎和珍珠编织的网,但是她们是女人,所以会去爱人。因此,我们时而会碰到一些难以一气呵成的场景。有时,西德尼像其他小说家一样,停下来思考现实生活中的男女在特定场景下会说些什么。这时,他自己的情感便会突然显露出来,如同一道不协调的强光照亮了模糊不清的田园风光。一时间,我们见到了一个令人惊讶的场面:粗犷的日光盖过了银白色的烛光,牧人和公主们停止了"啼啭",仓促间说出几句急切的"人语"。

  我曾多次倚靠在那边的棕榈树上,羡慕它的幸福,因为它能够拥有爱情,而不用感受爱的痛苦。有许多次,主人的牛群来到新的地方反刍,我看到那头公牛在证明它的爱。如何证明呢?它用高傲的表情和愉悦的神色来证明。啊,可怜的人类,我当时对自己说,智慧本应是幸福的管理者,而现在却变成了幸福的叛徒。这些牲畜像大自然的孩子一样,默默地接受了自然的祝福,而我们却像是被遗弃在海外的野孩子,即便如此,还要受到悲伤和苦难的磋磨。牲畜的头脑既不会因为身体舒适而抱怨，也不会阻止自己的感官去享受快乐，而我们却会因为荣誉而受到阻碍，因为良心而受到折磨。

穆西多露斯讲究、挑剔，穿着花哨。这些话从他嘴里说出来有些奇怪。字字句句道出了西德尼自己的愤怒与痛苦。之后，小说家西德尼突然睁开眼睛，注视着帕梅拉，见她拿起了一块螃蟹状的宝石。因为"螃蟹总是看向一边，却走向另一边"，所以她以此来表明，穆西多露斯只是假意爱着莫普莎，而心却属于她帕梅拉。西德尼写道，她拿起宝石，

带着一种漠不关心、听之任之的态度，就像在听讲演，而讲演人与我们毫无瓜葛。这种冷酷的秉性，再加上她天生的威严，对我来说是最可怕的……

如果她藐视他、恨他，情况也许会好一点。

这是一种冷酷的沉静。既不退避以示厌弃，也不会主动上前讨好。彬彬有礼，不过是礼节使然。她所做的一切，皆是因美德之故，与个人的亲疏远近毫无关系。举止虽然谦恭有礼，却无不留下了这样的烙印……（我要说）她的圣洁……让人难以企及，毫无安慰之法，我几乎要屈膝于绝望……

这样准确细微的观察，一定是出自一位对此有过切身感受的人。有那么一瞬间，基尼西亚（Gynecia）、菲洛科利亚（Philoclea）、泽尔曼（Zelmane），这些形象苍白的传奇人物——变得鲜活起来，平淡无奇的面孔充满激情。基尼西亚意识到自己爱上了女儿的情人，端庄持重化为泡影，她"大声哭喊道，泽尔曼，请帮帮我，泽尔曼，可怜可怜我吧"。一个来自异域的亚马孙人唤起了老国王老迈的情欲，而老国王却显得又老又蠢，"非常好奇地打量着自己，有时还会蹦蹦跳跳，好像是在说，他还有一把力气"。

不过，光芒一闪而逝，王子重新摆出一副优雅姿态，牧人们继续摆弄

自己的鲁特琴，然而，这道奇异的光芒照亮了整部作品。我们对西德尼的创作边界有了更加清晰的认识。有那么一瞬间，他可以像任何现代小说家那样，敏锐准确地描写、观察和记录，然后，他朝我们的方向瞥了一眼，随即转身而去。他好像听到了其他的声音在呼唤他，他必须服从它们的命令。西德尼认为，写散文，不应该使用日常用语中的普通词汇。写浪漫爱情故事，不能让王子和公主看上去和普通男女一样。幽默是农民的特性。他们可以举止荒唐，可以畅所欲言，可以像达梅塔斯那样，"吹着口哨，掰着手指，算算十七头肥牛一年能吃掉多少干草"。而大人物说话则要冗长抽象，充满隐喻。他们要么是品德高尚、完美无瑕的英雄，要么是毫无人性的恶棍，卑微怪异的性格绝不能在他们身上显现。散文也必须小心避开面前的现实。有时，人们看到自然景观，便会寻找合适的词去形容，比如见到苍鹭"摇摇摆摆"地从沼泽中飞起，看着猎犬为了捕捉野鸭，"优雅地嗅来嗅去"。但是这种现实主义手法只能用于描写自然、动物和农民。写散文，似乎只是为了抒发舒缓、高贵、普遍的情感，只用来描绘广阔的风景，表达冗长平和的话语。这些话语可以长达数页而不受干扰。诗歌与散文不同，有着另一种功能。西德尼在进行总结概述、谴责痛斥时，在描述某个单纯明确的印象时，便会转向诗歌。留心观察这一转变是很有意思的。《彭布罗克伯爵夫人的阿卡迪亚》中的诗歌与现代小说中的对话有着相似的功能。它打破了单调乏味的语言，而引人注目。穆西多露斯和皮罗克里斯的冒险经历永无休止。西德尼在讲述这些故事时，时不时地加入一些歌唱片段。这些片段一次又一次点燃了读者的兴致。散文让人感到昏昏欲睡，懒洋洋的，而诗歌的活力，以及现实主义手法，则让读者为之一振。

> 这些晦暗的宅邸哪里需要高贵的灵魂，
> 血肉之躯又想获得些什么？可悲的人类寻求辉煌的名誉。
> 对着星星胡言乱语，听任命运的驱使。
> 刚摆脱身体的束缚，又投入另一幢牢笼
> 在那里，他们畏惧死亡，痛苦求生，
> 就像演员站在污秽的舞台之上……

人们不禁要问，那些懒惰的王子公主们看到如此激烈的言辞会作何反应。再如下面这句话：

> 一家售卖耻辱的店铺，
> 一本染满污渍的书籍，
> 这具躯体是……
> 一个人，一只会说话的野兽，一棵会行走的树木。

因此，诗人转而描绘其懒惰的同伴，似乎厌烦了这些人洋洋自得的纨绔习气，却又不得不纵容他们。西德尼曾提到过"智慧勤劳的蜜蜂"，他像所有在乡下长大的英国人一样，知道"牧羊人是如何打发日子的，如何做游戏消遣的"。虽然诗人目光敏锐，对此记忆深刻，但是看在读者的份上，他必须喋喋不休地谈论普兰格和埃罗娜，讲述安德罗马纳女王的故事，还有安菲亚露丝与母亲塞克洛匹亚策划的阴谋。故事中的人物，一生充满暴力，不仅要搞阴谋，还要下毒害人，但对于伊丽莎白时代的读者来说，认为这故事过于美好，过于模糊，或者过于啰嗦，都不为过。读者的反应与故事情节似乎有失协调。只有让泽尔马恩在那天早上被狮子抓伤，才能缩短故事情节，才能让巴西里斯亚意识到，最好还是改天再说出克莱乌斯的怨言。

> 她发觉，这首歌已经唱了很久，拉蒙又开始了一个新话题，她也不知道什么时候会结束。她虽然很喜欢之前的歌，但还是欣然接受了新的话题。于是，他们从四面八方跑过去，把自己推荐给死神的大哥。

随着故事迂回发展，或者说得更贴切一点，随着一系列故事像柔软的雪花一样，一片接着一片落下来，又一片接着一片消融掉，读者禁不住很想以此为榜样。我们睡意沉沉，在半梦半醒间，打着哈欠，准备去寻找死神的大哥。我们起初体会到自由，现在又怎样了？我们这些想要逃避现实的人,又被现实抓了回来。讲故事哄妹妹开心一开始看似容易,逃离当下,在玫瑰和鲁特琴的世界里肆意漫步,又是多么令人欢欣鼓舞!唉,只可惜,我们已经脚下发软,被荆棘钩住了衣服。精雕细琢的文风起初如此迷人,现在已变得迟钝腐朽,读者于是渴望读一些平白的语句。其中的缘由不难发现。西德尼兴致高昂,运笔如飞,但是他太过随心所欲,浑然不知自己要去往哪里。他觉得,只要讲讲故事就够了,一个接着一个,永不停息。但是,如果看不到尽头,作品就失去了引导我们的方向感。此外,西德尼笔下的人物形象很简单,要么善、要么恶。一视同仁,这是他创作构思的一部分。因此,他无法通过人物的复杂性创造出多种多样的人物形象。为了引入情节变化,推动故事发展,他只能借助神秘手段。人物变换衣着,王子装扮成农夫,男人伪装成女人,这些情节对于描绘微妙的心理活动来说,毫无助益,但是可以缓解人们聚会时无话可说的沉闷。不过,这种幼稚的方法一旦失去了魅力,他便无计可施了。谁在说话?又在说与谁听?说的是些什么?读者对此不再确定无疑。人物如同四处闲逛的幽灵,西德尼对他们的掌控变得如此松懈,以至于在创作中忘记了作者与人物之间的关系。陈述中的主语"我"指的是作者还是人物?是谁在说话?读者与作者之间的联系时断时续,如此漫不经心,那么不论作品有多么优雅、多么魅力无穷,也难以拴住读者的心。于是,渐渐地,这本书变得虚无缥缈,迷失了方向,成为一片几近被人遗忘的荒地。地里野草丛生,没过了倒塌的雕像,阴雨绵绵,大理石台阶上长满了绿色的青苔,花坛里是长势茂盛的野草。然而,偶尔漫步其间,这仍是一座美丽的花园。雕像的面孔跌落在地,虽已破损,却依旧令人惊喜,人们在这些面孔间跌跌撞撞地走着。这里有一朵盛开的鲜花,那里又有一朵。丁香树上传来夜莺的歌声。

西德尼最终放弃了《彭布罗克伯爵夫人的阿卡迪亚》的创作,因为完成这部作品的希望极其渺茫。读完书的最后一页,我们不妨停下来,思索片刻,然后再把它放回书架的最底层。《彭布罗克伯爵夫人的阿卡迪亚》就像一个能够预言命运的水晶球,里面潜藏了英国小说的种子。我们可以从中发现无尽的可能性,英国小说曾有多种不同的发展方向。它是否会紧盯古希腊,专注于王子公主这类人物,从而以一种高贵的姿态,追寻某种石雕般的去个人化的东西？是否会保持史诗风格，用简单的语言，记录下世间万物，勾画出壮阔河山？是否会细心观察切切实实呈现在眼前的事物？是否会把达内塔斯、莫萨普这样的英雄人物描绘成出身卑贱，语言粗鲁，过着日常生活的普通人？是否会冲破樊篱，深入人物内心，描写一位郁郁寡欢的女子因错失所爱而经历的痛苦与纠结？是否会刻画一位老人因激情的折磨而表现出的荒诞？是否会驻足于人物的内心，潜心揣摩灵魂的历险？所有这些可能性都一一呈现在了《彭布罗克伯爵夫人的阿卡迪亚》这部作品中：浪漫与现实主义并存，诗歌与心理研究同在。然而，西德尼似乎已经知道，这项事业过于艰巨，而自己过于年少，无力完成。于是写到一半，他便搁下笔，作品在美丽与荒诞中戛然而止。西德尼未竟的尝试只能有待后人来完成。在威尔顿的漫漫长日里，他在给妹妹讲着一个故事。

（董灵素　译）

《鲁滨逊漂流记》

欣赏这部著作的方法有很多,我们该选哪一种呢?我们也许应该首先考虑一下社会变迁。自从西德尼在聚特芬①去世,留下《彭布罗克伯爵夫人的阿卡迪亚》这部未竟之作之后,英国人的生活发生了巨变,小说也因此选择了或者说被迫选择了其发展方向。英国出现了识文断字的中产阶级,除了王子公主的爱情故事之外,他们渴望读到一些与己相关、刻画其单调生活的故事,经过无数次揣摩之后,散文已经可以担当其任。与诗歌相比,散文更适于表现现实生活。从小说的发展历程出发,来欣赏《鲁滨逊漂流记》当然是可以的。而另一种方法又即刻冒了出来,读者还可以以作家的个人生活为切入点。我们花在作者传记上的时间远远超过了从头到尾阅读这本书的时间。先谈谈笛福的生日,他到底出生在1660年还是1661年,目前还无法确定。其次,他把自己的名字拼写成一个单词,还是两个单词?他的祖辈姓甚名谁?据说他是一名袜商,但17世纪的袜商,又是什么样的身份呢?后来,他撰写小册子,威廉三世对他青睐有加。然而,也正是一本小册子,让他套上枷锁,被关进了新门监狱。他先后受雇于哈雷(Harley)和戈多尔芬(Godolphin),是最早的雇佣记者,写过无数小册子,发表了大量文章,还著有《摩尔·弗兰德斯》和《鲁滨逊漂流记》两本书。他结了婚,生了六个孩子。笛福其人身材瘦削,鹰钩鼻,尖下巴,灰眼睛,嘴边还有一颗大痣。任何一个对英国文学略知一二的人都知道,为了搜寻

---

① 荷兰城市,西德尼在一次援助荷兰对抗西班牙的战斗中受伤,在聚特芬因伤去世。

小说的发展历程，为了审视小说家的下巴，人们可以花费多少时间，消磨掉多少生命。当我们从理论转向传记，再由传记回到理论时，我们偶尔会产生一种怀疑：如果我们知道笛福的确切生辰，知道他爱谁，以及相爱的理由，如果我们背出英国小说的起源、出现、发展、式微和没落的历史，比如，如果我们知道小说最先在埃及出现，最终在巴拉圭的荒野中消亡，那么我们是不是就能从《鲁滨逊漂流记》中得到额外的乐趣，会不会以更聪明的方式去读它呢？

这本书依旧如故。无论我们在阅读时如何兜圈子，如何徘徊拖延，最终等待我们的只是一场孤独的战斗。在进一步深入作品之前，读者和作者之间还有场生意要谈。请记住，笛福卖过长筒袜，有着一头棕色的头发，曾经披枷戴锁，这些会让读者感到不安、困惑。我们的首要任务是把握笛福的视角，而这绝非易事。关于小说家笔下的世界，评论家会硬塞给我们一些无足轻重的信息，传记作者则会关注小说家的冒险经历，然而，除非我们弄明白小说家对这个世界是如何规划的，否则这一切都将是些无用的东西。我们必须独自登上作家的肩膀，透过他的眼睛凝视世界，直到我们充分理解了，那些伟大且平凡的事物在小说家眼里又有着怎样的格局：从一个人到一群人，再到人群背后的大自然，以及那股居高临下的力量，为了简洁之故，我们姑且称之为上帝。于是，各种混乱、误解和困难纷纷而起。这些东西看似简单，却因为小说家将它们关联在一起的方式而变得离奇怪异，甚至难以辨认。人们虽然亲密无间，呼吸着相同的空气，但是对事物的比例有着千差万别的感知，有人觉得人大、树小，有人则认为树木高大无比，人类只是背景中微不足道的存在。因此，尽管有教科书，生活在同一时代的作家们看到的事物却有着不同的尺寸。比如在司各特笔下，山峦雄伟高耸，人物也比例得当；简·奥斯汀则会挑选印在茶杯上的玫瑰，以搭配对话中的机智幽默；再比如，皮科克[①]透过哈哈镜，俯瞰天地，一只茶杯可能是维苏威火山，而维苏威火山也可能只是一只茶杯。司各特、

[①] 托马斯·拉夫·皮科克（Thomas Love Peacock，1785—1866），英国诗人、小说家，代表作有《噩梦修道院》等。

简·奥斯汀、皮科克三位作家,都经历了同样的岁月,凝视着同样的世界。他们在教科书里属于同一段文学史,却有着不同的视角。所以,如果我们能牢牢掌握这个视角,就能赢得战斗的胜利。这样,我们与作家就有了亲密的连接,可以安心享受那些批评家和传记作者们慷慨附赠的各种乐趣。

这里又出现了新的难题。我们对这个世界也有自己的看法,个人的经历和偏见造就了人的世界观,因而它与人们自身的虚荣和爱慕密切相关。所以,一旦有人在故弄玄虚,打破了我们内心的和谐,我们就不可能不觉得自己受到了伤害和侮辱。这也是为什么,当《无名的裘德》或者普鲁斯特的新书出版时,报纸上会骂声一片。如果生活像哈代描绘的那样,那么来自切尔滕纳姆的吉布斯少校明天就会用一颗子弹打穿自己的脑袋;汉普斯特德的威格斯小姐准会抗议说,普鲁斯特虽然文笔精湛,但是歪曲了现实。感谢上帝,真实的世界和这个法国人笔下的世界没有半点相似之处。这些绅士淑女都在试图控制作家的创作视角,迫使其与自己的视角保持一致,从而进一步证实自己观点的正确性。但是,像哈代、普鲁斯特这样的伟大作家只会我行我素,完全无视他人的意见。他们这里种上一棵树,那里安插一个人物,用自己的汗水,在混乱中重建秩序。甚至神明之类的人物,也是可远可近,完全按照作家自己的心意来安排。他们在书中清晰展现了自己的视野,成功建立了万物之间的秩序。这些书堪称杰作。正是通过这些杰作,作者的观点深深地影响了我们,我们因为虚荣心受到伤害,秩序遭到破坏,而痛苦万分。我们感到恐惧,因为失去了原有的支柱;我们感到厌倦,一个全新的想法能给我们带来怎样的乐趣呢?然而,在愤怒、恐惧和厌倦中,有时会产生一种罕见而持久的快乐。

《鲁滨逊漂流记》也许就是这样一个例子。这是一部杰作,之所以称之为杰作,很大程度上是因为笛福始终坚持自己的视角。因此,在故事的每一个转折处,他都会无视读者的感受,让读者深感挫败。让我们粗略看一下故事主题,把它和我们的先入之见比较一下。我们知道,小说讲述一个人在历经了千难万险之后,被独自抛到荒岛上的故事。仅仅是"危险、孤独、荒岛"这样的暗示,就足以让我们联想到世界尽头某片遥远的土地,想到日出日落,想到一个人在远离人类社会的地方,独自思考社会的本质和人类奇怪的行为方式。我们在打开这本书之前,可能已经大致勾勒出了我们期望从中得到的快乐,可是每读一页,我们的期望都会遭到粗暴的反驳。那里没有日出日落,没有孤独,也没有灵魂。相反,摆在面前的是一只大陶罐。读者被告知,那天是1651年9月1日,主人公名叫鲁滨逊·克鲁索,他的父亲患有痛风。显然,我们必须改变一下自己的态度。现实、真相、事物的本质才是后续故事的主导。于是,我们必须匆忙间彻底改变自己的想法。大自然收起了壮丽的色彩,它只是旱涝的制造者,而人则沦为了一只为求生而苦苦挣扎的动物,上帝也不过是一位地方法官,他的座椅结结实实、硬邦邦的,与地平线只有咫尺之遥。在"上帝、人类、自然"这些重要话题上,我们苦苦寻求相关信息,可是每次尝试都会遭到常识的无情回击。鲁滨逊·克鲁索是这样看待上帝的:"我有时会质疑,造物主为什么要彻底摧毁自己的创造物?……但是很快,我又恢复了常态,立即制止了这种想法。"因为世上本没有上帝。他想到自然:大地上"鲜花盛开、绿草如茵,到处生长着枝繁叶茂的树林",但树林的重要性在于,它为鹦鹉提供了栖息之所,而鹦鹉经过驯化,可以学会说人话。那么大自然也不存在。他又想到了死去的人,那些他亲手杀死的人,立即埋葬这些死去的人是极其重要的,因为"让他们躺在阳光下暴晒,在当前,是一种大不敬的行为"。因此,死亡也不存在。除了一只陶罐,一切都不存在。最终,我们被迫放弃了自己的先入之见,而接受了笛福希望给予我们的东西。

让我们回到开头,再重复一遍,"1632年,我出生在约克城里的一户富裕人家"。没有什么能比这篇开场白更平白、更实际的了。我们因此得以清醒地思索人们在勤劳有序的中产阶级生活中所能得到的一切幸福。作者让我们相信,生在英国中产阶级家庭是件无比幸运的事。富人可怜,穷人也同样可怜,他们都会经受疾病与动荡的冲击,处于两者之间的人才是最幸运的。他们有着种种优点,比如节制、适度、安静、健康等等。这都是最令人向往的品格。所以,一位来自中产阶级的年轻人愚蠢地爱上了冒险这种活动,简直是被厄运咬了一口,令人唏嘘,他接着往下写,一点一点地描绘出自己的肖像。这一形象在读者与作者心中都留下了不可磨灭的痕迹,让人久久难以忘却。他是个谨慎精明的人,喜欢秩序井然、舒适体面的生活。我们发现自己不知何故,突然漂泊在大海之上,身处风暴之中,向外望去,眼前的海浪、水手、天空、船舶等等,都和鲁滨逊看到的一模一样。这是一幅呈现在中产阶级眼中的景象,没有什么可以逃过这双精明却缺乏想象力的眼睛。所有描绘都像是出自一位生性严谨、忧心忡忡、墨守成规、实事求是的情报人员之手。他缺乏热情,对大自然的壮丽景色有着与生俱来的反感,甚至觉得天命神意也是夸大其词。他太忙了,只盯着眼前的要务,而忽略了身边发生的大部分事情。他确信,只要自己肯花时间去思考,一切问题都会得到合理的解释。夜间,"巨兽"出没,在他的船边游弋,我们比他还要紧张。他会立刻举枪开火,把它们赶走。这个巨兽是狮子吗?他也说不清。不知不觉中,我们的嘴越张越大。如果讲故事的是一位富有想象力、风度翩翩的旅行者,那么我们可能会津津有味地细细咀嚼,而不是将怪兽弃置一旁。但是任何事,只要被这位健壮的中产阶级年轻人注意到,都可以被当作事实。他时刻关注着水桶的数量,合理安排水源供应,我们也永远不会发现他在细节上有过任何闪失。我们不禁自问,他是不是忘了船上的一大块蜂蜡?根本不会。他早就把蜂蜡制成了蜡烛,而且这些蜡烛在38页里已远远不如它们在23页里那么大了。然而奇怪的是,笛福留下了一些自相矛盾之处,比如,如果山猫如此温顺的话,那么山羊为何会胆怯?不过我们也不必惊慌,只要时间足够,他就会给我们一个完美的解释。但是,对于一个在荒岛上自力更生的人来说,生存的压力虽然尚未令其哭泣,但的确也不是什么好笑的事。一个人必须眼观六路,耳听八方。电闪雷鸣之时,绝不是为自然狂喜的时刻,因为闪电可能会引爆火药,所以他必须找到一处可以安全存放火药的地点。作为一位伟大的艺术家,笛福在创作中取舍有方,从而创造出了极强的现实感,这是其作品的主要特征。他坚持描绘自己眼中的事实真相,所以最终在他的笔下,寻常行为变得高贵,普通事物变得美丽。挖坑、烘焙、种植、建造,这些简单的工作变得何等严肃起来;短斧、剪刀、木头、斧子,这些普通的工具又是何等美丽。故事不受评论的阻碍,以极其简单的方式娓娓道来。评论怎么能使故事更加深刻感人呢?事实上,笛福采用了和心理学家截然相反的方式,他描述了情绪对身体,而非对心理的影响。他会形容,人极度痛苦的时候，如何紧握双拳，即使最柔软的东西也会被捏碎；如何"牙关紧咬，无法分开"。这些描写所产生的效果与心理分析的效果一样深刻。在这件事情上，他的直觉是对的。他说："让博物学家来解释这些事情，说明其原因，分析其方式吧。我只能对他们说，请描述事实……"如果你是笛福，描述事实就足够了，因为事实本身正确无误。凭借其描述事实的天赋，笛福在创作中取得了令人难以企及的效果，只有那些善于描绘的散文大师才能与其媲美。描写"灰蒙蒙的清晨"时，笛福只需一两个词，就可以生动地展现出一个多风的黎明。他可以用世界上最平淡无奇的方式，渲染出凄凉孤寂、横尸遍野的感受。"此后，除了三顶帽子、一顶鸭舌帽、两只不成对的鞋之外，我再也没有看见过他们，也没有看见过他们的任何踪迹。"最后他惊呼道："看看我多像一个国王，一个人用餐，旁边有臣仆侍候。"他指的是他的鹦鹉、狗和两只猫。读到这里，我们不禁感到整个人类都生活在这座荒岛之上。然而笛福总有熄灭读者热情的手段。他随即告诉我们，这两只猫并不是起初同船的猫，这是两只新猫，原来的猫早就死了。猫的繁殖力强，很快就带来了麻烦。但奇怪的是，狗根本不生育。

笛福重申，除了一只普普通通的陶罐外，前景里空无一物。他以此来说服读者，将目光投向远方，看看遥远的岛屿和人类孤独的灵魂。他坚信陶罐应该坚固朴实，因而除去了所有其他设计元素，从而造就了一个和谐一体的宇宙。合上书，我们不禁心生疑问。与一只朴素平凡的陶罐相比，还有另一种景观——一个人背靠着破碎的山川、波涛汹涌的大海，伫立于如火的星空之下。这幅画面给人以崇高之美。然而，如果我们掌握了欣赏一只陶罐所需要的视角，那么我们有什么理由认为，我们不能像欣赏崇高之美那样，从一只陶罐中获得完全彻底的满足感呢？

（董灵素 译）

多萝西·奥斯本①的书信

随意浏览英国文学的读者有时会突然发现,英国文学有一段荒芜的时期,就像乡下早春时节,树木光秃秃的,山上鲜见绿意,土地肆意裸露,树枝的线条一览无遗。我们怀念六月万物的躁动和呢喃,即使一片小小的树林里也充满生机,驻足片刻,也能听到灌木丛里那些灵巧好奇的小动物跑来跑去、觅食玩耍、低声絮语。英国文学也是如此,直到16世纪结束,17世纪过了很久,贫瘠的文学大地上才开始焕发生机,在此之前,我们只能靠听人们交谈评论来填补伟大作品之间的空缺。

毫无疑问,有了心理变化和物质享受之后,比如扶手椅、地毯、平整宽阔的道路等等,人们开始带着好奇观察彼此,轻松自在地交流感想。早期的文学之所以如此辉煌,可能是因为写作被当成一门不同寻常的艺术,只有天赋异禀的人才可以从事,而且他们写作是为名誉,不是为金钱。也许才华被分散在传记、新闻、书信和回忆录中,使得每一个方向的写作能力都有所减弱。谁承想,还会有一个年代如此人才凋零,连书信家、传记家都难以寻觅。人们的生活和性格都只以粗犷的轮廓来描绘。埃德蒙·戈斯爵士②形容多恩时,只评价他高深莫测,这主要是因为,尽管我们清楚多恩如何看待贝德福德伯爵夫人,却不了解贝德福德伯爵夫人如何看待多

---

① 多萝西·奥斯本(Dorothy Osborne,1627—1695),英国书信作家。《多萝西信札》是她与作家威廉·坦普尔(William Temple,1628—1699)的来往书信集。
② 埃德蒙·戈斯爵士(Sir Edmund Gosse,1849—1928),英国诗人、作家、文学史家、文学评论家、巴斯勋章获得者。他的自传《父与子》被认为是英国传记文学史上第一部现代派心理传记。

恩。她也没有朋友可以与之倾诉多恩这个怪人如何影响了她。即使她有推心置腹的闺中密友,她也说不清多恩让她感到奇特的原因。

因为这些情况,鲍斯威尔和霍勒斯·沃波尔①这样的作家绝不可能在16世纪产生。也是这样的情况下,女性的现状要困难得多。且不说物质上的困难,维多利亚时期生活窘困的典型代表就是多恩,多恩位于米查姆的房子十分简陋狭小,只有四面薄墙,多恩还要和哭闹不止的孩子挤在一起。除此之外,女性还受到"写作不符合女性身份"这种看法的束缚。能够写作、出书的,往往是那些身份高贵的女性,这也许是因为她们地位高,才受到宽容和优待,也可能是因为那些卑躬屈膝的人巴结奉承她们。身份并不尊贵的女性写作则会为社会不容。"这个可怜的女人一定是有点儿神志不清了,否则怎么能做出写作,尤其是写诗这样大逆不道的事情呢?"当纽卡斯尔公爵夫人出版某本书时,多萝西·奥斯本如是感慨。谈到自己,她还加了一句:"就算我两周睡不着觉,都不会做这样的傻事。"这个评论让人大跌眼镜,因为它竟然出自一位具有非凡文学天赋的女性之手。如果多萝西·奥斯本生在1827年,她可能会成为小说家,如果生在1527年,可能目不识丁。但她生在1627年,在那个时代,女性写作被当成一件荒谬的事,但写信还算体面。渐渐地,沉寂被一点点打破,文学的灌木丛中开始出现沙沙声。在英国文学中,我们第一次听到男人和女人围炉漫谈的声音。

这时,书信写作刚刚萌芽,但还没有成为一种独立的艺术形式,可供人收集成册,欣赏品读。男女之间恭敬守礼,互称"先生""夫人",语言仍然烦琐生硬,不能游刃有余地在半张便条上变换身姿。书信写作往往披着随笔艺术的外衣,尽管如此,它也是一种女性不必抛开性别身份就可以参与的艺术,是在碎片时间信手拈来的艺术,可以被打断无数次,是哪怕在父亲的病榻边也可以进行的艺术。无名之辈的作品不会引起非议,还可以借着实用的名头进行。虽然大部分已经消失,但这些浩若烟海的书信中,不知蕴含着多少慧眼和才智。这些慧眼和才智在《伊夫琳娜》和《傲慢与

---

① 霍勒斯·沃波尔(Horace Walpole,1717—1797),英国艺术史学家、文学家,代表作是《奥特兰托堡》。

偏见》中才以不同形式出现。诚然,这些不过是信件,但她在写信时总有掩饰不住的自豪。虽然多萝西并不承认这一点,但她在自己的写作上煞费苦心,对写作的本质有自己独到的见解:"伟大的学者们不一定就是一流的作家(我是说写信,写书他们也许做得不错),我认为,所有的书信应该和谈话一样畅快自在。"她同意自己一位上了年纪的伯父的看法,这个人曾把墨水瓶扔到自己秘书的头上,就因为这个秘书把"写"说成"援笔以书"。然而,她也反思,觉得"畅快自在"也要有所限制:"当把有趣的事情糅在一起时",诉诸口头要比写信更适合。如果她同意这算是一种文学形式的话,那么我们可以说,这种文学形式和其他任何文学形式都不同。更可惜的是,它似乎已经永远离开了我们。

多萝西·奥斯本坐在父亲的床边或壁炉的角落写满一张又一张信笺,向一个人、一个挑剔的人讲述自己的生活,语气时而严肃,时而调皮,亲昵中带着正经,这是小说家或者历史学家都无法做到的。她的事业,就是告诉爱人自己家中发生的大事小情,给他讲讲那个一本正经的贾斯蒂尼安·艾沙姆,她叫他所罗门·贾斯蒂尼安,那人是个鳏夫,还有四个女儿,住在阴森森的大宅里,还曾向她求婚。"天呐,我应该给你看看他用拉丁文给我写的信。"她写道。在那封信里,贾斯蒂尼安向一个牛津的朋友提到多萝西,特意评价她"够格当他的伴侣和谈天的伙伴"。她要给他讲讲体弱多病的表妹莫莉,莫莉一早醒来发现自己严重水肿,急忙跑到剑桥寻医问药。她还要为他描绘自己在夜晚的花园里散步,闻到茉莉的馨香,"却高兴不起来",因为坦普尔不在身边。她还要把自己听到的闲话告诉他,逗他开心。比如森德兰夫人,她要下嫁给平民史密斯先生,史密斯待她就像公主一样,贾斯蒂尼安先生还说,这可是给妻子们开了个坏头。但森德兰夫人告诉所有人,她选择嫁给他是出于同情。面对这些,多萝西评价说:"这是我听过最可悲的话。"很快,我们就从零零星星的信息中掌握了她所有朋友的故事,在脑海中构思出生动的形象,并迫切地想了解更多。

的确,17世纪的贝德福郡上流社会因其断断续续的信件更加引人入胜。贾斯蒂尼安爵士和戴安娜夫人、史密斯先生和他的伯爵夫人穿行其间,我们不知道什么时候会再听到他们的故事,也许永远不会听到了。她的信件集与其他天才书信作家的作品一样，看似随心所欲，却有着自己独特的延续性。我们读下去的时候，仿佛一步步深入多萝西的内心，欣赏着这些繁丽的人生画卷一页一页展开。有一点不容辩驳，她拥有一项天赋，在写信的时候，这种天赋比聪慧、机灵或与大人物的交往都要重要。她不刻意，而是自然地做好自己，在把生活琐事娓娓道来的同时展现自己的个性。这是一种既有魅力，又让人捉摸不定的个性。我们越读这些书信，便会越真切地接触她的个性。她几乎不在信中描写当时应该遵守的妇女德行，对女红、烹饪只字不提。她气质慵懒，漫不经心地翻阅了大量法国浪漫小说。她在路上散步，悠闲地听挤奶女工们唱歌，或者在小河边的花园里，想着"坐下的时候，只希望你在身边"。她容易在人群中突然沉默，对着炉火开始天马行空的想象，直到有人提到"飞行"，她便如梦初醒，问他们在谈什么飞行的事，引得她的哥哥发笑。飞行可以打动她，如果她会飞，就可以飞到坦普尔身边去了。她的血液里流淌着阴沉、忧郁的气息。她母亲过去常说，她的神情就像所有的朋友都死了一样。她被命运压迫，时刻感受到命运的暴虐，觉得万事皆空，一切努力都无济于事。她的母亲和姐妹与她很像，她的姐姐也因书信闻名，爱书多于爱人；母亲"像大多数英国女人一样精于计算"，说话尖酸刻薄。她还记得母亲说过："活了这么久，我明白一个道理，把人想得多坏都不过分，你早晚也会明白。"为了消气，多萝西不得不亲自去埃普瑟姆①，饮下曾经含金属物质的水。

由于这种天性，她的幽默体现为讥诮，而不是机智。她喜欢嘲笑爱人，讽刺生活中的浮华和虚礼。自恃出身之人，她嗤之以鼻；华而不实的自负老头，她不吝挖苦；枯燥的说教，她用笑声来应对。她看透了人群，看透了形式，看透了人情世故和炫耀显摆。可即使拥有如此明智的眼光，她还是看不破一件事——她怕被人讥笑而畏畏缩缩，几乎有些病态。"我想住在树洞里，躲开他们。"她说。姑姑婆婆的多管闲事、兄弟的专横自私让她暴躁。丈夫当众亲吻妻子在她看来是"令人作呕的恶习"。她并不在意别人称

---

① 英国城镇，在17世纪末和18世纪初，人们认为那里的泉水具有治疗作用，后来发现该水富含硫酸镁，被称为"泻盐"。多萝西曾于1653年到这里，她抱怨说这里的水必须静置一夜让沉淀物沉淀下来才能饮用。

赞她的容貌，也不在乎别人叫她"伊莉丝"还是"多儿"，但只要听到关于她的闲言碎语，她就会颤抖。因此，要她在众目睽睽之下宣布自己爱上了一个穷小子并准备嫁给他，她做不到。"我承认，"她写道，"我的秉性让我不能忍受自己成为别人的笑柄。"她可以"满足于和自己地位相同的人生活在一个小圈子里"，但被嘲笑是万万不行的。她绝不过分行事，只怕被人非议，这就是她的弱点，就连坦普尔也批评过她。

随着我们读下去，坦普尔的性格也跃然纸上，这也证明了多萝西写信的才华。一个高明的写信人，会在写信时透露出另一端读信人的性格色彩。这样，我们通过阅读一方的信就能想象出另一方的样子，倾听多萝西据理力争的同时，也听到了坦普尔的声音，它几乎和多萝西的一样清晰。他在很多方面都与多萝西相反。他批判她的忧郁，反而使得她愈发阴沉起来。他反对她对婚姻的厌恶，使她进一步捍卫自己对婚姻感到不满的观点。在两个人中，坦普尔更加坚强、积极，还有点别的，一点点冷漠，一点点自负，她的哥哥不喜欢他也不无道理。她哥哥形容他"是我见过的最傲慢、最专横、最无礼、最恶劣的人"。然而在多萝西的眼里，坦普尔有着其他追求她的人所不曾拥有的品质。他不是一个粗俗的乡绅，也不是趾高气扬的治安官，不是见一个爱一个的城市纨绔，也不是四处漂泊的法国浪子。但凡他有这些恶习中的一个，以她对荒谬事物的敏感态度，她断然不会对他倾心。在她看来，坦普尔颇有其他人都不具备的魅力和同情心，她可以想到什么就写给他什么。只有和他在一起，她才能达到最佳状态，她爱他、尊敬他。可是她突然宣布自己不会嫁给他。她强烈反对结婚，举出一个又一个婚姻失败的例子。她认为，如果两个人在婚前就彼此了解，那婚姻就无须开始。激情是人类所有情感中最野蛮专横的。安妮·布朗特夫人因为激情，成为"苦力脚夫和街头混混的谈资"。美丽的伊莎贝拉小姐因为激情所嫁非人，委身于"有无数房产的禽兽"，到了这个地步，美丽还有什么用呢？可这些想法，得到的却是兄长的暴怒、坦普尔的嫉妒以及担心自己成为话柄的恐惧，她心碎了，只想"早日"找到一个"安静的葬身之所"。而坦普尔消弭了她的种种顾虑，帮助她抵抗兄长的反对，一切都归功于他的性格。不过，我们还是要怪罪他，正是两人成了婚，多萝西便不再需要书信传情了。书信写作几乎立刻停止，多萝西创造出来的世界也随之消失了。这时，我们才意识到，她创造了一个多么丰满、生动、感人的世界。她对坦普尔的一往情深融化了她笔下生硬的文字。她半梦半醒地坐在父亲身边，随手抽出一张旧信纸翻过背面，虽然还带着那个时代的庄重语气，却情感充沛地写着戴安娜夫人、艾沙姆爵士的逸事，还有叔叔阿姨们，他们如何来，又如何离开，他们是否让她感到无聊、发笑、惊艳，还是和平时一样。不仅如此，她向坦普尔描绘自己的内心世界时，表达出更深入的关系和更私人的情愫，这些——兄长的愤怒，自己的喜怒无常、忧虑万千——给她的生活带来了烦恼和慰藉；也有在夜晚花园散步，在河边沉思，期待收信和真正收到信的甜蜜。这些都像发生在我们身边。我们沉浸在这个世界里，对她的暗示和弦外之音心领神会，当我们正在酣畅享受时，突然，所有场景都被抹去了。她结婚了，嫁给了那个前途无量的外交官，跟随他的工作，听从安排，去了布鲁塞尔和海牙。七个孩子"夭折在襁褓之中"。数不清的义务和责任突然落在了这个曾嘲笑客套话、喜欢独处、渴望远离世俗生活的女孩身上。她曾经"只愿与心爱之人在小小的茅屋里慢慢终老"，如今却成为海牙大宅的女主人，眼前满是豪华精美的餐具。他的事业起起落落，在失意时，她便是他的知己。她还曾驻留伦敦，为他讨回被拖欠的俸禄。国王曾夸赞她，在游船遇袭时比船长表现得还要英勇。她成了一个称职的大使夫人，也是一个退休官员的完美妻子。然而灾难接踵而至，一个女儿去世了，还有一个儿子或许继承了母亲的忧郁，在自己的靴子里装满石头，跳入了泰晤士河。岁月流逝，生活充实，有过生机，也有过灾祸。但是多萝西一直保持沉默。

最后，一个陌生的年轻人来到了摩尔庄园，成为她丈夫的秘书。这个人性格孤僻，举止粗鲁，脾气暴躁。也正是通过他，也就是斯威夫特的眼睛，我们才得以见到多萝西的晚年光景。"多萝西温柔、平和、睿智、伟大。"斯威夫特评价道。但是光线落在了一个幻影身上，我们并不认识那位沉默的女士。这么多年过去了，我们再也不能把她和那个向情人倾诉衷肠的女孩联系起来。"平和、睿智、伟大"——我们上次见到她时，她并不是这样的。尽管我们尊敬那位令人钦佩的、把丈夫的事业视为自己事业的大使夫人,但有时候我们宁愿舍弃三国同盟①和《尼梅根条约》②的所有利益和荣耀,来换取多萝西未写的信。

(赵乐 译)

---

① 1668年1月,荷兰共和国、英国和瑞典缔结了三国同盟,阻止了法国路易十四以其妻子的名义占领西班牙、荷兰的企图。
② 《尼梅根条约》是1678年至1679年,法国、荷兰、神圣罗马帝国等国在荷兰尼梅根缔结的诸多国际条约之总称,意在终结法荷战争。

斯威夫特《致斯黛拉小札》①

在任何高度文明的社会里，伪装必不可少，礼貌也至关重要。不过，抛开礼节成规，用一二知己才懂的"上不了大雅之堂的语言"聊聊天，就像闷热的房间里吹来的一丝微风，很有必要。那些矜持沉稳、有权有势、受人敬仰的人更是需要这样一个可以透透气的地方。斯威夫特便是这样认为的。这是个极其骄傲的男人，围在他周围的，要么是对他赞赏有加的大人物，要么是奉承讨好的淑女。抛开这群人，逃离政治与阴谋，回到家，把一切抛诸脑后，舒舒服服地躺在床上，噘起平时严峻的嘴唇，隔着爱尔兰海峡，用幼儿的语言，与他的"两只猴子""亲爱的小家伙"和"淘气鬼们"聊了起来。

现在就让我再看你一眼。我的蜡烛要熄灭了，不过我还是开始写了。普雷斯托先生②，不要这么乏味。你对MD的信有什么看法？快点，把开场白写完——怎么说呢，你常常出国，这让我觉得很高兴。

---

① 1688年，斯威夫特在摩尔庄园担任威廉·坦普尔爵士的私人秘书，结识了当时年仅八岁的埃斯特·琼森（Esther Johnson, 1681—1728），即"斯黛拉"。她是一名家务用人的孤女。斯威夫特曾教其读书。"斯黛拉"是斯威夫特对艾斯特的昵称。后来两人分开，但仍保持书信往来，这些书信在斯威夫特去世后，结集成册，以《致斯黛拉小札》（下简称《小札》）为题，于1766年出版。两人是否结婚，仍有争议。
② 斯威夫特自取的绰号。

斯威夫特写给斯黛拉的信，总是粗心大意，凌乱潦草。他写道，"我不知道该怎么写，才能写得清楚明白。我们并非孑然一身，全世界都能看到我们。字迹潦草反而舒心……"所以斯黛拉不必心怀妒忌。不错，她正和丽贝卡·丁利一起，在爱尔兰肆意挥洒青春。丽贝卡就是那个戴着铰链眼镜，抽了大量巴西烟草，走路时被长裙绊倒的丁利太太。斯威夫特回家时，两位女士总是陪伴左右，他不在的时候，两个人就独自住在这座房子里。这样的生活引来了不少流言蜚语。尽管斯黛拉与斯威夫特见面的时候，总会有丁利太太在场，但她也只是那些混迹于男性社交圈、身份模糊的女性中的一个。不过一切都是值得的。邮件不断从英格兰寄来，每一张信纸上都写满了斯威夫特的凌乱小字，她可以不露破绽地模仿他的笔迹。信里写满了胡言乱语，还夹杂着一些大写字母，还有只有斯黛拉才能看懂的暗号、斯黛拉必须保守的秘密、斯黛拉要完成的小任务。烟草是给丁利的，巧克力和丝绸围裙是给斯黛拉的。不管人们怎么说，这一切都是值得的。

关于这位普雷斯托先生，世人知之甚少。他和那位令人生畏的"另一个我"截然不同。世人只知道，斯威夫特又到英格兰去了，代表爱尔兰教会向新上任的托利党政府申请恢复"初级成果"，之前他也请求过辉格党，但徒劳无果。这次，他完成了任务，哈利和圣约翰向他打招呼时的热忱和亲切绝对无与伦比。即使在那个拉帮结派、崇拜能人的时代，这也是惊煞世人的创举。几年前，这个默默无闻的"疯狂牧师"还在咖啡馆里度日，如今却可以参与最机密的国务会议。当年那个一文不名的年轻人，在威廉·坦普尔爵士宴请内阁大员时，曾被禁止与他们同桌共餐，现在却可以让公爵贵族们为他出力办事了。上门求见的人络绎不绝，他的仆人不得不将那些人一一拒之门外。艾迪生冒充自己是来付账的才勉强上了楼。斯威夫特权倾一时，没人能收买他，人人都害怕他手中的笔。他进宫朝见的时候，感到"无比自豪，因为那些达官贵人都在奉承我"。女王想听他布道，哈利和圣约翰也有同样的请求，但是他都一一拒绝了。有天晚上，国务大臣当面发难，他严厉喝止，还提出警告：

别想对我冷眼相待，我可不是小学生……他居然接受了我的说法，还说我有理有据……并且邀请我去马沙姆太太的哥哥家赴宴，作为补偿。但是我不想去。还不知道该如何处理，反正我不会去。

他把这一切都潦草写下，寄给了斯黛拉，不过信中既没有欢欣雀跃，也毫无虚荣炫耀之意。为了显示自己与达官显贵平起平坐，他常常在人前颐指气使，或者让人在自己面前卑躬屈膝，斯威夫特和斯黛拉都对此不置一词。早在摩尔庄园的时候，她就认识他了，见过他对着威廉·坦普尔发脾气，猜测过他的过人之处，曾听他亲口说出自己的计划和抱负，难道不是这样吗？她比任何人都清楚，在他身上，缺点与优点总是奇特地交织在一起。她知道他所有的恶习和怪癖，难道不是吗？他的啬让一同赴宴的权贵大惊失色。煤块要从火里夹出来，半便士的马车费也要节省。然而斯黛拉最清楚，正是因为秉持节俭，他才能私下里做一些体贴入微的善事，比如他给了可怜的帕蒂·罗尔特"一枚金币，让她能够继续度日，以免去乡下寄宿"；还送了二十个基尼给那个借住在阁楼里，身患重病的年轻诗人哈里森。只有她知道，斯威夫特虽然语气粗鲁，但行事细心，表面上愤世嫉俗，但内心深处情真意切，这是她在别人身上从来没见到过的。从里到外，不论是优点还是缺点，不论是彼此深邃的思想还是琐碎的小事，他们都了然于胸。因此，斯威夫特才会利用深夜或者清晨醒来后的宝贵时光，向斯黛拉倾诉一天的遭遇。不管是做了好事，还是卑鄙的事，他都会不加修饰，轻松自在地说给她听，向她表达自己的情感、理想和绝望，就好像是在自言自语地大声思考。

斯威夫特对斯黛拉的感情有迹可循，而且二人的关系亲密无间，除了斯黛拉外，没人知道普雷斯托就是斯威夫特，因此斯黛拉毫无嫉妒的理由。她的情感也许恰恰与嫉妒相悖。一边阅读着密密麻麻的书信，一边想象着斯威夫特给那些上流人士留下的深刻印象，一幕幕细致入微，似乎可以眼见其人，耳闻其声。此时她对斯威夫特的爱就会变得更加深厚。他不仅备受大人物的追捧，而且无论是谁遇到了困难，都会寻求他的帮助。比如他发现"小哈里森"生了病,又身无分文,这让他十分揪心,于是带哈里森到骑士桥医院去看病,花了一百英镑,哈里森却去世了。"想想看,这件事让我有多痛苦!……我无法赴财政大臣的晚宴,其他地方也不想去,天快黑的时候才吃了点肉。"十一月的一个清晨,汉密尔顿爵士在海德公园被人杀害,斯威夫特立刻跑到公爵夫人那里,陪了她两个小时,听她怒骂咆哮。斯黛拉可以想象这个场景有多么奇怪。此后,斯威夫特把公爵夫人的事也扛在了自己肩上,好像这是他与生俱来的责任,而且没有人会质疑他在丧亲之人家庭中的地位。他说过,"公爵夫人撼动了我的灵魂。"年轻的阿什伯纳姆小姐去世时,他大声疾呼:"想到生命会遭受如此意外,我便会痛恨生命。看到千百万恶徒荼毒世界,她却英年早逝,这让我不禁想到,上帝也许无意赐福人类。"出于本能,他撕扯着自己的情感,在悲痛中孕育着愤慨,他转而攻击那些哀悼的人,甚至是死者的母亲和姐妹。他把拥在一起哭泣的人群分开,指责道:"人们装出一副比实际上更悲伤的模样,而这会让人忘记真正的悲痛。"

　　斯威夫特把自己的悲哀与愤怒,善良与粗鄙,以及对人间平凡小事的关爱,都一一向斯黛拉倾诉。在她面前,他如父如兄,嘲笑她的拼写,责怪她不爱惜身体,给她的生意提提意见。他还和她聊天,说些闲话。他们之间有许多共同回忆,一起度过了无数美好时光。"还记得吗?我一大清早就跑到你们房间,把斯黛拉从椅子上拽下来。在寒冷的早晨,一边生上炉火,一边'呜呜呜'地叫喊着。"斯黛拉经常浮现在他的脑海中:外出散步时,他会想斯黛拉是否也在散步;普赖尔滥用双关语笑话的时候,他会想起斯黛拉也曾讲过这类笑话,虽然双关语用得不那么恰当。他把自己在伦敦的生活和她在爱尔兰的生活做比较,幻想有天两人再次相聚。斯威夫特生活在伦敦,与才智之士为伍,斯黛拉对他的影响仅此而已。相比之下,斯黛拉生活在爱尔兰乡村,只和丁利太太交往,来自斯威夫特的影响则要大得多。她知道的那点儿知识都是许多年前斯威夫特教的。那时他们住在摩尔庄园,斯威夫特还是个年轻人,而斯黛拉也只是个小孩子。斯威夫特对她的影响无处不在:她的思想和情感,她读过的书和写过的字,以及她结交的朋友和遭她拒绝的求婚者。她成为如今的模样,斯威夫特有一半的功劳。

　　当然，他选择的女性绝不是一个唯唯诺诺的应声虫。她有自己的性格，善于独立思考。她为人疏离，虽然气质高雅，富有同情心，但为人苛刻。她喜欢直言不讳，因而有些令人生畏。她脾气暴躁，想什么就说什么，毫不畏惧。虽然天赋异禀，却寂寂无闻。由于手头拮据，身体虚弱，加上暧昧不清的社会地位，她一直过着极度低调的生活。聚在她身边的人都是来找她聊天的，寻求一种简单的快乐，因为她乐于倾听，善解人意，又很少发言。但是，她一旦开口，就会用极其悦耳的声音，说出"众人当中最精彩的话"。然而，她不算博学多才。因为身体的原因，她无法长时间刻苦攻读，虽然学习过各种科目，对文字也颇有鉴赏力，但读过的内容难以记在心里。她自幼奢侈、挥霍无度，直到后来理智征服了陋习，如今过着极度节俭的生活。五个青花小碟盛着五样小菜，就是她的晚餐了。她有着一双漂亮的黑眼睛和一头乌黑亮丽的秀发，虽然算不上美丽动人，倒也引人注目。她衣着朴素，想方设法救济穷人，精心挑选"全世界最称心的礼物"送给朋友，这是她无法抗拒的奢侈。挑选礼物是门艺术，"是人生中最微妙精细的事"，但是，就这门艺术而言，斯威夫特还没发现任何可以与斯黛拉相媲美的人。除此之外，她为人真诚，斯威夫特称之为一种"荣誉"。尽管身体纤弱，斯黛拉却有着"英雄般的勇气"。有一次，窗外出现强盗，她一枪便打穿了强盗的身体。这些都是影响斯威夫特写作的因素。当他看到圣詹姆斯公园的树开始抽条，听到政客们在威斯敏斯特争吵时，就会想到他在雷卡佳种的果树，以及柳树和鳟鱼溪。斯黛拉的身影无一不浮现在这些想象里。瞒着所有人，斯威夫特有自己的退隐之处。如果大臣们再一次出卖了他，如果他再一次帮助朋友发了财，而自己空手而归的话，他就回爱尔兰，回到斯黛拉身边，想到这一点，他就"一点也不感到战栗了"。

　　斯黛拉绝不会把自己的思想强加于人。她比任何人都清楚，斯威夫特爱权力，爱交往。尽管他满腔柔情，厌恶上流社会，但是他对伦敦的尘嚣与喧闹有着无限的热爱，胜过了世上所有的鳟鱼溪和樱桃树。更重要的是，他讨厌被人干涉。如果有人对他的自由指手画脚，或者对他的独立表现出些许威胁的话，不管是男还是女，是女王还是厨娘，他都会当场暴怒，野蛮凶猛地攻击对方。哈利有一次竟敢送给他一张钞票，而华林小姐居然胆敢暗示他们两人婚姻的阻碍已经消除，结果两个人都受到了严厉的惩罚，华林小姐尤甚。斯黛拉深知不要招惹这样的不快，她学会耐心以待，谨言慎行。留在伦敦，还是回爱尔兰？即使是这样的问题，她也任其选择。斯黛拉从不为自己争取什么，得到的反而更多。这甚至让斯威夫特有点不悦：

> 你的宽宏大量让我有些恼火。我明知道，普雷斯托不在你身边，让你心生抱怨。你觉得他食言了，明明说好三个月回来，他总是这样欺骗你。可斯黛拉却说，她看不出匆匆赶来的可能性，所以MD完全接受了，诸如此类。你这个无赖，怎么能这么制服我呢？

可斯黛拉就是这样留住他的。斯威夫特一次又一次地写下深情的话：

> 亲爱的小家伙们，可爱的人们，只有在MD身边，我才能感到平静自在。又要说再见了，小淘气们。只有想到MD，或者写到她时，我才会感到快乐。你们就是我的至亲，我的每一分钱都是为你们赚的。可惜，我不能为MD变得再富有一点。

只有一件事，摧毁了这些信带给她的快乐。每次写信的时候，他都用了复数人称：信里总是"最可爱的小姐们""最可爱的人们"，MD指的也是斯黛拉和丁利太太两个人。斯威夫特和斯黛拉无法单独交流。也许这只是出于形式，也许写上丁利太太只是为了表面好看，毕竟她忙着处理钥匙和哈巴狗，和她说话她也听不进去。这种形式又有什么必要呢？为什么要给她施加压力，不仅损害她的健康，还剥夺她的幸福？如果两个人只有在彼此相伴时才能感到快乐，那么为什么要把这对"完美契合的好友"生生拆散呢？这到底是为了什么呢？其中自然有原因，不过这个秘密只有斯黛拉知道，而她从未透露过分毫。他们必须彼此分隔。既然他们之间并没有约束的纽带，既然她不敢向这位朋友提出丝毫请求，那么她必定会妒意重重，搜寻他信中的字句，分析他的行为，以便琢磨他的情绪，立即掌握其中的微妙变化。只要斯威夫特能向她坦白谁是他的"最爱"，只要他表现得像一位虚张声势的暴君，要求每位女士向他敬献殷勤，训诫那些名媛淑女，任其挑逗戏弄自己，那么一切都不成问题，都不会引起斯黛拉的戒心。伯克利夫人也许会偷走他的帽子，汉密尔顿公爵夫人也许会对他倾吐衷肠，然而，同为女性，斯黛拉对她们极为友善，可以陪着这位太太一起哭，也可以陪着那位太太一起笑。

其他影响是否也在《小札》中留下了蛛丝马迹呢？由于更平等、更亲昵的关系，而产生了某种更危险的东西？想象一下，如果有这样一位和斯威夫特地位相当的女性，与斯威夫特初次见到的斯黛拉一样，她不满足于平凡生活（用斯黛拉的话来说），她渴望具有分辨是非的能力，她不仅天赋异禀，而且风趣幽默，只是尚待开化启蒙，如果真有这样一位姑娘，她确实会是一位让人畏惧的对手。真的会有这样的人吗？如果她真的存在的话，《小札》里自然也不会提到。取而代之的只会是各种犹疑、各种借口，或者偶尔出现的尴尬不安，就好像斯威夫特正在信马由缰、感情充沛地写作时，突然有某种难以启齿的东西打断了他。他刚到英格兰一两个月后，信中突如其来的沉默引起了斯黛拉的猜疑。是有什么人寄宿在他这里，常常与他共进晚餐吗？她写信问道。"没有这样的人，"斯威夫特回信说，"我不会和寄宿的人一起吃饭的。真该死，和你分开以后，我和谁一起吃饭，你比我还清楚。你是什么意思啊，小家伙？"其实，他心里明白得很，斯黛拉指的是住在他附近的遗孀范霍姆里夫人，还有她的女儿埃斯特。从此以后，斯威夫特便在信里一次又一次地提到这对母女。他心高气傲，不会隐瞒与她们会面的事实，但是十有八九会找理由辩解。比如，路过萨福克街的时候，刚好可以去圣詹姆斯街，拜访一下住在那里的范霍姆里夫人母女，这样就不用再多跑一趟了。他在切尔西区的时候，范霍姆里家也在伦敦，把自己最好的长袍和假发寄存在范霍姆里家很是方便。有时是在范霍姆里家避暑，有时是躲雨。有一次，阿什伯纳姆夫人来范霍姆里家打牌，因为她总让他想到斯黛拉，所以就留下来帮帮她。有时他留下来，是因为精神不振，有时是因为忙得无心应酬，而范霍姆里家母女行事简单、不拘于礼节。与此同时，斯黛拉只需要暗示，这些人对他来说无足轻重，他便会反驳道："为什么无足轻重？她们是好的女伴，就如同我是好的男伴一样……今天下午我在那里见到两位贝蒂夫人。"简而言之，原原本本地道出真相，自由自在地写下脑海中浮现的任何东西，已经不再像从前那么容易了。

的确，整个局面变得困难重重。没有人比斯威夫特更痛恨谎言，也没有人比他更热爱真理。然而在这种情况下，他不得不遮遮掩掩、躲躲藏藏，不得不搪塞。此时，对他而言，一个"脏乱的"或私人的房间再次变得十分必要，他可以在那里彻底放松，成为普雷斯托先生，而无须充当"另一个自我"。只有斯黛拉可以满足他的需求，可她远在爱尔兰。他身边有瓦妮莎，她比斯黛拉年轻活泼，自有其魅力，她可以像斯黛拉那样，在他的教诲训斥之下成长、成熟。很明显，斯威夫特对她有着积极向善的影响。那么，爱尔兰有斯黛拉，伦敦有瓦妮莎，他为什么不能享受一下她们各自带来的好处呢？这对两人来说都有好处，而且不会伤害到任何一位。这看起来行得通，斯威夫特也允许自己试一下。毕竟，这些年来，斯黛拉虽然一直想要改变现状，却从未抱怨过什么。

然而，瓦妮莎毕竟不是斯黛拉。她更年轻、更热烈，但同时也缺了些教养和智慧，缺少一位像丁利太太这样的人物来管束她。她既没有聊以慰藉的回忆，也没有每日寄来的书信作为安慰。她爱着斯威夫特，而且不觉得有任何沉默的理由。难道斯威夫特没有亲自教过她"要做正确的事，不要在意世人的眼光"吗？因此，每当遇到阻碍，或者两人之间产生了隔阂，她都会极不明智地质问他。斯威夫特会反驳道："请你告诉我，去见一位不幸福的女孩，给她一些建议，有何不可呢？我实在想不出来。"然后，她会愤愤不平地答："你教我分辨是非，却留我一个人在这里苦不堪言。"终于，在痛苦和迷茫中，她采取了一个冒失的举动。瓦妮莎写信给斯黛拉，要求斯黛拉坦白她与斯威夫特之间的关系。然而，让瓦妮莎明白一切的却是斯威夫特本人。当他深邃的蓝眼睛目光炯炯地盯着她，把她的信摔在桌子上，然后一语不发，策马离去时，她的生命也就终结了。她说"他的言辞杀气腾腾"，比行刑还可怕。她呼喊道："你的神色太可怕了，简直让我哑口无言。"瓦妮莎说出这些话时，并不是在比喻。这次见面后没过几周，她便撒手人寰了。她消失在人间,化作一缕不安的香魂,不断困扰着斯黛拉的生活,让斯黛拉除了孤独之外,又增添了恐惧。

如今,只剩下斯黛拉独享这份亲昵。为了把斯威夫特留在身边,她继续表演着令人悲伤的艺术。直到有一天,压力和隐瞒让她心力交瘁,丁利太太和她的哈巴狗让她劳累不堪,无尽的恐惧和一次次的失望让她筋疲力尽,终于,她也离开了人世。在她下葬的时候,斯威夫特远离墓地的灯火,独自坐在教堂的一间密室里,记录下:"最真诚、最高尚、最珍贵的朋友。能有这样的朋友,是上天对我,或者其他任何人的恩典。"多年之后,斯威夫特被精神错乱压垮了。他先是勃然大怒,之后便沉默了下去。有一次,人们听到他喃喃自语,说"我就是我"。

(赵乐 译)

《感伤之旅》

《项狄传》是斯特恩的第一部小说,开始写时,他已经四十六岁了,一般作家到这个年纪都已经完成二十部作品了。不过,书中处处体现出一个作家的成熟,他随心所欲地突破语法、句式、意义和分寸的藩篱,全然不顾人们长期以来信奉的小说创作传统,年轻的作者可不敢如此肆无忌惮。只有人到中年才能修炼出这般坚定不移的态度和不畏流言的气量,愿意冒着风险,用不落俗套的写作风格震惊文坛大师,以离经叛道的道德观念冒犯正派绅士。虽然冒险,但大获成功,不论是所谓的大人物,还是口味挑剔的读者,无不沉迷其中,斯特恩也成了伦敦城里的偶像。人们用热情的笑声和掌声赞扬这本书,不过,其中不乏一些头脑简单的民众发出的抗议之词:这些都是牧师的丑闻,大主教应该站出来主持公道,至少应该斥责。结果,大主教无动于衷,斯特恩本人表现得云淡风轻,实则将这些批评铭记在心。自《项狄传》出版以来,他的内心一直饱受煎熬。他的梦中情人伊丽莎·德雷珀乘船到孟买,和她的丈夫团聚了。斯特恩决定把自己身上发生的变化融入下一本书,证明自己不仅才智双全,而且情感丰富、深沉,用他自己的话来说就是:"我的目的,是教会大家更好地去爱世界、爱世人。"正是这样的目的,激励他记录下一次短暂的法国之行,他取名为《感伤之旅》。

不过,就算斯特恩可以改变举止,他也无法改变他的文风。正如他硕大的鼻子和明亮的眼睛一样,这种文风已经成为他身体的一部分。开篇的

第一句话"我说过,法国人更会处理问题"就带我们回到了《项狄传》的世界。在这里,一切皆有可能。这支机敏到惊人的笔在英国散文密实的藩篱上划出一道口,我们不知道会有什么样的俏皮话、讥讽和诗意涌现出来。斯特恩会对此负责吗?他本来决意这次表现出自己最好的一面,但他是否真的知道自己接下来要写什么呢?断断续续的短句一个接着一个迸发,似乎不受控制,像口若悬河的演说家吐出来的连珠炮,充满力量,不受拘束。每一处标点不像是在写作中,而像是在口语中,把说话的声音和联想也带到了文字里。一连串想法不顾次序地、突兀地出现,彼此之间毫无关联,比起忠于文学,它们更忠于现实生活。这样一来,谈话般的文字带有一种私密性,那些在人前说来不够文雅的话,可以不假思索地说出,而且不会遭到谴责。在他独特风格的影响下,这部书呈现出一种半透明的特质,长久以来使读者与作者保持距离的仪式和成规消失不见。我们前所未有地贴近生活。

　　斯特恩完全是凭借剑走偏锋的艺术手法和超乎寻常的努力才实现了这样的效果,这一点显而易见,甚至不用去找他的手稿来验证。作家们总是相信,一定会有办法抛开写作中的陈俗旧套,直接与读者对话,但这个想法一旦付诸实践,他们不是在重重困难中知难而退,就是陷入混乱,愈发不知该如何表达。斯特恩却令人惊叹地将一切结合起来。他的文字精准地进入每个人内心深处最细微的褶皱,将起伏多变的情绪、最轻微的悸动和奇思妙想表达得淋漓尽致,笔法精准沉稳,无人能及。最大的流动性和最强的持久性并行不悖,就好像潮水在沙滩上四处奔腾,在粗粝的沙滩上留下一道道涟漪和旋涡的刻痕。

　　当然,没有人比斯特恩更需要保持自由自在的个性。不掺杂个人情感是一些作家的天赋,比如托尔斯泰,他可以创造出一个角色,然后将之留给读者,作家本人则退居幕后,但斯特恩必须亲力亲为,帮助我们与书中人物交流。如果我们从《感伤之旅》中把属于斯特恩的部分抽离出来,那么这本书将成为一具空壳。他既不讲述珍奇见闻,也不传授理性哲学。在离开伦敦的时候,他写道:"一切太过仓促,我连英法正在交战的事情都忘了。"他也无意评论绘画、宗教和乡民苦乐,而是实实在在地在法国旅行。

不过,走过的路途常常通向内心世界。他的历险不是与匪徒搏斗,也不是身遇险境,而是内心情感的跌宕起伏。

换一个角度观察世界,这本身就是大胆的创新。到目前为止,旅行者们一直按照惯常的比例和角度参观游览,在任何一本游记中,大教堂往往高耸入云,渺小的人影立于一侧,在宏伟的建筑旁边几乎可以忽略不计。但斯特恩反其道而行之,他对大教堂弃之不顾,手拿绿缎子荷包的女郎反而要比巴黎圣母院重要。他似乎在暗示,本就没有什么普遍的价值衡量标准,一个女孩可能比一座大教堂更加生动有趣,一只死掉的猴子或许比一个活生生的哲学家更有启发意义。这完全是个人看法的问题。斯特恩调整了视角,在他看来,渺小往往比庞大蕴含更多意味,一个理发师闲谈自己的假发带扣比法国政治家们的夸夸其谈更能展现法国人的性格。

> 在我看来,相比那些国家大事,在这些不值一提的小事上更能看出一个民族珍贵的特点。各个国家的大人物们谈来谈去,不过是千篇一律的陈词滥调,我根本不愿意浪费一枚爱尔兰先令①去看他们写的东西。

如果有人想像感伤的旅人一样参透事物的本质,就应该前往幽暗胡同,去探索无人关注的角落,而不是白天宽阔的大街。还要练就速记的本事,能将丰富的表情变化和肢体动作快速转化成文字。这也是斯特恩长期练出来的能力。

> 比如我,只要走在伦敦的街道上,就把看到的一切记录成文字,这是久而久之形成的习惯,现在不自觉地就开始这样做了。不止一次,我跟在人们后面,他们只说了三言两语,我就能想到二十句不同的对话,还能把这些话原封不动地记下来,保证丝毫不差。

---

① 旧的爱尔兰先令在英国大约值九个便士。

就这样,斯特恩把我们的兴趣从外部事物转移到内心世界。翻阅旅游手册没有用,要听从自己的内心,它会告诉我们为何大教堂、小毛驴、绿缎子钱包女郎更加重要。比起旅游手册上指明的宽阔大路,他宁愿跟随内心指引的羊肠小道,这一点倒和我们这个时代的人出奇地相似。忽略话语,关注沉默,斯特恩可以称得上现代派的先驱。由于这些原因,相比于他同时代的大作家理查逊和菲尔丁,斯特恩和我们这个时代的人的关系要更亲近些。

当然,差距也是存在的。尽管斯特恩对心理颇感兴趣,但相比那些学院派的大师们,他的想法更显灵巧,而欠缺深度。毕竟他是在讲述一个故事,记叙一段旅程,不论笔法多么随心所欲,曲折迂回。尽管几度误入歧途,但我们确实在短短几页纸的篇幅内从加来走到了摩德纳。斯特恩专注于自己观察事物的方式,但事物本身也会激发他的兴趣。他随性地选择描写的对象,处处可见个人风格,但他能成功地把握和呈现瞬间感受,没有一个现实主义作家可以与他比肩。《感伤之旅》是一系列人物素描和世间百态——修士、贵妇、卖肉酱的骑士、书店里的姑娘、穿新马裤的拉夫勒[①]。作者的思绪飘忽飞舞,宛如一只蜻蜓,忽上忽下,但不能否认,这只蜻蜓有自己的飞行方法,它并不是随意选择花朵,而是为了实现精妙的和谐,或形成鲜明的对比。随着故事的起承转合,我们时而笑,时而哭,时而鄙视,时而同情,转眼间心情急剧翻转。斯特恩就像诗人一样放任自流,对众所周知的事实轻描淡写,对叙述的顺序不以为意。他将一般小说家忽略的想法形诸笔端,他所用的语言,普通小说家即使掌握,也可能画虎不成反类犬。

我穿着落满灰尘的玄色外套,严肃地走到窗前,透过玻璃看去,人们穿着黄色、蓝色和绿色的衣衫,正奔向欢乐场。老人们手里拿着断矛,戴着丢了护面的头盔;年轻人裹着金光闪

[①] 拉夫勒(La Fleur)是《感伤之旅》故事叙述者约里克的法国仆从。

闪的铠甲，装饰着色彩斑斓的羽毛，非常富有东方风情。所有人，所有人都向着赛场奔去，就像昔日为名利和爱情着魔、走上比武场的武士。

斯特恩的作品中，有许多堪称诗歌的片段，它们既可以独立于文本之外，被单独欣赏，也可以放进书页，与全文和谐共处，毕竟斯特恩是一位深谙对比艺术的大师。他的别出心裁、轻盈灵动，和永远让人眼前一亮或大吃一惊的力量，正是对比艺术的杰作。他带着我们走近灵魂的悬崖，匆匆瞥一眼望不见底的深渊，然后即刻转身，看向另一边绿意莹莹的草地。

如果说斯特恩会让我们感到不适，那也另有缘由，一部分责任在民众身上。《项狄传》出版以后，那些大受震撼的读者惊呼作者愤世嫉俗，不配再穿着牧师袍。不过，斯特恩认为没必要回应他们。

（他向谢尔本爵士说道：）就因为我写了《项狄传》，世人想当然地以为我本人也是项狄一样的人物……如果有人觉得《感伤之旅》是一本思想不够纯洁的书，那我同情他们，这些人的想象力过于"丰富"了。

因此，在阅读《感伤之旅》的时候，作者时刻提醒我们，不能忘记斯特恩首先是多愁善感的，他富有同情心、人情味，最重视人类心灵的本善和单纯。但是，如果作家开门见山地去证明自己有这样那样的品质，读者反而会怀疑，因为为了让读者看到这种品质，他便会强调，使之变得粗糙不堪、痕迹过重。如此一来，幽默变成了滑稽，伤感变成了做作。这本书并没有让我们相信斯特恩内心的柔软，而是心生怀疑，这在《项狄传》中原本是毋庸置疑的，但是我们发现，斯特恩在意的并不是事情本身，而是这件事会不会影响我们对他的看法。乞丐围住他，他慷慨施舍的，比他自己原本打算的还多。但他这样做并不只是记挂可怜的乞丐，也是因为在乎我们，要我们为他的善心拍手叫好。最后，他的结论是，"他感激我胜过所有人"，为了强调这一点，还特意将这句结语放在章节的最后，就像杯底没有融化的糖一样让我们感到甜腻。事实上,《感伤之旅》的主要问题便来自斯特恩过于关注我们对他内心是否善良的看法。这本书的确是部杰作,但乏味无趣,他似乎特意收敛了自己天性中丰富多变、灵动活泼的一面,生怕惹人抵触。这本书的情绪被压缩成过于单调的善良、温柔、富有同情心,以至于有点不自然。人们怀念《项狄传》的丰富多彩、活力四射,甚至其中的粗鄙之语。斯特恩对自己感性的过度在意,削弱了他与生俱来的敏锐犀利,我们被迫长时间凝视谦逊、朴素等美德,因为单调乏味,很难聚精会神。

但是,我们反感的是斯特恩的多愁善感,而不是他不道德的行为,这也是我们品位转变的显要标志。在19世纪的读者眼中,斯特恩的出轨行为让他所写的一切都黯然失色。萨克雷义愤填膺地抨击他:"斯特恩的作品没有一页是良善的,总是潜藏着腐蚀人心的堕落——暗示着不洁的存在。"而在我们看来,维多利亚时代小说家的傲慢,至少和这位18世纪牧师的不忠行为一样,都该被谴责。维多利亚时代的人们对他的谎言和轻率表示痛惜,可如今,我们更关注的,是他把生活中所有坎坷都置之一笑的勇气,以及他充满才情的文笔。

事实上,尽管轻浮机巧,《感伤之旅》自有其哲学基础。诚然,这是一种在维多利亚时代不合时宜的哲学——享乐哲学。这种哲学认为,无论面对大事小情,都要坦然以待,享受快乐,甚至是其他人的快乐。

这个大言不惭的人坦然承认"几乎一生,不是爱上了这位公主,就是恋上了那位夫人",还要补充一句"至死不渝,倘若我做了什么卑鄙之事,那一定是在两段激情之间的空窗期"。这个无耻之徒还借书中人物之口肆意宣扬:"欢愉万岁……爱情万岁……性爱万岁!"明明是一个牧师,斯特恩却在看法国农民跳舞时,产生了不虔诚的想法,认为自己从中看出了灵魂上的升华,而非单纯享乐的结果或原因。——"简言之,我发现,我能看出舞蹈中有宗教的影子。"

作为一个牧师,竟然提出宗教和愉悦之间的关系,实在大胆。不过,这也许也可以解释,在他的处境中,想在宗教背景下寻欢作乐实在是阻力重重。倘若你青春不再,或债台高筑,或夫妻不睦,抑或乘着马车在法国闲逛时，在路上罹患肺病险些丧命，那追求享受就更是难上加难了。但是，人们还是要追求享乐，一定要周游世界，四处看看，在这里跟女人调调情，在那里赏乞丐几枚铜板，只要找到一片阳光灿烂的地方，就要坐下沐浴阳光。还一定要开玩笑，即使难登大雅之堂。即使是稀松平常的一天，也一定要放声大喊："万岁，生活中快乐的小事，你们让生活一帆风顺。"一定要——"一定"已经足够多了，斯特恩并不喜欢把这个挂在嘴上。读者掩卷之际回想起他的均衡、幽默，他在生活的各个方面都追求全身心的愉悦，以及将这些意义传达出来的流畅美妙的文字。这一切都告诉我们作者内心的强大意志力。萨克雷笔下的懦夫，在本该卧病在床或者编写训诫时，却四处猎艳，还用镶着金边的信笺写情话。他不是一个有着自我风格的禁欲者、道德家、教育家吗？毕竟，大部分伟大作家皆是如此。斯特恩是个真正伟大的作家，这一点毋庸置疑。

（赵乐　译）

切斯特菲尔德勋爵家书[①]

在编辑切斯特菲尔德勋爵家书的时候，马洪勋爵[②]认为有必要提前警示读者，这些书信"对于年纪尚小，或者不懂甄别的读者来说，都开卷不宜"。勋爵直言：只有"那些观点早已成形、原则已然建立的人"才能从这本书中获益。但马洪勋爵的警告来自1845年，如今看来，着实有些遥远。那个时候，房子建得宏伟庞大，却不带一间浴室。厨娘们就寝后，男人们会在厨房里抽烟。客厅的桌子上摆着签名簿。窗帘厚重结实，妇女恪守本分。其实18世纪是经历过变革的，在身处1930年的我们看来，它不像维多利亚时代早期那么奇怪，那么遥远，其文明又要比马洪勋爵的时代更加理性和发达。不管怎样，一小部分接受过高等文化教育的人实现了自己的理想。他们的世界很小，但更紧密，有自己的观念和准则。当时的诗歌也深受这份安全感的浸润。在阅读《夺发记》[③]时，我们发现自己仿佛身处一个井然有序、界限分明的时代，只有这样的时代才会孕育出如此杰作。正

[①] 切斯特菲尔德勋爵，即菲利普·多默·斯坦霍普（Philip Dormer Stanhope，1694—1773），第四代切斯特菲尔德伯爵，英国政治家、外交官和文学家。他的儿子菲利普·斯坦霍普是勋爵与家庭教师玛德琳娜·伊丽莎白·杜布歇的私生子，也是唯一的儿子。勋爵对儿子期望很高，煞费苦心地教育他，从7岁起便为儿子写家书，儿子成年后为他安排外交工作。菲利普·斯坦霍普与一名平民女性尤金妮亚·彼得斯结婚，并生育两个孩子，在36岁时去世。尤金妮亚为谋生存，将勋爵写给丈夫的家书卖给了出版商。
[②] 马洪勋爵，即菲利普·亨利·斯坦霍普（Philip Henry Stanhope，1805—1875），英国古董收藏家、历史学家、保守党政治家，因历史著作和对文化事业的贡献而广为人知。
[③] 《夺发记》是亚历山大·蒲柏的讽刺叙事诗，写于1714年。作品讲述了大户人家彼得与弗莫尔之间因为一绺头发而发生的小风波。

因如此，我们才能说，当时的诗人能够全神贯注地投入自己的使命，淑女们的梳妆台上的一个锦匣都能成为激发他想象力的素材。一场牌局，一次夏日泰晤士河上的泛舟，都能让我们感受到美，感受到事物终将消失，正如直达内心深处的诗篇带给我们的感受一样。诗人可以把他所有的心血倾注于一把剪刀和一缕头发，而一位社会地位稳固，坚守那个世界价值观的贵族也可以为他儿子的教育制定精确的戒律。那个世界拥有我们不曾领略过的确定性和安全感。由于种种原因，时代变了，现在我们可以毫不脸红地阅读切斯特菲尔德勋爵的家书，或者说，即使我们在20世纪脸红的内容，也未曾让马洪勋爵感到不适。

初展家书，菲利普·斯坦霍普，这个切斯特菲尔德勋爵和荷兰家庭女教师的私生子，还只是个七岁的孩童。如果一定要为这位父亲的教诲挑些毛病出来，那便是对于一个小孩子来说，他的要求过于严苛了。他对一个七岁的孩子写道："让我们回到演讲技巧，或者说话的艺术，这是要永远铭记在心的。""倘若不懂雄辩之术，一个男人在议会、教会还是法庭上都不可能崭露头角。"他继续写道，好像这个小男孩已经在考虑自己的终身前程了。事实上，这位父亲犯了那些显贵们的通病，他们壮志未酬，便决心将希望强加在子女身上，尤其是像菲利普这样的独子。事实上，人们读着读着就会发现，切斯特菲尔德勋爵几乎倾囊相授，把自己的经验、阅读所得和对世界的认识都谈了一遍，他这样做，不仅仅是在教导儿子，也是在聊以自慰。家书表现出一种热切的期盼和激动，这说明勋爵在撰写家书时并不是将其当作一项任务，而是一件乐事。案牍劳形之后，仕途失意绝望之时，他终于可以提笔，在随性的书写交流中得到一丝宽慰，忘却了读者只是一个学童，也许父亲写给孩子的话，孩子大半都读不懂。切斯特菲尔德勋爵描绘的那个陌生世界并没有让我们望而却步。他完全站在温和、宽容、理性的一方。他郑重告诫：绝不能随意否定一个群体中的所有人；去了解各种教派，切忌嘲笑其一；博学杂收，对一切事情了然于心；早晨用来学习、充实自我，晚上用来社交、扩展人脉；穿着得体、举止正派，一切向上流看齐；不可特立独行、任性孤僻或心不在焉。总之，遵守法则，充分享受生活中的每一刻。

因此，他循序渐进地塑造出一个完人形象，菲利普会成为这样的人，只要他愿意培养优雅风度——在这里，切斯特菲尔德勋爵透露出他一番教诲的关键所在。起初，培养德行这一话题只是隐隐浮现的背景。这个男孩要先了解女性和诗人，培养对其的美好感情。切斯特菲尔德勋爵要求他尊重女士和诗人。他写道："就我个人而言，跟艾迪生先生和蒲柏先生相处时，我视他们高出我很多，就像与欧洲的王公贵族那般交往。"随着时间流逝，美德会自然而然地流露出来，不必刻意培养，但优雅的重要性呼之欲出。在这个世界上，优雅主导着人们的生活，它的作用不容半分忽视，而且要求严苛。想一想，这种取悦他人的艺术到底意味着什么。首先，一个人要知道进出门时应该怎么做，人的手脚都是出了名的不听话，要做到这一点就需要相当灵活机敏。其次，一个人的穿着必须得体，不能标新立异、惹人注目。牙齿要整洁无瑕。假发要无可挑剔。指甲要修成圆弧。既要会雕刻，又要能跳舞，落座时要像艺术品一样姿态优美。这些不过只是取悦人的初级艺术。接下来要讲讲如何说话。要精通三门语言。在开口之前，就要注意提高警惕，不能大笑。切斯特菲尔德勋爵就从不大笑，他永远保持微笑。当这个年轻人终于有讲话的能力时，他还要避免口出俗词、粗话；必须口齿清晰、文法正确，绝不能与人争辩、编造故事、谈论自己。掌握上述一切之后，这个年轻人终于可以开始练习取悦艺术中最高级的一步——奉承。无论男女，无一例外地存在着虚荣心。观察，等待，窥探，寻找弱点，"然后你就会知道用什么诱饵来钓到他们"。这就是成功的秘诀。

也许因为我们的时代不同，这一点让我们觉得不自在。切斯特菲尔德勋爵关于成功的观点比他看待爱情的观点还要经不起推敲。这种无休止的努力和自我克制又能得到什么回报呢？我们必须学习进出房间的礼仪；打探别人的隐私；一方面要保持缄默，另一方面又要阿谀奉承；远离那些出身卑微、品德败坏或是有些小聪明的人，以免误入歧途。我们做这些，又能获得什么好处呢？简单地说，可以在社会上立足，再进一步讲，可能会获得这样的成就：得到上流人物的欢迎。但是，如果我们继续追问谁才是上流的人，就会陷入一个无法回头的迷宫，里面空无一物。何为上流社会？是那些上流人物认可的社会。何为智慧？是那些智慧之人以为的智慧。一切事物的价值都取决于别人的看法。因为事物并不会独立存在，它们仅仅存在于别人的眼中，这就是这种哲学的精髓。这是一个镜中世界，我们缓慢地攀登，得到的奖赏不过都是镜中的倒影。这也许可以解释为什么我们在这些语气文雅的书信中寸步难行，想要找到可以触摸的实实在在的东西，却徒劳无功。实在的东西在这些书信中最难找到。但是，即使有这样的缺陷，这里又有多少被严苛的道德家忽略不计的优点可以被发现？至少在切斯特菲尔德勋爵大人痴迷于令他沉醉之物时，谁会否认这些不值一提的品质自有其价值，而这些装点门面的优雅自有其光辉呢？不妨想一想，优雅的风度为勋爵这位忠仆带来了什么。

他是一个失意的政治家，未老先衰，失去了职位，牙齿也掉了，更糟糕的是，他的耳朵越来越不灵敏，但他绝不发出一声抱怨，也不会呆滞、迟钝、邋邋遢遢。他的头脑和身体一样齐整利索。他从不会让自己"在安乐椅里虚度时光"，哪怕一秒。尽管这些是些私人信件，而且内容显然是有感而发，但总是围绕着一个主题，流畅自然，永远不会惹人厌烦。更值得注意的是，书信的内容绝对不会变得荒谬可笑。也许取悦艺术与写作艺术之间本就有共通之处。礼貌、体贴、克制、韬晦，隐藏自己的个性而不是把它强加于人，这些品质对作家大有裨益，对体面人士也有诸多好处。

无论我们如何评价，一定会有很多声音赞同这种规训，而且它也帮助切斯特菲尔德勋爵描写出了他的理想人物。这些小小的篇章像老式小步舞曲般严谨精妙。不过这位文人所营造的精美和匀称又很自然，亦可随自己的心思打破，绝不会像蹩脚的模仿者一样畏首畏尾，流于形式。他可以俏皮诙谐，可以庄重睿智，也可以咬文嚼字，但他总能恰到好处地把握时间，乐曲一结束，他的文章也应声而止。乔治一世喜欢丰满的女人，在写到国王的情妇时，他说："有的得偿所愿，有的毁了自己。"他说："有的珠圆玉润，有的几欲爆裂。"还有，"他被安排到上议院，那里就是一个收治无药可救之人的救济院"。他只是微笑，从不放声大笑，这也是因为18世纪人人如此。切斯特菲尔德勋爵待人接物彬彬有礼，甚至对星象和贝克莱主教①的哲学理论也是尊敬有加,但作为那个时代造就的孩子,他坚决藐视无限的概念,也不愿相信事物并不像表面上那么坚实。这个世界已经足够好,足够广阔了,这种平淡无趣的心性让他一直被困在单纯的常识藩篱之中,限制了他的目光。他不像拉布吕耶尔②,写不出荡气回肠的名言警句,不过,要是拿他和这位伟大的作家对比,他一定是第一个站出来反对的人。此外,要像拉布吕耶尔那样写作就必须有信仰,如此一来再去遵守优雅风度会变得十分困难,他既要大笑,又要哭泣。两者同样可悲。

在我们欣赏这位才华横溢的贵族和他对人生的看法时,我们意识到,还有一个不显露于纸面却的的确确存在的人,这些家书散发的魅力很大程度上也归功于这种意识。菲利普·斯坦霍普始终在信中,虽然他不发一语,但我们能感受到他在德累斯顿,在柏林,在巴黎,打开这些家书,沉下心来阅读,还带着落寞的表情看着一捆厚厚的信件,他从七岁开始便一直保存着它们。他已经长成了一个不苟言笑、矮胖结实的年轻人,对外国政治颇有兴趣,也喜欢读一点严肃的书籍。他从各个邮局拿到这些语气温和、文笔优雅、才华横溢的家书,信中恳求他学习跳舞、雕刻,控制自己的双腿,吸引时髦的淑女。他尽力而为,为举止优雅而有风度勤勤恳恳地学习,但是优雅的标准实在太高了。他沿着阶梯,走向四面摆满镜子的金碧辉煌的大厅,可阶梯太过陡峭,他爬到半途便坐下休息了。他在英国下议院的工作失败了,只在雷根斯堡谋求了一个小职位,最终英年早逝。在这些年里,他和一位出身低微的女人结了婚,还生下孩子,可他始终没有勇气告诉父亲这个消息,直到死后他的遗孀向切斯特菲尔德勋爵揭露了这个事实。

勋爵默默承受着这个打击,依然保持着绅士风度,写给儿媳的回信可谓是礼仪典范。他开始教育孙子。他对自己的境遇似乎变得漠不关心了,甚至将生死也置之度外。但他仍然在乎优雅和风度,就连临终遗言都是对

---

① 乔治·贝克莱(George Berkeley, 1685—1753),也称贝克莱主教,爱尔兰圣公会克洛因主教,出生于爱尔兰基尔肯尼的一个乡村绅士家庭,18世纪最著名的哲学家,近代经验主义的重要代表之一,开创了主观唯心主义。

② 让·德·拉布吕耶尔(Jean de La Bruyere, 1645—1696),法国作家、哲学家和道德家,以讽刺性作品《品格论》著称。

优雅诚挚的敬意。弥留之际,有人走进房间,他打起精神说:"请戴罗尔斯①上座。"之后便再也无法开口了。

(赵乐 译)

---

① 所罗门·戴罗尔斯(Solomon Dayrolles,?—1786),英国外交官,与切斯特菲尔德勋爵保持着多年的通信往来。

两位牧师

一、詹姆斯·伍德菲尔德[①]

有人很希望心理分析专家去研究一下日记。因为即使一个人做事光明磊落，做人像天空一样清澈、像黎明一样坦然，日记也会揭露他隐秘的一面。伍德菲尔德就是这样一个例子，日记是他唯一的秘密。四十三年来他一如既往，几乎每天都坐在案前记录自己周一做了什么、周二晚餐吃了什么诸如此类的内容，至于他为谁而作、为何而写，我们不得而知。他并不会在日记里卸下灵魂的重担，大方袒露心声，也不仅仅在日记里记录日程和开销，丝毫没有表现出对文学名望的渴望。不过，虽然此人对任何事情都表现平和，在日记中还是有少许欠妥的话语和批评的言论，如果被他的朋友们读到，这些日记也许还会伤害他们的感情，给作者带来麻烦。那么这六十八本小册子究竟有什么作用呢？也许是为了倾诉一些不能被别人听到的心里话。每当伍德菲尔德打开一本书写工整的日记，就像在和另一个伍德菲尔德交谈，那个人和这位拜访穷人、在教堂布道的牧师不太一样。这对知己讲的很多话都可以说给全世界的人听，但有些秘密，只有他们两个知道。比如在某年圣诞，南希、贝琪和沃克先生似乎在密谋反对他，他在日记中大发牢骚："我一向以礼待人，而这个圣诞节我遭受的待遇实在难

[①] 詹姆斯·伍德菲尔德（James Woodforde，1740—1803），英国牧师，主要居住在萨默塞特郡和诺福克郡，《乡下牧师日记》的作者。

堪。"把这些不快落于纸面之后，他的情绪也得到了极大的疏解。另一个伍德菲尔德不仅同情他的遭遇，也支持他的意见。曾经有一位陌生人借着他的热情好客得寸进尺，他打开小本子，和日记里的另一个自己说客人已经被他赶到阁楼里去休息了，"有些人，你对他好，他反倒忘乎所以了。"倾诉一番之后怒气也随之消解。在乡村教区的平静生活中，这对相互依靠的好朋友一直亲密无间，这一点倒也容易理解。要是禁止他写日记，那么他本性中必不可少的一部分就会消亡。明知自己快要不久于人世时，他仍然笔耕不辍。我们在阅读时——如果可以用"阅读"这个词的话——就像在聆听一个人在宁静惬意的睡前时光喃喃自语，讲述自己今天发生的一切。说实话，他并不是在写作，我们也不是在阅读，而是翻阅五六页之后，踱步到窗边张望；是我们一边凝望着楼下街边的行人，一边在心里想着伍德菲尔德家的故事；是出门漫步，边走边在脑海中拼凑詹姆斯·伍德菲尔德的生活和性格。总之，他不是在写作，我们也不是在阅读，但这到底叫什么，我们也说不好。

那时的詹姆斯·伍德菲尔德还没有蓄须，他眼神坚定、表情凝重，这便是他当年的样子，而我们永远无法想象他其他时候的样子。他性情平和，略有些刻薄、敏感，这些特质往往在那种年少时经历过一段情事，并因此终生未婚的人身上才有。不过，牧师的这段感情并没有到轰轰烈烈的地步。年轻时，他住在萨默塞特，喜欢步行到谢普顿，探望住在那里的"温柔的"贝琪·怀特小姐。他想"放手一搏"，直接向她求婚。在"时机成熟"时，他求了婚，贝琪也答应了他。但他一直拖延，时间不等人，四年匆匆而过，贝琪去了德文郡，遇到了年收入五百英镑的韦伯斯特先生，便嫁给了他。后来，伍德菲尔德在收费公路上与两人偶遇，"由于羞怯"几乎说不出话来，回头还在日记里评价说："对我来说，她向我证明了她不过就是一个喜新厌旧的人。"这无疑是他此后对这段感情的个人看法。

他当时依旧年轻，时间就这样流逝着，我们不得不怀疑他已经把结婚这回事永远搁置了，以后便不再考虑，他和自己的侄女南希定居韦斯顿朗威尔，日复一日、毫无牵挂地专注于自己伟大的终身事业。不过，我们还是不知道应该如何评价他。

詹姆斯·伍德菲尔德没有过人之处，他有着自己的生活方式，没有特殊天赋，也没有怪癖和缺陷，但说他是一个热忱的牧师也毫无根据。天上的上帝在他眼里，和坐在宝座上的乔治国王一样，就是一个仁慈的君主，他在周日布道，和在国王生日当天放礼炮、在晚宴上说敬酒祝词别无二致。万一有不幸发生，比如一个小男孩被马拖拽而死，他会立马表态说："我向上帝祝祷这个孩子安息，我们唱歌回去吧。"极尽敷衍。克里德法官养的孔雀开屏，他会说："这是最美丽的事情，上帝的造物是多么神奇。"可他并不着迷于这些，他没有激情，也没有抒情的冲动。日记的每一页都被整齐地分成几栏，随着日子一天天悄然过去，每一栏都被慢慢填满。他的行文平淡朴实，安稳得就像一匹温顺的老马在缓缓踱步。从这些书页里面，人们只能记起关于金星凌日的诗句，"就像美貌女士脸上赫然出现的黑斑"，他写道。这些句子本身平淡无奇，但凭借着星辰自带的光辉悬在牧师波澜起伏的广阔文字之上，就像在沼泽平原中，一座谷仓或是一棵树木立在周围一片平坦的地面上，看上去仿佛大了一倍。是什么让他在那个夏夜写出如此夸张的句子，我们并不清楚。但绝不可能是酒后醉话。他曾指责弟弟杰克，说其人生的败笔就是喝酒。他对自己的直言不讳丝毫不感到抱歉。从气质上看，他是肉食饕餮，但绝不是贪杯的酒徒。只要提到伍德菲尔德这对叔侄，浮现在我们眼前的是两个不耐烦地等着用餐的形象。他们一脸严肃地盯着桌上的烤肉，飞快地拿起刀叉，切割肥美多汁的腿肉和腰肉，一刻不停地吃着，除了偶尔评价一下肉汁和佐料，几乎不发表任何看法。他们大嚼大咽，一天过去了，一年过去了，不知道吃了多少成群的牛羊、鸟禽，还有几十只天鹅、幼雏以及无数的苹果和梅子。糕点堆砌成小山，果冻垒得像宏伟的金字塔、高耸的宝塔，他们用勺子将其一一碾碎。没有一本书像他的日记一样塞了这么多美味。光是阅读这些认真记录、仔细列举的菜单，就产生了饱腹感。鳟鱼和鸡、豌豆羊肉、苹果酱猪肉，这些荤菜一盘接一盘地端上来，晚上还有更多。这些食材都是自家饲养，最为鲜美。所有菜式都是女主人按照传统的英式做法烹饪而成，除了韦斯顿公馆的晚宴。有一次，卡斯塔斯太太的一道伦敦甜品让他们大开眼界，是一种金字塔形状的果冻，他说："看着果冻就像欣赏一道风景。"詹姆斯一向对卡斯塔斯太太敬重有加,像骑士一样忠于这位女士。晚宴之后,她有时会用钢琴弹奏一曲《木琴田园曲》,"音乐温柔舒缓";或者拿出自己的针线盒,向客人展现其巧夺天工的设计。她在楼上临盆,生了一个又一个孩子。牧师会给这些婴儿洗礼,也经常埋葬他们,因为他们的夭折和出生一样频繁。牧师很敬重卡斯塔斯一家,即使他们也沾染了乡绅风气,也就是包养情妇的恶习。但他们对穷苦的人慷慨解囊,善待南希,家中有重要人物来访时还会客气地邀请詹姆斯赴宴。看在这些行为的份上,错误也可以被原谅。只是詹姆斯并不喜欢这些大人物。虽然他尊敬这些贵族,但"必须承认",他说:"还是与地位平等的人相处更加自在。"

伍德菲尔德牧师有一种特殊的才能,他知道什么令人愉悦,除此之外还有另外一种天赋——让这份才能更加完美——他总能心想事成。这是一个事事顺遂的年代,周一、周二、周三……一天又一天过去,日记本上的一个个分栏也被填满。他每天的日程并不繁忙,但也充实多样,令人羡慕。虽然他是新学院的院士,但不只会纸上谈兵,也会亲自动手。他的身影出现在每一个房间——在书房写布道词、在餐厅大快朵颐、在厨房烹饪美食、在接待室打牌,然后带上外套和手杖,到田野上遛他的灵缇犬。年复一年,他独自承担着冬天防寒、夏天防旱的房屋防护工作,还要供给全家的衣食住行,像一个将军,总揽四季,运筹帷幄,用煤、柴、牛肉和啤酒抵御外敌,守护着一方小营地的安全。他还要每天协调杂乱无章的工作,要信奉宗教、屠宰牲畜、探望病人、享用晚饭、埋葬逝者、酿造啤酒、参加会议、喂牛吃药。生存与死亡、必死和永生都挤在日记里,各种事物融合成了一个大杂烩。"这位先生就剩一口气了,几乎失去所有知觉,只有喉咙还在咯咯作响。晚饭吃了炖牛肉和烤兔肉。"一切照常,生活本就如此。

当然了,当然,烦琐的世俗生活中有了一块得以喘息的地方——就在18世纪末诺福克的这栋牧师宅邸里。人一旦满足于自己的命运,一切都变得称心如意。他的房子舒适宜居,树是树,椅子是椅子,所有事物各就其位、各司其职。透过伍德菲尔德的眼睛,人们的生活各有千秋,安定有序。远方枪炮齐鸣,国王驾崩,但这些喧闹还不足以吓到诺福克郡的一只乌鸦。事物的大小在这里完全展现出另外一副样子,欧洲大陆太过遥远,看起来一片模糊，美洲还不存在，大洋洲也闻所未闻。但是诺福克田野上的一切都被放大了，每一片草叶都清晰可见。我们可以看到每一条小路、每一片田野，路上的车辙和农夫的脸。每所房子孤零零地坐落在自己那片宽阔的草地中，村与村之间没有电话线相连，空气中没有声音在传播，人们的身体也更真切。没有麻醉剂缓解肉体的疼痛，使得身体的痛感更尖锐。外科医生的手术刀在四肢上方盘旋，锋利无比。寒潮肆意侵袭房屋，锅里的牛奶凝结成冰，水盆里结了一层厚厚的冰壳。在冬天，就算不出牧师宅邸的大门，从一个房间走到另一个都无比困难，路上都是冻死的穷人。无人来信、无人拜访是常态，报纸也难得一见。牧师宅邸孤独地矗立在冰封的田间。感谢上苍，终于，生命又开始循环。一天，一个人带着一只马达加斯加猴子来到牧师宅邸门前，另一个人则带着一个箱子，里面装着一个长着两个完整头颅的孩子。有传言说，诺里奇要升起汽艇。每一件小事都格外清晰醒目，驾车去诺里奇也成了一次冒险，必须驾着马车慢慢地走。看，篱笆上的树木多么清晰；马车驶过时，牛羊缓慢地晃着头；诺里奇的尖塔逐渐浮现在山顶。接着出现在眼前的是一些张张脸庞，它们越来越清晰、越来越熟悉，原来是我们的朋友卡斯塔斯一家和杜坎纳先生。他们有的是时间去巩固友谊，让其成为经久不变的宝贵财富。

　　年轻一辈的南希却时不时会被一些想法困扰，觉得自己缺少些什么，想要得到什么。有一天她曾向叔叔抱怨日子过得无趣。她说："房子里面的一切都阴暗沉闷，没什么可看的，也没有人上门拜访，等等。"这些话让他心里很不好受。关于南希的愚蠢想法，我们可以给她讲讲道理。不妨说，瞧瞧你想要的带来了什么好事？半数欧洲国家破产；每座青山脚边都建造起一排排红色的别墅；诺福克的道路一片漆黑；无论拜访别人还是接待访客没完没了。南希也会回应我们说，我们的过去就是她的现在。她会说，你们以为生活在18世纪是什么殊荣吗？只因为把野樱花叫作报春花，驾马车而不是开汽车吗？她继续说，你们大错特错了，你们不过是些狂热的怀旧者。我向你们发誓，我的生活枯燥得难受，你们听了会发笑的事情，我可笑不出来。我叔叔梦到一顶帽子，或者看到啤酒冒泡的时候，就说这预示着家中将有丧事发生，我也不会觉得有趣，即使我曾经也这么认为。贝特西·戴维穿着花枝图案的衣裙，还在全心全意地为英年早逝的沃克哀悼。关于18世纪的言论中总是充满着虚假的谎言。你们在旧时光、旧日记中获得的快乐真假参半。你们编造了太多根本不曾存在的事情。我们冷静的现实不过是你们的美梦。南希就这样哀怨地挨过一天又一天、一小时又一小时，度过18世纪。

不过，如果一切真的都是一场梦，就让我们多沉溺一会儿吧。让我们相信，有些事情经久不衰，一些地方、一些人不会因外界的改变而变化。在五月一个晴朗的早晨，夜莺飞舞，野兔奔跑，鸨在高高的草丛中鸣叫，一切引人遐想。一直以来在变化、消亡的是我们，而伍德菲尔德牧师还活着。国王和王后被关在牢里，大城市陷入无政府的混乱状态。但文森河依然流淌，卡斯塔斯太太又生下了一个孩子。这一年的第一只燕子飞来，春天来了，接着是有饲草和草莓的夏天。秋天，梨子收成不好，但核桃丰收。我们又步入了冬天，狂风呼啸。但感谢上帝，我们的房子又一次战胜了风暴。第一只春燕再次飞来，伍德菲尔德牧师便带着他的狗出来散步。

二、约翰·斯金纳教区长①

伍德菲尔德生于1740年，卒于1803年，而斯金纳生于1772年，卒于1839年。两个人生活的世界天差地别。

他们相差的那些年，正是隔开18世纪和19世纪的重要分水岭。位于萨默塞特郡中心地带的卡默顿是一座历史悠久的村庄。不过，这本日记我们尚未翻到五页，里面就出现了煤场。人们扯着嗓子宣布又发现了一条新矿脉，大伙高声庆贺，场主们也给工人发钱庆祝这一将村庄引入繁荣的盛事。后来，乡绅们还安稳如旧地坐在自己的位置上，但卡默顿的庄园及所有的权利和义务，早已被嘉利特家族掌握，他们早年从牙买加贸易中攫取了大量财富。这种入侵在伍德菲尔德的年代前所未见，新鲜事物无疑也让斯金纳感到忐忑不安。在那个时代到来以前，他本就紧绷易怒、忧思过重，似

---

① 约翰·斯金纳（John Skinner，1772—1839），英国牧师、古文物学家，其日记被后人编辑成册。

乎已经早早感受到我们这个纷乱的年代才具备的冲突与动荡。他戴着19世纪早期代表神职人员的宽巾，穿着与其不相配的样式古老的马裤，站在岔路口。他身后是过去英雄时代的那些秩序、规范和美德。但他一离开书房，就要直面酗酒和堕落，无纪律和无信仰；面对循道宗①和罗马天主教，改革法案②和天主教解放运动③；面对群众追求自由的呼声；面对正派、稳定、真理将要被推翻的现实。他就这样站在岔路口，痛苦不堪，抱怨不止，同时又负责、能干。他不会退让半分，也不会在任何观点上妥协。他严厉、专横，同时忧虑、绝望。

个人的悲剧，让他的坏脾气愈发乖戾。他的妻子早亡，留下四个年幼的儿女，其中他最爱的劳拉也不幸夭折。这对父女品位一致，劳拉一直有写日记的习惯，还把自己镶嵌着贝壳的小橱柜整理得井井有条。这个孩子本应让他享受天伦之乐。孩子们的离去，让他在名义上更加爱戴上帝，但也更加憎恨同胞。1822年他一开始写日记的时候，就已经确定了内心的想法，觉得大多数人都不公正且阴暗恶毒，卡默顿的人尤甚，他们远比大多数人更堕落。不过那个时候，他也确定了自己的职业。他原本是一名律师，在办公室里如鱼得水，伸张正义、填写表格，严格地一字一句地遵守法律。然而命运将他带离了律所，送到卡默顿，与教堂执事和农夫们为伍，与古利克家族、帕特菲尔德家族、水肿的老妇人、弱智的男孩以及侏儒们打交道。不过，无论他的工作多么肮脏、郊区居民们多么不堪，他与他们朝夕相处，对他们尽职尽责。无论遭受何种侮辱，他都坚持原则、维护正义、惩罚恶人。艰难困苦的职业生涯在日记的开篇就全面展开。

也许1822年的卡默顿乡村因为有了煤矿和由此带来的骚动，算不上英国乡村生活的范例。即使我们跟随这位教区长日常巡视，也很难沉浸在古

---

① 循道宗（Methodism），原为英国圣公会宗的一派，主张认真研读《圣经》，严守宗教生活，遵循道德规范。
② 指《1832年改革法案》，英国在1832年通过的关于扩大英国下议院选民基础的法案。该法案改变了下议院由托利党独占的状态，加入了中产阶级的势力，是英国议会史上的一次重大改革。
③ 天主教解放运动，即大不列颠和爱尔兰联合王国在18世纪中叶到19世纪早期试图减轻或消除对天主教徒的限制（包括宗教自由、公民权利及政治权利）而引发的运动。

典英国乡村生活的恬静安逸的美梦中。举个例子,有人请他去探望古奇太太,她精神疯癫,被锁在自己的小屋里生不如死,最后落入火中。她哭喊着:"你为什么不来帮我?为什么不来帮我?"这位教区长一听到她的呼喊,便知道落得如此境地并不是她自己的错。她努力维持家庭,却染上了酗酒的毛病,从此丧失理智,《济贫法》①治安官和她的家人就谁该赡养她的问题争执不休,她的丈夫挥霍无度、酗酒无节,终于害得她无人照拂,陷入火海,就这么丢了性命。一切又是谁的责任?贪财的官员帕内尔先生吗?就是他想尽办法克扣穷人的救济金。还是贫民救济委员会的希克斯?他出了名的刁钻苛刻。难道是酒馆?难道是循道会?还是其他的什么?不管怎样,教区长已经尽到了他的职责,无论会引起多大的仇恨,他永远维护受压迫方的利益,指出别人的错误,宣告他们的罪责。还有一位索莫太太,她经营着风月场所,还让自己的女儿们堕入这个行当。农夫里皮艾特深夜从"红色驿站"喝得烂醉之后,由于找不到路不慎跌入采石场,胸骨断裂而死。走到哪里都能看到苦难,望向哪里都能发现悲剧背后的残酷现实。比如贫民救济委员会的希克斯夫妇,他们把虚弱的穷人直接丢到救济院一走了之,任凭他卧床躺了十天,"导致他肉里生了蛆虫,在他身上蛀出了一个大窟窿"。唯一照顾他的是一个同样体弱无力的老太太,根本抬不动他。幸而这个穷人终于死了。还有那个矿工嘉利特,他也死了。除了酗酒、贫穷和霍乱之外,矿井的工作本身也危险重重。意外频发,治疗方式却异常敷衍。煤块掉落,刚好砸中了嘉利特的后背,乡野的赤脚大夫给他进行了粗劣的治疗,让他从十一月熬到了一月,最终还是死亡给了他解脱。无论是铁面无私的教区长,还是做事轻浮的领主庄园夫人,都随时准备着零钱、热汤和药品去看望病人,所以在这里要为他们说句公道话。不过,考虑到斯金纳先生天生的坏脾气,他需要一支乐观的笔和一双慈善的眼睛才能将一个世纪以前卡默顿的乡村生活描绘成温馨的画面。零钱和热汤对缓解苦

---

① 《济贫法》是英国历史上的一系列规章,传统的贫困人口救济主要依赖教会,而面对如此大规模的贫困人口,教会缺少足够的财力救济,于是英国王室出台了一系列济贫法案,由政府承担一部分消灭贫困的责任。

难来说杯水车薪,讲道和谴责甚至让问题愈演愈烈。

教区长并不像其他邻居一样靠消遣、放纵或者运动来逃避卡默顿的现实。他偶尔会驾车到一位牧师朋友家吃饭,不过,他对这种款待进行了不留情面的批评:"丰盛的法国菜和葡萄酒更适合在格罗夫纳广场的法国餐厅享用,在一个牧师家里随便吃吃就失去了意义。"他还要用感叹的语气记录自己直到晚上十一点才驾车回家。孩子还小的时候,他偶尔会带着他们到田野里散步,给他们做一个小船供他们玩耍,自己则通过学习宠物狗、驯鸽的墓志铭来磨炼自己的拉丁文。有时,他平静地靠在椅背上,听着芬威克太太在丈夫的笛声伴奏下吟唱摩尔之歌。然而,即使是这种没有伤害到任何人的娱乐也会遭人猜忌和破坏,他走路时,人们投来仇视的目光;有人会从窗户向他扔石头;嘉利特太太热情友善的面孔之下,隐藏着深深的恶意。不,逃避卡默顿的唯一办法就是去卡玛洛杜鲁姆①。这里曾是卡拉克塔库斯②之父的驻地,也曾是奥斯托里乌斯③建立的领地,亚瑟④与叛徒莫德雷德发生决斗的地点,阿尔弗雷德⑤每次遭遇不测都会来拜访的地方。他对卡玛洛杜鲁姆研究越多,受益就越多。卡默顿无疑就是塔西陀⑥笔下的卡玛洛杜鲁姆。他把自己关在书房,坐在桌前独自翻阅资料,不知疲倦地抄写、比较、求证,求得安全感和内心的平静,甚至幸福。他开始相信自己有了一个新的词源学发现,这个发现可以证明"凯尔特人的名字里每一个字母的秘密含义"。斯金纳这个文物研究者对自己这间陋室分外满意,就连大主教对金碧辉煌的教堂都没有他这样心满意足。他到理查德·霍尔爵士位于斯托黑德的府邸进行过几次难得又愉快的拜访,让这个爱好大有裨益,他终于得以和与自己才能相当的人交流,并结识了正在研究威尔特

---

① 卡玛洛杜鲁姆,古罗马城市。
② 卡拉克塔库斯(Caractacus, 15—54),英国卡图维劳尼部落的首领,曾抗击古罗马的侵略。
③ 奥斯托里乌斯(Publius Ostorius Scapula, 15—52),古罗马政治家,他从公元47年开始统治英国直到去世,曾击败和俘虏卡拉克塔库斯。
④ 指亚瑟王(King Arthur),不列颠传说中的国王,也是圆桌骑士团首领。
⑤ 阿尔弗雷德(Alfred, 849—899),盎格鲁-撒克逊英格兰时期威塞克斯王国的国王。
⑥ 塔西陀(Gaius Cornelius Tacitus, 55?—117?),古罗马帝国执政官、雄辩家、元老院元老,也是著名的历史学家与文体家,最主要的著作有《历史》《编年史》等。

郡古董的先生。他无视严寒，也不在乎路面上厚厚的积雪，驾车到斯托黑德的图书馆里，惬意地摘录塞涅卡①、迪奥多·希库鲁斯②的著作、托勒密③的《地理》，或轻蔑地反驳那些草率的断言——有些孤陋寡闻的古文物研究者推测卡玛洛杜鲁姆位于科尔切斯特。他就这样抄写摘要、研究理论、寻找论证，哪怕教区居民充满恶意地把生锈的钉子包在纸里送给他，又哪怕宴请他的主人带着嘲笑警告他："哦，斯金纳，你最终会把一切都带到卡玛洛杜鲁姆去；满足于你已经发现的东西吧；太多幻想会削弱事实的权威性。"斯金纳的第六封回信长达三十四页。理查德爵士哪里知道，斯金纳作为一个每天不得不与贫民救济委员会的希克斯、治安官帕内尔、妓院和酒馆里的各色人士、卫理公会教徒、卡默顿那些浑身水肿或腿脚不好的贫民周旋的人，卡玛洛杜鲁姆对他来说多么重要。想到卡玛洛杜鲁姆在布立吞④时代也经历过洪水，眼前的洪灾仿佛都退散了。

最终，他的九十八卷手稿装满了三个铁箱子。不过，随着手稿越来越多，里面的内容也渐渐不再仅仅与卡玛洛杜鲁姆有关，而是变成了约翰·斯金纳自己。寻找卡玛洛杜鲁姆的真相固然重要，但建立斯金纳的真实形象也同样不容忽视。在他去世五十年后，这些日记得以出版，人们这才发现斯金纳不仅是个伟大的古文物研究家，还是一个饱受委屈和折磨的人。日记成了他倾诉的密友，也是他名誉的守护者。比如他问日记，自己是不是最慈爱的父亲，他对儿子呕心沥血，把他们送进了温切斯特和剑桥深造。农夫们却对他越来越不敬，支付给他的什一税⑤用断背的羔羊或者几只公鸡应付交差，这个时候，他的儿子约瑟夫从不站出来维护他。他的儿子说，卡默顿的人都嘲笑他，说他像对待仆人一样对待自己的孩子；他总是疑神

---

① 塞涅卡（Lucius Annaeus Seneca，前4—65），古罗马斯多葛派哲学家、剧作家、自然科学家、政治家。
② 迪奥多·希库鲁斯（Diodorus Siculus，活跃于公元前1世纪），古希腊历史学家。
③ 克劳狄乌斯·托勒密（Claudius Ptolemy，约90—168），学者、数学家、天文学家、地理学家、占星家，著作有《地理》《天文集》。
④ 布立吞（Briton），一个古代凯尔特人的分支。
⑤ 欧洲封建社会时代教会向成年教徒征收的宗教捐税。

疑鬼，感到别人对他怀有恶意。有一次，他偶然打开一封信，里面是一张损坏马车的赔款单；还有一次，他的儿子们本应该帮他装裱画作，却在一旁悠闲地吞云吐雾。简而言之，他无法容忍在家里看到他们，就把他们打发到了巴斯。可是等他们真的离开，他又承认都是自己的错。问题还是出在他牢骚不断的性格上，但有太多事情让他发怒了。嘉利特太太的孔雀在窗外叫了一整夜。人们为了气他故意乱敲教堂的钟。他还想挽回，就把儿子们叫回家。欧文和约瑟夫回来之后他还是改不了老毛病，"忍不住抱怨"他们游手好闲，喝了太多的苹果酒。终于有一天，激烈的斗争爆发了，约瑟夫甚至摔坏了客厅的一把椅子。欧文支持约瑟夫，安娜也是。没有一个孩子向着父亲。欧文越说越过分，他说："我（斯金纳）就是个疯子，必须让疯子委员会来管我。"此外，欧文大肆贬低父亲的诗句、日记和考古理论，深深地刺中了他的软肋，说"没人愿意阅读我（斯金纳）写的废话。当我（斯金纳）提到在三一学院获奖时……他给我（斯金纳）的反馈是：只有最愚蠢的人才会想到为学院奖写作"。一番争吵之后，儿子们带着父亲的咒骂又被赶到巴斯。之后约瑟夫患上了家族性肺结核，这个父亲立刻充满了慈爱与悔恨，不仅请来医生，还提议带儿子出海去爱尔兰，他的确说到做到，带着约瑟夫去了韦斯顿，一起出海。一家人再次团聚。这个脾气暴躁、要求严苛的父亲虽然对孩子关怀备至，还是一次次不自觉地把孩子们惹得不愉快。宗教分歧也突然在家中出现，欧文说他的父亲并不比自然神论①和苏西尼主义②信徒强多少。约瑟夫则病恹恹地躺在床上，说自己已经无力争辩了，也不希望父亲再拿画给他看或者读祷文给他听了，"他（约瑟夫）宁愿找别人说话也不愿意找我（斯金纳）"。孩子们在生活中遇到危机，父亲本应该陪伴在侧，可他们早已反目成仇。人生还有什么值得的呢？他到底做错了什么，为什么所有人都憎恶他？为什么农夫们都说他精神不正常？为什么约瑟夫说他写的东西没人愿意阅读？为什么村里人把铁罐拴在他的狗的尾巴上？为什么孔雀不断尖叫、教堂钟声乱响？为什么

---

① 自然神论（Deism）也被译作"理神论"，16世纪在法国出现，认为上帝创造了宇宙和它存在的规则后，便让世界按照自然规则运转。
② 苏西尼主义是16世纪欧洲基督教的一个派别，否定三位一体论的基督宗教主张。

没有人向他表示哪怕一丁点的仁慈、尊重和爱惜？他在日记里痛苦地一遍遍追问，却始终无解。终于，1839年12月的一个清晨，教区长带着枪走进宅子附近的山毛榉树林，举枪自尽，结束了一切。

（赵乐　译）

伯尼博士①的晚宴

一

那场晚宴应该是在1777年或者1778年举办的,不过具体日期不详,只记得那是一个寒夜。我们知道的信息都来自范妮·伯尼②,她当时应该二十五岁或者二十六岁,具体年纪取决于晚会举办的年份。不过,想要充分享受这次晚会,需要把时间倒回去几年,认识一下参会的宾客们。

范妮自小热爱写作。她的继母家位于金斯林③,府邸花园的尽头坐落着一间小木屋,她经常坐在那里,一写就是一下午,直到在河面上穿梭的水手们的吆喝声把她赶回宅子里。不过,只有在午后僻静的角落里,她那被压抑的、在心里涌动的写作热情才得以抒发。那个年代,女孩子写作还是件荒唐事,成年女性写作更是有失身份。谁也不知道,一个女孩子每天写日记,会不会写出一些不检点的话。多利·杨小姐如此警告她。这位小姐虽然其貌不扬,却被认为是金斯林德行最好的女子。范妮的继母也不赞成她写作。但写作的热情如此强烈,让她不得不写——"能够随时记录自己的思想,写下初次与人见面时的景象,这种快乐无法言喻"。零星的纸片

---

① 查尔斯·伯尼(Charles Burney, 1726—1814),英国琴师、音乐史学家,活跃在当时的英国社交圈。
② 范妮·伯尼(Fanny Burney, 1752—1840),查尔斯·伯尼博士的女儿,小说家,著有书信体小说《伊夫琳娜》(*Evelina*)。
③ 英国诺福克郡的一个海港和集镇。

从她口袋掉了出来，被父亲捡到去读了，让她羞愧难当。还有一次，她被迫在后院把写下的作品付诸一炬。之后，双方都做出了妥协，上午的时间她只能做些女红，到了下午才可以在这个观景的小屋里自由地涂涂写写，信、日记、故事、诗歌都可以，直到水手的吆喝声响起，她才回家。

说来奇怪，可能18世纪人人都爱诅咒、发誓，范妮早年的日记中，也不乏这类词汇。"上帝救救我吧""被雷劈死""让我五脏俱裂吧"，还有"该死的""恶魔般的"这些词汇，无时无刻不从她敬爱的父亲和敬重的克里斯普老爹嘴里吐出来。范妮对这些语言的态度也有些反常，不像简·奥斯汀一样紧张敏感，反而很容易被语言的力量影响。她喜欢将流畅生动的文字，以及语言的力量饱含激情地、长篇大论地倾注在印刷的书页中。读完《拉塞拉斯》[①]，她就立刻模仿约翰生博士的行文，用稚嫩的笔尖写出书中那种冗长浮夸的句子。她小小年纪，就会刻意甚至大费周章地避免使用汤姆金斯这种俗气、普通的名字。她在花园小屋里听到的那些声音对她的影响要比对大多数女孩子强烈。很明显，她有一双对声音敏感的耳朵，也有一颗对声音中的含义敏感的心灵。她有些自命清高，不仅想方设法避免使用汤姆金斯这样的名字，也努力规避日常生活中粗俗平庸、没有情调的内容。丰富的用词磨平了句子的棱角，动人的情感柔和了思想的轮廓。不过，这也让她早期异常活泼灵动的日记有所失色，成为其主要的缺点。听到那些水手的咒骂声，范妮同父异母的妹妹玛利亚很可能会朝着河面抛出飞吻，毕竟她后期的行为让我们有理由做出如此大胆的联想。而范妮却会直接转身离开。

范妮回到宅子里，并不会独自冥想。因为无论在金斯林还是在伦敦（不过这一年，他们家大多数时间都留在波兰街），家里到处是热闹的景象。琴声悠扬，歌声回荡，甚至还有书房里的伯尼博士在一堆堆笔记本的环绕下埋头写字的声响，他过于专注，似乎整栋房子都能听到笔尖划过纸张发出的低沉的沙沙声。不久之后，伯尼家的孩子们处理完各自的工作，从四

[①] 《拉塞拉斯》是塞缪尔·约翰生唯一一部小说作品，也是他最具创造性的杰作，讲述了一个年轻王子在漫游中探寻幸福的故事。

面八方赶回家，一见面就分享自己的生活和见闻，时不时发出欢声笑语。没有人比范妮更享受家庭生活。在家中，她的羞怯只会给她带来一个"老妇人"的昵称，她的俏皮话可以说给熟悉的观众听，她也不必在意自己的穿着。他们喜欢用笑话和心照不宣的私语表达亲昵，比如说"假发湿了"然后交换眼神，也许因为他们小时候就失去了母亲，兄弟姐妹间有聊不完的天，说不完的体己话。不得不说，伯尼一家，包括苏珊、詹姆斯、查理、范妮、海蒂、夏洛特都很有天赋，查尔斯成了学者，詹姆斯成了幽默作家，范妮也是作家，苏珊是音乐家，每个人都在共同拥有的修养之上多了一些特长。除了自身的天赋，更幸运的是他们的父亲也是一位赫赫有名的人物，他才华横溢、备受推崇，有着良好的出身和温良的性格。不管是庄园主还是装订工，他都可以轻松地与之交往，总而言之，他可以自由选择自己向往的生活。

　　由于年代久远，关于伯尼博士的许多事情我们已不能确定，也很难确定如果在今天见到他会产生怎样的看法。但有件事可以保证，无论我们去哪里都可能碰到他。女主人们会争相邀请他，无数信件等他回复，电话铃声时时响起，他成了最受欢迎、最忙碌的人。他来去匆匆，有时只能在马车上吃一个三明治。有时他早上七点就出门，直到晚上十一点教授完所有的音乐课才回家。他的社交魅力在于"时刻保持儒雅的风度"，这让他人见人爱。不过，他过得有些邋遢，笔记、钱、手稿，所有东西都一股脑塞进抽屉，还因为这样被盗贼偷走了所有的积蓄。不过，他的朋友很乐意弥补他的损失。他还有些奇特的经历，比如有一次，他坐船穿越海峡的时候在多佛酣然入睡，又被带回法国，不得不再渡一次海峡，然而这次经历为他赢得了不少同情和关心。虽然他无处不在，但他的形象也变得模糊起来。他好像在写作无穷无尽的书和文章，或改写它们，要求自己的女儿们为他誊抄，手记、信件、晚宴邀请函成堆，它们还没被批阅、归档，甚至可能还没来得及被阅读，他不会把它们毁掉，认为自己总有一天会一一写下批注，将它们收集起来，直到他自己也最终消失在这片文字的雾霭中。他在八十八岁高龄时与世长辞，即使是他最顺从的女儿也不知道如何处理这些堆积的文字，只能一烧了之。范妮对文字的喜爱也熄灭了。我们对伯尼博士的喜爱还需要斟酌一番，范妮当然不会这样，她崇拜自己的父亲，还曾多次放下自己的稿子帮父亲抄写，毫无怨言。不过，她的爱得到了回报。父亲本希望她可以在宫廷大放异彩，这个想法大错特错，甚至毁了范妮的一生。倒胃口的求婚者对她穷追不舍，她向父亲求道："父亲大人，我别无所求，只想留在您身边。"博士也动情地回应道："你就是我的命，只要你愿意，可以永远跟着我。你不会以为我想要把你丢下吧。"他眼含热泪，从此再不提及巴隆先生。总之，这家人个性奇特，却过着和睦美满的生活。之后，还会有叫艾伦的亲人加入，与范妮同父异母的弟妹一个个出生、长大。

  时间流逝。几年之后，伯尼一家无法在波兰街住下去了。他们先是搬到了王后广场，1774年住进了牛顿在列斯特圣马丁街的故居。他的观测台和房间的墙板上，还留着当年的手稿。这条街虽然不算繁华，但位于市中心，伯尼一家便在这里安家落户了。范妮偷偷来到观测台，和从前溜进花园小屋一样，继续涂涂写写，因为她说"时不时地把自己的想法记下来，这种快乐，我实在无法抵抗"。名人们纷至沓来，有些和博士关起门来密谈，有些像加里克一样在他梳理一头秀发时坐在一旁陪他，有些加入热闹的家庭聚餐，或者加入更正式的场合，比如聚在一起举办音乐晚会。晚会上，伯尼家的孩子们都会表演，他们的父亲也会用大键琴表演，可能还会有国外来的著名音乐家独唱一曲。众人因为这样或那样的原因聚集到圣马丁街的这幢房子里，只有足够独特的人才会成为焦点。比如阿杜佳丽，一个令人惊艳的女高音歌唱者，她还是婴儿的时候被猪伤到，据说，她的身体有一侧换成了银子。人们还记住了一个旅行家布鲁斯，因为他：

  患有一种怪疾，想说话的时候，肚子就会像风琴的风箱一样鼓起来。他也不遮遮掩掩，说这是在阿比尼西亚[①]染上的病症。有天晚上，他异常兴奋，这种情况持续得比平时更久，把

[①]即今埃塞俄比亚。

聚会的人吓了一跳。

范妮在描述别人的时候,也同样写自己。我们依稀记得,她活泼地在人群里进进出出,像蚊蚋一样的眼睛瞪得大大的,举止依然腼腆笨拙。不过在这些缺点之下,隐藏着她最敏锐的观察力和最持久的记忆力。人们刚离开,她就偷偷跑到观测台,把每个人说的话、每个场景都记录下来,写了满满十二页,寄给切辛顿她敬爱的克里斯普老爹看。这位老居士看不惯现在的社会,早已归隐田间,就算全世界的上流人士站在他面前,也比不上他酒窖里的一瓶酒、马厩里的一匹马、夜晚下的一盘棋。不过,他还是想听听外面的新闻。要是他的范妮没能告诉他家里发生的小事,还会遭到他的责怪。如果她没趁着脑子里的词句还清晰的时候就原原本本地写下来,他也会嗔怪。

克里斯普老爹最想了解加利维尔[①]先生的事迹和他的想法。毕竟,加利维尔先生实在是令人好奇。万分遗憾,时光用它魅惑的烟尘掩盖了他,我们只记住了他最显著的特征:他的出身、样貌和醒目的大鼻子。他是菲利普·西德尼爵士一位朋友的后裔,他自己也一定次次强调,"贵族的冠冕差一点就落在他头上了"。从外貌上看,他身材高挑、比例匀称,五官、面容和肤色无不散发着男性魅力。他保持贵族的体面,风度翩翩,举止高雅。他的态度高傲,但为人持重。还要补充的是,他的骑术、剑术、舞蹈、网球样样令人钦佩,可是,如此杰出的才能和品格都被他的缺点抹杀了。他极其傲慢,目空一切,喜怒无常,脾气暴烈。他之所以结识伯尼博士,一开始是想检验这位乐师是否配得上做一位绅士的朋友。后来,他发现年轻的伯尼先生不仅琴艺绝佳,弹琴的时候,手指和手掌会拢起弧度,而且对音乐的热情比对恩主的热情更大,每次都只简单地回应"好的,先生""不用了,先生"。只有当加利维尔先生坚持按照自己的记忆胡乱弹奏的时候,他才无法忍受,用生动的对话将其打断。总而言之,他这个聪明人发现年轻的伯尼先生不仅才华横溢,而且有良好的教养,这才放下自己的身段。

[①] 罗伯特·福尔柯·加利维尔(Robert Fulke Greville,1751—1824),英国陆军军官、朝臣和政治家。

伯尼成了他的朋友，可以和他平起平坐。实际上，伯尼差点为他所害。这位菲利普·西德尼爵士朋友的后裔生平最讨厌的就是"老古板"。他所说的这个富有表现力的词，指的似乎是谨慎得体的中产阶级美德，与他尊崇的"时尚"的贵族品位恰恰相反。他觉得，生活就要放浪形骸、肆意酣畅，哪怕花费不菲也要时刻展示自己，让那些在他土地上参观的人赞美他的功绩——其实这种炫耀，对他和不幸被迫赞美他的客人来说一样乏味。但加利维尔绝不能容忍自己或身边的朋友成为"老古板"。他一边把年纪轻轻、身份低微的伯尼丢到怀特俱乐部和纽马吉特[1]的生活急流中，一边饶有兴趣地看着对方在名利场中浮沉。而伯尼伶俐无比，在里面如鱼得水，讨得了加利维尔的欢心，不仅成为他的门客，还成为他的密友。而且，这位自命不凡、趾高气扬的先生，真需要一个朋友。有些人的内心被两种相反的欲望撕扯，如果我们拂去掩盖他的烟尘，就会发现，加利维尔先生也是其中之一。一方面，他极度追求潮流，一心要得到"它"，无论"它"要花费多少代价，或得到"它"有多艰难。另一方面，他内心认定"自己的思想和领悟力都是为形而上学而生的"。伯尼就是连接"时尚"和"老古板"的桥梁。伯尼素来有教养，也可以和街头青年一起掷骰子、下赌注，同时又是位乐手，还可以谈古论今，邀请才学之士到家中做客。

  因此，加利维尔先生把伯尼一家视为平等的朋友，经常拜访做客。不过，他经常与和善的伯尼先生爆发激烈的争吵，然后拂袖离去。毕竟相处久了，没有人能不和他争吵。他在赌桌上输了不少，在社会上的声望日渐消失，他的习惯也让家人远离。他的妻子身形瘦削，很适合去做画像上"仗势欺人、牙尖嘴利、爱嘲笑人的仙后"，实际上她的天性温柔和顺，但也无法忍受丈夫屡次三番的不忠行为。这些事情激发了她的灵感，让她写出了著名的《淡漠颂》，"还被收录到每一部英文即兴作品集中"，达波莱夫人还说"她的额头上，戴着一个芬芳永播、永不褪色的花环"。妻子的名气也让他十分不舒服，因为他自己也是个作家，写过一本《格言与性格》。他一直"放不下尊严，不紧不慢地等待自己出名，他从未怀疑过自己的期

---

[1] 英格兰东部城镇，以赛马闻名。

待"，可名气迟迟不来，他也着了急。与此同时，他喜欢与聪明人为伍，在那个严寒的夜晚，圣马丁街举办的那次晚宴很大程度上也是出于他的意愿。

二

在那个年代，伦敦还很小，人们想要出人头地比现在容易得多，也不需要费力维持名誉，就可以享受众人的追捧。比如，见到加利维尔太太就能想起她的《淡漠颂》，布鲁斯在阿比尼西亚发生的事情人尽皆知，当然人们也都听说过斯特里汉姆区的一幢房子和它的女主人石蕾尔夫人[①]。石蕾尔夫人是名流，但她不曾劳神写诗，也不曾在野蛮人中冒险生存，甚至没有高贵的身份和大笔的财富。她有着不可言传的能力，想要体验，就需要坐在她的桌旁，看看她风格大胆、游刃有余、机智敏捷的言行。凭借这些，她获得了知名女主人的美誉，且流传甚广。还没有见到她的人都议论纷纷，不仅想知道她的样子，还想知道她的聪慧是否名副其实，是不是真的饱读诗书，是不是装样子，是不是铁石心肠，爱不爱她无趣的酒商丈夫，又为什么嫁给这个人，也想知道约翰生博士是不是对她动了情。总而言之，人们想知道她的故事是否真实，她魅力的秘诀是什么。毕竟，她的魅力是毋庸置疑的。

即使在那时，也很难说明她的魅力究竟体现在哪里。总之，她有一种不可名状的气质，走到哪里都会引起议论，也不知什么缘故，她就成了一个名人。伯尼家的孩子们从未见过石蕾尔夫人，也未曾去过斯特里汉姆，但她的名声已经传扬到了他们居住的圣马丁街。他们的父亲初次去斯特里汉姆石蕾尔夫人家教授音乐之后回到家中，就被孩子们围住，询问有关石蕾尔夫人的事情。她是不是和人们说的一样魅力十足？她人好不好？她心狠吗？他喜不喜欢她？而伯尼也心情大好，愉快地回应，这也说明，石蕾尔夫人确实不俗。很明显，他的回答并不像范妮所写的，"她是第一代才女群星中的熠熠星辰，她的真实才能远远超过传言，万贯家财更彰显她的与

[①] 石蕾尔夫人（Hester Thrale，1741—1821），出生于威尔士的作家、艺术赞助人，她是塞缪尔·约翰生的重要经济来源。

众不同，让她配得上这显赫的名望。"写这些话的时候，她的文笔老套晦涩，词句像树叶般纷纷散落在地上。我们可以设想，这位博士兴高采烈地回答，他在那边度过了非常愉快的一天，那位夫人十分聪慧，总是打断讲课，而且说话尖刻，但他保证她终究是个好心的夫人。然后，他们还会追问石蕾尔夫人的长相。她看上去比四十岁的实际年龄年轻，身材矮小丰满，皮肤白皙，眼睛湛蓝，嘴唇上有道伤疤或者裂口。她涂了胭脂，但多此一举，因为她脸色天生红润。她给人的整体印象就是一个忙碌、欢快、好脾气的人。她"充满活力"，绝不是那种老学究一样的女人，否则，博士也不会与她来往。过往的奇闻逸事说明她是一个善于察言观色的人，不过，这一点要多观察才可以看出来。她富有激情，只是在斯特里汉姆尚未表现出来。有一点很耐人寻味，她对于自己才女或"蓝袜子"①的名声满不在乎，反而看重自己威尔士贵族后裔的身份，毕竟石蕾尔家族身份低微。她的血管里流的是萨尔茨堡亚当斯家的血，这一点经过纹章院②的认证，她时不时就会想起，心里自豪不已。

许多女性即使拥有这些品质，也无法被人们铭记。而石蕾尔夫人除此之外还有一个特别之处，这一点使得她流芳百世，那就是成为约翰生博士的朋友。若不是这样，她也不过会像烟火般噼啪燃烧，短暂地绚烂后逐渐熄灭，不留痕迹。可是约翰生博士和石蕾尔夫人的结合持久、坚定，和艺术品一样不同凡响。要取得这样的成就，单单有成为知名女主人的品质还不够，还需要更罕见的能力。石蕾尔夫妇第一次遇到约翰生博士时，他正处于极度阴郁的情绪中，一边哭诉，一边吐露绝望恐怖的话，石蕾尔先生用手掩住他的嘴，好让他不再说下去。他的健康状况也很差，饱受哮喘和水肿的折磨。他言行无状，习惯邋遢，衣服肮脏，假发被烧焦，内衣上沾有泥土，简直就是一个粗人。后来，石蕾尔夫人把他带到了布莱顿，之后在斯特里汉姆的宅邸中单独为他安置了一间屋子，让他每周都在那里住几

---

① 蓝袜子是一种不正式的休闲便装，穿上它不仅新潮，还可以表达对上流社会衣装的抵制和对既定之规的反抗。"蓝袜子"也就成为才女或文艺女子的雅号。

② 纹章院，英国认定贵族的权威机构。

天，终于让他恢复了状态。不过，她也可能热衷于猎奇，为了让约翰生博士这个全英国都不惜花钱与之见面的人住在自己家里，才甘于忍受一摊糟心事。不过，石蕾尔夫人的鉴赏力高出一筹。她深知约翰生博士是一个不可多得、让人印象深刻的大人物，能和这样的人成为朋友可能会带来烦恼，但更多的是一种荣耀，她的奇闻逸事也证明了这一点。然而，在当时看出这一点并不像现在这样容易。当时人们知道约翰生博士要来吃晚饭，等到他来的时候，就得问问自己，同桌的还有谁。如果是剑桥大学的人，那一定会爆发争论。如果是辉格党的人，那一定会上演一出好戏。如果是苏格兰人，那什么事情都可能发生。一切都取决于他的脾气和成见。接下来，还要想想要上哪些菜。不过，不管什么食物都不会得到他的称赞。即使是呈上刚从花园里采摘的新鲜豌豆，他也不会说好话。有一次，石蕾尔夫人问了一句："这些豌豆是不是很美味？"彼时，他才囫囵吞下一大块猪肉和摆着糖块的牛肉饼，大声呵斥道："确实不错，如果拿来喂猪的话。"之后，还要考虑桌上谈论的话题，这又是一个让人焦头烂额的难题。如果谈绘画或音乐，他很有可能轻蔑地随便打发几句，因为这两种艺术他都不感兴趣。听到旅行家讲故事，他只会喝倒彩，因为他只相信自己亲眼所见的东西。如果有人当着他的面表达同情，只会被谴责不真诚。

> 那天，我在悼念死在美国的表亲，他却说："求求你别再说那些陈词滥调了。我冒昧问一句，就算你所有的亲戚立刻像云雀一样被插在烤叉上，成为布里斯托的晚餐，难道这个世界就不转了吗？"

总之，这场晚宴一定会困难重重，随时可能触礁，所有安排都可能付诸东流。

如果石蕾尔夫人真的是一个肤浅的猎奇者，那么她将约翰生炫耀一段时间后便会抛在脑后了。但她意识到，就算被约翰生博士冷落、欺辱、呵斥甚至冒犯，也要隐忍，因为他有一种力量，像鲍斯威尔这样年少轻狂的人被约翰生命令几句就默默坐回了椅子上。这究竟是什么力量呢？它能让石蕾尔太太心甘情愿为他端茶递水，一直熬到凌晨四点。让这个举世闻名的才女敬畏他，让自命不凡的年轻人顺从他。他有权指责石蕾尔夫人不够仁慈，因为她知道他每年只会花七十镑在自己身上，其他收入全都拿去养活一屋子老迈虚弱、不知感恩的房客。他在餐桌上狼吞虎咽、从篱笆上摘桃子，还会每周准时回伦敦去看看家里那些可怜人在周末还能不能吃上三餐好饭。此外他还是一个知识的宝库。当舞蹈大师谈论舞蹈时，他说得比大师还多。他一小时又一小时地讲社会底层、酒徒无赖的故事，那些人在他房子周围游荡，请求他的施舍。这些故事听得人津津有味。他随口说的话就让人难忘。但是比这些学识和美德更迷人的，是他对享受生活的热忱。他不厌恶纯粹的书呆子，热衷于生活和社交。石蕾尔夫人和所有女性一样，因他的勇气而爱他，有次他在博科乐克太太家把两只撕咬在一起的疯狗分开。他曾把一个人，连同椅子和别的东西一起，丢到了剧场后排。他这样一个视力不佳、身体痉挛的人，还跑到布莱特斯顿跟着狩猎队伍策马驰骋，好像一只欢快的猎犬而不是一位身形庞大的愁苦老人。他们两人的种种品质自然地相互吸引。她释放了他的本性，没有她，约翰生就不可能说出一些话，他还坦白了自己年轻时不堪的秘密，石蕾尔夫人也替他守口如瓶。总而言之，他们热衷同样的事，有着说不完的话。

因此，人们确定有石蕾尔夫人的场合，约翰生博士也一定会来，他刚好也是加利维尔先生最想见到的人。届时，伯尼博士也得以和多年不见的约翰生博士再度相遇，重修旧谊。几年前，他第一次去斯特里汉姆教授音乐课的时候，约翰生博士恰好在场，还拿出了"最和蔼的面目"。约翰生博士对伯尼博士印象很好，他记得伯尼博士曾写信称赞他的词典，还记得伯尼博士多年前到他家拜访，见他不在家，擅自从扫把上扯下几缕鬃毛送给了约翰生博士的崇拜者。这次他们在斯特里汉姆重逢，约翰生博士就很喜欢他，之后还跟随石蕾尔夫人去参观了伯尼博士的藏书。因此，在1777年或者1778年的某个早春之夜，伯尼博士安排加利维尔先生与约翰生博士、石蕾尔夫人见面，满足他的夙愿。一切顺利进行，日子安排妥当，晚会准备就绪。

不过，无论定在哪天，主人在日历上标记这一天的时候，一定也多多少少感到忐忑不安。一切皆有可能发生。毕竟这么多能力超群的显赫人物聚在一起，可能是一场盛会，也可能变成一次重大灾难。约翰生博士寸步不让，加利维尔先生盛气凌人，加利维尔太太是一个领域的名流，石蕾尔夫人则在另一个领域声名远扬。这场盛会是一个不可多得的重要场合，人人都心知肚明，他们的智慧如弦上的箭，大家翘首以盼。伯尼博士当然也预见到了这些困难，并且想出了应对方法防患未然。但人们还是隐约觉得他有些迟钝。这个人虽然热心、善良、忙忙碌碌，但脑子里装的都是音乐，桌子里塞满了曲谱，实在缺乏辨人能力。一个人的真实性格往往被粉色烟雾笼罩起来。在他天真的思想里，音乐是疗愈一切的灵药。每个人都应该和他一样热衷音乐，就算晚会上出现状况，音乐也可以将其化解。因此他邀请了皮奥齐先生[①]。

这晚终于到来，灯火悉数点亮，座椅已经就位，客人如约而至。就像伯尼博士预料到的一样，尴尬的场面还是来临了，宴会从一开始就出了差错。约翰生博士特意戴上了精纺假发，干净利落的样子明显是为了享受宴会而来。可是加利维尔先生看了他一眼，立刻下定论，这个老人不好相处，决定不与之竞争，做个体面的绅士，让他挑起些文学话题吧。加利维尔先生嘟囔着说"牙疼"，一边摆出"高高在上，生人勿近的姿态，一动不动地站在壁炉前，像一尊高贵的雕像"，不发一语。加利维尔夫人虽然想要出风头，但同样认为由约翰生博士开场更加合适，也没有开口。本来可以指望石蕾尔夫人打破僵局，但她似乎认为不该喧宾夺主，应该由主人发话，所以也决定不说话。克鲁夫人，也就是加利维尔夫妇的女儿，虽然活泼可爱，但她是来学习、娱乐的，也自然不会说话。最后，全场沉默不语，鸦雀无声。不过，伯尼博士预料到了这个情况，也准备了万全之策。他朝着皮奥齐先生点头示意，后者走到乐器前开始演唱。他用钢琴自弹自唱，表演了一曲自由咏叹调。他唱出了自己的最佳水平，歌声唯美动听。但音乐非但

[①] 加布里埃尔·马里奥·皮奥齐（Gabriel Mario Piozzi，1740—1809），意大利音乐教师，曾教过石蕾尔夫人的孩子，是石蕾尔夫人第二任丈夫，两人在1784年7月23日结婚。

没有缓和气氛，帮助人们敞开心扉，反而让人们更加拘束，大家不发一言，都在等约翰生博士率先开口。在这件事上，他们表现出了致命的无知：有一件事约翰生博士是万万不会去做的，那就是挑起话题。只有别人先开启一个话题，他才会决定是跟着谈，还是反驳。此时，他正在沉默中等待别人的挑战，可惜没有等到。没人说话，也没人敢说话，只有皮奥齐先生的曲调不受打扰，继续弹奏着。约翰生博士眼看自己在晚上与人畅谈的机会被钢琴的叮咚声淹没，只得背对着钢琴，盯着火炉闷不作声地发呆。自由咏叹调还在继续。终于，紧张的气氛让人无法忍受了。石蕾尔夫人也终于忍无可忍，很明显，她对加利维尔先生的态度颇为不满。他就那样站在炉火前，"奇怪地沉默着，一脸讥讽地环视周围的人"。即使他是菲利普·西德尼爵士朋友的后裔，又有什么权力无视在场的人，独占火炉呢？她的家族荣誉感突然爆发。她的血管里，流的不是萨尔茨堡亚当斯家的血吗？她的血统不是和加利维尔的一样高贵，甚至更胜一筹吗？她的心里时不时沸腾着莽撞的情绪。这会儿，趁着这股情绪，她站起身来到钢琴前。皮奥齐先生还在自顾自地夸张演出，而她开始滑稽地模仿他的姿势，耸肩，翻白眼，像他一样把头甩到一边。看了这个奇特的表演，人们发出阵阵窃笑。这个场景之后被"全伦敦的小团体"竞相传播，还被"添油加醋，配上了各种评论和嘲笑"。看过石蕾尔夫人这次拙劣模仿的人，都难以忘记这居然成了那场声名狼藉的婚外情的开端，那场让石蕾尔夫人失去朋友和子女的尊重、名誉扫地离开英格兰且再也不敢出现在伦敦的"惊天大戏"的序幕——她居然与这位音乐家，还是个外国人，发生了最令人不齿的、违背伦理的婚外情。不过之后的事，只有神明知道。那个时候，还没人猜到这位夫人会做出无耻的事情，她仍然是那位富有的酒商受人敬仰的妻子。好在约翰生博士还在望着火炉出神，没有注意到钢琴前发生的事情。伯尼博士立刻制止了笑声。他万万没想到，人们竟能在背后如此嘲笑另一名客人，就算是异国的乐师也不应该得到此番待遇。他悄悄走过去和石蕾尔夫人耳语，语气恳切又义正词严地指出，即使她不喜欢音乐，也要体谅喜爱音乐的人的感受。石蕾尔夫人顺从地接受了指责，这一点倒是令人敬佩。她点头认可，回到了位子上。她能做的已经做了，其他的也无法指望。她不再插手了，就让人们自便吧，然后如她之后自己说的，"坐得像一个待字闺中的娇柔小姐"，继续忍受着这个"此生最无聊的夜晚之一"。

如果一开始没有人敢请约翰生博士发话，现在就更没有了。约翰生博士已经断定，这个夜晚不会有什么精彩的对话了。如果他没穿最体面的衣服来，那还能从衣兜里抽出一本书来读，而现在只剩下脑子里的知识可以拿来想想了。好在头脑里的知识储量足够庞大，他背对着钢琴时，就在探索这些知识，像一尊高尚、庄重、沉静的雕像。

自由咏叹调终于结束了。皮奥齐先生见无人可以交谈，便一个人寂寞地打起了瞌睡。到了这个时候，伯尼博士也终于发现音乐不再是一剂灵药了。他无计可施，既然无人开口说话，音乐就不能停。他把自己的女儿们叫到台前表演二重唱，一遍唱完，又重复了一遍，皮奥齐先生依然没有醒，或者仍在假寐。约翰生博士仍然在挖掘自己脑海中无尽的知识。加利维尔先生也趾高气扬地站在炉火边。那个晚上真是寒冷。

虽然约翰生博士看上去在神游，他的视力也不甚好，但是你因此以为他没有注意到屋子里发生的一切，尤其是他会无视需要他出面指责的场面，那就大错特错了。他"突然眼睛大睁"，总是出其不意，还会令全场尴尬不已。在这个场合，他也是如此。他回过神来，猛地起身，终于说出所有人苦苦等待的话。

他目不转睛地盯着加利维尔先生，说："要不是怕影响女士们烤火，我也想自己站在火炉前面。"这话一出，全场哗然。伯尼家的孩子之后都评价，这句话的效果犹如一出喜剧。这位菲利普·西德尼爵士朋友的后裔在约翰生博士的注视下败下阵来，身上流淌着的布鲁克斯家族的血都凝聚起来迎击羞辱，得让这位书商的儿子看清自己的身份。他尽力挤出一丝微笑，虽然是一抹淡淡的、勉强的笑容。他守着自己的位置不动，有那么两三分钟，还在努力保持微笑。但是，他环顾四周，发现所有的人都低垂着头，脸孔都因为被逗笑而扭曲。显然，所有人都站在这位书商的儿子这边。他再也没办法在那儿站下去了。福尔柯·加利维尔灰溜溜地离开,垂下了骄傲的肩膀,坐到一张椅子上。他边走边"狠狠"摇铃,招呼用人准备马车。

"晚会就这么散了,没有人过问,也没有人希望再举办一次。"

(赵乐 译)

杰克·米顿[①]

你是否好奇,在布莱顿码头,你旁边躺椅上的是何许人也?那么,你可以观察一下,她随身携带的放在背包上卷得像法式小面包一样的《泰晤士报》,她会先读哪一栏。也许与政治相关,或者是一篇关于耶路撒冷神庙的文章。都不是,她读起了体育新闻。通过观察她的靴子和长袜、包里的一份国会法案和一两本蓝皮书[②],还有一份由饼干和香蕉组成的简便午餐,人们认定她是某个部门的公务员,正在为接下来抨击社会不公制度的工作养精蓄锐。她在布莱顿码头晒太阳的时候,罗莎尔巴夫人正站在高于海面的跳板上,准备为几个硬币或者汤盘俯身跳入大海。然而,她却是从体育新闻开始读报的。

也许事情并没有我们以为的那样蹊跷。那些久坐不动、连驴子都骑不上去的先生和手无缚鸡之力的女士都是一项伟大的英国运动[③]的追捧者,几乎和那些装备齐全的专业人士一样狂热。他们在想象中策马驰骋,举枪狩猎,随着伯克利、卡蒂斯托克、阔恩和贝尔沃[④]的运势沉浮,追逐着幻想中的猎人。他们噘起嘴唇,读出那些晦涩拗口但优美好听的地名:巴姆布尔比、多德尔山、卡罗琳沼泽、温尼亚茨密林。他们或是抓着地铁里的

[①] 杰克·米顿(Jack Mytton, 1796—1834),英国摄政时期的怪人,有时也被称为"约翰·米顿"或"疯人杰克",曾短暂担任保守党议员。
[②] 早期指英国议会的出版物,封面为蓝色,因此得名。
[③] 指猎狐运动。
[④] 这些都是英国传统的猎狐团体。

吊环，或是把报纸抵在土气的茶壶上，一边读一边幻想着，刚刚是"缓慢、迂回地围猎"，现在变成了"洒脱、自在地飞驰"，眼前出现了起伏的草地，耳边响起了轰隆的雷声和马嘶犬吠，莱斯特郡山坡优雅的曲线一点一点展现在他们面前。紧接着，他们想象着夜幕降临，大家心满意足地骑马回家，看着农舍的窗子里透出灯光。事实上，英国体育作家贝克福德、圣·约翰、瑟蒂斯、尼姆罗德①等人的文章可读性极强，他们绅士派头十足地驾驭着笔头，就像驾驭着宝马，文字洋洋洒洒。他们对英语产生了自成一派的影响。骑马、翻滚、风吹雨淋、全身沾满泥浆的感觉已经融入了英国散文的肌理，赋予了散文飞跃和冲击的快感，被冲散的树篱和摇曳的树木组成了一幅幅画面，虽然没能让英语胜于法语，却将二者区分开来。至于英国诗歌的发展在多大程度上归功于狩猎，我们先不在此讨论。莎士比亚也是个骑手，虽然水平发挥不稳定，但作风勇猛，这一点毋庸佐证。综上所述，一个英国女士先阅读体育报道而不是政治绯闻不足为奇。当罗莎尔巴女士跃入大海，乐队的演奏响彻天地，英吉利海峡的碧波在太阳下熠熠生辉，潮水冲击着码头的缝隙，她却放下报纸，从包里拿出的不是蓝皮书，而是一本红皮书②，继续阅读起杰克·米顿的生平来，我们也不需要谴责她。

　　杰克·米顿绝不是一位值得称道的人，他生于什罗普郡一个古老家族，这个家族一度被称为穆顿，就像勃朗特曾名为勃朗提一样。他继承了一份可观的财产和一大笔收入。这个1796年出生的小男孩本应继承祖上延续了五个世纪的从政和运动传统，但家族命运也有阴晴圆缺，如同四季的轮转。有时阴雨连绵数月，万物蓬勃生长，紧接着秋风呼啸而来，在林中终日咆哮，果实被毁，百花尽残。一道闪电劈下，屋脊燃起大火。自然和社会让这个1796年出生的米顿背负的责任足以压垮一个孱弱的灵魂，但他的躯体结实，如同从磐石上凿下来的，他享有几乎用之不尽的财富。自然和社会曾激怒他，反而让他蔑视它们，接受它们的挑战。他曾穿着最单薄的丝质

---

① 查尔斯·詹姆斯·阿珀利（Charles James Apperley，1779—1843），威尔士运动员和体育作家，以笔名尼姆罗德（Nimrod）闻名，著有米顿传记《约翰·米顿生平》。
② 官员名册、贵族名录和宫廷指南。

长袜去射击，让雨水拍打在他裸露的肌肤上。他撞击大门，赤身在雪地里匍匐前进，即使这样，身体还是一如既往地笔挺结实。他穿着没有口袋的马裤，他的钞票被人一捆捆地在树林里拾起，即使这样，他的财富也没有减少。他生了几个孩子，高兴了把他们抛在空中逗弄，生气了就朝他们扔橘子。他有过几房妻室，娶回家后折磨她们、囚禁她们，直到一个去世，一个抓住机会逃跑了。他修面的时候，旁边会摆着葡萄酒，就着榛子一起喝，一天过去，榛子吃了一磅又一磅，酒一共喝了五六瓶。他行为极端，从刻意而为逐渐发展成为日常习惯。他的身体犹如多毛的原始人，加上怪癖和习惯，就像刚从山冈下的坟墓里爬出来的怪物，他曾在那里被大块大块的石头压住，曾在那里献祭公羊，向初升的太阳效忠。他在乔治四世统治时期，与嗜酒的猎狐者们豪饮同欢。他的四肢不像现代人，倒像是用原始材料雕刻而成的。他五官丑陋，举止不雅，我行我素，身体粗野，头脑狂野，天性自然淳朴，给人一种野蛮人回到自己领地的感觉。尼姆罗德曾说他虽然惜字如金，但一旦讲话，就会惹人大笑。他的天赋极不平衡，有些感官异常敏感，有些则十分迟钝。他患有耳聋，所以在社交场合不太自如。

那么，作为一个出生在英国乔治四世统治时期的原始人，他能做些什么呢？比如跟人打赌，然后获得赌注。那不是一个潮湿的冬夜吗？他却驾驶着二轮马车，借着月光在乡间疾驰。不是天寒地冻吗？他却让马夫们穿着冰鞋去打老鼠。有位谨慎的客人承认自己从未在马车上经历过胆战心惊的事，他立刻驾马车冲到河岸上，连人带车摔在路上。如果在路上遇到障碍物，他不惜摔断骨头、跌破马车，也要越过它、撞碎它，或者想办法跨过它。对他来说，向危险低头、对疼痛屈服都是不可想象的。什罗普郡的农民们总会被这个神出鬼没的先生吓坏，就像我们在阿尔肯①和洛林斯②的绘画上看到的一样。他要么驾驶着马车冲向大门，在客厅骑熊，要么赤手空拳地和斗牛犬搏斗，躺在发狂的马的四蹄之下。肋骨还断着就去骑马，

---

① 亨利·托马斯·阿尔肯（Henry Thomas Alken，1785—1851），英国画家和雕刻师，主要绘制体育主题和训练场景的插画。
② 洛林斯（T.J.Rawlins，1802—1873），英国画家，曾为尼姆罗德的《约翰·米顿生平》绘制插图。

即使每震动一次都疼痛难忍,他也不会呻吟。他们害怕、震惊,他的古怪、不敬神和放浪行为成了远近几英里每间村舍和旅店里谈论的话题。不过,四个郡没有一个治安官会去逮捕他。人们仰视他,把他看作远离了世俗责任和快乐的人,就好像他是一块纪念碑、一个威胁,人们的目光中带着轻蔑、同情和敬畏。

而面对这些,杰克·米顿自己作何感想呢?是否有心满意足的激动,或者问心无愧、毫不犹豫地获得的快乐?这个野蛮人确实应该满意,连从不自省的尼姆罗德也百思不得其解。"过世的杰克·米顿先生生前是否真的喜欢挥霍无度的生活?"尼姆罗德并不如此认为。他拥有了世间人们渴望的一切,却缺了"享受的艺术"。他乏味无趣,并不幸福。"他身上有一种鬣狗那样不安分的气质。"他匆忙地从一样东西追向另一样东西,决心去品尝、享受,但不知怎么的,一旦触摸到它们,却变得迟钝起来,快乐也就烟消云散了。他在独享丰盛晚餐的两小时前,才在农舍里吞下肥腻的培根,狂饮烈酒,到头来反而斥责厨子。即使已经没有胃口,他依旧照常吃喝,只是把葡萄酒换成了白兰地,好刺激自己疲累的味蕾。一种"毁灭精神在怂恿他",他追求奢华,不断挥霍,每一个细节都讲究极致。"他的欲求不满最终毁了他,"尼姆罗德说,"还有对小事不屑一顾的妄自尊大。"

无论如何,他在三十岁的时候已经完成了两件大多数人永远无法做到的事:他把身体糟蹋得千疮百孔,把钱财几乎散尽。他搬出祖传的米顿大宅,那个时候的他不再是一个健康且精力充沛的原始人,而是一个"驼背、蹒跚、饮酒过度导致浮肿的未老先衰的普通人"。他加入了声名狼藉的冒险者队伍,为了生计不得不住在加来。即使身处这样的团体,他依然无法放下自己的包袱,他必须耀眼瞩目,与众不同。谁直呼他的名讳"约翰·米顿",就会被他惩罚。即使房间离自己只有二百七十米,也要乘四驾马车,否则宁愿步行。有一次他打嗝不止,直接抓过卧室里的蜡烛,点燃了衬衫,跟跟跄跄地走出来,身上还燃着火苗,要给朋友们看看他——杰克·米顿是如何治好打嗝的。人们还能怎么要求他呢?诸神还要驱使他们的牺牲品到什么程度呢?既然他都已经在自己身上点火了,看来他已经履行了对社会的义务,这个原始人可以就此安歇了。他也许会让自己的另一种灵魂,那个与野蛮人格格不入的文明绅士露面。他曾经学过希腊语,现在他躺在床上,浑身烧伤,肿胀不堪,还在引用索福克勒斯的话:"多么美丽的篇章……俄狄浦斯把他的孩子托付给克里翁。"他还记得那本希腊文集。后来,人们把他送到海边,他开始捡拾贝壳,还因为急着用"蘸了醋的指甲刷"清洗它们,而无法安心坐下吃晚餐。曾经,整个世界似乎不足以取悦他……但现在,他终于获得极致的快乐。但是,唉,贝壳和索福克勒斯,和平与幸福,都永远不能延缓大限的降临。他被投入国王法庭的监狱,在狱中,他身体衰朽、财产尽失、精神崩溃,三十八岁便离开了人世。他的妻子哭着说,她不能"忍住不爱他,即使他浑身都是缺点"。四匹马拉着他的尸体走向坟墓,三千多个贫苦的人为他的去世而痛哭。他为了大众的利益,扮演了一个可憎、可怕的角色,这是神明赋予他的责任,以求实现人类的幸福和快乐,却留给他无法形容的痛苦。

原来,我们喜欢这些人类本性的展露,喜欢看到这些超越凡夫俗子的人。我们喜欢看到杰克·米顿这样的猎狐者,他曾为了治打嗝而自焚。我们喜欢一些潜水员,比如罗莎尔巴夫人,她爬得越来越高,把自己裹得越来越紧,然后,带着一种漠不关心的满意神色,仿佛她并非为了取悦自己,而放弃生活,受尽苦难,并献身这种疯狂的反抗行为,她一头扎进海峡,嘴里衔着两个半便士的汤盘上岸。码头上的那位女士感到很满足。正因为如此,她说,我爱我的同类。

(赵乐 译)

德·昆西①的自传

读者们一定感到奇怪,值得称道的英语文学的散文批评为何寥寥无几。这是因为,我们伟大的批评家们早就将他们最卓越的才智献给了诗歌。散文最多引发他们探讨一下某个具体的事例或者谈论作家的性格,也就是从作品中选取一个主题,就此延伸展开,作为主调的一种变奏。至于散文为何难以引发批评家们更出众的才思,那就只能从散文作者的创作态度中窥探一二了。纵使他将散文当作一门正经艺术,不抱着实用的目的去写作,依然会将散文视为一只卑微的驮兽,必须承载各种零零散散的琐碎之物;或者将之视为不纯的物质,任由尘埃、树枝、苍蝇寄居其中。不过,大多数时候,散文作家在行文时都会带着一个实际的目的,譬如讨论某个理论,或者辩护某个主张,因此他常常采用一种道德家的视角,那些遥不可及、困难重重、复杂难解的东西会被搁置在一旁。他的职责是面对当下,面对活生生的人。他会自称为记者,并以此为傲。他一定会使用最简单朴素的语言和最清晰晓畅的表达,以便以最平易的方式去抵达最多的受众。因此,如果就像牡蛎中的刺激物是为了生成珍珠,他的作品只是为了滋养其他艺术,那么,他的文章一旦完成了传递信息的任务,就像其他寿终正寝的物件一样被弃之不顾,也就不足为怪了。

---

① 托马斯·德·昆西(Thomas De Quincey,1785—1859),英国著名散文家和文学批评家,其作品华美与瑰奇兼具,激情与舒缓并蓄,是英国浪漫主义文学中的代表性作品。代表作有《一个英国瘾君子的自白》,这部作品预示了现代派文学的题材和写作方法的出现。

不过，有时候，我们也会看到这样一些散文，它们的写作另有目的，不是为了争辩，不是为了劝说，也不是为了讲故事，文字本身就足够赏心悦目，我们不必咬文嚼字地探求深意，或者揣测作家的心路历程。德·昆西就是这样一位罕见的散文家。当我们想起他的作品，一些宁静又完整的段落会浮上心头，譬如下文：

"生命终结了！"这是潜藏在我内心的隐忧，面对施加于幸福之上的任何致命创伤，稚嫩的心灵都将如成熟的智慧一般焦灼不安。"生命终结了！终结了！"是潜伏在我的叹息之中，连我自己都懵懂无知的秘密，仿佛夏日傍晚远方遥遥传来的钟声，偶尔会奏出意义分明的声音，一些警告的讯息，循环往复、久久不息。对我来说，某种隐隐传来的声音似乎在不断吟唱着一个秘密的语句，只有我的心才能听到——"繁盛的生命之花自此凋零"。

这样的段落之所以自然而然地浮现，是因为这本自传是由幻想和梦境构成，而非行动和戏剧。而且在阅读的时候，我们不会想到德·昆西本人。倘若我们试着分析一下自己的感受，就会发现我们面对的不是文字而是音乐，被激发和触动的是情感而非大脑。句子的起伏和跌宕旋即让我们舒缓和平静，将我们带向远方，周遭隐退、细节消失。我们的心智因此变得开阔而宽容，准备好缓慢而悠然地接受德·昆西希望带给我们的一个又一个意象。生命的灿烂和丰盛，上天的盛大与辉煌，花朵的绚烂和美丽，他本人"在一个夏日，站在一扇打开的窗户前面，背后是一具死尸"。作品的主题获得支撑，得以拓展，显得丰富而多变。那种想要追逐某种稍纵即逝之物的匆忙和焦虑，强化了宁静与永恒的印象。夏夜的钟声，摇曳的棕榈树，一直在吹的悲风，让我们持续不断地感受着同一种情绪。这种情感从未言明，它是经由不断重复的意象慢慢浮现在我们眼前的，缓缓停留，保持着所有的复杂性和完整性。

这种笔法在散文中鲜有人尝试。因为它带着某种终结性，也不那么适合散文，它不会通向任何方向。在感受夏日、死亡和不朽的时候，我们不知道谁在听，谁在看，谁在感觉。德·昆西希望将一切拒之门外，除了这幅画面："一个孤独的婴孩，它孤身与悲苦作战——巨大的黑暗，无声的忧伤。"他让我们去了解和探索这一种情感的深度。这种状态是普遍而广泛的，而非独特又具体。因此，德·昆西就与散文作家的目的和道德龃龉。他的读者收获了一种复杂的意义，在很大程度上来说，就是一种感觉。他不仅知道了一个小孩正站在床边的事实，也意识到寂静、阳光、花朵、时间的流逝和死亡的存在。这一切并不能经由简单的文字和有逻辑的表达完整呈现，明晰和简约只会歪曲和改变它的含义。当然，作为一个想要表达这样的观点的作者，德·昆西全然了解自己和同代作家之间存在的鸿沟。他的时代崇尚简洁、准确的表达，而他偏好弥尔顿、杰里米·泰勒①和托马斯·布朗爵士的文风。从他们身上，他学会了驾驭长句，迂回曲折、层层堆叠，以至高潮迭起。除此之外，他敏锐的听觉对韵律提出更高的要求，比如节奏的权衡，停顿的考虑，以及重复、谐音和半谐音的效果。当一个作家想要将复杂的意义充分又完整地呈现给读者，所有这些都将成为他的责任。

因此，当我们去剖析其中一个让人印象深刻的段落时，我们会发现，这些文字仿佛出自丁尼生这样的诗人笔下，对声音的使用同样小心，诗歌的节奏同样丰富，句子的长度和词汇量也非常多变。不过所有的技法都被稀释到了一个更低的浓度，文字的力量被置于更长的篇幅中。从最低处到最高处，我们是迈着碎步缓缓抵达，而不会猛然跃上顶峰。因此，正如我们很难从一首诗中单独提取出一句，从整个作品中单独拎出一段，因为这段文字的力量和效果可能来自此前数页的铺垫。此外，跟那些他所效仿的大师不同，德·昆西不擅长书写妙笔生花的金句，他的长处在于隐晦暗示

---

① 杰里米·泰勒（Jeremy Taylor, 1613—1667），英格兰神职人员、作家，因其富有诗意的表达方式而被称为"神圣的莎士比亚"，他被认为是最伟大的散文作家之一。

庞大又笼统的幻象，如看不到的细节、辨不清的特征，午夜或夏日的寂静，奔逃人群的喧嚣和恐慌，还有此起彼伏的悲痛，挥起手臂的绝望。

当然，德·昆西并不是只善于书写优美散文段落的高手。倘若如此，他的成就将远不及今日这般。他还是一个叙事作家，一个自传作者，而且对自传艺术有其独到见解，如果我们考虑到这本自传写于1833年的话。首先，他深信坦率的巨大价值。

> 如果他真的能够刺破那层迷雾——它经常笼罩着他行动和想法的秘密动机，甚至笼罩着他自己——那么在理智的激发之下，凭借绝对坦率的力量，生命绝对能够到达一种深刻、庄严，甚至让人战栗的状态。

他所理解的自传不只是讲述人物的生活，还要记录更深刻、更隐秘的情感历程。他意识到如此坦白是多么艰难："……许多人虽然理智上从自我约束中解脱出来了，但他们没法直抒胸臆——他们没有能力解决内在的封闭。"隐秘的锁链，无形的咒语，束缚和限制着交流的自由精神。"因为这种让他麻痹的神秘力量，一个人无法看到，也不能衡量，那么他最终也无力对抗。"秉持着这样的看法和意图，德·昆西竟然未能成功跻身英语文学中最伟大的自传作家之列，真是奇怪。当然，他并非笨嘴拙舌或者故弄玄虚。他未能成功地完成自画像，或许并不是因为他缺乏表达的力量，而是说得太多。他滔滔不绝，喋喋不休。漫无边际，这是19世纪许多英语作者的通病，他也难以避免。罗斯金和卡莱尔的文字也大而无当，但我们不难理解，每一种异质成分必须以某种方式，在某个地方找到自己的空间。德·昆西找不到这样的借口。先知的重担并没有置于在他的肩头。而且，他是最谨慎的艺术家。没有人会像他一样仔细又精心地斟酌词语的声音和句子的节奏。不过，奇怪的是，面对一行句子，若是声音不谐，节奏有误，他那敏感的耳朵就会立即辨识，而当跳出句子，面对整体行文架构时，他那种敏感仿佛突然失效，任由作品比例失调、臃肿变形。与此同时，每个句子依然对称而流畅。就像他兄弟曾形容德·昆西小时候的话——"总要标新立异",他确实是个烦人精。他不仅要"在每个人的话语里找到无意之中留下的破绽,以便做出两可的解释",而且从来没法简单地讲个故事,总要添油加醋,横生枝节,直到他要阐明的要点早就消失在远处朦胧的迷雾中。

作为一名自传作者,除了致命的冗长、结构的失衡,德·昆西还有一个问题就是喜欢沉思冥想。"这是我的病症所在,"他说,"冥想太多而观察太少。"一种古怪的仪式感分散了他的想象,让其变成一种陷入无聊的单调。他不加辨别地将自己梦幻的柔光和茫然的冥想广施万物。即使是两个惹人厌恶、红着眼睛的白痴,他也视之犹如误入贫民窟的尊贵绅士。他可以优雅地跨越阶层的鸿沟,既能跟伊顿公学的年轻学者侃侃而谈,也能在工薪阶层为周日的晚餐挑肉的时候和他们闲聊几句。德·昆西确实为自己能自如地跨越社会阶层而颇为自得。"……从我年纪尚小的时候,"他评论道,"我就可以跟所有人自在地谈天说地,就像苏格拉底,不管是男人、女人,还是孩子,毫无障碍,为此我很是骄傲。"但是,当我们读到他对这些男人、女人和孩子的描述,我们就会觉得,他之所以能如此轻松地与他们聊天,是因为在他看来这些人差别不大,一招鲜,吃遍天。他与最亲密之人,不论是他的同学阿尔塔蒙特勋爵,还是妓女安,他们的关系都同样友好而亲切。他描写的人物轮廓流畅,姿态优雅,跟司各特的男女主人公别无二致。他的自画像也一样毫无辨识度。一旦要开诚布公地谈论自己,他就像教养良好的英国绅士一样惊恐万状地逃走了。卢梭的忏悔坦率得让我们着迷,决绝地袒露自己的荒谬、卑鄙和肮脏。但德·昆西觉得厌恶,他写道:"将自己道德上的溃疡和创伤无所顾忌地推到别人面前,没有什么比这更倒英国人的胃口了。"

很显然,作为一个自传作者,德·昆西的缺点很多。文笔散乱而驳杂冗长,性格冷漠又沉溺于幻想,而且常常受到一些成规旧俗的局限和约束。与此同时,他又很容易为某种神秘庄严的情感所震撼,意识到一瞬间的价值可能胜过50年。在分析这些情感时，他所运用的技巧，即便是司各特、简·奥斯汀、拜伦这类公认的心理分析大师也都不具备。在他的作品里，有一些书写自我意识的段落，几乎可以与19世纪的小说相媲美。

> 而且，想到这个，我猛然醒悟：我们最深刻的想法和感受，大多是通过具体物件的复杂组合传递给我们的，或者是作为复杂经验纠缠汇集的无解之结（请允许我胡诌一个这样的词）传递给我们的，而非以它们本身抽象的形状，直接地传达……毫无疑问，人，就是某种微弱联系，某些系统联结的聚合体，从刚刚出生的婴儿慢慢变成年迈体弱的老人，这是一个我们无法解释的过程。但是考虑到人生不同阶段里，因天性而产生的感觉和激情，他就不是一个整体，而是一个时断时续，不断结束又不断开始的生物。从这个层面来说，人的统一性，只是在特定的阶段伴随着特定的激情。有些激情，如性爱，一半源自天堂，一半源自动物性和世俗性。它们只存在于最合适的阶段，而不会超越这一阶段，永葆生机。但是，神圣之爱，譬如两个孩童之间的爱，能够超越阶段的限制，直到垂垂老矣的暮年，也会在沉默和黑暗中重温。

当我们阅读这样的分析性段落，感到这些想法似乎是生命的重要构成，因而值得被研究和记录时，18世纪的自传艺术就在被改写。传记艺术也在被改写。自此之后，没人能够坚持表示，倘若不曾"刺破迷雾"，倘若不曾揭示"行动和想法的秘密动机"，生命的全部真义就能够被讲述出来。当然，外部事件自有其重要性。为了完整地讲述一个生命的故事，自传作者必须想办法来记录两个层面——事件和行动的快速进程，还有那些凝聚的情感缓缓开启的那个独特又庄严的时刻。德·昆西的文字之所以美丽，就在于这两个层面被漂亮地结合在了一起，即使没有那么均匀。在一页又一页的文字里,我们陪着这位修养良好的绅士,听他充满魅力、措辞优雅地讲述他的所见所闻——驿站马车、苏格兰叛军、乔治三世的外貌和言谈。然后,流畅的叙事突然终止,拱门一层层打开,一些永远在飞翔、永远在逃逸的东西的幻象,突然徐徐展开,时间就此停驻。

(赵乐　译)

四位人物

一、考珀与奥斯汀女士

当然,这是发生在许多年前的事了,但那次邂逅一定非同寻常,因为人们至今仍时不时回味。1781年的夏天,一个小村庄的街道上,一个甫逾半百的绅士望向自己街边的窗子,瞥见两位女士走入对面的布店,其中一位的样貌让他格外着迷,也许当时他立即开口呼唤对方,因为两个人不久后就见面了。

这位绅士一定过着一种宁静孤独的生活,只有这样,清晨站在窗边,偶然间看到一张美丽的脸庞才是一件不同寻常的大事。之所以如此,也许是因为它唤醒了一些朦胧却挥之不去的记忆。考珀并不是那种住在乡野路边,总是透过窗户张望世界的人。时髦的女性他早已经司空见惯,毕竟,年轻的时候他也曾荒唐过,调情、嬉笑,打扮光鲜地去沃克斯霍尔和马里波恩花园。他随便应付法院里的差事,连朋友都为他担惊受怕,生怕他失去唯一的生活来源。他还爱上了自己的堂妹西奥多拉·考珀。确实,他是一个做事草率不经思考、行事莽撞不顾后果的人。就在他风华正茂、肆意玩乐的时候,坏事发生了。轻狂的表面之下往往潜伏着病态的忧郁,它源于人性的弱点,也许这正是他肆意轻狂的原因。还有一种恐惧,让他无法做事、结婚,甚至难以在公开场合露面。他当时在上议院有份公职,却不愿赴任,要是逼迫他,他会逃避,甚至寻死觅活,宁愿跳水自尽。但他来到水边时,有个男人已经坐在了码头上;他准备吞下鸦片酊时,有一只无形的手神秘地把药从他唇边推开；他刺向胸口的刀突然断裂；悬在床柱上准备吊死，袜带让他摔了下来。他被判活下去。

于是，在那个7月的清晨，他看着窗外购物的女士的时候，早已穿过绝望的海峡，最终来到天堂般静谧的村镇，也找到了内心的平静。昂温太太，一个比他年长六岁的寡妇给他提供食宿。她让他畅所欲言，她聆听他内心的恐惧并表示理解，她像母亲一样循循善诱，终于引导他获得了平和的心境。他们就这样彼此陪伴了很多年，过着规律而单调的生活。每天的生活从一起读《圣经》开始，然后去教堂，再各自去读书或散步，晚餐后又聚在一起探讨宗教或者合唱颂歌。晴天就去散步，阴雨天就读书或谈话，最后在一天结束之时，吟诵几遍赞美诗和祷告。就这样过了许多年，生活一成不变。有时，他的手指也会握住笔，顺着颂歌的痕迹继续描写，或者写信敦促误入歧途的人在来得及的时候迷途知返，早日得到救赎，比如他在剑桥的兄弟约翰。然而，这种劝人向善的心态也许和他过去轻浮的态度一样，也是企图逃避恐惧，平息潜伏在他灵魂深处的不安。突然，平静被打破，1773年2月的一天，他的宿敌出现了，只出现一次，便永远阴魂不散。他在睡梦中，听到一个可怖的声音在呼喊。那个声音说，他的灵魂被上帝抛弃，注定下地狱。他听从这个声音，从那之后，他再也无法祈祷，当别人在餐桌旁祈祷时，他早早拿起了刀叉，表示自己无权向上帝祈求恩惠。包括昂温太太在内，所有人都不理解这个梦境的意义，也没有人清楚他的不同之处，为什么单单把他挑选出来，独自承受坠入地狱的诅咒。孤独也产生了奇特的效果，因为他不能接受帮助和指导，反而得到了解脱。牧师约翰·牛顿不再能指引他的写作或激发他的灵感。既然厄运已经宣告来临，诅咒无法避免，他干脆去猎野兔、种黄瓜、听闲话、织渔网、做桌子。他已经无法启发别人或帮助自己，只能借这些事情度过难熬的时光。既然已经知道自己遭受诅咒，他比以往任何时候都更加着迷、愉悦地给朋友们写信。只有在他写信给牛顿或者昂温太太的时候，恐惧才会露出可怕的头颅，他哀叹道："我在虚度时光……大自然会周而复始地苏醒，可灵魂一旦毁灭，便万劫不复。"他悠闲地消遣，大多数时间里，他饶有兴趣地欣赏楼下街道的风景，人们还以为他是世界上最幸福的人呢。有一个叫吉尔里·鲍尔的,例行到皇家棕榈酒店小酌,就像考珀刷牙一样规律。不过你看,两位女士走进街对面的布店,这可是件不寻常的大事。

其中一位女士他本就认识,那是琼斯太太,附近牧师的妻子。另一位则从未见过,她看上去俏皮灵动、活泼开朗,长着一头乌黑的秀发和一双深色的眼眸。她是罗伯特·奥斯汀爵士的遗孀,但一点也不老气横秋、古板阴沉。他们两人很快便坐在一起品茶,她说话时"总爱笑,也引得别人和她一起笑",与她交谈轻松自在。她是一个彬彬有礼、朝气蓬勃的女士,曾长期在法国生活,由于见过世面,"认为世事荒谬"。这就是威廉·考珀对安·奥斯汀的第一印象,不过,安对于这对住在乡下街边大宅的古怪男女颇感兴趣。这都是天性使然,安天生就是一个热情、好奇的人。此外,她见识过世界各地的风土人情,在安妮女王大街上还有一栋别墅,身边却没有合得来的朋友或亲戚。她有一个姐妹住在克里夫顿雷恩斯。奥斯汀夫人心里难过,她既想要交际,又渴望清静,向往安定的生活,克里夫顿雷恩斯和安妮女王大街都不能满足她的要求。后来,在极其偶然的情况下,她偶遇了这对优雅、礼貌的男女,他们时刻欣赏她,也不忘邀请她分享他们珍视的乡间的宁静与恬适,而她可以巧妙地让这种乐趣上一个台阶,让生活充满活力与欢笑。她组织大家去野餐——去斯宾尼远足,在茅舍里用餐,坐在手推车上饮茶。到了秋天,夜幕降临之际,安·奥斯汀也能让他们活跃起来。正是她鼓动威廉写了一首关于沙发的诗,并在他陷入忧郁时为他讲述约翰·吉尔平①的故事,引得他从床上跳下来,大笑不止。之后他们发现在她活泼的外表下,隐藏着一颗严肃认真的心,这一点让他们很高兴。她渴望平静和安宁,考珀写道:"她看上去那么快乐,但其实很有思想。"

尽管他总是那么忧郁,用他自己的话来说,考珀还是世俗之人。他说自己并不算天性遁世,更不是那种清瘦、孤僻的隐士。他手脚结实,面色红润,越来越富态。年轻时他也看透世事,当然,如果你洞悉这个世界,

---

① 后来考珀将约翰·吉尔平的故事改编成戏剧民谣诗歌《约翰·吉尔平流浪史》,讲述布商约翰·吉尔平骑着一匹疯马流浪的故事。

也会有话可说。他对自己体面的出身很是骄傲。即使在奥尔尼，他也保持着绅士的标准做派，用精致的盒子装鼻烟，鞋上装饰银制的扣子，如果要佩戴帽子，也一定不是"讨厌的软塌塌的圆帽，而是精致小巧、时髦硬挺的那种"。他的书信也保留了他泰然自若的心态和非凡的品位，每一页都是清新隽丽的散文，字里行间还蕴藏着别出心裁的幽默俏皮。因为邮差一周只来三次，他有大把时间抚平日常生活中每一个细小的褶皱，有时间讲述那些故事：农夫从马车上摔下来；一只宠物兔子逃跑了；克伦威尔先生前来拜访；他们被困在雨中，斯洛克莫顿太太请他们到家中避雨。这些小事每周都在发生，非常适合写在信中。有时日子也过得风平浪静，奥尔尼的时光平静如水，就像"穿着绒布鞋走路一样无声无息"，这时，他就会在心里琢磨从外面世界听到的传言。飞行的话题正盛，他便就飞行这个话题写上几页，说飞行实在是亵渎神明。当时英国女人不论场合都喜爱涂脂抹粉，对此，他也要发表自己的看法，说这是歪风邪气。他还会点评一下荷马和维吉尔，并试着做些翻译。如果天色渐暗，连他都不愿再在泥泞中跋涉时，他会翻开一本最爱的游记，幻想自己和库克[①]或安森[②]一起航行。在想象中，他的足迹踏遍世界各地，可实际上，他的脚步从未踏出白金汉和苏塞克斯。

他的书信也保持着让他在社交上魅力十足的特色。显而易见，想必他的风趣机智，他讲述的故事，他那稳重、体贴的处事方式，使他清晨的问候——也就是他每天早上去看望奥斯汀夫人的习惯——令人身心愉悦。但是他身上还有更多的东西———一种特殊的魅力，让人着迷，使得与他交往成为生活中不可或缺的一部分。他的表妹西奥多拉仍然爱着他，默默地、无声地爱着。昂温夫人倾心于他。此刻，安·奥斯汀也开始感觉到内心升腾出一种比友谊更强烈的情感。那种强烈的、超越人性的激情，让人变成

[①] 詹姆斯·库克（James Cook，1728—1779），英国皇家海军军官、航海家、探险家、制图师，他曾经三度奉命出海前往太平洋，带领船员成为首批登陆澳大利亚东岸和夏威夷群岛的欧洲人，也创下首次驾欧洲船只环绕新西兰航行的纪录。

[②] 乔治·安森（George Anson，1697—1762），英国皇家海军上将，英国皇家海军第二个环球航行的舰长。

一只意乱情迷的飞蛾，扑在一朵花、一棵树、一片山坡上，难道这不能让乡村的清晨更加静谧，不能让与他交往更令人心动，远超其他人吗？"花园墙上的每一块石头都是我亲密的朋友，"他写道，"在田野里看到的一切对我来说都是神奇的生命。欣赏同一条小溪、同一棵繁茂的树，生活中的每一天，我都带着全新的喜悦。"正是这种强烈的视觉感受，使他的诗歌尽管带着说教和训诫意味，却仍然富有令人难忘的品质。正是这一点使《任务》中的段落像明亮的窗户一样镶嵌在剩下平淡无奇的部分中。正是这一点为他的谈吐增添了锋芒和趣味。突然，一个更美妙的幻象抓住了他，占据了他，它一定赋予了漫长的冬夜和清晨的拜访难以形容的哀怨与魅力。只不过，正如西奥多拉告诫安·奥斯汀的那样，他的激情不是针对男人和女人，而是一种抽象的热情；他是一个心无杂念、没有男女情欲的男人。

早在他们的友谊开始之时，安·奥斯汀就已经收到了警告。她喜爱自己的朋友，并且会用自己天生的热情表达这分喜爱。考珀立刻写信给她，言辞恳切又坚定地告诉自己的朋友，她的行为有些愚蠢。"我们用幻想中的色彩美化一个人，"他写道，"就是在塑造一个假象，不仅到头来一无所获，而且会在认识到自己的错误时痛苦万分。"读罢，安勃然大怒，离开了乡下。不过，感情的裂痕很快就愈合了，她为他做了一条拉夫领，他回赠了一本书以示感谢。不久，她再次拥抱玛丽·昂温，与之重归于好，比以前更加亲密。之后的一个月，她飞速实施着自己的计划，先是卖掉了城里的房子，直接搬到了考珀家隔壁的牧师宅邸，然后宣布，现在除了奥尔尼她没有别的家了，除了考珀和玛丽·昂温再也没有其他朋友了。两家中间花园的大门永远敞开着，每隔一天，他们就聚在一起共进晚餐。威廉和安兄妹相称，还有比这更有田园诗意的生活吗？"奥斯汀夫人和我们轮流在彼此房舍里度过美好时光。清晨，我和其中一位女士散步，下午就在家中绕毛线。"他写着，饶有趣味地把自己比作赫拉克勒斯[①]和参孙[②]。然后夜晚降临，那是他最爱的冬夜，他在火光中，一边望着火光投射的阴影狂乱地舞

---

① 古希腊神话中的著名英雄，完成了神的十二道试炼。
② 《圣经·士师记》中的大力士。

蹈，煤烟像薄雾一样在栅栏间跳跃，一边浮想联翩。灯火点亮，待光线平稳，他拿出自己编织的网或缠绕的丝线。这时，安也许在一边弹大键琴，一边和着调子吟唱。威廉和玛丽在一起打板羽球。无忧无虑、天真无邪、安静祥和，在这样的人间幸事中，考珀所说的"注定"的"荆棘般的悲伤"从何而来呢？如果不和谐一定会发生，又将从何而来？也许就发生在女人之间。有一天晚上玛丽注意到安头上的钻饰缠着一缕威廉的头发，或者发现他写给安的一首诗内容超出了兄妹情谊，从而萌生出嫉妒之心。玛丽·昂温并不是无知的村妇，她博览群书，"举止宛如爵士夫人"，在安来搅动他们珍视的"宁静生活"之前，一直以来都是她在照顾和安抚威廉。两个女士之间产生了竞争，冲突也由此开始。考珀被迫要在两人中选择一个。

我们也许忘了，那天晚上这场天真无邪的夜间消遣背后也许有另一种景象。安在歌唱，玛丽在打球，火光温暖明亮，外面的风霜让屋内显得更加温馨。即使这样，阴影也悄然产生，静谧的房间里一道深沟横亘出来，考珀艰难地行走在深沟边缘，命运和诅咒的话语又在他耳边发出嘶嘶声，混杂着耳语和歌声。这个可怕的声音牵引着他走向深渊。安·奥斯汀居然希望他爱上自己，迎娶自己。这个想法龌龊卑鄙，有伤风化，不忍耳闻。他又写了一封信给她，一封永远不会得到回应的信。心碎之际，她烧了这封信，离开了奥尔尼。他们之后再无只言片语。这段友谊就这样结束了。

但考珀也并不特别在意。每个人都对他格外善良，思洛克莫顿太太还把自家花园的钥匙给了他。一位匿名的朋友每年寄给他五十英镑，他从未去猜想对方的身份。另一个朋友送给他一张雪松木制的银把手办公桌，这个朋友也不愿透露姓名。奥尔尼的善良的人们送他太多温驯的野兔，以至于他实在养不过来。但是如果你遭到诅咒，如果你被世界抛弃，如果你与上帝、人隔绝，人间的仁慈又有什么用呢？"虚度时光……大自然会周而复始地苏醒，可灵魂一旦毁灭，便万劫不复。"他一次又一次地陷入忧郁，直到在痛苦中死去。至于奥斯汀夫人，她嫁给了一个法国人。她很幸福——人们如是说。

二、博·布鲁梅尔①

考珀在奥尔尼隐居之时，只要一想到德文郡公爵夫人②便会气愤难平。他预测："紧身胸衣不再，只有破布一条，美貌不再，只剩秃顶。"不过他也承认自己鄙夷的这位女士确实有着让人无法抗拒的力量，否则，她怎能在奥尔尼潮湿孤独的日子里萦绕在他的心头呢？她沙沙作响的丝质裙摆怎能时常惊扰他阴郁的冥想呢？毫无疑问，公爵夫人幽魂常在。这些预言写下多年之后，她香消玉殒，头戴华丽冠冕入土为安，她的灵魂却踏上一座完全不同的宅院的阶梯。在法国卡恩，一位老人坐在他的扶手椅中，这时大门敞开，仆人宣告"德文郡夫人驾到"。博·布鲁梅尔立刻起身走到门边，行了一个足以让英国宫廷生辉的鞠躬礼，可惜的是，外面空无一人，只有冷风在客栈狭窄的楼梯间穿梭，德文郡公爵夫人早已与世长辞，而博·布鲁梅尔也垂垂老矣、痴呆迟钝，幻想着自己已重返伦敦，正在举办一场盛会。考珀的诅咒在他们身上都得到了应验，公爵夫人披着裹尸布，布鲁梅尔曾让国王都艳羡的衣饰，如今只剩下一条到处是补丁的长裤，用破旧的斗篷尽力掩饰。至于头发，也按照医嘱剃了个精光。

尽管考珀恶毒的诅咒在公爵夫人和花花公子身上一一应验，但他们还是可以说自己曾风光无限，是自己那个年代的风云人物。两人之中，布鲁梅尔可以夸耀自己的传奇经历。他没有显赫的家世，也没有特别多的财富，他的祖父在圣·约翰大街出租房屋。一开始，他有三万英镑，除此之外只有英俊的模样，不过指的是他的身材，因为他断了的鼻子让容貌大为受损。他未曾做过一件声名远扬、意义重大的事，偏偏成为闻名遐迩的大人物。他成了一个符号，他的幽灵依然飘荡在我们之间。他脱颖而出的原因至今难以确定。当然，他有着灵巧的手艺和追求细节的审美，不然也不会把系

---

① 博·布鲁梅尔（Beau Brummell, 1778—1840），19世纪英国名流，本名乔治·布鲁梅尔，博（beau）的本意是"花花公子"，后来成为他的诨名。
② 即乔治亚娜·卡文迪许（Georgiana Cavendish, 1757—1806），第五代德文郡公爵威廉·卡文迪许的第一位妻子，社交名媛。

领结的艺术发挥到极致。那是个人尽皆知的故事,他抬头后仰,再把下巴缓缓落下,把领巾压出完美匀称的褶皱,如果有一条褶皱太深或太浅,那么这条布料只能被丢进废纸篓,一切又重新开始,威尔士亲王[①]则会坐在一旁一小时又一小时地欣赏。不过,技巧和审美还不足以让他一鸣惊人,布鲁梅尔把自己的过人之处归于某种机智、品位、傲慢和独立的奇妙组合,他从不谄媚,因为这种行事方法太过于拙劣,算不上人生哲学,却可以达成目的。无论如何,他成了伊顿公学最受欢迎的少年。其他人嚷着要把驳船人丢到河里,他在一旁冷静地戏谑道:"好朋友们,别把他扔到河里,这个人明显已经一身冷汗了,再下水一定会感冒。"从早年起,无论置身于怎样的环境,他都能游刃有余,不费力气地攀上顶峰。甚至当他还是第十骠骑兵队的一名上尉时就疏于职守,要不是一个士兵长着醒目的"蓝色巨鼻",他连自己的队伍都认不出来。即使这样,人们还是喜爱他、包容他。后来,这支部队被派往曼彻斯特执行任务,他便辞去了自己的职务——"我真的不能去,殿下,请您三思,那可是曼彻斯特啊!"[②]此后,他在切斯特菲尔德大街安家,一举成为那个时代最惹人嫉妒、最尊贵的上流阶级中的佼佼者。例如,有一天晚上,他在阿尔马克府上做客,与勋爵相谈甚欢。一位公爵夫人同场赴宴,她年轻的女儿路易莎小姐在旁陪同。她一看到布鲁梅尔,就告诫自己的女儿,如果门边的绅士过来寒暄,一定要小心谨慎,给对方留下好印象。"因为,"她耳语道,"他就是那位大名鼎鼎的布鲁梅尔先生。"路易莎小姐可能不解,为什么布鲁梅尔先生炙手可热,为什么身为公爵女儿还要小心翼翼地给他留下好印象。之后,他径直朝她们走来,母亲说出那番告诫的原因呼之欲出,他那优雅的步态令人叹为观止,他的鞠躬礼异常考究。在他旁边,每个人的衣着都显得过分隆重,要不就是过分朴素,有些甚至被他衬托得灰头土脸。他的衣服剪裁利落,色彩雅致,整套搭配完美和谐。从他鞠躬的方式到用左手打开鼻烟盒的动作,举

[①] 威尔士亲王指乔治四世(George Ⅳ,1762—1830),与布鲁梅尔交好,喜好奢侈潮流的生活,身形肥胖。

[②] 典故来自《乔治·布鲁梅尔生平》(*The Life of George Brummell*),作者杰西·威廉。布鲁梅尔认为曼彻斯特声誉不佳、缺乏文化生活。

手投足足以引人注目。他是清新、整洁和秩序的化身。人们大可相信,他命人把座椅直接从他的更衣室抬到了阿尔马克家的会客厅,因为他的头发一丝不乱,皮鞋一尘不染。当他真的开口和路易莎小姐说话时,她先是神魂颠倒,毕竟他的举止比任何人都有风度,让人如沐春风,没有人能比他更风趣、更亲切。之后,她开始感到迷茫。在夜晚降临之前,他就可能向她求婚。不过,从他的表现看来,就连初入社交场合的天真少女都无法相信一切出于真心。他躲闪的灰色眼睛出卖了他唇边的话语,脸上的表情让他的恭维虚伪可疑。之后,他又说了一些贬低他人的刻薄话,既不风趣机智,又没有深刻意义,但是他俏皮有趣的表述、巧妙的转折滑入脑海,让人铭记在心,忘掉了其他的重点。他只需幽默地说一句"那位心宽体胖的朋友是谁"①,就把摄政王调侃了一番。对那些地位没有那么高还冷落他的人,他也用同一套应对方法。他向一位女士求婚不成,便和朋友解释道:"我的朋友,除了断绝来往,还能怎么办呢?我发现玛丽小姐真的吃卷心菜。"一些不识相的人总爱追问他的北方之旅。"我最喜爱的湖?"他问随从。"是温德密湖,老爷。""对,是温德密,没错,温德密。"这就是他的风格,闪烁其词,冷嘲热讽,徘徊在傲慢无礼的边缘,掠过胡言乱语的界限,不过话语中总是蕴含着奇妙的含义,人们可以从夸张的说法中分辨这些布鲁梅尔逸事的真伪。布鲁梅尔决不会说"威尔士亲王,摇铃吧"②,就像他决不会穿一件艳丽的马甲或系一条耀眼的领结一样。拜伦爵士说他的衣着"讲究得体",在那些只谈论狩猎的绅士们中间显得沉着冷静、温文尔雅。布鲁梅尔讨厌狩猎,更厌弃马厩的气味,从来不会踏足那里。路易莎小姐战战兢兢地想给布鲁梅尔先生留下好印象。在她的世界里,布鲁梅尔先生的好评至关重要。

---

① 典故来自《社会中的才子们和花花公子们》(*The Wits and Beaux of Society*),作者格蕾丝·沃顿和菲利普·沃顿。1813 年 7 月,布鲁梅尔、阿尔瓦利勋爵、亨利·米尔梅和亨利·皮尔庞特在瓦蒂尔私人俱乐部联合举办的化装舞会上,摄政王向阿尔瓦利和皮尔庞特致意,冷落了布鲁梅尔和米尔梅,引起了布鲁梅尔的不满,便说"阿尔瓦利勋爵,你这胖朋友是谁"。两人从此有了嫌隙。
② 典故来自《社会中的才子们和花花公子们》。布鲁梅尔在与威尔士亲王共餐时要求亲王摇铃呼唤仆人,由于两人关系亲密,亲王并没有生气,而是照做了,也有说法称两人因此发生争吵。

除非那个世界土崩瓦解，否则他的地位无可撼动。博英俊潇洒、冷峻无情、愤世嫉俗，看上去无懈可击。他有着无可挑剔的品位、令人艳羡的健康，身材也一如既往地健美。他经历风风雨雨，地位岿然不动。法国大革命就在他身边如火如荼地发生，他连一根头发都没乱。帝国兴衰，风云变幻，他仍然在领结的褶皱上做着实验，批判外套的剪裁①。滑铁卢战役结束，世界再度恢复和平。战争对他毫发无伤，反而是和平让他的生活陷入了水深火热。过去一段时间，他在赌桌上有输有赢，哈利亚特·威尔逊听说他输个精光，又有些失望地得知他平安无事。此时由于军队被遣散，伦敦涌入了一大批人，他们常年四处征战，粗俗剽悍，决定好好犒赏自己，享受生活，便冲进赌场，下高额赌注，布鲁梅尔也身不由己地卷入了他们的赌局。他输了又赢，发誓再也不赌，转而又回到了赌桌上，输光了仅剩的一万英镑，只得四处借钱，直到没有人愿意再借钱给他。最后，除了输掉的几万英镑，他还弄丢了一枚带给他好运、中间有洞的六便士硬币。他错把这枚硬币给了一个出租马车的车夫，他说硬币落到了罗德柴尔德那个坏小子手里，从今往后好运到头了。这是他的原话，换成其他人，绝不会如此简单地一笔带过。无论如何，那一天，准确地说是1816年5月16日，一切都确凿无比，他独自在瓦蒂尔餐厅吃了一盘冷冰冰的鸡肉，饮尽一瓶红葡萄酒，观看了歌剧，然后坐马车去了多佛，整夜赶路，第二天就到了加来，从此再也没有踏进英国一步。

一个奇特的崩坏过程开始了。伦敦那个特立独行、矫揉造作的社会是他的保护屏障，让他保持自己的体面生活，将他塑造成一颗璀璨的宝石。那个社会的力量消失了，那些单独拿出来微不足道、放在一起却熠熠生辉的种种因素塑造了一个花花公子布鲁梅尔，现在它们统统剥落，露出了背后的真相。一开始，他的名望还没有消退，老朋友们不惜漂洋过海地来探望他，特意宴请他，临走之前还在他的银行账户里存一笔钱。他和往常一样在自己的府邸里办招待会，照常花几个小时梳洗打扮，用血根草擦拭牙

---

① 典故出自《杂项作品，卷一：习惯和人，博·布鲁梅尔》(Miscellaneous Works, VolumeI: Habits and Men, Beau Brummell)，作者约翰·多兰。贝德福德公爵曾经做过一件大衣。布鲁梅尔用纤巧的手指和拇指拉起大衣的翻领，用怜悯的语气惊呼道："贝德福德公爵，您把这东西叫作外套吗？"

齿，用银镊子拔下白发，把领结系得惊艳，准时在四点打扮隆重地出门，把皇家路①当作圣·詹姆斯大街②，仿佛威尔士亲王正挽着他的手。但皇家路毕竟不是圣·詹姆斯大街，随地吐痰的法国公爵夫人也不是德文郡公爵夫人。那个请他在四点钟吃鹅肉的好心人也不是阿尔万尼勋爵。不久之后，他就赢得了"加来之王"的名号，工人们都知道他"乔治，摇铃"的故事，但在加来，赞美是粗俗的，社交是低俗的，连娱乐方式都乏善可陈。博不得不回到自己丰富的内心世界。按海丝特·斯坦霍普夫人的话来说，只要他愿意，他本可以成为一个聪明人。当她把自己的想法告诉博时，博也承认自己确实浪费了天赋，因为他认为只有花花公子的生活才能让他"成为焦点，使自己和凡夫俗子区分开，后者是他最为鄙视的"。只有这种生活才能让他写出诗句——他的诗歌《蝴蝶的葬礼》备受推崇；这种生活才能让他放声歌唱，才能让他提笔作画。如今，夏日漫长又空虚，这些事情即使做得再好，也不足以打发时间，所以他打算写回忆录，又买了一架屏风，耗费几小时在上面贴了伟人和美女的图片，他用土狼、黄蜂和丘比特象征他们的美德和缺陷，用精美的手法拼在一起。他收集木料家具，给女士们写一些形式奇特、文笔优雅、构思精妙的信。但是这个消遣方式也渐渐变得乏味。经年累月，他内心的丰富灵感也逐渐枯竭，让他没有办法再利用它们度日。崩坏又进了一步，他的另一个器官——心也暴露无遗。多年来，他一直在玩弄感情，巧妙地避免付出真心，现在却疯狂地向年纪能当自己女儿的小姐们发起猛烈的追求。他给卡昂的艾伦小姐写了些言辞热烈的情书，让艾伦小姐不知该笑还是愤怒。她还是生气了，那个曾经玩弄众多贵族女子的浪荡公子，如今带着绝望，拜倒在她的石榴裙下。不过一切都来不及了，这么多年过去了，他的心早就不够吸引人，就连平平无奇的乡野丫头也看不上他，他只能把自己的爱倾注在动物身上。他的小猎犬维克死了，他难过了整整三周。他和一只老鼠建立了友谊，还要守护卡昂的流浪猫和快要饿死的狗。他还和一名女士说，如果看见一个人和一只狗同时掉

---

① 巴黎的一条街道。
② 伦敦市中心的一条街道。

进水里，自己一定会救狗，不过要在没有人看见的情况下。直到这时他依然相信大众的目光都注视着他，对外表的过分关注也让他有了一种坚韧的意志。因此，在宴会上突然手脚麻痹，他可以不动声色地离开餐桌；债务缠身的时候，为了保护自己的鞋，他在鹅卵石路上踮着脚尖走路；即使身陷囹圄，被投入监狱，在众多杀人犯和盗贼之间，他仍态度凛然，彬彬有礼，仿佛清晨要去拜见某位大人物一样，赢得了他们的钦佩。倘若继续按照自己的方式生活，他必须得到资助——毕竟他每天都要用足量的鞋油，几加仑的古龙水，还要更换三次亚麻内衣。他在这些东西上的开销巨大。即使昔日好友慷慨解囊，但他无止境地请求朋友伸出援手，他们终有一日也会被榨干。在这种条件下，他只得一天换一次衣服，收到的补贴也只够买生活必需品。可他是布鲁梅尔，怎么可能只靠必需品而活？这个要求简直荒谬。不久他系上了一条黑绸领结，以示自己意识到了状况的严重性。这本是他一向厌恶的东西，他视之为绝望的标志、末日的降临。自那以后，一切资助、一切能够维持体面的方式都消失了，连同他的自尊。谁付账单，他就和谁一起吃饭。他的记忆也渐渐衰退，翻来覆去地讲同一个故事，卡昂的人都听烦了。他的举止也不再端庄，从极度洁癖退化到粗心大意，最后身上甚至沾有显眼的污秽。人们婉拒他进入酒店的宴会厅，他的精神也开始恍惚，会把台阶上的风声当作德文郡公爵夫人踏上台阶的脚步声。在这些分崩离析的碎片中，唯有一种欲望完好无损，那便是极度的贪欲。为了买兰斯饼干，他不惜用自己仅剩的最宝贵的财物去换——他把鼻烟盒卖了。最后只剩下一团脏污，大片的腐败物，一个风烛残年、惹人厌弃的老头子，等待他的只有救济院的收容和几个修女的怜悯。在那里，牧师请他向上帝祷告，他却说"我试试"，然后又说了些其他的话，让牧师觉得他根本没有理解自己的意思。当然，他还是会按牧师的请求去祷告，毕竟他还要维持风度。无论盗匪、公爵夫人还是上帝，他都要以礼相待。不过再怎么祷告也无济于事，除了求得温暖的火堆、香甜的饼干、又一杯咖啡，他什么都不再相信。博一生都在尽力展现优雅风度，如今俨然成为一个衣衫褴褛、粗鄙无礼、受人冷落的糟老头，落得一个被草草塞入墓穴的下场。不过我们仍然要记得，在拜伦提到纨绔子弟的时候，"每当提到布鲁梅尔的名字，他总是夹杂着嫉妒与崇拜的口吻"。

【圣·詹姆斯大街的贝瑞好意提醒我注意博·布鲁梅尔在1822年重访英格兰的事实。1822年7月26日，他来到这家著名的酒店，像之前一样称体重，当时的体重是10英石[①]13磅。在之前的1815年7月6日，他的体重是12英石10磅。贝瑞先生补充说，1822年以后没有他来过的记录。——作者注】

三、 玛丽·沃斯通克拉夫特

很奇怪，重大战事的影响时有时无。比如法国大革命，有些人受其影响，生活变得四分五裂，另外一些人却毫发未损。简·奥斯汀从来没有提过它，查尔斯·兰姆置若罔闻，博·布鲁梅尔从未在意。而华兹华斯和戈德温[②]则视其为法国的曙光，他们清楚地看到：

> 法兰西重返黄金时代的巅峰，
> 人类的天性如获新生。

历史学家可以轻易地把这些对比强烈的画面生动地列在人们眼前：切斯特菲尔德大街上，博·布鲁梅尔正在一边小心翼翼地把下巴放在领结上，一边讨论着外套翻领的适当剪裁，语调讲究，绝不会发出粗俗的重音；另一边，索莫斯镇一群衣着邋遢、情绪激动的年轻人，其中一个脑袋和鼻子巨大的年轻人在茶桌边谈论着人性的完美境界、理想的社会联结和人类的权益。其中还有一位女性，她目光炯炯、高谈阔论，这些年轻人都来自中产阶级家庭，比如巴洛[③]、霍尔克罗夫特[④]和戈德温，他们干脆称她"沃斯通克拉夫特"，好像她是否结婚并不重要，好像她是一个像他们一样的小

[①] 1英石约等于6.35公斤或14磅。
[②] 威廉·戈德温（William Godwin, 1756—1836），英国记者、政治哲学家、小说家。
[③] 乔尔·巴洛（Joel Barlow, 1754—1812），美国诗人、外交家和政治家。
[④] 托马斯·霍尔克罗夫特（Thomas Holcroft, 1745—1809），英国剧作家、诗人和翻译家。他赞同法国大革命的早期思想，并帮助托马斯·潘恩出版了《人的权利》的第一部分。

伙子。

无论是查尔斯·兰姆、戈德温、简·奥斯汀还是沃斯通克拉夫特，都是智慧超群之人，这些知识分子之间存在着鲜明的差异，正体现出不同的生活环境对思想的影响。假使戈德温生活在伦敦圣殿教堂的管辖区，从小浸淫在基督慈幼学堂古文学、古文字的教育中，也许根本不屑于探讨人类的未来和种种权利。如果简·奥斯汀从小便在楼梯间阻止父亲殴打母亲，那她的灵魂中一定会燃起反抗暴政的熊熊烈火，她所有的小说也会成为正义的呐喊。

玛丽·沃斯通克拉夫特在这时开始对"幸福婚姻"产生了最初的认识。自己的姐姐艾芙瑞娜走入了一段痛苦的婚姻，在马车上将婚戒咬了个粉碎。彼时，她的弟弟是个累赘，父亲的农场也破产了。为了让这个大红脸、暴脾气、坏名声、头发脏乱的老人家重整旗鼓，她不惜牺牲自由，到贵族家里做家庭教师。总而言之，她从未尝过幸福的滋味，相反，她建立了自己的信条，来应对真实人生的污浊与苦难，其中最主要的一条，就是唯有独立最为重要。"人类赋予我们的每一项义务都是一个新的枷锁，它们剥夺了我们天性中的自由，贬低我们的思想。"独立是第一位，对女性来说尤其如此。优雅或者魅力并不是女性必需的品质，女性必需的品质是勇气、力量和将意志付诸行动的魄力。她最引以为荣的事情就是能说出："凡是我要做的事情，绝不会半途而废。"她的确说到做到，不过三十出头，就可以回顾自己力排众议、在重重困难下做出的种种壮举。她费了好大劲才为朋友范妮买了一所房子，结果范妮却改变了主意——自己根本不想要房子。她又开办了一所学校，之后说服范妮嫁给了斯奇斯先生。范妮病危时，她又抛下学校，只身前往里斯本照顾范妮，直到范妮去世。在返航途中，她恳求船长去营救一艘遇难的法国船只，威胁说如果船长拒绝就揭发他的恶行。她被菲尤泽利的激情所折服，宣布想和他在一起生活，却被他的妻子断然拒绝，她立即遵循自己果断行动的原则，决定去巴黎靠写作谋生。

因此，对她来说法国大革命不仅仅是发生在身边的大事，更活跃在她的血液里。她一生都在反抗，反抗暴政，反对法律，蔑视传统，心中涌动着改革家对人性的热忱，这种激情中既有热爱，也有仇恨。法国大革命符合她内心深处的理论和信念，她投身于那个炙热的非凡年代，挥笔写下了两本雄辩有力、大胆直言的书，《答伯克》和《为女权辩护》，只不过书中的内容过于正确，现在看来毫无新意，在当年语出惊人的独创观点到了今天已经成为人们的共识。但是，当她独自一人住在巴黎的大宅子里，眼见她所鄙视的国王被国民自卫军团团围住，游街示众，却依然保持着超乎她想象的高贵姿态，"我无法明说。"她的眼睛里涌出了泪水，"我要就寝了，"信的结尾写道，"但这是我生平第一次不愿熄灭蜡烛。"事物远没有那么简单，她甚至无法理解自己的感受。她看到她最珍视的信念付诸实践，热泪盈眶。她赢得了名声和独立，以及按自己意愿生活的权利，又别有所求。"我不想像女神一样被敬爱，"她写道，"只愿成为你离不开的人。"这封信是写给那个迷人的美国人伊姆利的，他对她非常温柔。事实上，她已经深深地爱上了他。但她坚持一个理论，那便是"爱情应该是自由的，彼此相爱就是婚姻，爱会消失，婚姻不应该在爱情消失之后还把两人绑在一起"。她想要自由，但与此同时又追求安定。"我喜欢'爱'这个词，"她写道，"因为它代表着一种习惯。"

所有这些矛盾和冲突都体现在她的脸上，她的表情既坚决果敢又如梦似幻，既美貌又聪慧。浓密的卷发和明亮的大眼睛更让她美得不可方物。连骚塞①都说，她的眼睛是他见过最有神采的。这样一个美丽女子的人生注定不会一帆风顺。她每天都提出生活的理论，也会每天在别人的偏见上碰壁。可她不是书呆子，也不是没有人性的理论家，因此她每天都会产生一些想法，把旧理论抛到一边，同时不得不建立新的生活理论。她按照自己的理论行事，认为自己和伊姆利不必遵照法律的约束，因此拒绝结婚，而他却抛下她和孩子，数周不归，她陷入了难以承受的痛苦之中。

她这样矛盾多变，连自己都捉摸不透，也不能全怪看似可靠、实则背信弃义的伊姆利难以跟上她变化的速度，无法把握她时而理性时而疯狂的思想。连那些对她没有偏见的朋友也对她的前后不一感到头疼。玛丽热爱大自然，对自然景色时常怀有热烈的激情，可是一天黄昏，天空中出现了

---

① 罗伯特·骚塞（Robert Southey, 1774—1843），英国浪漫主义诗人，湖畔诗人之一。

瑰丽的色彩,玛德琳·施韦泽小姐忍不住喊她:"玛丽,你这个爱自然的人,快来欣赏这壮丽的景色,天上的色彩变幻莫测。"即使这样,她的眼睛也没有从沃尔措根男爵身上移开片刻。"我必须承认,"施韦泽小姐写道,"那种沉浸在情欲中的神色给我留下了不好的印象,我顿时兴致全无。"如果这位多愁善感的瑞士小姐会为玛丽表现出的欲望而不安,那么伊姆利这个精明的商人则一定会因为她的聪慧而如芒刺在背。只要看到她,他便会折服于她的美丽。然而,她的思维敏捷,她的一针见血,她不肯妥协的理想主义都折磨着他。她能够看穿他的任何借口,可以应对他的种种理由,甚至可以帮助他照看生意。和她在一起,他将永无平静,他必须再次弃她而去。这次,她写来一封信,言辞恳切,仿佛洞悉他的一切,让他寝食难安。这封信写得坦率,热烈地恳求他说出真话,还表明自己鄙视香皂和明矾、财富与舒适。在他多疑的眼光下,这封饱含真情实意的信告诉他,只要说出实话,"就再也不会收到信了"。他无法忍受。他本想和一条小鱼嬉戏,却钓到一头海豚,还被它冲撞到水里,弄得头晕目眩,只想逃离。虽然他也懂得建构理论,但毕竟是个商人,靠卖肥皂和明矾为生,他承认:"生活中次等的愉悦是我必不可少的享受。"在这些次等愉悦中,有一件事一直瞒过了戒备警觉的玛丽。为什么他一次次地离她而去,为了生意?政治?还是别的女人?他躲躲闪闪、含糊其词,明明在见面时魅力无限,一转眼便又消失了。她终于被惹恼了,疑窦丛生,甚至精神失常。她逼迫厨子说出真相:原来巡演团的一个小演员就是他的情人。她继续秉持着自己果断行事的人生信条,立刻沾湿自己的衣服以便能沉到水底,然后从帕特尼大桥纵身一跃。她得救了,经历一场撕心裂肺、无法言说的痛苦之后,她恢复了过来,"不可征服的强大精神"、独立自主的女性标准也重新树立起来,她决心为了幸福放手一搏,独自谋生,绝不向伊姆利伸手要一分钱来养活自己和孩子。

在这样的处境中,她再次见到了戈德温这个头大身子小的男人。上次见面还是在法国大革命期间,他们聚集在索莫斯镇,讨论着新世界将要诞生。她见了他,但这只是委婉的说法,事实上是玛丽·沃斯通克拉夫特去了他的府上。她是披上斗篷去索莫斯镇拜访戈德温,还是在西贾德街等着戈德温来找她，似乎变得无关紧要，难道是法国大革命的影响？难道是因为她亲历过鲜血洒在路面，怒吼响彻耳畔，才会有这样的想法？又是怎样震撼的人间动荡塑造了这个怪人？他是一个奇特的混合体，混合了卑鄙和高尚、冷酷和多情，如果不是一往情深，他对妻子的回忆录也不会写得如此深刻。他认为玛丽做了正确的决定，在他眼里，玛丽将桎梏女性人生的传统践踏在地，因此对她十分敬重。他在许多问题上，特别是在两性关系方面，都有着非同寻常的见解，比如理性会影响男女之间的感情，男女感情存在一种灵性。他曾写道："婚姻就是一条法律，是所有法律里最恶劣的。婚姻就是一种物权形式，是所有物权中错得最厉害的。"他坚信，如果两名异性相悦，那他们应该不加任何仪式，直接住在一起，或者，若朝夕相处会让爱情萌生嫌隙，那么应该住在一条街上，隔上二十户。他在此基础上更进一步，说，如果另一个男人爱上了你的妻子，"也不是问题。我们都可以享受与她对话的乐趣，也应该足够明智，把肉体关系看作一件不足挂齿的小事"。确实，说这些话的时候，他还从未陷入过爱情。这次，才是他第一次有了心动的感觉。它来得非常平静而自然，从索莫斯镇的那次谈话开始，到两个人不合规矩地单独在他的房间聊着世界上发生的一切事物，这种感觉"在两个人的心里同时蔓延着，友谊慢慢融入爱情……"他写道，"事情发展到这一步，互诉衷肠，无须再多说什么。"当然，他们在根本问题上意见一致，都认为婚姻是没有必要的。他们乐得各自居住，直到大自然介入他们的生活。玛丽发现自己怀孕了，询问自己是不是要为了理论牺牲一个宝贵的朋友？答案是不，所以他们结了婚。紧接着，又一条理论与她即将产生的情感产生了矛盾，那就是"妻子和丈夫各自生活最好"。她写道："丈夫就是一件最便利的家具。"这时她才发现自己迫切渴求家庭生活。那么为什么不修正这个理论，两个人同住一个屋檐下呢？戈德温可以在附近另找一间隔着几户的房子工作，如果他们愿意，还可以分开出去吃饭。各自做自己的工作、见自己的朋友。问题解决了，这个计划达到了惊人的效果，将"见面时的新奇与家庭生活中的愉悦"结合起来。玛丽承认她很幸福，戈德温也说，穷极一生研究生活哲学，回首发现"有人关心自己的幸福"才是"毕生幸事"。重获满足感的玛丽身上的力量和情感也通通释放出来，即使是琐事也能带给她惬意的快乐，比如看着戈德温的孩子和伊姆利的孩子在一起和睦玩耍，心里想着又有孩子即将出生，一家人要到乡下远足的情景。一次，偶然在街上遇到了伊姆利，她心中已经毫无芥蒂，与其寒暄问候。不过戈德温也写道："我们的幸福不是懒散享受，也不是自私的一响贪欢。"不，玛丽的人生从一开始就是一场实验，是尝试让习俗成规更切合人性需求的实验。他们的结合只是开始，各种各样的事情也相继发生。她即将临盆，还计划写一本《女性之罪》，还想改革教育。孩子出生的第二天，就要坐到桌边用餐，分娩时要雇接生婆，而不要医生。这成了她最后一个实验，因为她难产过世了。她求生的愿望是那么强烈，在极度痛苦之中喊出："我不能接受就这样结束，失去自我，不，我不能离开这个世界！"她的人生停留在三十六岁。不过，她也回击了命运。在埋葬她之后的一百三十年里，几百万人离开人世，却被默默遗忘。可我们仍在阅读她的书信、听从她的观念、反思她的实验，其中硕果最丰的便是她和戈德温的结合。她横冲直撞、热血沸腾，直插人生最脆弱的软肋，毫无疑问获得了某种永生，不仅活着，而且生机勃勃，还在争辩、实验，我们听得到她的声音，甚至能从活着的人里面，辨别出她的影响。

四、多萝西·华兹华斯

两个几乎极不相关的旅人，曾紧跟着彼此的脚步，先后来到同一个地方，那就是玛丽·沃斯通克拉夫特和多萝西·华兹华斯。1795年，玛丽带着孩子在易北河旁边的阿尔托①生活过一年，三年后，多萝西带着自己的哥哥和柯勒律治一同来到这里。她们都写下了游记，两人看到的景物一模一样，但在各自的眼里呈现出不同的风景。玛丽所见到的一切都会在她的脑海中形成理论，关于政府的职能、人类的状态和她自己内心深处隐藏的秘密。船桨拍打水面，水波引得她发问："生命的本质是什么？呼吸产生的气息又将飘到哪里去？我生活的意义就在这一呼一吸间吗？这样活着的我

---

① 德国北部城市。

和何种能量结合,才能不断吸收和释放新的能量呢?"有时,她也会看着沃尔措根男爵出神,连日落都顾不上欣赏。而多萝西则不同,她会把眼前发生的一切原原本本、细致入微地记录下来。"在阿尔托和汉堡之间漫步让人身心舒畅,这里树木环绕,碎石铺就的小路交错其间,易北河对岸看上去都是泥泞的沼泽。"多萝西从不斥责"专制主义冷血的践踏",从不过问进出口贸易这种"男人们说的话题",从不会因为天空的景象而扰乱自己的心境。"生活的意义"这种问题,统统只能置于树木和草地之下。倘若她令自己与世间万物因是非非、纷纷扰扰、激情与苦难产生对立,她也许会把月亮称作"夜空的女王",会谈论黎明"东方的微光",会翱翔于无限的幻想与狂乱之间,而无心去为月光下湖面荡起的涟漪找到最贴切的形容,就像"水中的鲱鱼"——如果只考虑自己的心事,那断然不会说出这样的话。玛丽一再追寻、一再碰壁,声嘶力竭地喊出:"在我灵魂深处,一定存在着某种不朽的东西,人生绝不仅仅如梦一场。"多萝西却在阿尔福克斯顿有条不紊地继续记录春天显露的痕迹:"黑刺李含苞待放,山楂树初绽绿意,不过两三天,公园里的落叶松就由黑转绿。"第二天,也就是1798年4月14日,她写道:"那夜突然狂风暴雨,我们只能留在房中,《玛丽·沃斯通克拉夫特传记》等书籍到了。"第二天,他们在此地乡绅的庭院散步,发现"那些被损毁的人造景观,正在被大自然神奇的手装点,而且效果斐然——废墟、隐者的居所等等。"只字未提玛丽·沃斯通克拉夫特,她狂风暴雨般激荡的一生都在简洁的文笔中被"等等"一笔带过了。下一句话读来像一句无意中写下的评论:"真幸运,我们无权用自己的想象塑造大山,雕刻山谷。"不,我们不能重塑世界,反叛世界;我们能做的,只有接受大自然传达的信息,然后理解它的含义。她的日记如此继续着。

春去秋来,周而复始。黑刺李再次开花,山楂树重回青绿,春天再度来临。但是现在是北方的春天,多萝西和她的哥哥一起住在格拉斯米尔山中的一间小屋里。他们年轻时骨肉分离,经历过艰难岁月,终于可以在自己的房子里团聚,不受干扰,全心全意生活在大自然之中,日复一日专心致志地领略自然的启示。他们也有了足够积蓄来生活,不必再为金钱奔波,不必承受家务的劳累和工作的烦心。多萝西可以整天在山上散步,也可以整夜和柯勒律治谈天说地，不会因为行为举止不够淑女而受到姨妈的责骂。从日出到日落，每时每刻都只属于他们自己，还可以随着季节变迁而调整作息。倘若天气晴朗，就可以在外面停留，倘若阴天下雨，就可以卧床休息。想几点安寝都可以。如果布谷鸟在山上啼叫，而威廉一直想不出恰当的形容词，晚餐就晾在那里，随它变冷。周日和其他日子没有分别。不管是习俗还是规矩，任何事情都要服从于那种专注、严格、令人筋疲力尽的工作，那就是在大自然的中心生活、写诗。这个工作确实辛苦，威廉每每为了想出合适的词语头疼不已。他总是反复推敲一首诗，多萝西都不敢提修改意见。偶然的一句话都会在他的脑海中奔腾不止，无法平静。他会下楼吃早饭，坐下来时"衬衫领子没有系扣子，马甲也随意敞开着"，从她讲的故事中获取灵感，构思一首关于蝴蝶的诗，顾不得吃饭就开始斟酌修改，又把自己搞得筋疲力尽。

　　说起来，这本日记不过是一些简短的手记，比如花园的变化、哥哥的情绪和季节的变迁，这是任何一个内心平静的女人都可以记下的，但呈现在我们面前的画面却如此生动，真是奇怪。她记道："昨天一天都阴雨绵绵，今天终于迎来了晴日，温暖和煦。"她在田间看到一头奶牛，"奶牛看着我，我也看着它，我一动，它就不吃草了"。她还遇到一个双手拄拐的老人，一连几天，除了吃草的奶牛和拄拐的老人，什么新鲜事都没有。她记录这些事物的动机也很平常，"一来，我一向随心所欲，二来，也可以在威廉回家时，逗他一乐"。不过渐渐地，这些粗略的日记与其他笔记之间的差距也显露了出来。随着这些简短的笔记在脑海中逐渐展开，眼前也呈现出一幅完整的风景画。质朴无华的文字直接描写事物，如果我们顺着文字所指的方向看去，几乎可以分毫不差地看到她所见到的一切。"月光笼罩在山峦之上如落雪一般。""空气一片寂静，湖面发出暗蓝色的光辉，山峦逐渐暗淡下来。海湾的波涛冲刷着层层叠叠、逐渐变低的海岸。羊群已经安歇，万籁俱寂。""瀑布之上看不到其他，却可以听到空中传来的声音，水声仿佛从天而降。"从这些简短的记录中，我们能感到一种暗示的力量，这种力量并不来自自然爱好者，而是天生的诗人，他们将最简单的画面加以装扮、赋予一些光彩、按序排列之后，整幅画卷以清晰的色彩、壮美的姿态展现在我们眼前，湖面平静，山色秀丽。然而，她不是通常意义上的描写型作家。她最关心的首先是真实，就算是追求优雅的文笔和工整的对仗，也必须优先保证真实。如果伪造微风拂过湖面时荡起的涟漪，就会损害激发画面的精神。就是这样的精神激励着她，鼓舞着她，让她的才华得以永远发挥。遇到一个景象或一个声音，她会凭着感觉摸索一切痕迹，用文字记录下来，哪怕平铺直叙，哪怕只能用画面表达，哪怕写得生硬笨拙。自然就是一个冷面无情的监工，它要求不管是微末的平凡细节，还是广阔的外部轮廓，都要完完整整、一丝不苟地描绘出来。即使如梦似幻的远山在她面前颤抖，她也必须准确无误地注意到"羊群背脊上闪闪发光的银线"，或者"远处，飞翔的乌鸦在阳光下变得银白，当它们飞远时，看起来就像流过绿色田野的水波"。她的观察力在不断的使用和练习中愈发纯熟，外出散步一天，她的脑海里就储存了一大堆稀奇古怪的东西，足够在闲暇时细细整理。在敦巴顿城堡，羊群和士兵混在一起，画面多么滑稽，不知为什么，羊群看起来大小正常，士兵却像木偶一样袖珍。羊们走起来自由自在，小矮人般的士兵走得乱七八糟，没有章法。这真是太奇怪了。躺在床上仰望天花板，她想着那涂黑的横梁是如何"像阳光明媚的日子里冰封的黑色岩石一样闪亮"。是的，它们——

> 纵横交错，使我想起曾经见过的一棵巨大茂盛的山毛榉树，它的树冠层层叠叠，枝蔓纵横，下层的枝丫被浓密的树冠深深地遮蔽而枯萎……天花板犹如我幻想中的地下洞穴、废弃寺庙，潮湿的屋顶甚至会滴水，月光倾泻，颜色像是融化了的宝石。我躺着仰望，直到炉火渐灭，久久无法睡去。

确实，她的眼睛总是睁着，她的好奇心似乎永不疲累，驱使着两只眼睛就这样看啊看。她还怀着敬畏之心，认为一切表象之下，隐藏着至关重要的秘密。有时，她为了压抑自己激动的情绪，手中的笔颤颤巍巍，文字也随之有些断断续续，就像德·昆西所说，她心中的热情和羞怯会产生矛盾，说话时难免会有些口吃。她总会控制自己，不过，由于天生情绪化、易冲动，她的眼睛总是"瞪得大大的，露出狂野的眼神"，这种情感掌控着她，让她饱受折磨，但她还要压抑自己，否则就无法完成任务了，因为她会观察不下去。倘若一个人可以压抑自己，放弃个人情感，那么自然就会赋予她更高层次的满足。"雷德尔湖区风景优美，交错的枝条在天空的映衬下仿佛光亮的钢铁……看到这些，心灵就如同找到了栖息之所，回归平静。我之前还郁结于心。"深夜，柯勒律治不是翻山越岭而来，叩响小屋的门吗？她怀里不是藏着一封柯勒律治的信吗？

投身自然的怀抱，同时接受自然的恩惠，她就这样过着艰苦清贫、无欲无求的生活，渐渐地大自然和多萝西产生了共鸣，这种共鸣并不呆板、冷淡，它的核心燃烧着另一种爱，对"珍爱之人"的爱。她的哥哥，就是激发这爱的灵感和中心。威廉、大自然和多萝西，他们不是一体的吗？无论在室内还是在户外，他们都可以相互独立、自给自足，形成三位一体的状态。他们坐在房中，那么：

> 大概晚上十点钟，周围一片安静祥和。火苗摇曳，钟声滴答作响。我只能听到我挚爱之人的呼吸，他不时地翻着书，一页又一页。

四月天里，他们披着旧斗篷，相约躺在约翰的林子里。

> 威廉会听到我的呼吸声，还有衣服的沙沙声，但我们都静静地躺着，谁也不去看谁。他想，这样躺在林子里，倾听大地宁静的声音，心里知道亲爱的人就在身边就足够了。湖水平静如镜，湖面泊着一叶小舟。

这份爱深刻、奇特，静默无声。兄妹俩一体同心，不仅仅是话语，连心情似乎都是相同的。他们几乎不知道是谁在感受，谁在说话，谁在欣赏水仙，谁在凝视沉睡的城市。只有多萝西会把心情储存在散文里，再由威廉来阅读，让他也沐浴在这种心情里，并把它变成诗歌。二者缺一不可，他们必须共同感觉,共同思考,不分不离。所以现在,他们静卧在山坡上,然后起身回家、沏茶,多萝西会写信给柯勒律治,再一起播种红豆。威廉接着写他的《捕水蛭的人》,多萝西会为他抄写诗行。他们如痴如醉又有节制,自由自在又自律有序。朴实自然的叙述从山上的乐事自然流转到烤面包、熨床单、在小屋里给威廉送晚餐这些生活琐事。

小屋的花园延伸到山谷里,紧挨着大路。多萝西透过起居室的窗户,便可看到外面的路人——一个身材高大的女乞丐,背上可能还背着婴儿;一个老兵;华贵的敞篷马车上,游山玩水的贵妇们好奇地向外张望。她对那些有权有钱的人不感兴趣,同样,大教堂、画廊和大都市也让她觉得无趣。但每当看见一个乞丐站在门口,她都会问他是否愿意进来,仔细了解一番:他来自哪里?见过什么?有几个孩子?她探寻穷人的生活,仿佛他们就像山峦一样藏着秘密。流浪汉在她厨房的炉子边一边烤火,一边吃着冰冷的培根。她端详着他,仿佛看着星光满天的夜空,连他旧外套上的补丁都记得清清楚楚:"后面有三块钟形的深蓝色补丁,那里本是缝纽扣的地方",他的胡须十多天未曾修剪,像是一块灰色的绒布。然后他们继续漫谈航海、拉壮丁和格兰比侯爵的故事,即使故事本身已被遗忘,她总能捕捉到故事中的只言片语,它们久久地停在脑海中:"什么,你要向西走?""当然,童女童男若是上了天堂便一片光明了。""她轻轻地走过那些夭折的年轻人的坟墓。"穷人生活中的诗意并不比山水中少。不过,她的想象力最为天马行空的地方可不在农舍的客厅,而是大路、原野,只有在这里,想象力才可以肆意驰骋。她最快乐的时光是在一条潮湿的苏格兰道路上,身边还有一匹摇摇晃晃的马,不知道下一餐在哪里,也不知道晚上如何过夜,只知道前方有风景可寻,有森林、有瀑布。他们大部分时间都在沉默中行走,一小时又一小时,不过同行的柯勒律治突然开始大声辩论"庄严、崇高和宏伟"这三个词的真正含义。马把马车摔进了河岸,破损的马具只能用绳子和手帕临时修补,他们不得不徒步跋涉。柯勒律治不小心把鸡肉和面包掉入湖中,又没有其他食物,大家只能忍受饥饿。他们不熟悉路线,也不知道哪里可以歇脚,只知道前方有瀑布。最后柯勒律治忍无可忍了,他的关节患有风湿,爱尔兰式马车又挡不住风雨。而他的同伴们沉默不语,全神贯注地继续前行。他离开了同伴，丢下继续跋涉的他们。两人几乎成了两个流浪汉。多萝西的脸颊冻得通红，就像个吉卜赛人，衣服也破了，虽然步履飞快，但走得歪歪扭扭。到了这般境地，她也不知疲累，她的眼睛也没有停下，不停地观察着身边的一切。他们终于抵达瀑布，多萝西也可以带着发现者的激情、博物学家的精细和自然热爱者的狂喜全身心地观察它、探究它的特点、发掘它与其他瀑布的异同了。她终于完完全全占有它，也可以永远把它铭记在心，使之成为她的"心灵景象"之一，这样她就可以随时把它拿出来回忆，一切都清晰如新，可以供她细细琢磨。等她年老之后，等她无力再思考之时，它仍会袭上心头，经过提炼与升华，与过去所有最快乐的回忆交融在一起——关于雷斯顿、阿尔福克斯顿，与柯勒律治一起读《克里斯塔贝尔》，还有她深爱的哥哥威廉。它带来的是任何人、任何人际关系都无法给予的安慰和平静。那么，如果这时玛丽·沃斯通克拉夫特振聋发聩的呐喊进入了她的耳朵——"在我灵魂深处，一定存在着某种不朽的东西，生命绝不仅仅如梦一场"，她也不会质疑自己的答案，而是会单纯地说出："我们观照自身，发现自己过着幸福的人生。"

（赵乐　译）

威廉·黑兹利特[①]

如果你认识黑兹利特，你就一定会喜欢上他，毕竟黑兹利特本人有一条原则："对于我们所了解的人，我们很难心怀厌恶。"不过鉴于黑兹利特已经去世一百年了，我们要有多了解他，才能克服掉他的作品仍然会唤起的、强烈的厌恶情绪？这种厌恶不只是针对他个人，还有他的智识。对黑兹利特来说，他不是那种遇事不置可否的作家，迷迷糊糊地推卸责任，最后微不足道地死去，这是一项重要的优点。黑兹利特的散文的确是文如其人。他绝不沉默寡言，又无羞耻之心，想到什么就说什么，总是如实道来，虽然这种信任并总不是那么招人喜欢。与一般人相比，他的存在意识极为强烈，因为他没有哪天不是在厌恶和嫉妒的痛苦或生气和喜悦的激动中度过。读他的作品久了，我们总会与这样一个非常奇特的人格相遇——病态但高尚，卑鄙但高贵，极度自我，同时对人类权利和自由怀着最真诚的热情。

黑兹利特的散文面纱如此轻薄，很快，他的面容就会浮现在我们面前。我们看到的他跟柯勒律治眼里的他一样，"垂头丧气，沉思默想，奇奇怪怪"。他拖着步子走进屋子，从来不直视别人的脸，僵硬无力地握手，偶尔，他的眼角送来恶毒的一瞥。柯勒律治说："他的行为举止中百分之九十九令人生厌。"不过，他的面庞偶尔会散发出智慧的光芒，他的行为举止也

[①] 威廉·黑兹利特（William Hazlitt，1778—1830），英国散文家、戏剧和文学评论家、画家、社会评论员和哲学家，被认为是英国历史上最伟大的评论家和散文家之一，也是当时最优秀的艺术评论家。

会散发同情与理解的光辉。很快，随着阅读的深入，我们渐渐了解他的种种怨恨和不满。我们猜测，他大多时候住在旅馆，没有女人跟他一起生活，跟所有的老朋友都吵过架，也许兰姆除外。不过他唯一的问题在于，执着于自己的原则而"没有成为政府的工具"。他曾被恶意诽谤，《布莱克伍德杂志》的评论家称他为"满脸粉刺的黑兹利特"，尽管他的脸苍白得就跟石膏像一样。可是，这些流言蜚语都印刷出版了，然后，他就非常害怕去拜访朋友们，因为他觉得男仆可能看过报纸，女仆也许会在背后嘲笑他。他拥有最卓越的头脑，这一点无人否认；他的文章是当时最好的散文，这一点也毫无争议。但是，这些对女人有什么用呢？无论是身份尊贵的女性，还是地位低下的女仆，她们都看不上学者，所以他愤愤不平的怒吼和悲叹不断地冒犯、打扰，甚至激怒我们。不过他身上还是有一些独立、微妙、美好又热情的特质，当他能够浑然忘我，专注于对其他事物的思索时，我们对他的厌恶感会消散，转化为某种更温暖、更复杂的东西。黑兹利特是对的：

> 我们害怕和讨厌的只是面具，人或许有一些人性的特质！我们从远处观察到的，或仅从片面的呈现得出的，或完全来自猜测的理念，都是简单的，尚未整合的看法，与现实并不相符。真正来自经验的理念往往是混杂而非纯一的，这才是唯一的真实，一般而言，也是大家最赞同的看法。

当然在读黑兹利特的作品时，没人能始终保持一种简单又纯粹的想法。从最开始，他就是个三心二意的人，他身上带有一种分裂的特质，可以对两种截然相反的职业抱有同等的偏好。有一点值得一提，那就是他最初的创作冲动并非在散文写作领域，而是绘画和哲学。绘画这门疏离又沉默的艺术为他饱受折磨的精神提供了一个避难所。他不无羡慕地留意到画家的晚年是多么幸福——"他们直到临终依然思维活跃"。他向往这一职业，因为它会将人带到户外，在原野和山林之间，用明亮的颜料、结实的刷子和画布作画，而不只是黑墨白纸。但与此同时，他又被一种抽象的好奇心所困扰，以至于无法简单地思考具体的美好。当他还是个十四岁的男孩时，有一次在聚会结束后，他听到他的父亲，一位优秀的一神论牧师，跟一位老妇人争论宗教宽容的限度。他父亲说，"正是这种环境决定了我未来的命运"。这个场景让"他脑海里开始形成……以下政治权利和法理体系"。他希望"能够弄清楚事物的原因"。两种理念从此开始发生冲突：成为一名思想家，用最朴素、最准确的术语阐释"事物的原因"，还是成为画家，沉迷于各色颜料，呼吸新鲜的空气，纵情体验各种情感——这是两种完全不同，甚至互不相容的理想。但是正如黑兹利特的所有感情一样，它们都很强势，互相争夺主导权。他有时屈服于其中一个，有时又转向另外一个。他曾花了好几个月时间在卢浮宫临摹绘画，回到家后，日复一日地为一位戴帽子的老女人辛苦绘制肖像，希望经过勤奋和刻苦的探索，找到伦勃朗天才的秘密，但是他缺乏某种特质，也许是创新的能力，最后要么画布被一怒之下剪成碎布条，要么因他灰心丧气背墙而立。与此同时，他在写《论人类行为的原则》，这是他最喜欢的一篇作品。他写得非常朴素、真实，没有任何花里胡哨的修辞，也不指望用它来讨好别人或者赚钱，而只是为了满足自己对真理的迫切渴望。当然，这本书"没能出版"。然后，他的政治理想也落空了，他本以为自由的时代已经到来，帝王专制的时代早就结束。他的朋友们都投奔了政府，只有他留在永远的少数派领地，坚守自由、博爱、革命的理念，而这些都需要足够多的自我认同才能支撑下来。

因此，他是一个品位分裂又野心受挫的男人。对他来说，即使在早期的生活中，快乐也总是被抛于身后。他的思想很早就定型了，因而他总是带着第一印象看待事情。即使在他最快乐的时候，他也不会眺望未来，而是频频回首——回忆他小时候玩耍的花园，想念什罗普郡的蓝色山丘，以及他看到的所有风景。彼时他心怀希望，心境平和，从图画或书中抬起头来，远眺田野和树林，仿佛它们是他宁静内心的外在表达。说到他曾经读过的书，他提起卢梭、伯克、《朱尼厄斯的书信》①。他们给他的想象力留下的深刻印象从未褪去，甚至历久弥新。因为在青春期过后，他就不再为消遣而阅读，年少时那种纯净又深厚的愉悦早已成为回忆。

当然，因为容易受到异性魅力的感召，他结婚了；当然，因为意识到自己"畸形的体形会被嘲笑"，他的婚姻并不幸福。他和莎拉·斯托达特②小姐在兰姆家初次见面，玛丽③心不在焉地耽误了烧水，莎拉凭借常识找到水壶，并且烧好了水，这一点黑兹利特很受用。但是她其实没有任何处理家务的天分。她微薄的收入也不够负担婚姻生活的支出。黑兹利特很快就发现自己不该花费八年时间却只写出八页文字，而必须转行成为记者，去写一些关于政治、戏剧、绘画、图书的文章，在适当的时间内写出适当篇幅的文字。不久，弥尔顿曾在约克街居住的旧房子④的壁炉架上，就塞满了黑兹利特关于散文的想法。习惯所致，这所房子算不上整洁，甚至也没法以温馨和舒适为借口来勉强解释房间的凌乱。黑兹利特下午两点才吃早餐，壁炉没有生火，窗户也没有帘子。黑兹利特夫人，一个勇敢的徒步者，一个头脑清醒的女人，对自己的丈夫不抱任何幻想。黑兹利特对妻子并不忠诚，但她以令人钦佩的常识直面现实。"他说我总是鄙视他和他的能力。"她在日记中写道，如此运用常识也未免太过了。这场平平无奇的婚姻最终惨淡收场。在摆脱了家庭和丈夫的束缚后，莎拉·黑兹利特穿上靴子，开始横穿苏格兰的徒步旅行，而黑兹利特，一个对于依恋和慰藉无能为力的人，只能辗转于旅馆之间，承受着屈辱和幻灭的痛苦。不过当他喝着一杯又一杯的浓茶，向旅馆店长的女儿求爱时，他写出的那些文字是我们所

---

① 《朱尼厄斯的书信》(Letters of Junius)，匿名辩论家（署名朱尼厄斯）私人及公开书信合集，内容主要是批评乔治三世政府。1772年由伦敦报纸《公共广告商》的老板和编辑亨利·桑普森·伍德法尔（Henry Sampson Woodfall）分两卷出版。
② 莎拉·斯托达特（Sarah Stoddart, 1774—1843），英国记者、律师，编辑约翰·斯托达特的妹妹。根据英国传记作家邓肯·吴（Duncan Wu）的说法，两人于1808年5月1日结婚。婚前不久，约翰·斯托达特建立了一个信托基金，每年给黑兹利特和他的妻子100英镑。
③ 玛丽·兰姆（Mary Lamb, 1764—1847），查尔斯·兰姆的妹妹，莎拉·斯托达特的朋友。
④ 1813—1819年黑兹利特住在伦敦威斯敏斯特约克街19号，这座房子据说曾为英国诗人约翰·弥尔顿所有。

看到过的最好的散文。

当然它们不能完全算是最好的散文,这些文章也不像蒙田或兰姆的散文那样会回荡在脑海中,停留在记忆里,久久不去。黑兹利特很少能达到这些伟大作家那般完美又统一的境界,也许是因为散文这种文体本身需要一种统一、和谐的心态,一点小小的冲突会使得整篇行文颤动、分散。蒙田、兰姆,甚至艾迪生的散文具有那种冷静的矜持,尽管他们无所不知,但要是他们想隐藏什么,就绝对会三缄其口。但黑兹利特不一样,即使在他最好的散文里,也总有一种分裂和不和谐的东西,仿佛有两种思想在同时工作,除非它们能短暂地互相配合,否则就永远难以成功。最开始是一个具有探索精神的男孩的思想,渴望弄懂事物的缘由,即一个思想家的脑袋。在大多数情况下,是由思想家做出主动的选择。他会选择一些抽象的理念,比如嫉妒、自我、理性和想象,然后劲头十足地独立处理这些理念。他会考虑所有最坏的情况,探索任何细枝末节,仿佛攀爬高山,过程既充满困难又令人振奋。与这种充满动力的前进过程相比,兰姆的旅程就仿佛蝴蝶飞行,随性地穿越在花丛之间,时而在谷仓停留,时而去手推车上小憩。但是黑兹利特带着我们径直前进,他有自己的目的地,会以"纯粹的散文对话风格"大步向前,除非发生什么意外。正如他所指出的,这种写法可比那种华美的写作风格难多了。

毫无疑问,作为思想家的黑兹利特是个可堪钦佩的伙伴。他强壮有力又勇敢无畏,他了解自己的想法,也能够把这些想法有力又出色地讲出来,毕竟报纸的读者是一群目光呆滞的家伙,只有把文章写得天花乱坠,才能吸引他们的眼球。不过,除了思想家特质,黑兹利特还有艺术家的一面。在这一面,他是个感性又情绪化的男人,对颜色和触觉非常敏感,热爱职业拳击赛,喜欢徒步者莎拉。当坚实、温暖的世界急不可耐地压向心头,敏感的一面往往会凌驾于理性之上,这使得此前对事物劳心费神的梳理就仿佛是白忙一场。了解事物的缘由并不能替代我们去感受事物本身。一旦黑兹利特感受到了诗人的热情,比如有什么东西让他回忆起往昔,有什么风景激发了他的想象力,或者有哪本书带他重返初次阅读的感受,他最抽象的散文就会突然变得火热或者炙热,他会丢下分析论证的笔触,将一两个短语涂绘得光彩夺目、美丽非凡。那些边读《为爱而爱》①边用银壶喝咖啡,边读《新爱洛伊丝》②边吃冷鸡肉的篇章,大家都已经非常熟悉了,但是它们的突然闯入难道不是很奇怪吗?非常暴力地将我们从理性的沉思转换到狂想曲的步调。严肃的思考者只能倚在我们肩头,寻求同情,多么尴尬啊!正是这种差异和两种力量的冲突扰乱了散文的宁静,导致黑兹利特最好的那些散文往往有头没尾。它们一开始给出一条论据,临了却塞给我们一张图画。我们本打算踏上"证毕"的坚硬岩石,却看到岩石化为泥潭,我们陷入深及膝盖的泥泞、水流和花朵中。我们的眼前,"脸色苍白如月见草,头发像风信子";图德莱的树林在我们耳边神秘地低声诉说。然后,突然之间,我们又被召回,严肃、强壮、讽刺的思想家再次引领我们去分析、解剖和谴责。

因此,当我们将黑兹利特与同一领域的大师进行比较时,很容易就会发现他的局限。他的创作范围非常狭窄,他的同情纵然强烈但有限。他不像蒙田一样敞开大门拥抱所有的经验,来者不拒,包容一切,以讽刺而超然的态度观看灵魂的游戏。与之相反,他的大脑自负地抓着初次印象不放,并将它们凝结成不可更改的信念。他也不像兰姆一样戏弄朋友们的形象,在天马行空的想象和幻想中重新塑造他们。他不会利用自己散文家的身份来兜圈子或者漫谈。自我主义和自我确信将他束缚于一个时间、一个地方、一个人。我们不会忘记这是英国19世纪早期的时候;确实,我们感觉自己就在南安普顿大厦③里,或者俯瞰丘陵,在面朝温特斯洛④公路的旅馆客厅里。他有一种超凡的力量,会让我们身临其境地与他身处同时代。不过当我们读完这些充满能量,却鲜少写作热情的集子,就不会再将他跟其他散

---

① 《为爱而爱》(*Love for Love*),英国剧作家威廉·康格雷夫(William Congreve)创作的复辟时期喜剧,1695年4月30日在伦敦林肯客栈菲尔兹剧院(Lincoln's Inn Fields Playhouse)首演。
② 《新爱洛伊丝》(*La Nouvelle Héloïse*),让-雅克·卢梭的书信体小说,出版于1761年。
③ 1820年8月,威廉·黑兹利特搬进伦敦霍尔本南安普顿大厦9号房间居住。
④ 莎拉·斯托达特在威尔特郡的温特斯洛拥有一处房产,黑兹利特经常从伦敦前往此处,不受干扰地安心写作。

文家进行比较了。这些散文不是自成一体，而是某些大部头图书的一些零碎片段，它们旨在探索人类行为的理性，以及人类制度的性质。似乎是由于意外，它们才被削足适履；似乎是为了迎合大众的口味，它们才被华而不实的图像和明亮的色彩装饰起来。频繁换着花样出现的短语似乎在表明，倘若他能自由发挥，他一定会照着这种结构来写作——"我将在此更广泛地探讨我的主题，然后给出我能想到的例子和阐释"——但这不会出现在《伊利亚随笔集》①或《罗杰·德·考弗莱》②中。他喜欢探索奇妙的人类心灵深处，追踪事物的缘由。他擅长找出隐藏在一些习焉不察的俗语或感觉背后的原因，他大脑的抽屉里塞满了例证和论据。当他说二十年来他一直在努力思考并且深受折磨时，我们真的要相信他。当他惊呼，"有多少思想和源源不断的感情，冗长的、深刻的、激烈的，在一天的思考和阅读中掠过脑海！"这话也是经验之谈。信念是他的命脉，他脑中的想法就像钟乳石，一滴又一滴，一年复一年。在许许多多的独行中，他在不断磨砺着它们；在南安普顿的旅馆中，当他坐在角落，吃着很晚的晚餐，带着嘲讽留心观察时，他已通过一次又一次的辩论验证了它们。但是他从未改变它们。他的想法源于自己，且早有定论。

因此，无论抽象的概念看起来多么陈腐——《热与冷》《嫉妒》《生活准则》《如画的与理想的》——黑兹利特总会写出一些实在的东西。他从来不会让自己的大脑有一丝松懈，也绝不会任由妙笔生花的修辞天赋带着他在一种浅薄的思想上漂流。从他抨击自己的工作时那种凶狠又轻蔑的口气，就可以明显看出他心情不怎么样，只能靠着浓茶和意志力来坚持这份苦差事，纵然如此，我们还是能够发现他的辛辣、好奇和敏锐。在他的散文中，有一种骚动和麻烦、活力与冲突，就仿佛他天赋中的对立特性让他始终犹如箭在弦上。他总是在恨、在爱、在思考、在痛苦。他永远无法放弃个人特质，向权威妥协或者随波逐流。经过这样的摩擦和刺激，他的散文达到

---

① 《伊利亚随笔集》（*Essays of Elia*），查尔斯·兰姆的随笔集。
② 《罗杰·德·考弗莱》（*Sir Roger de Coverley*），约瑟夫·艾迪生的作品。

了非常出色的水准。意象鲜明华丽，但通常很枯燥，充满坚定不移的能量，但节奏单调。因为黑兹利特自负地认为"平庸、乏味、缺乏个性是大忌"，因此他没法成为那种让人忍不住一口气读很久的作者。他的散文几乎没有哪篇不是带着思想的压力，充满洞见的主旨，以及富有洞察力的时刻。他的文章满是锦词妙句、出人意表的转折、独立的思想和原创的风格。"生活中最值得记住的就是其中的诗意。""要是知道真相，最讨厌的人会变成最喜欢的人。""要想听到什么真知灼见，与其在牛津大学跟本科生或者院长学习一年，还不如待在伦敦牛津的马车外听听闲谈。"我们会不断地被一些本想留到后面再细究的警句拽住。

但除了散文集，黑兹利特还写批评集。他以演讲人或批评家的身份广泛涉猎英国文学，并发表了自己对很多名著的见解。他的批评敏捷又大胆，当然也不乏松散和粗糙，这一点缘于这些文字的写作环境。他必须面向更广的受众，向听众而非读者阐明自己的观点。他的时间也只够指出这片风景中最高耸的塔和最显眼的尖峰。但是即使是从那些最敷衍的书评中，我们依然能感受到他抓取重要信息、厘清主要框架的能力，这种能力很多博学的批评家往往会丢失，而很多胆怯的批评家从未掌握。他是极少数因为思考极为深入，以至于不用阅读也可以评论的批评家。黑兹利特只读过一首多恩的诗，他觉得莎士比亚的十四行诗难以理解，他三十岁之后再也没读完过一本书，最后他根本就不喜欢阅读了，但是这些都没有关系。对于他曾读过的东西，他付出了极大的热情。在他看来，批评家的指责在于"反映一部作品的颜色、光线、阴影、灵魂和身体"，所以喜好、热情、享受要比精细的分析或者冗长而广泛的研究更重要。他的目标是传达自己的热情，因此首先他会用生动而直接的笔触勾勒出一位作者的形象，并将其和另一位作者进行比较，然后以最自由的画面和色彩描绘出一本书在他脑海中闪耀的精魂。他曾用热情洋溢的词汇重新创作了一首诗来做评论："它散发出一种浓郁精纯的芳香，仿若天才的气息，金色的云彩笼罩着它，一种诗意的蜜浆包裹着它，仿佛报春花的糖衣。"不过黑兹利特精于分析的一面从未远离,这位画家总会以文学中某种坚实而持久的标准来进行考量,比如一本书的意义是什么,它应该摆在什么样的位置,是什么激发了作者的热情,又是什么影响了作品的视角和轮廓。他会挑拣出作者的特质然后着力突出它。乔叟的作品里有一种"深刻的、向内的、持久的感情","在尝试书写静物的悲剧这一方面,克拉布是唯一一个成功的诗人"。在他对司各特的批评中,没有任何松散、无力或者无关紧要的修饰性语句,理智和热情齐头并进。如果这种批评并非最终目的,如果它是开创性的、鼓舞人心的,而非结论性的、一锤定音的,那么对于这位推动读者踏上阅读旅程,只用一个短语就能激发读者开始独自冒险的批评家,我们还是有一些话要说。如果某人需要一点激励来阅读伯克的作品,有什么比这一句更好:"伯克的风格就像分叉游动的闪电,宛若迤逦前行的蛇"?或者,若是有人战战兢兢地站在落有灰尘的书页边,下面这段文字一定足以激发他跃入河流正中:

> 徜徉在古人的智慧中是非常让人开心的,除了盯着自己的名字外,将一些鼎鼎有名的人名摆在手边。走出自我的天地,去迦勒底、希伯来、埃及的文字中周游一番,书页中,棕榈树神秘地摇曳,骆驼在三千年以外缓缓行进。在对那片干燥沙漠的学习中,我们获得了力量和耐心,以及一种奇异而永不餍足的求知欲。那里还有古代废墟的遗迹,早已被掩埋的城市碎片,地底出没的毒蛇,清凉的泉水,阳光照耀的青青草地,旋风、狮吼,还有天使翅膀的影子。

不用多说,这并非批评。这是坐在扶手椅中,凝视着火光,重新构建自己在书中所见的一个又一个画面。这是来自情人的爱和妄为,这就是黑兹利特。

但是,黑兹利特可能没法因为他的演讲,或他的旅行,或《拿破仑传》①和《詹姆斯·诺斯科特的对话》②而在文学史上幸存下来,尽管它们充满活力、诚实无欺,断断续续地闪耀着零碎的光彩,而且因隐现的未完成之作而罩上一层阴影。他会因散文集而名传后世,散文中凝结了他所有在其他地方分散或消耗的力量。在这里他那些复杂的、受苦的思想友好又和谐地凝聚在一起。也许需要一个好天气,一次五人游戏,或者乡间的一次漫长的散步,才能实现这种圆满。在黑兹利特所有的写作中,身体占有极大的比例。接着,一种深入而自发的幻想随他而去,他潜入帕特莫尔所说的"一种纯粹而宁静的状态,无人愿意侵扰"。他的大脑顺畅又迅速地运行,仿佛意识不到自己的工作,书稿一气呵成,不用涂抹修改。然后他的脑海里浮现出一支幸福的狂想曲,关于书和爱、往昔及往昔的美好、此在及此在的舒适,以及将有刚出烤炉的鹧鸪和吱吱作响的香肠的未来。

> 我向窗外望去,刚下过阵雨,田野绿油油的,山头上挂着一朵玫瑰色的云彩。在湿漉漉的空气中,百合舒展花瓣,身着可爱的绿色和白色衣衫。一个牧童刚刚为年轻的女主人带来了草皮,上面还有几朵雏菊和青草,只为给她的云雀铺床,以免黎明的清露打湿它的翅膀——阴云密布的思想散去,愤怒的政治风波已平息——鄙人敬上,布莱克伍德(Blackwood)先生——愿意为您效劳,克罗克(Croker)先生——我很好,T.穆尔(T.Moore)先生。

这里没有分裂,没有不和,没有怨恨。所有的才能和谐而团结地工作。一句接着一句,发出铁匠敲击铁砧那般有力的回响;文字发光,火花飞扬,然后它们渐渐褪去,文章结束。他的文章有着这样激荡人心的描述,他的

---

① 《拿破仑传》(*Life of Napoleon*),黑兹利特作品,他去世前不久完成,但他未能看到作品出版。
② 《詹姆斯·诺斯科特的对话》(*Conversations of Northcote*),黑兹利特发表在《新月刊》上的文章,后来被收集整理为《詹姆斯·诺斯科特的对话》,主要转录了黑兹利特和画家詹姆斯·诺斯科特的对话。不过评论家认为这些文章的内容跟詹姆斯·诺斯科特的生活关系不大,而是黑兹利特自我观点的呈现。

生活也曾有过深刻的快乐。一百年前，在他弥留之际，在苏荷区①的住所，他的声音响起，一如既往地好斗又坚定："哟，我这辈子过得很快乐。"我们只有读过他的文字才会相信这句话。

(董灵素　译)

---

① 1829年，黑兹利特搬到了伦敦苏荷区弗里斯特街6号的一间小公寓。

杰拉尔丁①和简②

杰拉尔丁·朱斯伯里一定不会想到现在还会有人费心读她的小说。如果她碰到有人从某个图书馆的架子上取阅她的书,她一定会规劝对方:"亲爱的,这本书里尽是些没用的废话。"而且,大家一定会想到,以杰尔拉丁惯常不负责任、不守传统的风格,她一定会反对图书馆,反对文化,还有爱、生活,以及其他东西,来一句"去他的!"或者"见鬼!"毕竟杰拉尔丁真的很喜欢出言不逊。

杰拉尔丁·朱斯伯里的奇特之处在于她能将咒骂和爱慕、理智和兴奋、勇气和热情完美地结合在一起:"……一方面无助又柔弱,另一方面强壮到仿佛可以劈开岩石。"她的传记作者爱尔兰夫人③如此评价,还有,"从智识上来说,她是个男人,但是内心深处再女性化不过了"。纵使从外表来看,她也自带一些不协调、古怪又含有挑衅意味的东西。她个头很小,有点男孩气;长得很丑,但是富有魅力。她衣着得体,红色的头发束在发网中,戴着鹦鹉形状的耳环,耳环在她说话时一摆一摆的。在我们唯一可以

---

① 杰拉尔丁·朱斯伯里(Geraldine Jewsbury, 1812—1880),英国小说家、书评家,代表作《佐伊》,以文学期刊《雅典娜神殿》的文学评论闻名,从未结婚,但与散文家托马斯·卡莱尔的妻子简·卡莱尔关系密切。
② 简·威尔士·卡莱尔(Jane Welsh Carlyle, 1801—1866),苏格兰作家,一生并未发表任何作品,但被广泛认为是一位杰出的书信作家,伍尔夫称她为"伟大的书信作家"之一。
③ 即安妮·爱尔兰(Anne Ireland, 1842—1893),别名亚历山大·爱尔兰夫人(Mrs Alexander Ireland),英国作家、传记作家,最著名的作品是《简·威尔士·卡莱尔传》,出版了简·卡莱尔和杰拉尔丁·朱斯伯里的通信。

看到的画像里,她正坐着读书,半侧着脸,看起来毫无防备,非常柔和,绝不是徒手劈石的姿态。

不过,在她坐在摄影师的桌子边安静阅读之前,究竟发生了什么事,我们无从得知。关于她29岁之前的人生,我们一无所知,只知道她出生于1812年,是一个商人的女儿,住在曼彻斯特或附近。在19世纪,29岁的女人已经不算年轻,这个年纪或许已经活出了自己的人生,又或许已经失去。虽然不走寻常路的杰拉尔丁是个例外,但毫无疑问,在我们认识她之前的那些寂寂无闻的岁月里,一定有大事发生。在曼彻斯特,一个神秘的男性隐隐出现在背景中——朝三暮四但富有魅力,他让她知道,对于女性来说,生活危险重重、艰难万分,他完全就是个恶魔。在她的脑海中,这件事构筑了一个经验暗池,她时常沉浸其中寻求安慰,或者引以为戒。"噢!说起来太可怕了,两年来,我一直在至暗中勉强求生"她偶尔也会高声疾呼。有些时节"像沉闷又冷静的十一月,天空中只有一朵云彩覆盖苍穹"。她挣扎过,"但挣扎是徒劳的"。她读了一遍库德沃斯①的书。在病倒之前,她还写了一篇关于唯物主义的论文。尽管常常被各种情绪打败,但她也异常地超然,又喜欢思考。纵然心在滴血,她的脑袋里也总是塞满了关于"物质、精神,还有生活本质"的各种问题。楼上有一个盒子,装满了摘录、概要和结论。可是一个女人能得出什么结论?当爱情离她而去,爱人欺骗了她的感情,究竟还有什么能疗愈一个女人?没有,挣扎是无用的。最好任由波浪吞吐。所以她选择冥想,躺在沙发上,手里拿着编织物,戴上绿色眼罩。因为她浑身是病——眼睛疼,患了感冒,莫名地疲惫。她在曼彻斯特郊外的格林海斯替弟弟看护房子,那里非常潮湿。"积雪半融,雾气未散,脏兮兮的,有一片沼泽草地,蔓延着冷冷的潮气",这是她窗外的风景。她很少起身在房间走动,不过不时会被打扰。有人不期而至来吃晚餐,她就不得不跳起来,跑进厨房,亲自烹饪。一切办妥之后,她就又戴上绿色眼罩,扫几眼书,她真的很爱读书。她会读玄学、读游记,旧书、新书

---

① 拉尔夫·库德沃斯(Ralph Cudworth,1617—1688),英国圣公会牧师、基督教希伯来主义者、古典主义者、神学家和哲学家,也是剑桥柏拉图学派的领军人物,代表作《宇宙真正的知识体系》。

她都读，尤其爱读卡莱尔先生的精彩著作。

1841年初，她来到伦敦，而且被引荐给了她崇敬其作品已久的大人物。她见到了卡莱尔夫人。两人很快就变得亲密起来。不过几周的时间，卡莱尔夫人就成了"最亲爱的简"，她们无所不谈，谈生活、谈过去、谈现在，也谈在情感上对杰拉尔丁有好感或者没好感的具体的"某人"。卡莱尔夫人，这位才华横溢，颇有生活经验，又厌恶虚伪的大都市居民，一定把这个来自曼彻斯特的年轻女子完全迷住了。因为她一回到曼彻斯特，就开始给简写长信，让她们在切恩罗①的谈话继续回响在这些信中。"有一个男人，曾经在女人丛中获得过巨大成功，他是你能想象到的举止最为文雅，言谈最是热情的情人，曾经对我说……"于是她开始写道，或者她反思道：

> 也许我们女人被造就成如此模样，是为了让这个世界更加丰饶。我们会继续爱，他们（男人）将继续努力和受苦。我们都被恩许了死亡——在一段时间之后。我不知道你是否同意我这个观点，就算争辩我也看不见，因为我的眼睛很不舒服，很痛。

对这些想法，简也许很难同意，毕竟她比杰拉尔丁年长11岁。简很少对生活的本质赋予抽象的思考，她极为刻薄、实际，又极有见地。但有一点也许值得注意，那就是，第一次遇到杰拉尔丁以后，她开始预感到妒忌的先兆：随着丈夫声望日隆，旧的关系已然结束，而新的关系正在生成，由此产生了一种不安感。毋庸置疑，在切恩罗的那些长谈中，杰拉尔丁获得了一些信任，听到了一些抱怨，也因此得出了一些结论。毕竟除了情感充沛、敏感易察，杰拉尔丁还是个机智聪慧的女性，她拥有独立思考的能力，讨厌所谓的"体面"，正如卡莱尔夫人厌恶所谓的"虚伪"。此外，杰拉尔丁从一开始就对卡莱尔夫人生出了一种奇怪的感觉，她感受到了一种"渴望，渴望以某种方式属于你"，"你一定会让我属于你，你也会如此想到

---

① 伦敦切尔西的一条住宅街，24号是历史学家托马斯·卡莱尔的家，现在被称为卡莱尔之家。

我的，对吗"，她一次又一次地请求："我对你的感觉一如天主教徒面对他们的圣人。"她说："……你会笑话我吧，但是我对你的感觉更像是一个爱人，而不仅仅是女性朋友！"毫无疑问，卡莱尔夫人一定会发笑，但是她也很难不被这种小女人的崇拜打动。

因此，1843年，当卡莱尔先生出人意料地表示，应该邀请杰拉尔丁来住一段时间的时候，卡莱尔夫人以她一贯的坦率态度讨论了一番，而后表示同意。她认为杰拉尔丁性格的一小部分"非常生机勃勃"，但是，从另一方面来说，杰拉尔丁的大部分特质非常让人疲惫。杰拉尔丁会拉着别人的手热泪滚滚，她总是注视着你，总是大惊小怪，她的情感过于充沛。还有，尽管"她品性不错"，但"天性热爱密谋"，也许会在丈夫和妻子之间制造恶作剧，虽然不是用通常的方式，毕竟卡莱尔夫人表示，她丈夫有一种偏爱她甚于其他女人的"习惯"，"这种习惯要比激情更强烈"。另一方面，她自己在智性上渐渐怠惰，而杰拉尔丁喜欢谈话，特别是机智的对话交锋。考虑到这位曼彻斯特年轻女孩的所有抱负和热情，让她来到切尔西不失为一次善举，所以她来了。

她是2月1日或者2日到的，一直待到3月11日，周六。这就是杰拉尔丁1843年的拜访。房间很小，仆人效率不太高。杰拉尔丁总待在屋子里。早晨的时间她总在写信，下午她会在客厅的沙发上睡一下。周日她一般会穿着低胸连衣裙接待客人，说很多的话。至于她广为人知的聪慧，"如肉斧一般锋利，但也如肉斧一般狭窄"。她谄媚，哄骗，虚伪，调情，发誓诅咒，为所欲为，谁也没法让她离开。对于她的指控愈演愈烈。卡莱尔夫人几乎不得不把她赶出家门。最后她们一拍两散，杰拉尔丁上了马车，泪如雨下，而卡莱尔夫人没掉一滴泪。的确，终于送走了这位访客后，她如释重负。但是赶走杰拉尔丁以后，独处一室时，她发现自己并不轻松。她知道她对待这位客人并非周到，她表现得"冷酷、愤怒、尖刻，不愿施以援手"。最重要的是，她对自己将杰拉尔丁视为知己而感到愤怒。"上帝保佑，结果只是无聊，而非致命。"她写道。但是很明显她大发脾气，不仅是对杰拉尔丁，也对她自己。

回到曼彻斯特，杰拉尔丁很明显地感觉到事情有点不对劲。她和卡莱尔夫人之间出现了隔阂和沉默。对于恶意揣测的流言蜚语，她半信半疑。杰拉尔丁是女性中最不容易怀恨在心的那一类——卡莱尔夫人自己都承认"她吵架时非常高尚"，你可以称之为傻里傻气或者感情用事，但她既不自负也不骄傲。最重要的是，她对简的爱意非常真诚。很快，她就又开始给卡莱尔夫人写信，"带着一种超乎寻常的关切和无私"，简略带恼怒地评价道。她很担心简的健康，说她不希望收到诙谐有趣的信件，平铺直叙就可以了，告诉她简的状态就行。毕竟——这可能是她作为客人最让人受不了的地方——杰拉尔丁在切恩罗待了四周①，不可能没有观察到一点什么，要让她三缄其口，也是不太可能。"没有人为你着想，"她写道，"你真的拥有十足的耐心和耐力，这些美德我都烦了，但它们对你做了什么？差点害死你。""卡莱尔，"她吼道，"在日常生活中太过宏伟了。我们的客厅里，实在没有狮身人面像的立足之地。"但是，她对此无能为力，只能进行一点道德评判："一个人爱得越深，越感到无助。"她在曼彻斯特观望朋友万花筒般光彩丰富的生活，并与自己平淡无奇、零零碎碎的生活进行比较。但是，不知为何，尽管如此，她不再羡慕简那些光彩亮丽的生活了。

如果不是穆迪家的出现，她们可能就这样保持着一定的距离，时不时通一次信——"我厌倦了对着空气写信，"杰拉尔丁突然有点受不了，"如果长时间分离而不相聚，我们写信就是给自己看，而不是所谓的朋友。"在维多利亚时代，那些有身份的女性不为人知的生活中，杰拉尔丁所谓穆迪家或者穆迪主义是非常重要的一部分，即使这一点可能无据可考。在这个故事里，穆迪家有两个女孩，伊丽莎白和朱丽叶，卡莱尔对她们的评价是："华而不实、总是瞪着眼睛，自以为是、呆头呆脑的姑娘。"她们来自苏格兰邓迪市。父亲是学校校长，一个值得尊敬的男人，写过一些关于自然历史的书，去世后留下一个愚笨的寡妇，无力养家糊口。不知为何，穆迪家不合时宜地出现在了切恩罗，你不妨猜一猜，正好在晚餐时间。不过这位维多利亚时代的女士并不介意，为了帮助穆迪家，她可以不顾一切。对于卡莱尔夫人来说，最重要的问题是，她能为她们做些什么？谁知道什么地

---

①疑似作者笔误。应该为五周左右。

方能够安置她们？谁能跟有钱人搭上线？这时，杰拉尔丁浮现在脑海中，她总是希望能帮上一点忙。正好可以问问她，曼彻斯特有没有穆迪家的安身之处。杰拉尔丁雷厉风行，非常值得赞许。她立刻就"安置"好了朱丽叶。很快，她也为伊丽莎白找到了容身之所。当时卡莱尔夫人在怀特岛，听闻消息立马就为伊丽莎白置办好了胸衣、长袍、衬裙，赶到伦敦，晚上七点半带着伊丽莎白，一路穿越伦敦到达尤斯顿广场，把她交给了一个长相和善的胖老头，在看着她把带给杰拉尔丁的信别在胸衣上后，卡莱尔夫人才回家，筋疲力尽却很有成就感。不过她还有一丝犹疑，穆迪主义的信徒常常如此。穆迪家会开心吗？她们会感激她所做的一切吗？几天后，切恩罗出现了虫子，不管是否合理，它们被归咎于伊丽莎白的披肩。更糟糕的是，四个月后，伊丽莎白回来了，证明自己"一点用都没有"，曾经"用白线来缝补黑围裙"，然后，在被温和地责备过后，"躺在厨房的地板上，边踢边喊"。"当然，结果就是她被解雇了。"之后，伊丽莎白消失了——用白线去缝更多的黑围裙，踢打喊叫，然后又被解雇——天知道可怜的伊丽莎白·穆迪最后会怎样？她从这个世界完全消失了，隐没在姐妹会的阴影中。不过，朱丽叶留了下来。杰拉尔丁负责照料朱丽叶，帮忙监管并提供建议。第一份工作不满意，杰拉尔丁又找了另一家，主人是个"顽固的老太太"，她需要一位女仆。这位老太太希望朱丽叶负责给衣领上浆，熨烫袖口，洗熨衬裙。这些活儿，朱丽叶实在干不了，这让她非常灰心丧气。杰拉尔丁不得不在很晚的时候去见老太太的女儿。最后商量的结果是衬裙不归她管，只有领子和褶边由朱丽叶去熨烫。杰拉尔丁离开后，还安排自己的制帽师教朱丽叶制作褶皱和装饰。卡莱尔夫人亲切地写信给朱丽叶，还寄了一个包裹。朱丽叶之后又换了几次工作，遇到了几次麻烦，见了几个老太太，谈过几次话，直到她写了一本小说，有位绅士评价颇高。朱丽叶还告诉朱斯伯里小姐，有个绅士从教堂尾随她到家里，她非常生气。不过，她依然是个好女孩。大家对她的评价一直都很不错，直到1849年，突然之间，没有任何原因地，穆迪家的最后一个女孩也销声匿迹。毋庸置疑，这意味着又一次失败，小说、顽固的老太太、绅士、帽子、衬裙、上浆——究竟是什么导致了她的堕落？大家一无所知，"不幸总是与笨蛋如影随形，"

卡莱尔写道,"不论怎么做、怎么说,他会像命中注定一般走向毁灭,直至完全消失不见。"尽管卡莱尔夫人付出了很多努力,她也不得不承认,穆迪主义注定要失败。

但是穆迪主义产生了一个让人意想不到的结果,它让简和杰拉尔丁重归于好。简无法否认,杰拉尔丁曾为"这件糟心事"鞍前马后,为了逗卡莱尔夫人开心,杰拉尔丁用了许多轻蔑的词汇,"对我自己的事儿都没这么上心"。当然,她会失误,但也很有毅力。因此,当杰拉尔丁送来第一本小说《佐伊》①的手稿时,卡莱尔夫人就忙前忙后地去找出版社,("因为,"她写道,"当她年纪大了,无依无靠的,又没有什么目标,可怎么办?")结果出人意料。查普曼与霍尔出版社立刻同意出版这本书,据审阅者说,这本书"如铁爪般将他牢牢抓住"。出版流程很长,在推进各个环节时,大家都会征求卡莱尔夫人的意见。她读了初稿,"感觉有点恐怖!才华横溢,肆无忌惮地冲向未知领地"。不过她也被深深打动了。

> 杰拉尔丁在这里呈现出深刻和大胆的思考,远远超过我对她的认知。这本书里有些段落精彩至极,我认为当今尚在人世的女人里,无人匹敌,甚至是乔治·桑也不行……不过它们没法出版——实在不够得体!

卡莱尔夫人抱怨道,这本书存在一些不得体之处,或者"在精神宗教领域不够含蓄",这是任何可敬的大众都难以忍受的地方。据推测,杰拉尔丁让步了,尽管她坦言自己"实在驾驭不来这类符合公序良俗的东西",这本书还是重写了,并且最终在1845年2月出版。各种看法和对立的意见纷至沓来。有些人兴致勃勃,有些人深感震惊。"改革俱乐部②里那些老老少少的浪子们都为之歇斯底里,因为它——不够得体。"出版商有点惊慌,但

---

① 《佐伊》(Zoe),杰拉尔丁的第一部小说,讲述了一个女孩爱上一位天主教神父,导致他失去信仰的故事。这个故事不仅对宗教信仰持怀疑态度,也对婚姻作为女性的主要命运表示质疑,出版后评论褒贬不一。
② 英国伦敦市中心的私人会员俱乐部。1836年成立,聚集了一群致力于追求进步政治思想的会员。

是丑闻也有助于销量。杰拉尔丁变身为一头母狮子了。

现在，如果有人翻开这三册早就泛黄的小书，一定会好奇当时大家究竟是出于何种原因而支持或者反对，铅笔的标记到底是出于怎样的激赏或者钦佩，又曾以何等神秘的感情倾注于紫罗兰，现在它黑如浓墨，夹在有关爱情的书页之间。当我们一章又一章亲切而流畅地翻阅，在一团迷雾中，我们瞥到了一个私生女，名叫佐伊；一位神秘的罗马天主教神父，名叫埃弗哈德。在一座乡间古堡，女士们横躺在天蓝色的沙发上，绅士正在大声朗读，女孩们在丝绸上绣着心形图样。发生过一场大火。林间有人曾拥抱，还有无穷无尽的谈话。一个惊心动魄的时刻，神父呼喊："我希望自己从未出生！"然后他将一封来自主教的信件（信里让他编辑前四个世纪神父的主要翻译作品）和装有哥廷根大学金链子的包裹扫进抽屉，只因佐伊动摇了他的信仰。但究竟是什么样的不得体，会让改革俱乐部的花花公子都感到震惊，究竟是什么样的惊才绝艳，会打动聪慧绝伦的卡莱尔夫人，这些我们都不得而知。八十年前的新鲜玫瑰如今已褪成浅浅的粉红色，所有的芬芳和娇美都已荡然无存，只留下凋落的紫罗兰和陈旧发油的味道，我们知道这些并非答案。我们惊叹，究竟是什么样的奇迹，短短几年就能积蓄完成。不过就在我们惊呼的时候，我们远远地看到了一点踪迹，或许可以给我们提供一些解释。那种激情，从当代人的角度来看，早已耗尽。那些身居显要位置的佐伊们、克洛希尔德们、埃弗哈德们早已朽烂，不过在他们身边，还有一个不负责任的灵魂，一个大胆又灵敏的女人，假设有人考虑到她饱受着衬裙和胸衣的束缚的话。这个荒谬绝伦又多愁善感的生物，病恹恹的，啰啰嗦嗦。但是，纵然如此，她竟然还活着。我们时不时地会捕捉到一个大胆的句子，一个精心构思的想法。"倘若没有宗教我们也能做对的事情，那该多好啊！""噢！要是他们真的相信自己宣讲的一切，怎么会有牧师或者传教士还睡在床上！""软弱是唯一没有任何希望的状态。""正确地去爱就是人类所能达到的最高道德。"她多么讨厌那些"男人们紧凑凝练、似是而非的理论"！生活是什么？最终为我们带来了什么？这样的问题、这样的信念，依然会掠过那些身居高位的榆木脑袋。他们已经死了，而杰拉尔丁·朱斯伯里还活着，独立、勇敢、不合时宜、笔耕不辍，她不会停下来纠正别人，只是不断地发表自己对爱情、宗教和两性关系的见解，不论谁在听。她嘴里总是叼着一支雪茄。

在《佐伊》出版之前的一段时间，卡莱尔夫人已经忘记自己还生着杰拉尔丁的气了，抑或是她对此已经释怀。一部分是因为杰拉尔丁对穆迪家这件事的热心帮助，另一部分是杰拉尔丁的殷勤让她"几乎陷入了过去曾抱有的'幻想'，感觉我对她有一种奇怪的、热情的、无法解释的吸引力"。二人恢复了通信，1844年7月，她甚至又跟杰拉尔丁待在了同一个屋檐下，在利物浦附近的西福斯豪宅，尽管她曾发誓不再相见。不久之后，卡莱尔夫人的"幻想"就被证实了，杰拉尔丁的确迷恋着简，这并非幻想，而是可怕的现实。一天早上，两人之间发生了一次小争执：杰拉尔丁生了一天闷气，晚上又到卡莱尔夫人的卧室闹了一场。"这对我来说，不仅体现了杰拉尔丁的本质，还有人性的本质！一个女人对另一个女人竟然怀有如此疯狂的、情人般的嫉妒，这是我从不曾想过的。"卡莱尔夫人生气、愤怒、轻蔑。她完整记录了整个场景，以此给丈夫解闷。几天之后，她当众攻击杰拉尔丁，惹得众人发笑。"她当着我的面，整晚跟别的男人谈情说爱，然后竟然指望我对她尊重一点，真是不可理喻！"这次的攻击很严重，侮辱也很伤人。不过杰拉尔丁是无可救药的，一年之后，她又气急败坏地宣布她有权愤怒，因为"她爱我甚过全世界"；卡莱尔夫人起身说道："杰拉尔丁，直到你能像个得体的女人一样……"然后离开了房间。接下来是又一出流泪、道歉和发誓改过自新的戏码。

不过，尽管卡莱尔夫人语带责备与讥讽，尽管两人疏远了，尽管有一段时间，二人不再通信，但是她们总会再次相聚。很明显，杰拉尔丁觉得简在各方面都比她聪明、优秀、强壮。她很依赖简，需要简来帮她避免受伤，因为简自己就从未受过伤。虽然简的确理智和聪明得多，但是有时候，两个人中笨一点和不负责任一点的那个反倒更会出主意。她问道，你为何要浪费时间来缝补旧衣服？为何不做一些真正值得投入精力的事情？写作吧，她建议道。杰拉尔丁深信，简见解深刻，富有远见，一定能够写出一些东西，帮助女性"完成复杂的任务和解决难题"。她对自己的性别有一种责任心。不过，这个大胆的女人继续说："不要寻求卡莱尔先生的同情，不要让他泼你冷水。你必须尊重自己的工作,自己的动机。"如果简听从这一建议,她一定能做得很好,不过简不敢接受杰拉尔丁新小说《同父异母的姐妹》①的献词,只因担心卡莱尔先生反对。在某些方面,杰拉尔丁这个小东西是两个人中更大胆、更独立的一个。

此外,杰拉尔丁还拥有一项简所缺乏的才能——一种诗意,即一些思辨的想象力。她翻阅旧书,抄写有关阿拉伯的棕榈和肉桂的浪漫诗篇,然后不协调地将它们摆放在切恩罗的早餐桌上。当然,简的天赋是完全相反的:积极、直接、实际。她的想象力集中在人身上。她的信件之所以闪耀着无与伦比的才华,要归功于她如鹰一般一击即中,归功于她对事实的沉思。什么都逃不过她的眼睛。她可以透过清澈的流水看到河底的岩石。但是,对无形的东西,她总是望而却步。她对济慈的诗歌嗤之以鼻。苏格兰乡下医生的女儿,这一身份是她的桎梏,她始终谨慎。尽管杰拉尔丁总是二人中不够成熟的那个,但是她有时候却拥有更开阔的眼界。

这种同情和反感将两位女性紧紧绑定在一起,形成一种永恒的弹性关系。两人之间的联结可以无限伸展而从不断裂。简了解杰拉尔丁有多愚笨,杰拉尔丁也能感受到简有多牙尖嘴利,但是二人已经学会了彼此忍耐。当然,她们还是会争吵,但是现在的争吵已经不同了,是必然会重归于好的那种争吵。1854年,弟弟结婚之后,杰拉尔丁按照卡莱尔夫人的想法,搬去了伦敦,想离她更近一点,1843年发誓再也不是朋友的那个人,现在是她在世界上最亲密的朋友。杰拉尔丁住在两条街以外,也许两条街的间隔是两人之间最合适的距离。这段情绪化的友谊离得太远会充满误会,离得太近又让人无法忍受。但是,当她们住在转角就能到达的地方时,关系却变得和谐又简单,成了一段自然的关系,交往中的起伏和平静都基于亲密关系的深度。她们一起四处散步,去听《弥赛亚》,杰拉尔丁为音乐之美而感动落泪,简则努力阻止自己不要因为杰拉尔丁的哭泣去打断她,也要努力克制自己,不要被合唱队的女士丑哭了。她们一起去诺伍德短途旅行,

---

① 《同父异母的姐妹》(*The Half Sisters*),杰拉尔丁的第二本小说,讲述了异父姐妹爱丽丝和比安卡的故事,她们质疑妻子和母亲的角色。爱丽丝是一位传统女性,比安卡是一名演员。评论家认为爱丽丝这个角色带有简·卡莱尔的影子。

杰拉尔丁将一条丝绸手帕，一个铝制别针（"巴洛先生的爱情信物"）落在了旅馆。简带着一点得意扬扬的讽刺注意到，杰拉尔丁为了省钱买了两张二等座的票，但是这样算下来跟买一等座的来回票价一样。

还有，杰拉尔丁躺在地板上，试图从自己动荡的生活经验中概括、思考、总结出一些人生道理。"真恶心"（她的语言总是非常激烈——她知道自己"经常有违简的好品位理念"），女性的地位在很多方面都很恶心！她自己是如何残缺不全又发育不良！男人凌驾于女人之上的权力简直让她怒气冲冲！她真想踹某位绅士一脚——"那些满口谎话、虚伪至极的乞丐！好吧，这样诅咒不太好——我只是太生气了，骂出来我可以放松一下。"

然后，她的思绪转向简和她自己，以及那些绝妙的天赋——无论如何，简都拥有无与伦比的天赋——只是没有什么具体的成果，除了她生病的时候：

> 我不认为你和我是失败者。我们都是女性发展过程中的阶段性成果，只是尚未被承认。目前，还没有现成的轨道去容纳它们，但是我们已经看过了，努力过了，也发现目前针对女性的规则不会束缚我们——只是还需要一些更美好、更强壮的东西……我们身后还有更多女性追随而来，她们将更充分地实现女性的天性。我认为自己只是一个微弱的标记，一个想法的萌芽，即女性的内心蕴藏着更高的素质、更多的可能性，而我所有的怪癖、错误、悲剧、荒谬都只是因为形态尚不完美，成长尚未完成。

她如此立论，如此思考。毫无疑问，卡莱尔夫人一边听，一边笑，一边反对，但是更多是出于同情，而非异议：她希望杰拉尔丁能说得更准确一些，她希望杰拉尔丁的语言更温和一些。卡莱尔先生随时可能进来。如果说有一种人是卡莱尔夫人最讨厌的，那就是很像乔治·桑这样想法坚定的女人。但是她无法否认，杰拉尔丁说的话有一定的真实性。她一直认为杰拉尔丁"生来就是不达目的誓不罢休"的那号人。尽管表面看起来傻乎乎的，但是杰拉尔丁绝不是个傻瓜。

但是杰拉尔丁想过什么，说过什么；她如何度过每天的清晨，在伦敦漫长的冬日晚上又做些什么——事实上，所有构成她在马卡姆广场生活的内容——我们都知之甚少，而且心怀疑窦。因为，简耀眼的亮光让杰拉尔丁昏暗、微弱又摇晃的火焰熄灭了。她不再需要给简写信了。她随时进出这个屋子——有时是帮简写一封信，因为简的手指肿了；有时是带信去邮局然后忘了寄，就像一个糊里糊涂的浪漫傻瓜。在我们翻阅卡莱尔夫人的书信时，两位性格不合但感情深厚的女人之间的来往，日常家庭生活的声音，如咕哝咕哝的小猫咪，或者嗡嗡作响的茶壶声。好几年过去了。最后，1866年4月21日，周六，杰拉尔丁本打算帮简办一个茶会。卡莱尔先生在苏格兰，简希望趁他不在时招待一下那些仰慕者，尽一尽礼数。杰拉尔丁正在梳妆打扮，弗劳德①先生突然光临。他带来切恩罗的口信说：“卡莱尔夫人出事了。"杰拉尔丁披上斗篷，他们匆匆赶往圣·乔治医院。在那里，他们看到卡莱尔夫人一如既往地穿着得体，弗劳德写道：

> 就仿佛从马车出来之后，她坐在床上，然后倒在床上睡着了……精妙的嘲弄，还有与嘲弄交替出现的那抹悲伤的温柔都一起不见了。她的面容平静而庄严……（杰拉尔丁）说不出话来。

我们也无法打破那份宁静。寂静加深，万籁俱寂。简去世后不久，杰拉尔丁就搬到了七橡树②，她独自在那里住了22年③。据说，她失去了活力，也不再写书，后来患了癌症，受了很多折磨。临终前，她开始撕掉简的信件，正如简所希望的那样，在死前她毁掉了所有的信，除了一封。因此，简生前默默无闻，死后也寂寂无闻。我们只知道中间的那几年，但是

---

① 詹姆斯·弗劳德（James Froude, 1818—1894），英国历史学家、小说家、传记作家，托马斯·卡莱尔的朋友，在卡莱尔夫人去世后，出版了《简·威尔士·卡莱尔回忆录》。
② 英国肯特郡的一个小镇，位于伦敦东南部。
③ 疑为原书错误。杰拉尔丁于1880年去世，彼时距离简去世（1866年）不足22年。——编者注

也不要自以为"很了解她"。正如杰拉尔丁本人提醒我们的那样,亲密可是一门复杂的艺术。

> 噢,亲爱的(她写给卡莱尔夫人),如果你和我落水,或者死去,如果有哪位有识之士要书写我们的"生活和错误",我们会是什么样子?一个自称"忠实的人"会把我们写得面目全非,跟我们曾经或现在真实的样子大相径庭!

在布朗普顿公墓[①]摩根夫人[②]的墓穴里,传来她的声音——嘲讽、不合语法、口语化,但是一如既往地蕴藏着真相。

(董灵素 译)

[①] 英国公墓,由皇家公园管理,位于肯辛顿和切尔西皇家自治市的西布朗普顿。
[②] 即悉尼·欧文森(Sydney Owenson, 1776—1859),爱尔兰小说家,杰拉尔丁的朋友,帮她在晚年撰写了回忆录,代表作《狂野的爱尔兰女孩》。

《奥罗拉·利》①

有一件很讽刺的事情,勃朗宁夫妇②自己或许都会觉得有趣,那就是他们本人比作品的知名度高多了。一头卷发,留着点侧须,遭受过压迫,为此反叛,然后私奔,很多这样激情四射的恋人一定知道并深爱着勃朗宁夫妇,尽管他们也许一行勃朗宁的诗也没读过。幸亏我们有写回忆录、出版信件,还有坐着拍照的习惯,很多才华横溢、活力四射的作家们不只存在于早已远去的旧世界,还活跃在今日的生活中,因为他们的头衔,而不仅是诗歌闻名于世。勃朗宁夫妇就是其中最引人注目的一对。摄影艺术对文学的损害究竟有多大,这一点还有待考量。当我们想要了解一个诗人的生平时,究竟要将他的诗歌阅读到什么程度,这是摆在传记作家面前的问题。没有人可以否认勃朗宁夫妇在激发我们的同情心和兴趣方面的力量。在美国的大学里,也许只有两位教授每年会看一眼《杰拉尔丁夫人的求爱》③,但是我们都知道巴雷特小姐躺在沙发上的姿势,也知道在9月的一个早上,她如何逃离温波尔街那栋黑暗的房子,还知道她如何迎接健康、快乐、自由,以及在教堂转角遇到罗伯特·勃朗宁。

---

① 英国诗人伊丽莎白·巴雷特·勃朗宁的诗体小说,一共9册,从奥罗拉的视角,以第一人称叙述。1—5册讲述了奥罗拉从童年到27岁左右的故事。6—9册以奥罗拉日记的形式来描述当时发生的事情。
② 勃朗宁夫妇,即伊丽莎白·巴雷特·勃朗宁和罗伯特·勃朗宁。二人于1845年相遇,之后因害怕伊丽莎白的父亲反对,秘密通信、求爱和结婚。婚礼之后,伊丽莎白被父亲剥夺继承权。1846年,二人搬到意大利定居。
③ 伊丽莎白·勃朗宁的诗歌。

不过，命运对待作为作家的勃朗宁夫人并不友好。没有人读她的书，也没人讨论，没有人会烦恼该把她摆在什么样的位置。我们只有将她的声誉与克里斯蒂娜·罗塞蒂①进行比较，才能追踪她斑驳的足迹。在英国的女诗人中，克里斯蒂娜·罗塞蒂毫无争议地高居首位。伊丽莎白，生前享有极高的声誉，之后便渐渐沉寂。那些入门书傲慢地将她排除在外。他们说，她的重要性"只是历史性的。不论是教育，还是跟她丈夫的交往，都没能为她的文字质感和文学形式的提升提供任何帮助"。简而言之，在文学大厦中，她只能被分配到楼下的用人房间，与赫曼斯夫人②、伊莱扎·库克③、琼·英奇洛④、亚历山大·史密斯⑤、埃德温·阿诺德⑥和罗伯特·蒙哥马利⑦相依为命。在那里，她乒乒乓乓地敲着陶罐，用刀尖吃掉一大把豌豆。

因此，倘若我们从书架上取下《奥罗拉·利》，与其说是为了阅读，还不如说是在善意地缅怀早已尘封的时尚标记，就跟我们把玩祖母的斗篷边，对着曾经装饰客厅桌子的泰姬陵石像陷入沉思差不多。但是对于维多利亚时代的人来说，毫无疑问，这本书非常珍贵。1873年，《奥罗拉·利》印了十三次。从献词来看，勃朗宁夫人自己绝对敢于给这部作品很高的评价，她称之为"我最成熟的作品"，"其中包含着我对生活和艺术至高无上的信念"。她留下的书信也显示，这本书已经在她脑海中构思多年。第一次遇到勃朗宁时，她就在酝酿这本书了，这本书的创作意图也成为她对二人作品

---

① 克里斯蒂娜·罗塞蒂（Christina Rossetti, 1830—1894），英国作家，代表作有《妖精集市》《王子的历程》等，曾创作过两首广为传颂的圣诞颂歌《在荒凉的仲冬》《爱在圣诞节降临》。

② 费利西亚·赫曼斯（Felicia Dorothea Hemans, 1793—1835），英国诗人，代表作有《女性记录》等。

③ 伊莱扎·库克（Eliza Cook, 1818—1889），英国作家、诗人，代表作有《旧扶手椅》《伊莱扎·库克的日记》等。

④ 琼·英奇洛（Jean Ingelow, 1820—1897），英国诗人、小说家，代表作有《诗集》《末日的故事》《故事研究》等。

⑤ 亚历山大·史密斯（Alexander Smith, 1829—1867），苏格兰诗人，代表作《生活戏剧和其他诗歌》等。

⑥ 埃德温·阿诺德（Edwin Arnold, 1832—1904），英国诗人、记者，代表作《亚洲之光》等。

⑦ 罗伯特·蒙哥马利（Robert Montgomery, 1807—1855），英国诗人，代表作《无所不在的神明》等。

最初的信心来源，关于这一点，这对恋人很乐于分享。

……现在，我（她写道）最主要的意图是写一种诗体小说……挑战约定俗成的常规，冲进客厅或者类似"天使不敢涉足的地方"，如此一来，直面这个时代的人性，毫不掩饰地说出真相。这就是我的创作意图。

但是出于后来众所周知的原因，在逃亡和幸福中，她将这一创作意图隐藏了十年。1856年，当这部作品终于诞生，她可能觉得已经将自己最好的东西都献给它了。或许作品的搁置与由此导致的饱和状态都影响到了我们所期待的惊喜。无论如何，在阅读《奥罗拉·利》的前二十页时，我们都不可避免地意识到一位老水手[①]的存在，不知为何，他盘桓在一本书而非另一本书的门廊，抓住我们的手，让我们像一个三岁的孩童一般静静聆听勃朗宁夫人用长达九卷的无韵诗所讲述的奥罗拉·利的故事。速度和能量，直率与完全的自信，这些都让我们着迷，随着讲述，我们知道了，奥罗拉的母亲是意大利人，"在她四岁的时候，母亲就合上了那双稀有的蓝眼睛，与世长辞"。她的父亲是"一个严肃的英国人，在家里学习了大学的课程——法律以及教区讲话，在度过枯燥的一生之后，被一种不自觉的热情所裹挟"，也去世了。之后，奥罗拉被送去英国，由姑母抚养。出生自名门望族的姑母，身着一身黑衣，站在乡间宅邸的门廊上迎接奥罗拉的到来。棕发紧紧地束在她窄小的前额上，其间夹杂着些许灰白的发丝；温和的嘴唇紧闭，眼睛没有颜色，脸颊仿佛被书本压扁的玫瑰，"保留这朵花与其说是为了好玩，还不如说是出于怜悯——不再盛开，也不再凋零"。这位女士过着非常平静的生活，将自己基督徒的天赋用来编织短袜和缝制衬裙。"毕竟我们是一家人，要用同一块法兰绒。"在她的指导下，奥罗拉接受了被认为适合女性的教育。她学过一点法语、一些代数，了解缅甸的法律，知道哪几条可通航河流与拉腊河[②]交汇，克拉福根在做什么五年人口普查，还

[①] 典故出自柯勒律治的《古舟子咏》，讲述了一位从海上长途航行归来的水手的经历。
[②] 巴拿马的一条河流。

有如何画出衣衫悬垂的海神，以及如何抽玻璃丝，制作鸟类标本，塑造蜡花，只因姑母觉得女人就要有女人味。有一天晚上，她做十字绣，不过选错了丝线，绣出了一个粉色眼睛的牧羊女。热情的奥罗拉喊道，在这种严苛的女性教育下，有些女人死了，有些女人憔悴了，只有少数几个"与灵魂世界保持联系"的存活了下来，她们举止端庄，对待表亲彬彬有礼，倾听牧师讲话，学会了倒茶。幸运的是，奥罗拉有一间自己的小房间，贴着绿色的壁纸，铺着绿色的地毯，还挂着绿色的床帐，仿佛要与英国乡村乏味的绿色原野相互映衬。她在那里休息，在那里阅读。"我发现了阁楼的大秘密，里面堆放着各种各样的箱子，上面写着我父亲的名字，高高堆起，体积庞大，在那里，我爬进爬出……就像机敏的小老鼠在乳齿象的肋骨中活动。"她读了一本又一本书。这只"老鼠"（勃朗宁夫人的老鼠就是如此）展翅翱翔，因为"当我们欣然忘我，埋头沉浸在书本深处，为美妙的文字和纯正的真理而心潮澎湃——那时，我们会从一本书中获得真正的益处"。她沉浸在阅读中，直到表兄罗姆尼喊她一起去散步，或者画师文森特·卡林顿轻敲窗户。文森特认为"只有暗示心灵，才能把身体画好，大家就不会认为他古里古怪"。

　　仓促写下的这段《奥罗拉·利》第一卷的摘要当然也算不上绝对公正，但是倘若我们像奥罗拉自己建议的那样，埋头沉浸在原文中，就会发现我们不得不将纷繁杂乱的印象先理出个头绪来。在诸多印象中，第一个就是作者的存在感。在奥罗拉说话的时候，伊丽莎白·巴雷特·勃朗宁自己的成长环境和独特风格隐隐浮现。勃朗宁夫人既无法隐藏自己，又没法控制自己，对艺术家来说，这无疑是不完美的标志，也意味着生活对艺术造成了过度的影响。在书本中，我们一次又一次地看到虚构的奥罗拉映射出伊丽莎白的样子。我们必须记住，这首诗的灵感来自19世纪40年代初，当时女性的艺术创作跟她们的生活紧密相关，所以说，即使是最严厉的批评家也会不可避免地在本该专注于书页的时候与作者本人面面相觑。众所周知，伊丽莎白·巴雷特的生活塑造出了她最真实又最独特的天赋。在她年纪尚小的时候，她母亲就去世了，她私下读过很多书，她最爱的哥哥溺水而亡，她的身体又出了问题。在温波尔街的卧室里，她受制于父亲的暴政，闭门不出，几近于隐居。不过，与其复述这些众所周知的事实，我们还不如听听勃朗宁夫人自己如何解读这些事实对她的影响。

> 纵然怀有强烈的感情，我一直过着一种向内的生活或者悲伤的生活（她写道）。在因病与世隔绝之前，我就是避世而居的。这个世界上，年轻的女性中，比我对社会看得更少、听得更少、了解得更少的人恐怕也是寥寥无几，而我现在大概也算不上年轻了。我在乡下长大，没有社交的机会，一心沉浸于书本和诗歌，经验完全来自想象。时间就这么过去了，然后，我生病了……再无可能（曾一度看起来如此）跨过房间的门槛。直到这时，我才心情苦涩地想到，为什么我要像盲人一般站在这个我即将离开的圣殿，我还没有看到人性，没有看过大千世界的兄弟姐妹，没有饱览名山大河，事实上我什么都没有体验过……你知道这种无知对我的艺术造成多大的缺陷吗？倘若我继续生活下去，没有摆脱这样的隐居状态，你不认为我是在极为不利的条件下工作吗？你不认为，我就像个眼盲的诗人吗？当然，从某种程度来说，这一点也算有失有得。我拥有非常丰富的内心生活，这来自自我意识和自我分析的习惯，我对人性的理解主要来自猜测。但是，作为一名诗人，我多么愿意用这些笨拙、冗杂、无力的书本知识，去换取一些跟生活和人直接接触的经验，换取一些……

行文中断，留下一个省略号，我们也正好重新回到《奥罗拉·利》。

勃朗宁夫人的生活对她作为一个诗人究竟产生了什么样的损害呢？影响极大，这一点我们绝不否认。因为，无论是阅读《奥罗拉·利》这本书，还是翻阅勃朗宁夫人的信件，这个事实都昭然若揭。小说情节和真实经历常常彼此呼应，在这首取材于真实的男人和女人，迅疾又嘈杂的诗歌中，作者展现的心态可绝不像那种在独处中获益的类型。一颗抒情的、学者的、挑剔的头脑或许会利用隐居和孤独来完善自己的力量，比如丁尼生只愿在乡村与书籍同居。但是伊丽莎白·巴雷特思维活跃、关心世俗又言语犀利。

她不是一个学者。对她来说，书本不是终极目的，而是生活的替代。不能在草地上蹦蹦跳跳，她就在书页中来回穿梭。不能跟活生生的男性和女性谈论政治，她就在想象中跟埃斯库罗斯和柏拉图进行思想角力。作为一个身患疾病的人，她最喜欢的作家是巴尔扎克、乔治·桑以及其他"从不循规蹈矩"的作者，因为"他们在某种程度上保留了我生活中的色彩"。当她最终打破牢笼的时候，那种积极投入当下的热情就会无与伦比地耀眼。她喜欢坐在咖啡馆里，看着行人来来往往；她喜欢现代世界的辩论、政治和冲突。过往及其遗迹，即使是意大利的，也远不如休谟先生的理论、拿破仑的政治和法国的皇帝更能引发她的兴趣。意大利的图画、希腊的诗歌，在她身上唤起了一种笨拙又传统的激情，当它们借着她的独立思考转换成笔尖下的文字时就会显得非常怪异。

她天性如此，即使深居病房，诗歌的主题依然是现代生活。她明智地等待着，直到出逃让她拥有了丈量现实的知识和尺子。但是毋庸置疑，常年隐居对她艺术家的一面的确造成了无法弥补的损伤。她曾离群索居，一直想象和猜测着外界发生的一切，不可避免地夸大了真实的景象：猎犬弗拉什[①]的离去对她的影响不亚于一个母亲失去了孩子。常春藤在玻璃上的轻拍变成了树木在狂风中的猛击。每一种声音都被加大了声量，每一次事故都被夸大其词，毕竟病房如此安静，温波尔街如此无聊。当她最终可以"冲进客厅或者类似的地方，面对这个时代的人性，毫不掩饰地说出真相"的时候，由于过于虚弱，她无力承受这种冲击。普通的晴空丽日，时下的流言蜚语，寻常的人流涌动都让她疲惫不堪、欣喜若狂、眼花缭乱，因为看得太多，感受太多，她完全不知道自己究竟看到了什么，又感受到了什么。

因此，《奥罗拉·利》这本诗体小说，并非它本可以成为的那种杰作，而是杰作的胚胎，这部作品的才气仿佛处于降生之前的那个阶段，飘荡不定，创造力马上就会横空出世，只差最后一次使劲。作品时而激动人心，

[①] 西班牙猎犬，英国作家玛丽·米特福德（Mary Russell Mitford，1787—1855）送给勃朗宁夫人的礼物，伍尔夫曾为这只可卡犬创作了一部虚构传记，名为《弗拉什》。

时而枯燥无聊；时而笨拙木讷，时而滔滔不绝；时而丑陋怪异，时而精致圆满，让人不堪重负、迷惑不已。不过它依然会唤起我们的兴趣，激发我们的尊重。因为当我们阅读的时候，一切都开始变得清晰。不论勃朗宁夫人的写作有什么问题，她都是极少数冒险又忘我地投入想象生活的人，这种生活跟他们的个人生活无关，要求我们抛开他们的个性去重新考量。她的"意图"得以保留，实践中的错误也因为理论的有趣而得以弥补。我们将奥罗拉在第五本中的论点删繁就简地概括出来，大概是这样：诗人真正的工作，是呈现他们自己的时代，而非查理曼大帝的时代。客厅里的激情故事要比罗兰①和他的骑士们在龙塞斯瓦耶斯②的战事更丰富。"抛开现代的装饰、外套和荷叶边，跑去为古罗马的长袍和艺术而哭泣，真是致命又愚蠢。"因为当代的艺术呈现和记录着真实的生活，而我们唯一了解的只有我们自己的生活。但是，她也发出了疑问，究竟应该采用什么样的形式书写现代生活的诗歌呢？不可能是戏剧，因为戏剧只有卑躬屈膝、温顺可人才有成功的机会。此外，我们（1846年）不得不说，生活也不适合"公告板、演员、提词人、煤气灯和戏服，灵魂本身就是我们的舞台"。那么她还能做什么呢？问题很难，表演难免令人满意，但是至少她书本的每一页都浸透着她的生命之血。至于其他，"让我少考虑一点形式，少考虑一点外部世界。相信精神……让火继续燃烧，灼灼火焰会自我塑造"。于是，大火熊熊燃烧，火焰高高跃起。

采用诗歌的形式来处理现代生活，巴雷特小姐并非头一个。罗伯特·勃朗特说，他终其一生都怀抱着同样的雄心壮志。考文垂·帕特莫尔的《家中的天使》和克劳夫的《博蒂》都做过类似的尝试，而且要比《奥罗拉·利》早几年。这也很自然，此前，小说家们采用散文的形式非常成功地书写出了现代生活。从1847年到1860年，《简·爱》《名利场》《大卫·

---

① 罗兰（Roland, 736—778），查理曼大帝麾下首席骑士，经中世纪游吟诗人传唱，成为文学史上最骁勇善战的圣骑士之一，最著名的传说是史诗《罗兰之歌》。
② 西班牙北部纳瓦拉的一个村庄。因778年罗兰在龙塞斯瓦耶斯山口之战中去世而闻名。

科波菲尔》《理查德·费弗雷尔》①接踵而至。就跟《奥罗拉·利》一样，诗人们可能已经感觉到，现代生活自有其强度和意义。为什么这些战利品独独落在散文作家的手中？当乡村、客厅、俱乐部，以及街头的喜剧和悲剧纷纷上演，人们欢呼庆祝时，为什么只有诗人被迫重回遥远的查理曼和罗兰时代？的确，采用诗歌来描写生活的旧形式——戏剧——已经过时了，可是，就没有其他形式能取而代之吗？勃朗宁夫人深信诗歌的神圣。她深思熟虑，尽可能捕捉实际经验，终于拿出九本无韵诗向勃朗特和萨克雷发出挑战。她用无韵诗歌唱肖尔迪奇和肯辛顿，歌唱姑母和神父，歌唱罗姆尼·利和文森特·卡林顿②，歌唱玛丽安·厄尔和豪勋爵③；还有时尚的婚礼和单调的郊区街道，睡帽和胡须，四轮马车和火车。诗人可以处理所有这些东西，她呼喊道，还有骑士和贵妇，护城河和吊桥，古堡庭院。但是他们真的可以吗？让我们来看看，当一位诗人盗走小说的领地，为我们呈现生活故事而非史诗和抒情诗时，究竟会发生什么？尤其当这些故事发生在维多利亚女王时代中期，人们的行动和变化往往因利益和激情而起。

　　首先是故事，不可避免地要讲故事。当主人公被邀约出去用晚餐，诗人必须采用某种方式向我们呈现必要信息。小说家会尽可能平铺直叙地说明，比如："我正悲伤地吻着她的手套，一张信笺送了上来，她的父亲致意并邀我第二天跟他们一起用晚餐。"这样写没什么问题，而诗人却得这样写：

> 悲不自胜，我亲吻她的手套
> 男仆呈上她的信件
> 父亲让她代为致意

---

① 指《理查德·费弗雷尔的磨难》，英国作家乔治·梅瑞狄斯早期的长篇小说，因其严谨的心理分析和对当代性态度的批判，被一些评论家视为英国第一部现代小说。
② 罗姆尼·利（Romney Leigh）和文森特·卡林顿（Vincent Carrington），《奥罗拉·利》中的人物。罗姆尼·利是奥罗拉的堂兄，文森特·卡林顿是罗姆尼的朋友，一位画师。
③ 玛丽安·厄尔（Marian Erle）和豪勋爵（Lord Howe），《奥罗拉·利》中的人物。玛丽安·厄尔，罗姆尼的未婚妻，出身下层阶级，因醉酒的母亲试图将她卖为妓女，逃到一家贫穷的医院，在罗姆尼的帮助下找了一份裁缝的工作。之后罗姆尼向玛丽安求婚，快到婚礼时，玛丽安自认为配不上罗姆尼而离开。出走后，玛丽安遇袭，并且被强奸怀孕生子。豪勋爵，罗姆尼的朋友，出身贵族、思想激进，是受过教育的社会主义者。

约我次日共享晚餐！

这就很荒谬，简单的词汇被用来装腔作势，让它们显得很可笑。那么，诗人要如何处理对话呢？在现代生活中，正如勃朗宁夫人所言，我们的舞台是灵魂本身，口舌取代了刀剑。生活的高潮、角色的冲突正是借着对话才得以阐明。但是，用诗歌来表达口语实在是太碍手碍脚了。让我们来听听，罗姆尼是如何跟旧爱玛丽安，情绪激动地谈论她跟另一个男人生的孩子：

> 上帝待我如子，若我对他亦如此
> 上帝抛我弃我，若我令他
> 孤苦伶仃。我护他爱他
> 与他同甘共苦，让他在我膝头熟睡
> 在我脚边嬉笑玩闹
> 在路上牵住我的手

如此种种。简而言之，罗姆尼就像伊丽莎白时代的英雄一样慷慨陈词、滔滔不绝。勃朗宁夫人曾专横地将这类角色逐出她的现代客厅。事实证明，在呈现活泼的口语方面，无韵诗实在是最无情的敌人。在诗歌的奔涌和激荡中，对话会变得高亢、造作、情绪激昂。因为没法呈现肢体动作，对话就必须一直继续下去。因为节奏单调，读者将脑袋发僵，呆滞无神。大家会追随韵律的调子而非角色的感情。勃朗宁夫人陷入一种大而化之和高谈阔论的境地。受限于表达的形式，她忽略了更轻灵、微妙、潜藏的情感层次，这是小说家用散文的形式一点一点堆叠起来的。人物的变化和成长，一个人物对于另一个人物的影响，所有这些都被迫割舍。这首诗变成了一段漫长的独白，我们所了解的唯一的人物是奥罗拉·利，我们所知道的唯一的故事就是奥罗拉·利的故事。

因此，倘若勃朗宁夫人所谓的诗体小说，意在将人物细微地呈现出来，把关系直白无碍地表现出来，让故事一览无余地展开，那么她完全失败了。

但是，如果她的诗体小说是指大而化之地给我们展现一种生活的感觉，人物完全是维多利亚时代的，他们与自己时代的问题角力，一切因为诗歌的火焰而明亮、强烈、紧凑，那么她大获成功。奥罗拉·利，热心于社会问题，作为一个艺术家、一个女人而战斗，渴求知识和自由，她是其所处时代的女儿。罗姆尼，也完全是一个维多利亚时代中期的绅士，拥有高尚的理想，对社会问题有着深刻的思考，只可惜在什罗普郡建造了一处住宅。那位姑母，那些椅背套，还有奥罗拉逃离的乡间宅邸如今都能在托登罕宫路卖上一个好价格。从一个更广阔的层面，她为我们生动地呈现了维多利亚时代人的所感、所想，就像特罗洛普①或盖斯凯尔夫人②的任何一本小说一样。

事实上，倘若我们将散文体小说和诗体小说进行比较，胜利并非永远属于散文。当我们翻阅《奥罗拉·利》，那些小说家可能会分别展开描述的十几处场景被勃朗宁夫人压缩成一处，小说家可能要花费数页精雕细琢的描写被她浓缩成一行，在此，我们不禁感觉到诗人已经超越了散文作者。它的内容含量是散文的两倍。人物也是，当他们并非借由冲突来展现，而是被剪切和总结成类似于漫画家笔下的那种夸张的产物，就会更加突出，而且具有象征意义，散文那种逐步皴染的方式是无法与其匹敌的。一些事物，比如市场、日落、教堂，会给人一种非常耀眼且持续不断的印象，这要多亏诗歌的压缩和省略。在这方面，诗歌会嘲笑散文作家和他们对细节的堆砌。正是由于这些原因，《奥罗拉·利》尽管不完美，却留存至今。当我们想到，如今贝多斯和亨利·泰勒爵士的戏剧如何遭遇冷待，尽管它们都很美；我们又是何等罕见地去搅扰罗伯特·布里奇斯那些古典戏剧的安宁，大家就会发现，当她冲进客厅并且宣告，我们生活和工作的地方才是诗歌真正应该发声的地方，我们会怀疑伊丽莎白·巴雷特当时是灵光一现。无论如何，面对自己的处境，勃朗宁夫人勇气可嘉。她糟糕的品位，饱受煎熬的天分，她的挣扎、踟蹰、充满困惑的冲动在这里拥有足够空间而不

---

① 安东尼·特罗洛普（Anthony Trollope，1815—1882），英国小说家，代表作《巴塞特郡纪事》。
② 伊丽莎白·盖斯凯尔（Elizabeth Gaskell，1810—1865），英国小说家、传记作家，代表作《玛丽·巴顿》《夏洛蒂·勃朗特传》等。

必遭受致命创伤。她的热情,她出色的描述能力,她精明又刻薄的幽默感,以她自己的方式感染着我们。我们大笑,我们抗议,我们抱怨——太荒谬了,不可能,我们再也无法忍受这种夸大其词的东西——虽然如此,我们还是入迷地读完了。一位作者还能有更多奢求吗?不过,我们能够献给《奥罗拉·利》最好的赞美是,它会让我们思考这本书为何没有继承者。街道、客厅当然都是潜在的主题,现代生活也绝对值得缪斯驻足。但是,伊丽莎白·巴雷特·勃朗宁从沙发上跳起来冲进客厅后,留下的素描画仍未完成。由于诗人的保守和怯懦,现代生活的主要战利品依然归属于小说家。乔治五世的时代,我们没有诗体小说。

(董灵素 译)

伯爵的侄女

小说有一个非常重要的侧面，只是因为内容过于微妙，人们很少论及。我们本应默默忽略阶级的差别，一个人的出身跟另一个人本该无高下之分。不过，英国小说如此沉迷于社会阶级的浮沉起落，以至于倘若没有这一点，它简直毫无辨识度。当梅瑞狄斯在《奥普尔将军和坎伯夫人》一书中写道："他送信说他马上就去伺候坎伯夫人，然后赶紧去梳洗打扮了。她是伯爵的侄女。"但凡带点英国血统的人都会习焉不察地接受这样的陈述，并且默认梅瑞狄斯的说法并无大碍。在诸如此类的情境下，将军一定会把他的外套多刷几下。尽管将军的社会地位可能曾经和坎伯夫人相同，但是我们知道二者实际并不相当。将军，一介英国绅士而已，还是家境贫寒的那种，没有伯爵、准男爵，或者爵士之类的身份为他保驾护航，只能赤身承受坎伯夫人的社会等级的冲击。所以说，即使是现在的英国读者也会完全认同，在面见坎伯夫人之前，他应该先"梳洗打扮"一番。

假定社会等级已经消失是没用的。每个人都会假装自己压根不知道有这样的限制，而且他自己身处的那个狭小空间也允许他自由来去。可是，这完全是一种错觉。在夏日的街道上，无所事事的人一定会看到，披着头巾的女佣在成功人士的绫罗绸缎中挤出一条路来，也会看到女店员的鼻子紧贴在汽车的玻璃窗上，还会看到青春洋溢的年轻人和令人敬畏的老年人一起等待着乔治国王的召见。不同群体之间，或许没有敌意，但也绝无交流。我们自成一体，彼此分离，互相隔绝。透过小说之镜，我们径直看到了我们自己，并且我们知道世界就是如此运转的。小说家，尤其是英国的小说家，似乎清楚并且乐于承认社会就是一个个透明的盒子，我们各居一处，各有各的习惯和品质。他知道伯爵的存在，也了解伯爵有侄女；他知道将军的存在，也了解将军们在面见伯爵的侄女前会刷一刷外套。不过这只是他掌握的入门知识。因为，再读几页，梅瑞狄斯就让我们知道，不止伯爵有侄女，将军也有侄儿，侄儿还有朋友，这些朋友有自己的厨师，然后厨师有丈夫，将军的侄子的朋友的厨师的丈夫是木匠。他们每一个人都生活在自己的玻璃盒中，每个人都拥有着小说家必须要考虑到的特点。从表面来看，中产阶级们似乎彼此平等，但事实上，绝非如此。在整个社会，各种奇奇怪怪的血统和条条框框将男人和男人、女人和女人划分开来，神秘的特权和弱势群体都太过暧昧不清，人们是无法厘清并区别像头衔这样粗糙的东西，它们阻碍和打乱了人与人之间交流的伟业。当我们在伯爵的侄女和将军的侄儿的朋友这样的关系中迂回前行时，我们仍然面临着一片深渊，壕沟的另一边是工人阶级。像简·奥斯汀这样拥有完美判断力和品位的作家，只是轻轻瞥了一眼深渊，就将自己局限在特定的圈层，描摹其中的褶皱和阴影。但对于梅瑞狄斯这样活泼、好奇又好胜心强的作家来说，探索未知的诱惑是无法抗拒的。他在不同的社会等级中上下跳跃，敲响不同的音符，互相对照。他坚持认为，不论是伯爵还是厨师，不论是将军还是农民，都应该为自己发声，在英国文明生活极度复杂的喜剧中各美其美。

他会跃跃欲试是非常自然的。当一个作家受到这种喜剧精神的感染时，他将敏锐地体察到不同阶层的区别，这些差别也让他有了可以抓住玩味的材料。倘若没有伯爵的侄女和将军的侄儿这样的存在，英国小说将会是一片干旱的荒地，仿佛俄国小说一样，不断探索广阔的心灵和兄弟情谊，却因此缺乏喜剧精神。只是，当我们意识到自己对伯爵的侄女和将军的侄儿背负着如此巨大的债务时，偶尔也会心生怀疑，我们从这些讽刺戏剧中获得的快乐，是否值得付出这么大的代价？代价是高昂的，小说家的压力非常大。在两篇短篇小说中，梅瑞狄斯大胆地跨越所有深渊，从六个不同层面去处理小说。他时而以伯爵侄女的身份说话，时而为木匠的妻子代言。

我们不能说他所有的大胆尝试都是成功的。阅读的时候会有一种感觉，伯爵的侄女并不像他写的那样尖酸刻薄。或许，贵族并非总是如他所看到的那般高不可攀、粗鲁无礼又行事古怪。不过，他对大人物的描写要比小人物成功得多。他笔下的厨师太过成熟和圆滑。他笔下的农民太过健康和朴实。他对下层人物的精力和活力，以及挥拳头和拍大腿的行为表现得有点过火。作者距离他们太远了，以至于没办法轻松地描摹出他们的形象。

因此，小说家，特别是英国的小说家，似乎有一种局限，这种局限对其他艺术家的影响绝没有这么大。小说家的作品总是深受他们自己出身的影响。他们注定要清楚地了解自己的阶层，然后带着同情的理解去描绘。他们无法逃避自己赖以生存的玻璃盒子。俯瞰英国的小说，我们就知道，狄更斯的作品里没有绅士，萨克雷的笔下没有工人。人们不太会称呼简·爱为小姐，奥斯汀小姐书中的伊丽莎白和爱玛，也不会被当作淑女之外的其他什么人物。你非在小说中寻出公爵或清洁工不可，也没什么意思，我们怀疑这样的极端类型也不会出现在小说中。因此，我们得出了一个让人灰心但很诱人的结论：小说比生活本身贫瘠，我们自己也深受遮蔽（毕竟小说家们都是伟大的阐释者），对社会的高处和深处都所知有限。几乎没有什么可用的材料让我们去了解身处社会最高层的人们的感受。当国王是什么感觉？公爵究竟在想什么？我们说不出来。因为社会最上层的那群人很少写什么东西，也绝不会用文字来袒露自我。我们将永远无法得知，在路易十四眼里，他自己的宫廷究竟是什么样子。英国的贵族也许终会消亡，也许会慢慢融入普罗大众，但他们不曾留下任何关于自己的真实记录。

不过，就是对工人阶层我们也知之甚少，与此相比，对贵族阶层的无知根本就微不足道。在各个时代，英国和法国的大家族都欣欣然于餐桌上有名流作陪，因此萨克雷们、迪斯雷利①们和普鲁斯特们已经对贵族生活的方式和风尚非常熟悉，可以做出足够可信的描述。然而，不幸的是，生活总是如此，文学上的成功意味着阶层的抬升，而非下降，更别提广泛地

---

① 本杰明·迪斯雷利（Benjamin Disraeli，1804—1881），第一代比肯斯菲尔德伯爵，英国政治家，曾两次担任英国首相。他也是一名作家，代表作《薇薇安·格雷》《恩迪弥翁》等。

触及整个社会,虽然这一点更让人心向往之。身价不断抬升的小说家一定不会跟水管工夫妇一起喝酒调笑。他的书绝不会让他跟卖猫肉的人有接触,也不会让他和大英博物馆门口卖火柴和鞋带的老妇人通信联络。他会变得富有,备受尊重,买一套晚礼服,然后和跟自己地位相当的人一起用餐。因此,一个小说家一旦获得成功,他之后的作品一定会展示出社会阶层的提升。我们也会随之获得更多成功人士的信息。不过,从另一方面来讲,莎士比亚时代年迈的捕鼠人和养马人则被完全驱逐出了舞台。或者,更让人反感的是,他们成了大家同情和好奇的对象。他们是富人的对比和陪衬,也是社会体系罪恶的代表。他们不再是他们自己,就像他们曾在乔叟笔下那样。这是因为,对工人来说,用他们自己的语言来描写自己的生活是不太可能的。写作这件事所意味着的教育会让他们产生自我意识,或者阶级意识,也会让他们脱离自己的阶层。匿名是作家最喜欢的事情,但也是中产阶级作家独有的特权。因为只有在中产阶级这个群体,写作才像锄田、盖房子一样自然而然又习以为常。因此,拜伦成为诗人一定要比济慈更难。我们很难想象一位公爵会成为小说家,就像《失乐园》会出自柜台后的男人笔下。

不过,话说回来,时过境迁,阶级的划分并非总像现在这么严格且稳固。在伊丽莎白时代,阶级的界限比我们现在灵活多了。从另一方面来说,我们远不像伊丽莎白时代的人一样拘谨守旧。因此,我们可能正站在一个更巨大的变化的边缘,比以往我们所知道的更大。也许再过一个世纪,这些界限已经崩塌。我们今天所知道的公爵和农业劳动者或许已经不复存在,就像鸨和野猫或许已经灭绝了一样。或许到那个时候,大脑和性格的不同才是区分彼此的标准。奥普尔将军(如果还有将军的话)会去拜访伯爵(如果还有伯爵的话)的侄女(如果还有侄女的话),不再需要刷外套(如果还有外套)。不过,倘若没有了将军、侄女、伯爵,甚至是外套,英国小说会发生什么变化,我们无法想象。英国小说可能本色不再,以至于面目全非。英国小说可能走向消亡。我们的子孙后辈们可能很少再写小说,写也写不好,就像我们时代的诗和戏剧一样。在一个真正民主的时代,艺术将会是什么样子呢?

(董灵素 译)

乔治·吉辛

"你知道吗？在伦敦，有人走街串巷地卖石蜡油。"这句话来自乔治·吉辛，写于1880年，它召唤出了一个世界：雾气蒙蒙，四轮马车，邋遢的女房东，落魄的文人，苦难的家庭，昏暗的后街，寒碜的黄色教堂。在所有这些悲惨图景之外，我们还看到了树木葱茏的高地，帕特农神庙的柱子和罗马的山丘。吉辛算不上完美的小说家，在他笔下，我们常常能透过小说中人物的生活看到作者本人的影子。我们会跟这样的作家建立起一种个人而非艺术层面的关系。要了解此类作家，阅读他们的作品就可以了。当我们捧读吉辛的信件，会认为这些文字也有个性，但是少了一点耀眼的灵慧和才华，就仿佛是在填充一个从《民众》[1]《新寒士街》[2]和《地狱世界》[3]就开始勾勒的图画。

不过，还是有许多空白尚未填充，不少暗角有待照亮。许多信息一定被隐藏起来了，许多事实必然被遗漏了。吉辛家里很穷，父亲在孩子们尚未长大的时候就去世了。家里孩子很多，能学点什么就学点什么。乔治的

---

[1] 《民众》(Demos)，乔治·吉辛的小说，主要描写了下层阶级工人理查德·穆蒂默从意外继承财富而飞黄腾达，到逐步破产的人生故事。

[2] 《新寒士街》(New Grub Street)，乔治·吉辛的小说，主要讲述了颇有才华但商业才能有限的作家埃德温·里尔登和名利双收、趋炎附势的记者贾斯珀·米尔文的生活，展现19世纪末英国知识分子的生存处境：人们崇尚经济利益，而非艺术追求。

[3] 《地狱世界》(The Nether World)，乔治·吉辛的小说，主要描写了19世纪伦敦贫民窟的几个贫困家庭。小说着重描绘下层阶级在金钱、就业、生活条件方面的匮乏，以及由此导致的个人问题和困难。

姐姐说，乔治很爱学习，因为担心错过上课，有时候嘴里含着尖锐的鲱鱼骨头就冲出去了。他从一本叫《正是如此》的小书里，抄录下丁鲷、鳎鱼、鲤鱼惊人的产卵数量，"因为我认为这件事非常值得关注"。姐姐记得他对智慧的"无限崇拜"，也记得这个个头高挑、前额高凸又白皙、眼睛近视的男孩多么耐心地坐在她旁边，帮她学习拉丁语，"一遍又一遍地重复讲解，没有一点不耐烦的感觉"。

或许是因为他崇尚事实，所以才在主观感受方面毫无天分（他的作品词汇匮乏，又缺乏修辞）。对他来说，成为作家是个快乐的选择吗？这一点是存疑的。整个世界，连带着历史和文化，邀他将这一切纳入脑海。他很热心，也很聪明，可是，他必须坐在租来的房屋里创作这样的小说："在我们文明的新阶段出现曙光时，热切的年轻人努力取得进步。"

不过，小说艺术海纳百川，1880年的时候，这门艺术准备好迎接希望成为"先进的激进党喉舌"的作家，他决心将穷人的处境、隐蔽的社会不公统统写进小说。小说艺术同意将这样的作品纳入其中，不过这些小说是否有人读，则让人怀疑。史密斯·埃尔德①出版公司的审稿人言简意赅地总结了这些作品的处境：吉辛的小说"太苦了，普通的小说读者消受不起，穆迪先生②的图书馆的订阅者们永远不会对他描写的场景感兴趣"。所以，吃着小扁豆，听着伊斯灵顿街头叫卖石蜡油的吆喝声，吉辛自费出版了图书。就在那个时候，他养成了每天早上5点起床的习惯，因为他要穿越半个伦敦城，赶在早餐前为M先生做辅导。不过很多时候M先生都会捎信来，说自己有事。就这样，《新寒士街》中让人沮丧的生活又可以多写一页了。我们面对着一个早已深耕的文学话题。作家5点起床，早餐吃了小扁豆，步行穿过伦敦，到达M先生的住宅。他发现M先生还没下床，所以他挺身而出，要为生活代言：丑陋即真实，真实即丑陋，这就是我们知道并

---

① 史密斯·埃尔德（Smith Elder），英国出版公司，19世纪出版了夏洛蒂·勃朗特的《简·爱》、托马斯·哈代的《卡斯特桥市长》和萨克雷的《菲利普历险记》等。
② 查尔斯·爱德华·穆迪（Charles Edward Mudie, 1818—1890），英国出版商，穆迪借阅图书馆和穆迪订阅图书馆的创始人，因其高效的分发系统和大量的文本供应彻底改变了图书馆的流通，他的"精选"图书馆影响了维多利亚时代中产阶级的价值观和小说的三卷本结构。

且需要知道的事情。不过，有迹象表明，小说讨厌如此这般待遇。作者通过对自身痛苦的鲜活自觉，镣铐桎梏四肢的切身体会，来增强自己对于生活的感受，就像狄更斯一样，从阴郁的童年环境中，塑造出米考伯①和甘普夫人②这样光彩照人的形象。这样的做法固然令人钦佩，可是借着个人的痛苦来唤起读者的同情和好奇，结果是灾难性的。想象力在能推及众人的时候才是最自由的，若它只能通过聚焦于个例来惹人同情的话，就会变得非常琐碎且私人，失去了它本身具有的轻盈和力量。

不过与此同时，将作者和他的主人公混为一谈，由此产生的同理心是一种非常强烈的激情，会让图书获得巨大的成功。它会赋予艺术价值不高的东西一种更大的优势。我们会对自己说，比芬③和里尔登刚用完晚餐，吃的是面包、黄油和沙丁鱼，那么吉辛也是。比芬的外套被典当了，吉辛也是。里尔登周日没法写作，吉辛当然也是。我们忘记了究竟是不是里尔登爱猫，吉辛喜欢管风琴。当然，里尔登和吉辛都在二手书摊买了吉本④的书，然后穿越蒙蒙的雾气，将它们带回家。我们继续在字里行间琢磨书中人物和作者的相似性，每次成功捕捉后，心头都会跃起一丝细微的满足感，仿佛阅读小说就是一场游戏，我们的闯关任务在于从中找到作者隐藏的面容。

因此，我们对吉辛的了解，恰如我们对哈代、乔治·艾略特的不了解。伟大的小说家们游刃有余地在笔下的各个人物之间穿越，赋予他们跟我们相同的特质。然而吉辛保持独立，以自我为中心。他是一束锐利的光芒，周遭氤氲着蒸汽和幻影。但是这束光自有一种独特的穿透力。纵然视野狭隘、感受力薄弱，吉辛也是一位罕见的作家，他相信心灵的力量，他让大家开始思考。因此，他笔下的人物跟大多数小说中的人物不同。可怕的激

---

① 米考伯（Micawber），狄更斯半自传体小说《大卫·科波菲尔》中的人物。
② 甘普夫人（Mrs.Gamp），狄更斯流浪汉小说《马丁·丘兹威特》中的人物。
③ 哈罗德·比芬（Harold Biffen），《新寒士街》主人公埃德温·里尔登穷困潦倒的朋友，以做家教为生，创作多年的作品最终出版却鲜有人注意，最后因贫困自杀。
④ 爱德华·吉本（Edward Gibbon，1737—1794），英国历史学家、作家、议员，代表作《罗马帝国衰亡史》等。

情不是故事的主角,势利的社交活动也不存在,对金钱的渴望似乎只是为了买得起面包和黄油,爱情退居其次。不过大脑在运转,这一点足以带给我们一种自由的感觉。因为思考就意味着变复杂,溢出界限,不再是一个"角色",意味着将个人的生活融入政治的、艺术的和思想的生活,意味着关系的建立部分是基于这些东西,而不仅仅基于性欲。这样的写法让生活中非个人的一面得到了应有的展现。"为什么人们不去书写生活中真正重要的东西?"吉辛借着书中的人物发出质问,这声出人意料的呼喊使得小说那可怕的负担从肩膀抖落。尽管,爱情很重要,社交也很令人着迷,可是除了坠入爱河,跟公爵一起用餐,我们能不能聊一点别的东西?在吉辛这里,我们能看到达尔文生活的侧影,我们看到科学在发展,看到人们读书、看画,看到曾经有一个叫希腊的地方。正是因为这些,他的书才如此难读,他的书才难以吸引"穆迪先生的图书馆的订阅者们"。他的书之所以如此冷峻,是因为那些承受着最多痛苦的人能从理性的角度看待他们的痛苦。感觉消失之后,理性的思考依然存在。他们的不幸代表着,超越个人不幸的更持久的辛劳已然成为人生观的一部分。因此,当我们读完吉辛的一本小说,我们记住的不是某个人物,也不是某次事件,而是一个有思想的人对于生活的解读。

因为吉辛一直在思考,所以他一直在变化。他最大的魅力正是这一点。作为一个年轻人,他曾以为自己写书是为了向我们展现"我们整个社会体系下隐藏的不公"。之后,他的想法变了,既不是因为这个任务无法完成,也不是因为他喜新厌旧,而是他开始认为,正如他最终所相信的那样,"我们所知道的唯一具有绝对价值的就是艺术的完美……艺术家的作品……是世界健康的源泉"。因此,倘若一个人希望让世界变得更好,他反而要从世界中抽离出去,独自字斟句酌地修改作品,直至完美。吉辛认为,写作是最难的事情。也许,直到生命的尽头,他才能"写出一页句法得体,内容和谐的文字"。有些时候,他非常出色地做到了这一点。比如,他这样描写伦敦东区的一块墓地:

在东区这可怕的荒蛮之地,在坟冢之间踟蹰,就仿佛与赤裸又盲目的死亡携手并肩。在命运可鄙的冰冷负担下，精神一败涂地。躺在这里的人们生来受苦，在尝尽了苦难的折磨后，只能放弃无用的呼吸，湮没无闻。他们没有什么白昼，前后都是暗夜，只有冬日短暂的暮光。他们没有热烈的追求，也不会被人铭记。他们的孩子疲惫不堪，惯于遗忘。在茫茫人群中，他们是面目模糊、辛劳一生只为谋生的个体。每个人的名字，父亲，母亲，孩子，只是一声无法出声的哭喊，乞求着命运吝惜的温暖和爱意。冷风在狭窄的住所上哀号。广大的世界吞噬着他们的辛劳，夺走他们的生命，就像沙质的土壤，雨水落下就贪婪吸噬。

在吉辛的小说中，类似的描述一次又一次地跳脱出来，就像坚固有形的石板横亘在凌乱的杂物中。

其实，吉辛从未停止自我成长。贝克街的火车在他窗下喷出嘶嘶的蒸汽，楼下的房客吵得天翻地覆，女房东粗鲁至极，杂货店拒绝送糖过来，所以他不得不去店里自提，雾气弄伤了他的喉咙，他得了感冒，三周没法跟人说话，但是他笔耕不辍，写下一页又一页文字，经历了一个又一个家庭灾难——生活单调又沉闷，日复一日，对此他只能责备自己太软弱，毕竟帕特农神庙的柱子、罗马的山丘依然耸立在伦敦的晨雾和尤斯顿路的炸鱼店之上。他打算去希腊和罗马观光。他真的去了雅典，看到了罗马，死前在西西里研读修昔底德的书。在他周遭，生活一直变动。他对生活的解读也不断更迭。也许肮脏的现实，晨雾，还有石蜡油，醉酒的女房东，并不是唯一的现实，丑陋也不是唯一的现实。世界上存在着一种美。过去的文化和文明一起铸就了现在。无论如何，他之后的作品是关于托提拉[①]时代的罗马，而不是维多利亚女王时代的伊斯灵顿。经过一直以来的思考，他到达了"必须区分两种智力形式"的境界，认为一个人不能只崇拜理智。不过，他没来得及在思想地图上标记下这些思考。就像曾经与自己笔下的

[①] 托提拉（Totila，生年不详，552年去世），东哥特人倒数第二任国王，在任时间为541年至552年。

人物共享过很多经历,这次,他也像埃德温·里尔登一样与世长辞了。去世时,他给朋友留下的最后一句话是:"耐心,耐心。"吉辛,一个不完美的小说家,一个教养良好的人。

(董灵素 译)

乔治·梅瑞狄斯的小说

二十年前①,乔治·梅瑞狄斯风头正盛。他的小说是历经千辛万苦才出名的。正因为几经周折,它们的光辉更显得耀眼和非凡。接着,人们发现,这些精彩作品的创作者本人也是一个非常出众的老人。去过博克斯山②的游客表示,当他们沿着车道走向那座郊区的小房子时,只要听到屋内洪亮的嗓音和深沉的回响,就激动万分。小说家坐在客厅里寻常的小摆件中,宛如欧里庇得斯的半身像。岁月磨平了他精致的五官,但鼻子仍然非常灵敏,蓝色的眼睛闪动着敏锐又嘲讽的目光。尽管身体陷在扶手椅里无法动弹,他的神态依然充满活力,非常警觉。的确,他几乎完全聋了,但对于一个思绪纷繁,连他自己都很难跟上的人来说,这一点几乎没什么影响。因为几乎听不到别人对他说什么,他可以全身心地沉浸在独白的乐趣中。对他来说,无论听众教养良好还是思想单纯,或许都没什么关系。本该用来奉承公爵夫人的赞美之词,被他平等地馈赠给了孩童。毕竟,面对二者中的任何一个,他都没法讲出一些通俗易懂的家常话。他说话总是文绉绉的,优美婉转的词语和层出不穷的隐喻,伴随着一阵又一阵的笑声接二连三地送出。他的言语之间总是夹杂着笑声,仿佛作家本人对自己幽默风趣的谈话也很自得。这位语言大师遣词造句时妙语连珠。因此,传奇色彩日盛。乔治·梅狄瑞斯,顶着他那古希腊诗人的头颅,静坐在博克

---

① 这篇文章写于1928年1月。——原注
② 英国萨里郡北唐斯的一处山峰。

斯山郊区侃侃而谈，诗意、讽刺、智慧从他口中喷涌而出，声音洪亮到即使在路上也能听到。如此一来，他那些本就迷人夺目的小说，显得更加迷人夺目。

不过，那是二十年前。如今，他作为谈话者的名声必然已经黯淡，他作为作家的名声似乎也蒙上了一层阴影。在他的继承者身上几乎看不出他的影响。当其中有人有机会凭借自己的作品就这个主题发表看法的时候，他说的话也并不好听。

> 与二十年前相比，梅瑞狄斯（福斯特先生在他的《小说面面观》中写道）的声名早已不再……他的哲学也不好用了。他对感伤主义的强烈批评，如今只会让人厌倦……当他表情严肃，要表现得高尚起来时，说话总是带着一种刺耳的音调，盛气凌人，让人不适……正是因为这种装腔作势，正是因为这种一直以来令人不快、如今被斥责为空洞的说教，正是因为这种将家门口的几个郡假充全宇宙的作为，梅瑞狄斯的声望沉入了谷底，倒也不足为怪。

当然，上面这段批评不能算是对梅瑞狄斯的盖棺定论，但是这段直抒胸臆的表达倒是完全道出了人们提到梅瑞狄斯时的感受。是的，总的来说，梅瑞狄斯的作品没有经受住时间的考验。但是，百年诞辰的意义就在于它为我们提供了一个机会，为这种不太严肃的印象提供了一些具体的解释。各种谈话和渐渐淡忘的记忆混合在一起，形成了一片迷雾，模糊了我们的视线。抛开荣誉和诋毁的负担，重新翻开他的作品，就好像第一次阅读一样，这也许是我们能为一位作家的百年诞辰献上的最好的礼物。

第一本小说往往是最不设防的，作者尽情展露才华，却不知该如何以最好的方式呈现它们。既然如此，我们还是先打开《理查德·费弗雷尔的磨难》吧。不需要慧眼如炬就能看出，作者是个新手，风格不均衡。他一会儿扭来扭去，将自己挽成一个铁结，一会儿干脆躺平，就像一块煎饼。关于自己的意图，他似乎有两种想法。讽刺的评论和冗长的叙述交替出现。他的态度摇摆不定，故事的组织结构看起来也不太稳定。身披斗篷的男爵，乡下的家庭，年久的祖屋，在客厅里夸夸其谈的叔叔们，四处显摆或水中嬉戏的夫人们，快活地拍打着大腿的农夫——这所有的情节中不断地穿插着干巴巴的格言警句，它们来自一本被称作《朝圣者的妙计》的书。多么奇怪的组合啊！但怪诞之处不在表面。除了胡须和帽子早已过时，他的怪诞还埋在更深层的地方，在梅瑞狄斯的意图中，在他希望传达的东西里。很明显，他一直在竭尽全力地破坏小说的传统形式。他从来不曾试图去维持特罗洛普和简·奥斯汀清醒的现实主义手法。他摧毁了我们已经学会攀爬的那种寻常阶梯。他是有意为之。这种对普通生活的蔑视，这种氛围和优雅，先生们和女士们一本正经的谈话，都是为了创造一种不同于日常生活的气氛，为一种崭新的人类生活场景而做准备。梅瑞狄斯从皮科克那里学到了很多，两人同样刚愎自用。但是事实证明，皮科克的假设没错，我们自然而然地接受了斯基纳尔先生①和其他人物。而《理查德·费弗雷尔的磨难》中的人物跟他们周围的环境是那么格格不入，我们立刻惊呼，他们是多么不真实，多么做作，多么不可能存在。男爵和管家，男、女主人公，好女人和坏女人，都不过是些类型人物。那么，究竟是由于什么原因，让梅瑞狄斯牺牲了常识——阶梯和灰泥——的实质性优势？随着阅读深入，我们越来越理解，这是因为作者的天赋不在于塑造复杂、立体的人物，而是描绘恢宏壮丽的场景。在这第一本书中，梅瑞狄斯一个接一个地创造出我们可以用抽象名词命名的场景——青春、爱的诞生、自然之力。我们读着他狂热的文字，就像野马跨越一个又一个路障，狂奔而去。

远离各种体制！远离腐坏的世界！让我们一起尽情呼吸魔法之岛的空气！草地披金，黄金奔流，红彤彤的金光照耀松枝！

我们忘了理查德就是理查德，露西就是露西，他们是青春的化身，世界翻涌着熔化的金流。作者是狂想家，是诗人，但是我们还没有完全挖掘

---

① 皮科克的小说《克罗切特城堡》(Crothet Castle) 中的人物。这部作品中描绘了一群怪人，每个人都是偏执狂，作者通过跟他们的互动和对话，来传达幽默效果或讽刺。

出第一本小说中所有的元素，我们必须考虑到作者本人。他满脑子都是想法，渴望争论。他笔下的男孩和女孩可能会去林间采摘雏菊，但在无意识间，他们又沐浴在理性的质问和评论中。很多次，这些不协调的因素彼此拉扯，几欲碎裂。当作者似乎同时在表达数十个想法时，裂隙也就随之产生。不过，作者最终还是兜住了，小说神奇地弥合在一起，这当然不是因为人物的深度和独特，而是活跃的智识和浓厚的抒情。

尽管我们愈发好奇，但还是见好就收吧。让作者再写一两本书，他就会收敛起新人的粗糙，顺利步入正轨了。我们打开《哈利·里士满历险记》这本书，看看发生了什么。最奇怪的事情出现了。所有不成熟的痕迹统统不见了，与此同时那种忐忑不安的冒险精神也随之消失了。故事沿着狄更斯走过的自传体叙事之路顺利前行。一个男孩在说话，一个男孩在思考，一个男孩在冒险。正因为如此，毋庸置疑，作者已经裁剪掉冗余，修正了自己的发言。它风格明快，行文流畅，没有一点磕绊。大家能感觉到，史蒂文森一定从这种灵活婉转的叙述、精确睿智的措辞和快速捕捉事物特质的文风中受益匪浅。

> 夜晚，你藏身于墨绿的树叶中，嗅着篝火燃烧带来的木烟味。清晨醒来，天色明亮，登高望远，眺望第二天清晨你将登临的山丘。接着就是下一个清晨，一个又一个清晨，直到有一天，在你醒来以前，你最亲爱的人出其不意地出现在面前：我认为这是至高无上的幸福。

故事大胆无畏地展开，但不太自然。他能听到自己在说话。人物（就跟《理查德·费弗雷尔的磨难》中一样）疑窦渐生，困惑盘桓不去，直到最后落定。男孩们不再是真正的男孩，就像果篮里摆着的苹果样品。他们太单纯、太勇敢、太冒险，以至于没法跟大卫·科波菲尔相提并论。他们是男孩中的样品，小说家的标本。让我们意外的是，梅瑞狄斯思想中极端传统的部分又浮现出来了。他非常大胆（可能的话，他会肆无忌惮），大多情况下，一个脸谱化的角色就足以让他心满意足。但是，正当我们以为年轻绅士们的形象过于平面,他们的历险也过于华而不实时,我们的大脑就开始沉入浅浅的幻觉,我们跟里士满·罗伊和奥蒂莉亚公主①一起沉入幻想和虚构的世界,在这里,我们将所有的想象力都毫无保留地交给作者。这样做是令人愉快的,它帮助我们加高了鞋跟,驱散了冷冰冰的怀疑,让世界在我们面前清晰地呈现,无需展示,也不用分析。梅瑞狄斯能够营造这样的氛围就证明了他非凡的力量。不过,这是一种变化莫测的力量,既不稳定,也不持续。连续数页读来费力又痛苦,词语磕磕巴巴,没有任何灵光。然而,就在我们打算弃书而去的时候,突然火箭升空,整个场景被照亮,纵然多年过后,我们还是会因为那样突如其来的绚丽而想起这本书。

那么,如果这种间歇性的绚丽是梅瑞狄斯的特色的话,它就值得我们细细探究。首先,我们也许会注意到梅瑞狄斯的作品中抓人眼球、令人印象深刻的场景都是静态的。它们是启发之物,而非发现之物,它们不会加深我们对人物的了解。理查德和露西,哈利和奥蒂莉亚,克拉拉和弗农,博尚和蕾妮都被放置在精心设计的环境中——游艇甲板上、樱花树下、河岸上,因此风景往往成为感情的一部分。海洋、天空或者树林都被用来象征人物的感觉和见闻。

> 天空呈青铜色,宛如一个巨大的炉子穹顶。四处的光影褶皱如缎面般顺滑。那天下午,蜜蜂嗡嗡,如雷震耳。

这是一种对情绪状态的描写。

> 冬日的清晨显得格外圣洁。日子悄无声息地溜走,大地寂静,仿佛在等待着什么发生。一只鸫鹁啁啾不停,飞过湿透的稀疏枝丫,山野绿意盎然,到处都是雾蒙蒙的,万物怀抱期待。

这是对一个女人面容的描写。但是只有一些情绪状态和面部表情能用

---

① 里士满·罗伊和奥蒂莉亚公主是小说《哈利·里士满历险记》中的两个人物。

意象来描绘，它们经过高度压缩后，变得非常简单纯粹，因此不用进行分析。这就是一种局限，虽然我们也能看清这些人，在某些被照亮的时刻，他们会惊艳我们，但是他们不会改变或者成长，那束亮光会沉没，徒留我们身处黑暗之中。对于梅瑞狄斯书中的人物，我们不会有非常直观的了解，而司汤达、契诃夫、简·奥斯汀的人物截然不同，我们之间如此亲密，以至于几乎可以完全放弃"伟大的场景"。小说中最动情的场景往往也是最安静的。在经过九百九十九处微小的情绪撩拨之后，第一千次来临，尽管它一如既往的轻微，但它会产生惊天动地的效果。可是，在梅瑞狄斯这里，没有微妙触动，只有如锤重击，所以我们对他笔下人物的了解也是片面的、短暂的、难以持久的。

因此，梅瑞狄斯绝对算不上最伟大的心理学家，后者可以不动声色地细致描摹人类心灵的幽暗和细微之处，使人物之间有着看似细微却截然不同的差别。他是那种用激情和理念来区别人物的诗人，这些人物象征着某种特质。然而，这里还有一处难点，他并不全然是艾米莉·勃朗特那样的诗人型小说家。他不会完全沉浸在一种情绪中，他的想法是自觉的、复杂的，因此也很难长时间地抒情。他不仅吟唱，还会剖析。即使在他笔下最具诗意的场景中，我们也会发现，那些欢声笑语之中总有一丝冷笑，似乎在讽刺此情此景的奢侈。随着阅读的深入，我们会发现一种喜剧精神，倘若由这种精神统御整个场景，他笔下的世界将是截然不同的风景。《利己主义者》立即修正了我们的结论：梅瑞狄斯首先是一位营造宏大场景的大师。在这里，没有那种仓促感催着我们越过障碍，奔赴一个又一个情感的高峰。这次需要辩论，而且是有逻辑的辩论。威洛比爵士，"我们这位身材魁梧、见解独到的男性"，被推到了审查和批评的烈焰之前，经受一圈又一圈的炙烤，且无处可逃。不过，这位受害者并非血肉之躯，而是一尊蜡像，这么说也许没错。同时，梅瑞狄斯也为我们献上了至高无上的恭维，对此，作为小说读者，我们还真不习惯。他似乎在说，我们都是文明人，正在一起观看关于人际关系的喜剧。人际关系是非常有趣的。男人和女人并不是猫咪和猴子，而是发育更成熟，区别更明显的生物。他想象着，我们会对同类的行为抱有更加无私的好奇心。类似的小说家对读者的恭维如此稀有，以至于我们先是感到困惑,继而欣喜不已。的确,他的喜剧精神要比他的讽刺手法更具有感染力。这种喜剧精神另辟蹊径,观察的深度一次又一次地让我们大开眼界。同样,这种喜剧精神重塑了梅瑞狄斯作品的尊严、庄重和活力。假若梅瑞狄斯生活在一个以喜剧为准则的世界,他兴许永远不会沾染"智识优越"的习气吧,正如他自己所指出的,他作品中的晦涩和庄重正是借着喜剧精神才得以矫正。

不过从很多方面来说,这个时代(倘若我们可以为这种无以名状的事物定性的话)对梅瑞狄斯是怀有敌意的。或者,更准确地来说,我们所身处的1928年,实在是看不上梅瑞狄斯的成功。在当下看来,他的教诲太过刺耳,太过乐观,也太过浅薄。他的表达显得过于牵强。倘若哲理并没有融入小说,倘我们可以用铅笔在某个短语下面画线,用剪刀将某句忠告裁剪下来、粘贴起来并形成体系,那么,我们可以说,要么是哲理有点别扭,要么是小说出了问题,或者二者兼而有之。最重要的一点是,他对输出那些教诲过于执着。纵使在倾听别人吐露最隐秘的秘密时,他都按捺不住要指手画脚,甚至小说中的人物都对此愤愤不平。他们似乎在争论,倘若我们的存在只是为了让梅瑞狄斯先生表达自己的宇宙观的话,那我们宁可不存在。所以,他们都名存实亡,小说里到处是死气沉沉的人物,纵然小说同时蕴藏着深刻的智慧和崇高的教诲,却依然没有实现他自己作为小说的目的。不过,由此,我们看到了小说的另一点,从这一点来说,如今我们倾向于同情梅瑞狄斯。在19世纪70、80年代,梅瑞狄斯写作的时候,小说已经到达了这样一种阶段,那就是它只能更进一步。有这样一种可能,《傲慢与偏见》和《阿灵顿小屋》[①]这两部完美杰作珠玉在前,英国的小说必须逃离这种完美的统治而另寻出路,就像英国的诗歌要逃离丁尼生的完美诗篇而别开生面。乔治·艾略特、梅瑞狄斯、哈代之所以并不完美,在很大程度上是因为他们坚持将思想或者诗歌的特质引入小说,尽管这些元素在小说中可能水土不服。从另一方面来说,假使小说依然遵循着奥斯汀、特罗洛普的传统,或许它如今早就消亡了。作为一位伟大的创新者,梅瑞

[①] 《阿灵顿小屋》是英国作家安东尼·特罗洛普的小说。

狄斯值得我们献上感激之情，并激发着我们的探索兴趣。我们之所以对他抱有很多怀疑，对他的作品没法形成非常明确的看法，是因为他的作品具有实验性，导致文本中存在着很多无法完美调和的元素——小说中的一些特质互相矛盾：唯一能够黏合且聚焦的特质被省略了。所以，要想阅读梅瑞狄斯，我们必须妥协，放宽标准。我们既不能指望它如传统小说一般完美肃穆，也不能期待一种耐心且乏味的心态会占上风。另一方面，他自己声明，"我的创作手法就是让我的读者准备好面对关键人物的出现，然后在最激烈的情境中，充分展现人物的热血和智慧"。这句话在大部分情况下都是合理的。一个又一个激烈的场景在脑海中浮现。他不写人物"笑了"，而是"肺部充分活动"；他也不写"缝补"，而是"体会飞针走线的迅疾"，倘若这种舞蹈大师般浮夸的文风激怒了大家，那我们一定要记住这种文风只是为"激烈的情境"做铺垫。梅瑞狄斯正在营造一种氛围，好让我们自然而然地进入一种高亢的情绪状态。现实主义小说家，比如特罗洛普，容易显得平淡又无趣。而抒情风格的小说家，比如梅瑞狄斯，则常常流于浮夸和虚伪。当然，如此这般装腔作势总比平淡无趣更惹人注目，自然也更加违背散文小说冷静的本质。梅瑞狄斯早点放弃小说，专注于诗歌的话，或许是个更好的选择。然而，我们必须提醒自己，错的可能是我们。长期以来，我们习惯了阅读俄国小说，尽管它们译文平平，甚至很糟糕。而且，我们沉迷于法语小说千回百转的心理描写，也许很容易遗忘英语语言本身自带的活力和生机，以及英语词汇中的幽默和古怪。梅瑞狄斯的妙词锦句背后有古老的传承，让我们不可避免地想起莎士比亚。

阅读过程中，当这样的问题和限制浮上心头，就证明我们正在以一种尴尬的距离审视梅瑞狄斯，既非近到能够沉迷于他的魔力，也非远到足以做出合理的判断。因此，妄图宣布评估已完成甚至会显得不切实际。但是，纵然如此，我们也可以证明，阅读梅瑞狄斯，就意味着会意识到，我们正在面对一颗充实、发达的大脑，作者声音洪亮，自带回声，而且带有别具特色的口音，尽管我们与他之间隔阂太深，甚至听不清他究竟在说些什么。不过，当我们阅读时，我们仿佛面对着一位古希腊神明，虽然他置身于郊区的会客厅，周边还摆着一堆小摆件；他滔滔不绝，尽管已经聋得听不到低语的人声；他的头脑活跃而机警，虽然肢体无法移动。这位才华横溢又不太安分的作家，在伟大的怪人们而非伟大的大师们之中，占有一席之地。我们猜测他的作品会被断断续续地阅读。就像多恩、皮科克和杰拉德·霍普金斯一样，梅瑞狄斯会不断地被遗忘和被发掘。他的小说一定会时不时地进入读者的视野，他的作品也一定会不断地引发大家的争议和讨论。

（董灵素　译）

"我是克里斯蒂娜·罗塞蒂"

（1930年）12月5日，克里斯蒂娜·罗塞蒂将会迎来自己的一百岁生日，或者，更准确地说，我们会为她庆祝百年诞辰。这件事或许会给她带来不小的困扰，她是一个特别容易害羞的女士，被人谈论——我们一定会这么做——将让她感到极度的不适。尽管如此，这件事也在所难免。百年难遇，我们必须谈谈她。我们会了解她的生平，阅读她的书信，研究她的肖像，猜测她的疾病——她害的病可不少，还要翻翻她写字桌的抽屉，虽然大部分都是空的。让我们首先从传记开始吧，有什么会比它更有趣呢？众所周知，阅读传记的乐趣是无法抗拒的。我们刚翻开桑达斯小姐那本巨细靡遗、令人满意的作品（《克里斯蒂娜·罗塞蒂传》，玛丽·弗朗西斯·桑达斯著），古老的幻影就迎面袭来。往昔的时光和所有的人物都被奇迹般地封印在一个魔术匣里，我们要做的就是仔细观看、聆听这些小人们——因为它们小于常人的尺寸，他们马上就要开始行动、说话。当他们行动的时候，我们会将其活动纳入各种模式，对此他们一无所知，毕竟他们认为，当他们活着的时候，他们可是想去哪儿就去哪儿；当他们说话的时候，我们会解读出各种含义，连他们自己都不曾想过，因为他们觉得，当他们活着的时候，他们想到什么就说什么。不过，一旦进入传记，一切就大不相同。

那么,这里是波特兰坊的哈姆勒街①,时间大概是1830年。这里住着罗塞蒂一家,一个由父亲、母亲和四个小孩儿组成的意大利家庭。街道老旧,家庭贫困。贫困算不上什么,因为作为外国人,罗塞蒂一家并不在乎英国中产阶级家庭的那些习俗和惯例。他们泰然自若,随心所欲地穿着打扮,招待意大利流亡者,其中有街头风琴师,还有其他受苦的同胞。他们靠着教书、写作和做其他杂活维持生计。克里斯蒂娜逐渐脱离了家庭的圈子。她是一个安静又善于观察的孩子,对于自己的生活方式早有打算——她要写作——但是她也钦佩兄长们卓越的才能。她很快就交了几个朋友,性格也初现雏形。她讨厌排队,穿着随意,她喜欢哥哥的朋友们,还有那些艺术家和诗人们的小聚会,他们有改造世界的意愿,这让她觉得很有趣。她尽管沉着冷静,但也有点古灵精怪,喜欢调侃那些自吹自擂的人。她虽然打算成为一个诗人,但不像一般年轻诗人那样虚荣和焦虑。诗歌在她脑海中完整成形,她也不太担心别人的评价,她自己觉得它们是好的。她还有欣赏他人的强大能力,比如她的母亲,如此安静、睿智、单纯、真诚;她的姐姐玛丽亚,对绘画和诗歌没有什么兴趣,也正因如此,玛丽亚的日常生活更有活力,更有效率。比方说,玛丽亚一直拒绝去参观大英博物馆的木乃伊室,她说复活之日可能突然降临,如果死尸不得不在游人的注视下重获永生,那就太不体面了。克里斯蒂娜绝不会这么想,但是她很欣赏这一点。在这里,我们这些魔术匣外面的人可能会会心大笑,但克里斯蒂娜,身处匣内,承受着其中的热量和电流,全心全意地认为姐姐的行为值得最高的尊重。确实,如果我们更仔细地观察她,就会发现某个黑色的硬核已经在克里斯蒂娜的生命中形成。

当然,那就是宗教。当她还是个小姑娘的时候,克里斯蒂娜就全身心地关注灵魂和上帝的关系。表面来看,她人生的64年都在哈姆勒街的恩斯利花园和托灵顿广场度过,但事实上她居住在某个神奇的地方,灵魂永远朝向一个不可见的上帝。在她这里,这是一个阴暗的上帝、一个严酷的上

---

① 伦敦的一条街道,位于马里波恩教区和伦敦西区。20世纪时以著名历史学家亨利·哈勒姆和他的诗人儿子亚瑟·亨利·哈勒姆的名字命名。

帝、一个宣称憎恶世上所有欢愉的上帝。剧院是讨厌的，歌剧是讨厌的，裸体也是讨厌的。朋友汤普森小姐画了裸体画时，她不得不跟克里斯蒂娜解释道，那是天使，但克里斯蒂娜看穿了这个诡辩。克里斯蒂娜生活中的一切都来自内心深处纠结的痛苦和紧张。她的信仰规范和限制着她的生活，即使在最细枝末节的地方。信仰告诉她下棋是不对的，但玩惠斯特①和桥牌就没关系。她的信仰也影响着她心中最重大的问题。有一个名叫詹姆斯·科林森②的年轻画家，他们彼此相爱，但他是罗马天主教徒，所以她拒绝了他。在他愿意成为英国国教的一员之后，她又接受了他。然而，他的立场并不坚定，后来又重新皈依了罗马天主教。这件事伤透了克里斯蒂娜的心，并成为她一生的阴影，她取消了婚约。几年后，她的生活中似乎又出现了幸福的愿景。查尔斯·凯莱③向她求婚，但是很可惜，这个圆滑又博学的男人心不在焉地游戏人间，他将福音书翻译成了易洛魁语，在派对上询问聪明的女士们"是否对墨西哥湾流感兴趣"，而且将一只泡在酒精里的鳞沙蚕作为礼物送给克里斯蒂娜。不出所料，他是个自由思想家。他也被克里斯蒂娜推开了。尽管"没有哪个女人曾这样刻骨铭心地爱过一个男人"，她也不想成为一个怀疑论者的妻子。她喜欢"笨手笨脚又毛茸茸的"袋鼠、蟾蜍和鼠类，她称呼查尔斯·凯莱为"我最盲目的秃鹰，我最特别的鼹鼠"，但是她绝不允许鼹鼠、秃鹰和凯莱进入她的天堂。

因此，人们可能会继续这样观察和聆听。密封在魔法匣中的过去无比陌生、有趣、新奇。但就在我们想要知道接下来从哪里开始探索这片非凡的天地时，主要人物出来干涉了。就仿佛一条鱼，我们一直看着它无意识地游动，在水草间出入，绕着岩石转圈。突然，鱼冲向玻璃，撞破了它。茶话会就是这样一个时机。出于某种原因，克里斯蒂娜参加了弗丘·特布斯太太举办的派对。我们不知道那里发生了什么，也许围绕着诗歌说了些

---

① 一款经典的英国花样纸牌游戏，在18、19世纪非常流行。
② 詹姆斯·柯林森（James Collinson, 1825—1881），维多利亚时代的画家，1848—1850年是拉斐尔前派兄弟会的成员。
③ 查尔斯·凯莱（Charles Cayley, 1823—1883），英国语言学家，因遵从原文韵律翻译但丁的《神曲》而闻名。

随意的、轻佻的、茶话会上会说的那种话。不管怎样：

> 突然，一个身着黑衣的小个子女人从椅子上站了起来，往前几步走到屋子中间，郑重地宣告："我是克里斯蒂娜·罗塞蒂。"说罢，又重新坐回椅子上。

这些话一说，玻璃碎了。是的。（她似乎想说）我是个诗人。你们这些装模作样纪念我百年诞辰的人，也不一定比特布斯太太茶话会上的人好到哪里去。你们在这里絮叨一些无关紧要的琐事，翻动我写字桌的抽屉，拿木乃伊、玛丽亚和我的爱情故事打趣，而我唯一想让你们知道的东西在这里，只要四先令六便士。读吧，然后她回到了自己的椅子上。

这个诗人是多么专制又冷漠啊！他们说，诗歌与生活无关。木乃伊和袋鼠，哈姆勒街和公共马车，詹姆斯·科林森和查尔斯·凯莱，鳞沙蚕和特布斯太太，托灵顿广场和恩斯利花园，甚至是宗教信仰的奇思遐想，都是无关的、外部的、多余的、不真实的。重要的只有诗。唯一有趣的问题是诗歌的好坏。但是，有人或许会直截了当地指出，诗歌的问题才是最棘手的。自古以来，大家对诗歌的看法，有价值的不多。同时代的判断几乎总是错的。比如说，克里斯蒂娜·罗塞蒂全部作品中的大部分诗歌都被编辑退过稿。很多年来，她每年的收入中，大约只有十镑来自诗歌。与此相对，她讽刺地提到，琼·英奇洛的作品印了八版。当然，在她的同代人中，也有那么一两个诗人或者批评家的判断是值得参考的。不过，针对同一部作品，大家的印象似乎大相径庭——他们所采取的标准是多么不同！比如说，斯温伯恩[①]读到她的诗时感叹道："我从来没有见过更美妙的诗歌。"然后评点她的《新年颂歌》：

> 仿佛映照在火光里，沐浴在阳光之中，宛如应和着退潮时

[①] 斯温伯恩（Algernon Charles Swinburne，1837—1909），英国诗人、批评家，代表作有《诗歌和民谣》《日出前的歌曲》等。

大海的和弦与节奏,那是竖琴和风琴无法奏出的乐章,那是天堂里的潮汐宁静又洪亮的回响。

再来看看博学的圣茨伯里①教授对《精灵市集》的评价:

> 主诗(《精灵市集》)的韵律最好被形容为去除了打油诗味的斯凯尔顿诗体②,集合了自斯宾塞以来各种韵律发展而来的音乐,取代了乔叟一脉的呆板嘈杂的声音。这种不规则的诗行倾向,可以在历史的不同时期找到踪迹,比如,17世纪晚期和18世纪早期的品达体,还有塞耶斯(Sayers)和阿诺德先生的无韵诗。

然后就是沃尔特·罗利爵士:

> 我觉得她是当世最好的诗人。糟糕的是,你没法谈论纯粹的诗歌,就像你没法谈论纯净水的构成一样。掺入杂质、甲基化的、打磨过的诗歌才能敞开谈论。克里斯蒂娜的诗让我只想哭,而不是点评。

如此看来,似乎至少有三种批评流派:退潮海乐派,不规则诗行派,还有让人无法批评只能哭派。这就很让人迷惑了,倘若我们三者都听的话,就只能空怀悲叹了。也许更好的方法是自己读一读,敞开心怀去感受诗歌,记录下诗歌对你的冲击和影响,不论这些内容是多么仓促和粗糙。

在这个故事中,写下的东西可能是这样的:哦,克里斯蒂娜·罗塞蒂,我要谦卑地坦白,尽管我真心地了解你的大部分诗歌,但我并非从头到尾

---

① 乔治·圣茨伯里(George Saintsbury, 1845—1933),英国文学史家、批评家,代表作有《欧洲文学批评史及文学鉴赏》等。
② 都铎王朝诗人约翰·斯凯尔顿经常使用的不规则韵律的短诗。

地读过你的作品。我并没有跟随你的创作旅程,追踪你的进步。我猜你的确进步了很多。你是一个本能派诗人,总是从一个角度来看待世界。至少,时间,以及与人和书籍交流并不会影响到你。你小心地忽略任何可能动摇你信仰的书籍,或者任何可能影响你直觉的人。也许你是明智的。你的直觉如此确定、如此直接、如此深刻,以至于你创作的诗歌就像是在别人的耳边唱歌——就像莫扎特的乐曲或者格鲁克的韵律。你的乐曲调和匀称,但它是一首复杂的歌曲。当你弹奏竖琴的时候,许多弦一起奏响。就像所有本能派诗人一样,你对于世界的视觉美有着非常敏锐的感觉。你的诗歌里充满了金色的尘埃和"'甜美的天竺葵'多变的光辉",你的眼睛不断注意到灯芯草是如何长出"天鹅绒头"的,蜥蜴有"奇怪的金属铠甲"——确实,你的眼睛以一种拉斐尔前派①般浓烈的感性观察世界,身为盎格鲁天主教徒的你一定会惊讶不已。不过,缪斯女神的固执和悲伤也是因为你的信仰。巨大的信仰压力缠绕着这些诗歌,既成就了它们的坚固,也造就了它们的悲伤——你的上帝是严苛的,你的天堂的冠冕镶嵌着荆棘。你的眼睛刚刚饱览美好的事物,你的理智就告诉你,美好是徒劳的,美丽终将凋谢。死亡和安息带着它们黑暗的浪潮环绕着你的诗歌。然后,极不协调地,传来一阵急促的笑声。有动物的脚步声,白嘴鸭奇怪的嗓音,毛茸茸的动物发出的咕噜声和嗅探声。无论如何,你绝不是一个纯粹的圣人。你伸伸腿,捏捏鼻子,你在跟所有的虚伪和伪装作战。你很谦卑,但也很尖锐,对于自己的天赋很确定,对于自己的观察很确信,坚定地精简你的诗行,敏锐地检验它们的韵律。在你的纸上,没有什么软弱、多余、无关紧要的东西。简而言之,你是一位艺术家。就这样一直保持开放,甚至当你漫不经心地写作,摇摇铃铛来给自己解闷的时候,仍然会为那个不时到来的驾火降临者②留一条通道。他会将你的诗行结成一个纽结,任何手都无法解开。

---

① 拉斐尔前派(Pre-Raphaelite),1848年英国兴起的美术改革运动,反对当时偏向机械论的风格主义画家,主张回归15世纪意大利文艺复兴初期,画出拥有大量细节和强烈色彩的作品。
② 指上帝。

> 但是请带给我满载死亡睡意的罂粟花,
> 还有常春藤窒息的花环,
> 以及向着月亮盛放的报春花。

的确,事物的构造是如此奇怪,诗歌的奇迹是如此伟大,即使阿尔伯特纪念碑已经化为乌有,你在小密室里写的诗歌依然韵律对称。我们遥远的后代将会歌唱:

> 当我死去,最亲爱的……

或者:

> 我的心就像一只唱歌的鸟儿。

当托灵顿广场化为一座珊瑚礁,昔日你卧室窗户所在的地方,鱼儿游来游去。也许森林会侵占曾经的人行道,在绿色的灌木丛中,袋鼠和鼹鼠拖曳着脚步蹒跚而行。想象着这样的情景,重新回到你的传记,假如那场弗丘·特布斯太太举办的派对我也在场,一位身着黑衣的矮小女人站起身来,走到房间中间,当她说"我是克里斯蒂娜·罗塞蒂"的时候,我会出于钦佩的热情,笨拙地碰掉一把裁纸刀或者打碎一个茶杯。

(董灵素 译)

托马斯·哈代①的小说

当我们说托马斯·哈代的去世使得英国小说失去了一位领袖,我们的意思是,没有其他任何作家拥有如他一般众望所归的至高声望,因此他备受推崇和尊敬也就显得自然而然。当然,没有人会对此表示非议。倘若听到这种场面上的花言巧语,这位脱俗又单纯的老人一定尴尬至极。在他活着的时候,曾有一位小说家让小说这门艺术成为一项光荣的使命,这样的表达绝非虚词。在哈代活着的时候,没有人敢轻视他所从事的这门艺术。这不仅来自他独特的天分,还有一部分来自他正直又谦虚的品性,来自他在多塞特郡②的简朴生活——从来不曾追求私利或者自我宣扬。因为他的天分和使用天分时的自尊,我们不可能不将他尊崇为一位艺术家,并喜欢上他。当然,我们必须谈论作品,那些创作于很早之前的作品,尽管它们似乎与如今的小说相距甚远,正如哈代本人与当下的喧嚣和琐碎也相距甚远。

如果我们要追溯哈代作为一位小说家的创作生涯,那就必须让时光倒回到几十年前。1871年,哈代31岁,他写了一本小说,名叫《枉费心机》③,不过这个时候他绝对算不上一个能工巧匠。他自称"正在摸索方法",仿佛自信天赋异禀,只是尚未搞清它们的属性,无法自如地驾驭它们。阅读这第一本小说其实就是在感受作者的困惑。作者的想象力非常有

---

① 本文写于1928年1月。——原注
② 多塞特郡是托马斯·哈代出生的地方,也是他小说的主要背景。
③ 《枉费心机》(*Desperate Remedies*),托马斯·哈代出版的第一本小说,讲述了建筑师的女儿塞西莉娅命途多舛的爱情故事。

力又犀利。他自学成才,可以创造角色,但无法控制角色。很明显,他受到了自身技巧方面的限制,但更奇特的是,他感受到人类是受到外力驱使的,因此他将巧合运用到了极致甚至戏剧化的地步。他已然确信小说并非玩具,也不是争论,它是对男性或女性真实生活的展现,即使这种现实残酷又暴力。这本书最显著的品质是,在整本书页之间回荡和轰鸣着瀑布的声音。在哈代后来的书中占据极大比例的那种力量,在这本书中已现雏形。他已经证明自己是一个细致又熟练的自然观察者。他知道雨水落在树根和田地里是不一样的。他知道风穿过不同的树木时,声音听起来各有特色。不过他是从一个更大的层面将自然理解为一种力量。他从自然中感受到了一种同情、嘲笑或者漠视人类命运的态度。这种感觉依然归他所有。阿尔克利芙小姐和塞西莉娅①的故事并非完美,之所以让人印象深刻,就是因为它是在众神的注视和大自然的存在之下完成的。

  他是个诗人,这一点应该显而易见。至于他算不算小说家则尚且存疑。不过,第二年,《绿荫下》②这部小说出版后,很明显,"摸索方法"所要面对的困难大多已被克服。第一本书中所呈现出的笨拙的创作痕迹已然不见了。与第一本书相比,第二本书完成度很高,富有魅力,诗意盎然。看起来,作者可能会成为英国的风景画家之一。他的画作里满是古堡花园和年老的农妇,她们不遗余力地收集和保存着正在快速凋零的老派生活方式和说话风格。不过,有哪位善良的古风爱好者,哪位口袋里随身携带显微镜的自然学家,哪位关注语言形态变化的专业学者,曾经听到过小鸟被隔壁树枝上的猫头鹰咬死时的哭声呢?这哭声"进入了寂静,但没有与之混合"。不过,我们听到了,在很遥远的地方,仿佛夏日早晨海边的一声枪响之后,奇怪又不祥的回声。在我们阅读哈代的早期小说时,会有一种浪费的感觉。我们觉得,哈代固执又乖僻。先是一种天赋出现在他身上,接着是另一种天赋。它们不满足于受到缰绳的约束然后和谐共处。当一位作家

---

① 阿尔克利芙(Aldclyffe)和塞西莉娅(Cytherea)是哈代小说《枉费心机》中的主要人物。
② 《绿荫下》(*Under the Greenwood Tree*),托马斯·哈代出版的第二本小说,也是威塞克斯系列小说的第一部。小说讲述了乡村女教师和三位追求者之间的爱情故事。

既是诗人,又是一位现实主义者;既是忠实的田野之子,又被学习带来的怀疑和沮丧所折磨;既热爱旧日的生活方式,是一个朴素的乡下人,又注定要见证祖辈的信仰和血肉在他眼前消散成透明的幻影,那么他的命运大抵如此。

在这种矛盾之上,自然又添加了一重因素,打乱了有序的发展。有些作家生来对一切了如指掌,还有一些生来对很多事物不曾察觉。有些作家,如亨利·詹姆斯和福楼拜,不仅能够充分利用天赋带来的东西,而且可以在创作实践中控制自己的天赋。他们洞悉每一种境况的所有可能性,因此从来都处变不惊。而那些毫无自觉的作家,比如狄更斯和司各特,似乎是不知情地被抬起来、推上去。海浪退潮,他们说不上来究竟发生了什么,也不知何故。哈代正是后面这种人,这是他的力量所在,也是他的弱点所在。他自己的原话——"片刻的洞见"就可以准确形容他每本书中那些拥有惊人美感和力量的段落。力量突然加速,我们无法预料,哈代也是,一个场景突然从其他场景中跳脱出来,独自存在又一直如此,载着范妮①尸体的马车沿路直行,路边湿漉漉的树木在滴水;我们看到腹部肿胀的羊群在三叶草地里挣扎;我们看到特洛伊挥剑指向芭斯谢芭,削掉松散的发丝并劈掉落在她胸口的毛毛虫,而芭斯谢芭纹丝不动。场景栩栩如生,如在眼前,但这体验不止视觉,而是让人五感并用。这些场景生动,华彩久久不散。不过这种力量来得快,去得也快。片刻的洞见之后是漫长的平凡时光,我们不会相信还有任何手艺和技能可以更好地驾驭这野性的力量。因此小说一点都不均衡,它们是笨拙的,乏味的,缺乏表现力的,但是从不贫瘠,总是有一种模糊的无意识的东西,那种鲜亮的光环和未曾被表达过的边缘总会给人最深刻的满足感。这一点就连哈代似乎都不知道自己做过什么,他的意识要比他所表达的更丰富。他将这些留给读者,让他们带着自身的经验去破解这些意识的全部意义。

因为这些原因,哈代天赋的发展是不确定的,最后的成果也是参差不

---

① 范妮(Fanny),托马斯·哈代的小说《远离尘嚣》中的人物。

齐的，不过，倘若灵光一现，就会有大放异彩的成就。《远离尘嚣》[①]这本书就是他天赋完全且充分的呈现。主题是对的，表现方式也是对的，诗人的一面，乡下人的一面，感性的一面，沉思的一面，还有博学的一面，全都汇集在一起成就了这样一部著作，无论文学的潮流如何变迁，这本书都将在最好的英语小说中占有一席之地。首先，哈代比其他任何小说家更会呈现自然世界的感觉。人类生存的可能性囿于自然，尽管自然独立存在，但是会为人的戏剧赋予一种深刻而庄严的美感。暗黑的谷地在天空下如海浪般起伏，坚固却永恒。亡者的坟冢和牧羊人的小屋点缀其间，谷地蔓延至无垠的天际，在它的褶皱中隐藏着安静的小村庄，白日稀薄的炊烟袅袅升起，夜晚明亮的灯火灼灼燃烧。在世界的背面，照料羊群的盖伯瑞尔·奥克是永恒的牧人。星星是古老的灯塔，多年来，他一直陪伴羊群眺望星空。

不过，山谷中，大地温暖和煦，生机勃勃；农事繁忙，谷仓充实；田野里，牛哞哞低叫，羊咩咩轻唤。自然丰饶、绚丽，充满欲望，但尚且纯良，依然是劳动者伟大的母亲。在这里，哈代第一次充分发挥了自己的幽默感，透过乡下人之口，幽默感得到了最自由且最丰富的呈现。一天的工作结束后，简恩·科根、亨利·弗雷、约瑟夫·普格拉斯[②]聚在麦芽厂，抒发那种一半精明、一半诗意的幽默感。这种幽默感自朝圣者踏上朝圣之路以来就已经在他们的大脑中酝酿了。莎士比亚、司各特、乔治·艾略特都喜欢偷听，但是没有人比哈代更喜欢偷听人说话，而且他理解得更透彻。不过，威塞克斯系列小说中的农民并不会作为个体而出彩。他们是构成普遍的智慧、平凡的幽默感，以及永恒的生命的基础。他们会评论男女主人公的行动，不过，不论特洛伊、奥克、范妮或者芭斯谢芭是出场、退场，还是去世，简恩·科根、亨利·弗雷、约瑟夫·普格拉斯总是在场。他们晚上喝酒、白天耕地。他们是永远存在的。在小说里，我们一次又一次地

---

① 《远离尘嚣》(*Far from the Madding Crowd*)，托马斯·哈代的第四部小说。故事发生在维多利亚时代看似诗意实则严酷的英格兰农业社区，作品以爱情、荣誉和背叛为主题，描绘了农庄主芭斯谢芭与孤独的邻居威廉·博尔伍德、忠实的牧羊人盖伯瑞尔·奥克，以及花心的特洛伊中士的生活和关系。
② 简恩·科根（Jan Coggan）、亨利·弗雷（Henry Fray）、约瑟夫·普格拉斯（Joseph Poorgrass），都是托马斯·哈代的小说《远离尘嚣》中的人物。

遇到他们。他们身上总是带着一些典型特征，这种特点与其说是专属于个体的特点，不如说是一种种族特征。农民是健全心智的伟大庇护所，农村是幸福的最后堡垒。当他们消失不见，种族的希望也就没有了。

特洛伊、奥克、芭斯谢芭和范妮，让我们认识到小说中丰满的人物形象。每本书中都有三四个主导角色，他们的作用就像避雷针一样。特洛伊、奥克、芭斯谢芭；游苔莎、韦狄、文恩[1]；亨察德、露塞塔和法夫瑞[2]；裘德、苏·布莱德赫和费乐生[3]。不同群体之间也存在一定的相似之处。他们作为个体生活，也像个体一般与众不同；不过，他们也属于某种类型，其类型具有相似之处。芭斯谢芭就是芭斯谢芭，但是她同时是游苔莎、露塞塔和苏的姐妹；盖伯瑞尔就是盖伯瑞尔·奥克，但他同时是亨察德、文恩和裘德的兄弟。不论芭斯谢芭如何可爱、有魅力，她依然很脆弱。不论亨察德如何固执又鲁莽，他依然很强大。这是哈代的一个基本观点，也是他很多作品的主要内容。女人更脆弱、更感性，她会依附于强者，模糊他的视线。不过，在他更好的作品中，生活总是囿于不可更改的框架！当芭斯谢芭坐在植物丛中的马车上，看着小镜子，为自己的可爱而欣然自喜，我们也许就能知道——我们也确实知道——在故事结束之前，她会让自己以及他人承受多么沉重的痛苦，这是哈代力量的证明。但是此刻，生命的美丽和生机跃然眼前。如此这般，屡试不爽。他的人物，无论男人还是女人，对他来说，都是具有无限魅力的生物。相比其他男人，他总是对女人展现出更温柔的关心，也表现出更多的兴趣。不论她们的美貌如何虚掷，命运如何凄惨，当生命的光芒照向她们时，她们总是脚步自由、笑容甜美，她们会沉入自然的胸膛，成为自然沉静又庄严的一部分，或者如流云一般行动自在，如林地野花一般生机盎然。承受苦难的男人，不像女人一般依附于他人，而是直面命运的惨淡，因此会引发我们更多的同情。像盖伯瑞尔·奥克这样的男人，我们不必担心，我们不一定爱他，但一定会尊敬他。

---

[1] 游苔莎（Eustacia）、韦狄（Wildeve）和文恩（Venn），托马斯·哈代小说《还乡》中的主要人物。
[2] 亨察德（Henchard）、露塞塔（Lucetta）和法夫瑞（Farfrae），托马斯·哈代小说《卡斯特桥市长》中的主要人物。
[3] 裘德（Jude）、苏·布莱德赫（Sue Bridehead）和费乐生（Phillotson），托马斯·哈代小说《无名的裘德》中的主要人物。

他脚踏实地,在遭受暴击的时候会机敏地挥拳以对。他的先见之明来自性格而非教育。他性情稳重,意志坚定,可以恒久忍耐而不临场退缩。不过,他并非牵线木偶。日常中,他不过是个朴实低调的家伙,走在街上别人也不会对他侧目而视。简而言之,没人能否认哈代的力量,他会让我们相信他的角色是被他们自己的激情和特质所驱使,不过,他们的——这一点来自诗人的天赋——象征意义,也跟普罗大众没什么不同。

只有在思考哈代塑造男人和女人的力量时,我们才清楚地将哈代和他的同辈中人区分开来。我们回顾故事中的许多人物,问自己究竟为什么会记住他们。我们回忆起他们的激情,我们记得他们如何深爱着彼此,这种爱又以怎样悲惨的结局收场。我们记得奥克对芭斯谢芭忠贞的爱情。我们记得像韦狄、特洛伊、菲茨皮尔斯①这样的男人狂热又短暂的激情;我们记得克莱姆②对他母亲的孝顺,亨察德对伊丽莎白·简③专横的父爱。不过我们不记得他们如何相爱,我们不记得他们如何交谈、改变,以及如何细致地、逐渐地、一步接着一步、从一个阶段到另一个阶段了解彼此。他们的关系不是由那些智识上的理解和细微的洞察构成,这样的东西看似轻微却很深刻。在所有书中,爱是塑造人们生活的重要事实之一,但它是一场灾难,几乎没什么可说的。当爱人之间的谈话不涉及激情时,就会显得现实又富有哲思,仿佛履行日常的职责而非细察彼此的感受,会让他们更愿意质问生命及其目的。即使他们有能力去分析自己的感情,生活的动荡和波折也不会给他们时间。他们需要全力应对生活的打击和捉弄,以及命运与日俱增的恶意。他们没有闲暇琢磨人类喜剧的细枝末节。

因此,有时候我们可以肯定地说,那些为我们带来极大快乐的其他小说的一些特质,永远不会出现在哈代的作品里。他没有简·奥斯汀的完美、梅瑞狄斯的机智、萨克雷的广度,或者托尔斯泰的惊人智力。在伟大的经典作品中,有一种终极效应,能够让他们作品中的一些场景独立于故事之外,且不会变化。我们不问它们对叙事有什么样的影响,也不会用它们去解释这些场景外围的问题。一个笑声,一次脸红,几句对话就足够了。我

---

① 菲茨皮尔斯(Fitzpiers),托马斯·哈代的小说《林居人》(The Woodlanders)中的主要人物。
② 克莱姆(Clym),托马斯·哈代的小说《还乡》中的主要人物。
③ 伊丽莎白·简(Elizabeth Jane)托马斯·哈代的小说《卡斯特桥市长》中的主要人物。

们的快乐是恒久的。不过哈代没有这种专注力和完整度。他的光亮不会直接落在人们的心头。它会越过心头，抵达荒野的暗处，照在暴风雨中摇曳的树林里。当我们回头看向房间，火堆旁边的人群已经散了。每个男人和女人都在独自对抗暴风雨。他越远离他人的目光，便越能呈现真实的自己。我们不会像了解皮埃尔、娜塔莎①或者贝基·夏普②一样了解他们。我们不会了解他们的里里外外、方方面面，比如他们在寻常访客、政府官员、高雅的女士以及战地将领面前的样子。我们不知道他们思想的错综复杂和混乱动荡。从地理位置上来说，他们固守在英国乡村的同一片土地上。哈代很少离开农民或农场主去描写高于这些社会阶层的人，即使有也以失败告终。在会客厅、俱乐部和舞厅，悠闲的有学之士聚集一处，酝酿喜剧，展现性格。在这种场合，他总是格格不入、手足无措。不过，反之亦然。虽然我们不知道他笔下的男人和女人们彼此之间的关系，但我们知道他们跟时间、死亡和命运的关系。虽然我们无法看到他们在城市的灯光和人群中躁动不安，但我们可以看到他们跟土地、风暴和四季正面相迎。我们知道他们对待人类可能面临的最重大问题的态度。在记忆里，他们的个子显得超出常人，我们看到了他们更高大、更庄严的姿态。我们看到苔丝穿着睡衣做祷告，"带着一种近乎君王的尊严"。我们看到马蒂·南③"就像一个为了高贵的抽象人性而漠然抛弃性别属性的人一样"，在温特伯恩的坟墓前献花。他们的演讲带有一种《圣经》般的庄严和诗意。他们有一种无法被定义的力量，一种爱或恨的力量，这种力量在男人身上是对命运的愤然反击，在女人身上则是面对痛苦的无限忍耐。这种力量占据主导地位，以至于我们看不到人物更细致的特征。这是一种悲剧性的力量，如果将哈代放在他同辈的作家中，我们必须称他为英国小说家中最伟大的悲剧作家。

但是，当我们接近哈代哲学的危险地带时，请保持警惕。在阅读一位富有想象力的作家的作品时，没有什么比跟他保持一定的距离更必要的了。

---

① 皮埃尔（Pierre）、娜塔莎（Natasha），托尔斯泰小说《战争与和平》中的主要人物。
② 贝基·夏普（Becky Sharp），萨克雷小说《名利场》中的主要人物。
③ 马蒂·南（Marty South）和后文的温特伯恩（Winterbourne），托马斯·哈代的小说《林居人》中的主要人物。

面对一个自成一派的作家，我们很容易固守成见，将他纳入某种既有观念之中，并执意认为他抱守某种信念，并且一以贯之、毫无变更。沉浸在印象中，然后做出论断，这是读者的责任。作者需要知道何时将作者的意图搁置一边，支持那些他也许还没意识到的深层意图。哈代自己意识到了这一点。小说"是一种印象，而非辩论"，他警告我们。

　　未经校准的印象自有其价值，通往生命真正哲思的道路在于谦卑地记录生命现象的种种呈现，它们往往随机又多变地与我们正面相对。

　　当然，我们说他善于提供印象，而不善提供论证，这一点是没错的。在《林居人》《还乡》《远离尘嚣》，特别是在《卡斯特桥市长》中，我们看到了哈代对生活的印象并非有意识的安排。一旦他开始干扰自己的第一直觉，他的力量就消失了。"苔丝，你说过每个星星都是一个世界？"当他们带着蜂巢驱车去集市时，小亚伯拉罕①问道。苔丝回答说，它们就像"尖头树上的苹果，大部分漂亮又健康，还有一些坏了"。"我们住在哪一种上面——好的还是坏的？""坏苹果上。"她回答道，或者说那位戴着她的面具的沉思者回答道。这些语言生硬又冰冷，显得格格不入，就像是原本活生生的血肉之躯突然露出了机器的弹簧。稍后，当小马车出了事故，我们很快就摆脱了那种同情的情绪，转而拥有了一个统治着整个星球的充满讽刺意味的机制的实例。

　　这就是为什么《无名的裘德》是哈代的作品中最痛苦的一部，也是唯一一部我们可以称之为悲观主义的著作。在这本书中，辩论凌驾于印象之上，结果就是，这本书虽然弥漫着铺天盖地的悲惨情节，但算不上悲剧。不幸的事故接连上演，我们却感到那些针对社会的控诉实际并不公正，它们也没有深入地了解事实。这里没有对于人类的广度、力量和知识的理解，当托尔斯泰批判社会时，正是这些要素让他的控诉令人生畏。在这本书中，

---

① 苔丝（Tess）、小亚伯拉罕（little Abraham），托马斯·哈代小说《苔丝》中的人物。

我们看到了人类的残忍、冷酷，而不是诸神的巨大不公。我们只需将《无名的裘德》和《卡斯特桥市长》进行比较，就能看到哈代的真正力量在何处。裘德继续与学院院长和复杂的社会惯例做抗争。亨察德的对手并不是另一个人，而是他自身之外的东西，这种东西与他的野心和权力相对抗。没有人希望他生病，就连冤枉他的法夫瑞、纽森①和伊丽莎白·简都同情他，甚至钦佩他的坚强。他直面命运的暴击，他的命运很大程度是他自己的过失造成的，在支持这位老市长的时候，哈代让我们觉得在一种不平等的抗争中我们站在了人性这一边。这里没有悲观主义。在整部书中，我们都意识到了问题的崇高性，但是它以最具体的形式来呈现。从开头亨察德将自己的妻子卖给水手的场景到他在爱敦荒原去世，故事都充满了活力，幽默的表达丰富而活泼，情节自由奔放。讽刺游行、法夫瑞和亨察德在阁楼上的搏斗、夸克松大妈在亨察德夫人去世时的讲话，无赖们在彼得手指②的谈话，自然作为背景或者神秘的前景存在，这些都是英语小说中的华章。每一段里的幸福成分或许短暂又细微，但就像亨察德一样，只要抗争的对象是人类的命运而非法则；只要场景是在户外，需要身体而非大脑的活动，其中总会蕴含着伟大、骄傲和愉悦。爱敦荒原上破产玉米商人的死亡，可以和萨拉米斯的守护神埃阿斯③相提并论，我们感到了同样的真正的悲剧感。

在这样的力量面前，我们会感到我们通常对小说所采用的检验标准是徒劳无功的。我们是否坚持伟大的小说家就应该是文辞优美的散文大师？哈代不是这样的。他凭借睿智和不屈不挠的真诚找到了他想要的措辞，这些表达往往都带着让人难忘的辛辣。如果未能找到，他会用平常的、笨拙的或者过时的表达方式，有时佶屈聱牙，有时咬文嚼字。除了司各特，没有哪位作家的文学风格如此难以分析。表面来看是很糟糕的，但是它精确地达到了自己的目的。要辨析这种风格，就仿佛是要理性地分析泥泞的乡

---

① 纽森（Newson）及后文的夸克松大妈（Mrs.Cuxsom）是《卡斯特桥市长》中的人物。
② 《卡斯特桥市长》中的一家小客店。
③ 埃阿斯（Ajax），希腊神话中的英雄，特洛伊战争中希腊联合远征军的主将之一，作战勇猛，是萨拉米斯岛的守护神。

间小路的魅力，或是阐述冬日平原上一根寻常树根的美感。就像多塞特郡本身一样，正是因为这些生硬和刻板的因素，哈代的文字才自有伟大之处，会发出拉丁文般洪亮的声音，就像荒芜的山丘那巨大雄伟的对称美感。然后，我们是否要求一位小说家一定要观察生活的各种可能性，并且不断地接近现实呢？你必须回到伊丽莎白时代的戏剧才能找到与哈代的小说类似的暴力又扭曲的情节。然而，阅读哈代的小说时，我们完全接受了他的设定。不止如此，他的暴力和戏剧化，如果不是出于一种古怪的农夫般的喜好，那就是狂野诗歌精神的一种体现，它以一种强烈的讽刺和冷峻的观察发现，对生活的任何解读都不可能比生活本身更怪异，任何人性或者不理智的象征，可能都无法呈现我们的存在本身的荒诞。

  但是，当我们思考威塞克斯系列小说的宏大结构时，只是挂心这些细枝末节——这个人物、那个场景、这个深沉又诗意的短语——似乎是无关紧要的。威塞克斯系列小说留给我们的东西要比哈代表现出来的更宏大，它不是一本，而是很多。它们涉猎广泛，虽然不可避免地存在很多缺陷——有些是失败的作品，有些呈现出作者错误的一面。但毋庸置疑，当我们沉浸在作品中，纵观自己对作品的整体印象时，其效果是令人信服和满意的。我们摆脱了生活施加给我们的狭隘和琐碎，我们的想象力得到了拓展和延伸，我们尽情大笑，我们沉醉于大地深广的魅力。我们也被带入了一种悲伤和沉思的氛围，即使是最悲伤的情绪，也以最正直的姿态来承受，即使在最愤怒的时刻，也不曾丢弃对人类痛苦的同情。因此，威塞克斯系列小说不仅是哈代对某时某地生活的记录，还是对整个世界和人类命运的洞察，它们来自强烈的想象力、深刻又有诗意的天赋，还有一颗温柔仁慈的心灵。

（董灵素　译）

我们应该如何阅读一本书？

首先，我想强调一下标题末尾的这个问号。即使我可以回答这个问题，答案可能也只适用于我自己，而不一定对你有用。如果一个人打算给另一个人一点关于阅读的建议，唯一的忠告就是不要听取任何建议，跟随自己的直觉就好，使用你自己的理性，得出属于你自己的结论。如果我们能就此问题达成一致，我就可以自如地提一点想法和仅供参考的提议，因为你不会被这些想法束缚，影响自己的独立判断，而独立性是作为读者最重要的品质。毕竟，阅读这个领域绝不可能存在什么金科玉律。滑铁卢战争爆发的日期是确定的某一天，但是你能说《哈姆雷特》一定要比《李尔王》更出色吗？没人敢下这样的断言，每个人都有自己的答案。让权威人士走进图书馆，告诉我们如何阅读，阅读什么，阅读的价值是什么，完全是在摧毁书籍世界的自由精神，不论所谓的权威人士拥有何等光鲜的学位。在生活中的其他任何地方，我们或许都被法律和公约所束缚，但是在阅读这片天地中，我们永远自由。

不过，请原谅我的老生常谈，要享受自由，我们还是要约束自己。倘若你要浇灌一丛玫瑰花，倒也不必将水喷得满屋子都是，这样会显得既无能又无知。我们必须准确有效，有的放矢。这一点，也许就是我们在图书馆里要面对的首要困难之一。究竟什么是"有的放矢"呢？图书馆看起来不过是一堆混杂的图书和无数困惑的集合。诗歌、小说、历史、传记、词典、蓝皮书，各类种族、各种性格、各个年龄的男人或者女人用各种语言写成的图书堆叠在书架上。而图书馆之外，驴儿嘶叫，女人在水泵边说闲话，骏马在田野奔驰……我们该从哪里开始？在喧哗之中，我们该如何整理头绪，才能从阅读中获得最深厚、最宽广的愉悦？

我们可能很容易地说，既然图书有既定的分类——小说、传记、诗歌，我们就应该分门别类，从每一类作品中获取应得的东西。很多时候，我们会带着模糊又割裂的想法来读书，要求小说真实，认为诗歌虚假，假定传记阿谀奉承，认定历史会强化我们的偏见。阅读时，如果我们能摒弃这些先入为主的看法，那一定是个很棒的开始。不要对你的作者发号施令，而是试着成为他，作为他的伙伴和同谋。如果你一开始就犹豫不决、有所保留、批评指责，那就是在妨碍自己从阅读中获取最充分的价值。但是，如果你能尽可能地敞开心扉，那么跌宕起伏的行文中所蕴藏的几乎难以察觉的含义和暗示，将会让你成为一个与众不同的人。沉浸其中，熟悉文本，很快就会了解作者呈现或者暗示的一些更明确的东西。假设我们首先要读的是一本小说，一本32章的小说就好比一个有结构的建筑，不过字词要比砖块更难以琢磨。阅读是比观看更长久、更复杂的过程。想要了解一部小说的所有元素，最快的方式或许就是写作（而非阅读），身临其境地体验跟字词打交道的危险和困难。回想一下记忆里印象深刻的事情，比如说，在某个街角，你从两个正在聊天的人身旁经过。树木摇摆，灯光摇曳，说话的语气有些好笑，但又带着悲伤，在那短暂的一刻中似乎包含着一个整体的画面、一个完整的概念。

不过，将脑中的想法组织成语言时，你会发现它们碎裂成了许许多多彼此冲突的印象。一些要略过不表，一些要着重强调，在这个过程中，你或许会失去对情感的把控。然后，让我们把目光从你含糊又散乱的文字转向那些伟大小说家们的开篇——笛福、简·奥斯汀、哈代。现在你能够更好地欣赏他们的杰作了。这不仅因为我们是不一样的人，而且，我们还生活在不同的世界。在《鲁滨逊漂流记》中，我们在平坦的大道上跋涉，事情接二连三地发生，了解事实和它们的发生顺序就足够了。但是，如果说荒野和冒险是笛福傍身的所有武器，那么对简·奥斯汀来说，这些就一无是处了。在奥斯汀的世界里，重要的是客厅、谈话的人，还有借由这些谈话映射出来的人物性格。在习惯了这些以后，我们再转向哈代，就要另换天地。身处荒原之中，头顶明星高悬。这时候我们思想的另一面暴露出来了，独处时的阴暗面，而非与人为伴时的积极面。我们要面对的不是人与人之间的社交，而是跟自然和命运的交涉。然而，尽管这些世界大异其趣，但是它们本身逻辑自洽。每一个世界的创作者都仔细地遵守着各自的规则。不论这些世界会给我们何种压力，它们从来不会糊弄我们，不像那些二流作家通常做的那样，将两种截然不同的现实混杂在一部作品之中。所以从一个伟大的作家读到另一个伟大的作家——从简·奥斯汀到哈代，从皮科克到特罗洛普，从司各特到梅瑞狄斯会有一种拉扯、割裂的痛苦，刚被摔到这边，紧接着又要被翻转到那边。阅读小说是一门复杂又困难的艺术。如果你想要理解所有伟大的小说家和艺术家赠予你的东西，那就不仅需要细微的洞察力，还需要大胆的想象力。

不过，但凡注意过书架上那些鱼龙混杂的图书，你就会知道，只有很少的作家属于"伟大的艺术家"，很多作品也根本不会自诩为艺术作品。比如说，自传、传记，它们记录着早已逝去且被遗忘的伟人们的人生，这些书与小说、诗歌并肩而立，我们是否要因为它们并非"艺术"而拒绝阅读呢？或者说，我们可以阅读，但是要采用一种不同的方式，带着一种不同的目的？是为了满足偶然冒出的好奇心去阅读？犹如在夜幕低垂时候，路过一间房子，里面还亮着灯光，百叶窗也没有拉上，房子的每一层都展示着人类生活的不同画面？仆人在窃窃私语，绅士们在享用晚餐，女孩子们在为派对梳妆打扮，老妇人坐在窗边编织……我们对这些人的生活充满好奇，想知道他们是谁，或他们的名字、职业、想法和境遇。

传记和回忆录可以回答这样的问题，也曾照亮过无数这样的房子。它们告诉我们，人们如何处理自己的日常事务，他们的辛劳、失败、成功、饮食、憎恨、爱情……直到死去。有时候，在我们这样观察的时候，房子消失了，铁围栏也消失了，我们发现自己正在海上漂流。我们打猎、航行、战斗。我们身处野蛮人和士兵之中，正在参与伟大的战役。或者，如果我们愿意待在英格兰，待在伦敦，场景还是会发生变化。街道变窄，房子变小，拥挤不堪，安着菱形的窗格玻璃，臭气熏天。我们看到了一位诗人——多恩,他被逼从这样一所房间里出来,因为房间的墙壁太薄,孩子们的哭声会穿墙而过。我们跟着多恩,穿过书页,来到特维克汉姆,来到贝德福德夫人的花园,这里十分著名,是贵族和诗人的聚会场所。接着,我们转身走向威尔顿,丘原之下的那所房子,听到西德尼正在为自己的妹妹朗读《彭布罗克伯爵夫人的阿卡迪亚》。在沼泽中漫步,我们看到那些著名的浪漫作品中的苍鹭。接着,我们跟随另一位彭布罗克女士,也就是安妮·克利福德,一路向北,来到她那荒凉的旷野,或者投身城市,压抑着自己的兴奋之情,见证加布里埃尔·哈维身着黑色的天鹅绒西服,正在跟斯宾塞就诗歌展开辩论。在伊丽莎白时代的伦敦,黑暗与辉煌交替,我们在踟蹰中跌跌撞撞,兜兜转转,寻寻觅觅,还有什么比这更引人入胜?但我们不会永远停留在此时此刻。坦普尔、斯威夫特、哈利、圣·约翰等人在召唤着我们。我们无时无刻不在研究他们的争论、分析他们的性格,等厌烦了他们,就可以继续漫游,路过佩戴钻石的黑衣妇人,去看看塞缪尔·约翰生、戈德史密斯和加里克。再不济就穿过海峡,去阅读伏尔泰、狄德罗①、杜·德方夫人②,再回到英格兰和特维克汉姆,一些地方和名字总是不断出现,贝德福德夫人曾在那里建立自己的庄园,之后蒲柏也曾来此居住,再到沃波尔之家③——草莓山。沃波尔把我们介绍给一大帮新朋友,还有那么多地方要去拜访,不知要按多少次门铃,比如我们正站在贝瑞小姐④的门廊,犹豫要不要按下门铃,结果看到萨克雷走了过来,而他又正好是沃波尔所爱之人的朋友。拜访一个又一个朋友,一座又一座花园,一间又一间房子,我们已经从英国文学的一端走到了另一端,醒转过来发

---

① 德尼·狄德罗(Denis Diderot, 1713—1784),法国启蒙思想家、哲学家、戏剧家、作家,百科全书派代表人物。

② 杜·德方夫人(Madame du Deffand, 1697—1780),18世纪法国艺术赞助人,曾接待过伏尔泰、孟德斯鸠等人。

③ 沃波尔之家,查理二世国王情妇克利夫兰公爵夫人芭芭拉·维利尔斯的住所,后来由国会议员和银行家托马斯·沃波尔(Thomas Walpole)继承,并以他的名字命名。英国小说家萨克雷曾在此居住。

④ 玛丽·贝瑞(Mary Berry, 1763—1852),英国非小说类作家,出生于北约克郡柯克布里奇。她最出名的作品是书信和期刊,即1831年出版的《法国大革命时期英国和法国的社会生活》,以及1865年她去世后出版的《期刊和通信》。贝瑞因与密友霍勒斯·沃波尔交往而闻名。

现自己又回到了当下，如果我们能够辨明此刻和过往的话。这就是我们阅读这些人的生平和信件的方式之一，我们可以借着它们照亮过往岁月的窗户，我们可以看到已逝的名流如何生活，有时候我们离他们如此之近，甚至可以洞悉他们深藏心底的秘密，有时候我们可以抽出一本他们写过的戏剧和诗歌，判断如果当着作者的面朗读会有何不同。不过，这又会牵扯出其他的问题。我们必须问问自己，一本书在多大程度上会受到作者生平的影响。让作者本人来诠释作品是否安全？语言是如此敏感，如此容易受到作者性格的影响，我们能够在多大程度上做出退让，抵抗作者本人在我们心里唤起的同情或者反感？当我们阅读作者的生平和信件时，这些都是压在我们心头的问题。我们必须自己做出回答。面对这样一个见仁见智的问题，受到别人的干扰和影响，实在是太致命了。

  不过，我们也可以带着另一个目的来阅读这类书籍，不是为了更好地阐释文学作品，也不是为了更充分地了解某个名人，只是为了增强和锻炼我们的创造力。书橱的右手边不是有一扇开着的窗户吗？停止阅读，向外眺望是多么振奋人心啊！窗外的风景无知无觉，毫无关联，永不停歇地向前——骏马在田野奔驰，女人在井边打水，驴儿仰天长嘶。任何图书馆的大部分内容都不过在记录男人、女人、驴子，以及生活中这些转瞬即逝的时时刻刻。每一种文学，随着时间的流逝，都会留下一些故纸堆。这些故纸堆里记录了已然消逝的时光，保存了那些磕磕巴巴、用有气无力的语气讲述的久被遗忘的生活。但是，当你沉浸在阅读故纸堆的乐趣中，你会为这些早已朽烂的人类生活遗迹而大感震撼，深深折服。也许只是一封书信，但是它可能为你描绘了一个美妙的画面！也许只是寥寥几句，但是它可能蕴含着动人的哲思！偶尔，还会遇到一个完整的故事，幽默与悲怆同在，浑然天成，仿佛是一位伟大的小说家用妙笔写就，但事实上它来自一位老演员，比如泰特·威尔金森，还记得琼斯船长[①]的奇怪故事吗？在亚瑟·

---

① 琼斯船长，即克里斯托弗·琼斯（Christopher Jones Jr.，约 1570—1622），1620 年"五月花号"船长。

韦尔斯利①手下服役的年轻下属在里斯本爱上漂亮女孩。在空荡荡的房间里，玛丽亚·艾伦放下手中的针线活，后悔自己没有听从伯尼博士的好主意，不要跟着瑞希私奔。这些故事都没有任何价值，在极端的情况下甚至可以忽略。可是，时不时地翻阅故纸堆，寻找深埋在过去的指环、剪刀和断鼻子，并试图将它们拼凑在一起是非常引人入胜的，即使田野里小马奔驰，女人在井边装水，驴子嘶叫。

可是我们终究会厌倦阅读这些二流读物。我们厌倦了在半真半假的东西中甄别需要的信息，而这些真假参半的东西正是威尔金森、班伯利和玛丽亚·艾伦等人能为我们提供的。他们没有艺术家那样删繁就简、提纲挈领的能力，他们甚至没法完整讲述自己的人生故事；他们毁掉了本来像模像样的故事。他们能提供的只有事实而已，而事实只是一种非常粗糙的虚构形式。因此我们会渴望运用半陈述或者近似的手法，停止探索人性的幽微阴影，享受更抽象的概论、更纯净的叙述。因此我们创造了一种情绪，强烈有力但大而化之、罔顾细节，同时会受到某种规律的、重复的节拍的限制，它们最自然的表达形式就是诗歌。接下来就是阅读诗歌的时候了……我们甚至都可以直接创作了。

> 西风，你将何时再来？
> 小雨渐沥渐沥，
> 假若爱人在怀，
> 同床共枕相依！

诗歌的影响如此强烈和直接，以至于除了诗歌本身之外，在当下我们别无所感。我们到了何等深度，沉浸得如此突然和纯粹！在诗歌中，我们空手无依，无所阻拦。小说的幻想是循序渐进的，它带来的影响也是我们有预感的；但是读这四行诗的时候，谁会停下来询问这是谁写的？谁会去

---

① 亚瑟·韦尔斯利（Arthur Wellesley，1769—1852），第一代惠灵顿公爵，19世纪英国主要军事和政治人物之一，曾两度担任英国首相。

想象多恩的房子抑或西德尼的秘书？谁又会将它们投入复杂的过去和世代相传的历史中？诗人永远是我们的同代人。我们此刻的存在集中和凝聚于一处，就像个人感情受到暴力冲击时一样。之后，情感的确开始如涟漪般扩散，触发更外围的感官，我们开始发出声音，做出评论，我们意识到回声和反射。诗歌的强度涵盖了更广阔的情感维度。比如下面这首诗所蕴含的力量和直白：

> 我将像树一样倒下，寻找埋葬我的荒场，
> 只记得我悲难自抑。

或者类似于这几句诗摇曳的韵律：

> 沙砾滴落细数分分钟钟
> 仿若沙漏，流光虚掷，
> 蹉跎殆尽，翘首回顾往昔，
> 欢乐时光，宴饮归来，
> 悲从中来；人生，
> 厌倦放荡，沙砾细流，
> 叹息哀号，直至终滴，
> 困苦终结，永获安息。

又或者静听几句冥思：

> 不论年轻或者老去，
> 我们的命运，我们的心和家园，
> 无可穷尽，也只在那里；
> 带着希望，永远不死的希望，
> 努力，期盼，并且渴望，
> 永远都要实现。

再来几句无比可爱的：

> 月亮悠悠直上夜空，
> 无处可悬，
> 盈盈飘荡，
> 一颗两颗孤星相伴——

或者带着一些奇思妙想：

> 林地的野鬼
> 不该停止闲逛，
> 当，远处的空地，
> 世界燃烧正旺，
> 柔软的火焰翻转，
> 看起来就像
> 林荫下的番红花。

这些诗句让我们领略到诗人多样的表达。他可以让我们同时扮演演员和观众，他可以伸手操纵角色，仿佛它们就是一只只手套，想成为福斯塔夫就成为福斯塔夫[①]，想成为李尔王就成为李尔王。他浓缩、扩展、陈述，一劳永逸。

"我们只需要去比较"，这句话已经不是秘密了。阅读的复杂性已经得到了承认。第一步，以最大程度的理解能力接受印象，这才走了阅读过程的一半；如果我们要获得阅读一本书的全部乐趣，就必须走完另一半。我们必须对这众多的印象做出判断，我们必须让这些转瞬即逝的印象拥有相对坚实持久的形状。但不是直截了当地去做，而是要等待阅读的尘埃落定，

[①] 约翰·福斯塔夫，虚构人物，出自莎士比亚喜剧《温莎的风流娘儿们》。

让冲突和质疑平息。走路、聊天，从玫瑰上摘下凋落的花瓣，或者沉沉睡去。然后不期而至地，书本就会回来，以一种不一样的姿态，正如大自然的种种转变，它会以一个整体的形象浮上心头。图书以整体的形式呈现时，跟它在当下以分裂的段落被接受时是不同的。所有的细节现在各得其所，从头读到尾的时候，我们看到了细节的形状，一个谷仓、一个猪圈、一个大教堂。现在我们可以将图书进行比较，好比是对比各种建筑。不过这个比较的行为意味着我们的态度已经转变了。我们不再是作者的朋友，而是他的法官。正如作为朋友的时候，我们不能同情心泛滥，作为法官的时候，我们也不能拿着鸡毛当令箭。浪费了我们时间和同情心的书，难道不是罪犯吗？粗制滥造的图书作者，伪造的假书，那些充满朽烂和疾病的烂书，难道不是社会最阴险的敌人、腐败者、玷污者？让我们做出严厉的审判，让我们将每一本书跟它同类图书中最伟大的作品进行比较。它们就萦绕在脑海中，这些图书的形象经由我们的判断更显稳固——《鲁滨逊漂流记》《爱玛》①《还乡》。将小说跟这些著作进行比较，即使是最新的、最微不足道的小说都有权跟最好的小说一较高下。诗歌也是，当节奏的晕眩已然消失，辞藻的华彩渐渐褪去，一个幻想的形状会回到我们脑海，我们必须将它与《李尔王》《费德尔》②《序曲》③进行比较，即使不是这些，也要跟那些最好的，或者我们心目中同类型作品中最好的进行比较。我们也许可以确定，新诗或者新小说中的新意是它最肤浅的品质，我们应该做的只是稍微改变自己判断旧作品的依据，而不是重塑我们自己的标准。

所以说，想当然地以为阅读的第二步，也就是判断和比较，跟阅读的第一步——也就是敞开心扉，让无数印象自然涌现——一样简单，那就太愚蠢了。在你面前无书的情况下继续阅读，将一块阴影形状和另一块比肩而立，广泛且深入地阅读，从而让这样的比较栩栩如生而且颇有启发，是困难的。更进一步地说，"这本书属于哪种类型，具有哪种价值，它在这里

---

① 简·奥斯汀的爱情小说，一些评论家认为这是奥斯汀艺术和思想上最成熟的一部作品。
② 《费德尔》(Phèdre)，法国剧作家让·拉辛最杰出的戏剧作品之一。
③ 《序曲》(The Prelude)，英国诗人威廉·华兹华斯的自传体长诗，是华兹华斯最为成功的作品，集文学性、艺术性和思想性于一体。

一败涂地,在那里卓有成就,它在这里写得很棒,而在那里糟透了"也是很难的。履行读者的这部分职责不仅需要这样的想象力、洞见,而且要能够意识到它们。很难想象哪个人的头脑充分具备这种潜质,对于最自信的人来说,最多也只是在他身上发现这种潜质而已。那么,将这部分阅读的责任让渡出去,交给评论家、图书馆中的学术权威,让他们来为大家决定图书的绝对价值,这样不是更明智吗?可是这是多么不可能的事啊!我们也许会强调同情的价值,我们也许会在阅读时忘记自己的身份,但我们知道自己无法忘我地同情或者全然地沉浸,我们的心里总会有一个恶魔低声细语"我讨厌,我喜欢",我们没办法让他沉默。确实,正是因为我们的喜欢和厌恶,才让我们跟诗人和小说家的关系如此亲密,以至于我们无法忍受另一个人的存在。即使结果让人厌恶,判断总是错误,我们的品位——将震动传递给我们的情感神经——仍然是我们的照明灯。我们通过感受来学习,在没有完全消除自己的特质之前,我们无法压抑它。随着时间的流逝,也许我们可以训练自己的品位,让它屈服于某种控制。当我们贪婪地"饱食"各类书籍——诗歌、小说、历史、传记,然后停止阅读,在现实世界的多样性和不协调中寻找空间,我们会发现它正在一点点改变,它没有那么贪婪了,它变得更会思考了。它为我们带来的不只是对特定书籍的判断,而且会告诉我们某类图书有一个共同的特质。听着,它会说,我们要将这个称作什么?它会为我们朗读《李尔王》,然后是《阿伽门农》,只为将这个共同的特质牵引出来。因此,用我们的品位作引导,我们将越过某本特定的书,去搜寻一组书的特质,我们会为它们命名,然后将我们的感受纳入秩序。我们将从这种区别、比较中获得一种更长久、更稀有的快乐。但是,只有在与图书接触的过程中被不断打破,规则才会拥有生机。没有比凭空制造与事实毫无关联的规则更容易令人费解的事了。终于,为了让我们在这场困难的尝试中稳住阵脚,我们去求助那些罕见的作家,在阅读这门艺术中,他们会为我们带来启发。柯勒律治、德莱顿、约翰生那些深思熟虑的批评,小说家和诗人本人的说法,往往出人意料地中肯。我们脑海深处那些模糊的想法往往会被他们照亮和证实。不过,只有当我们带着自己在阅读过程中获得的问题和建议来到他们面前时,他们才会愿意施以援手。如果我们臣服于他们的权威,就像绵羊躲在树荫下,他们就会无计可施。只有当我们双方的判断发生冲突并且被对方征服时,我们才能生出理解。

如果是这样的话,如果阅读一本书需要想象力、洞见、判断力这样稀有的品质,你也许会认为文学是一门非常复杂的艺术,那么即使我们经过一生的阅读,也没法就批评这件事做出任何有价值的贡献。我们依然必须是读者,我们不应该享有更进一步的荣光,就像少数已经成为批评家的人一样。不过,作为读者,我们也有自己的责任,这也很重要。我们提出的标准,我们做出的判断会弥漫在空气中,成为作者工作时呼吸的一部分。即使未能印成铅字出版,它也产生了一种影响。如果这种影响经过了良好的指导,是有力的、有个性的、真诚的,在批评暂时被搁置时,它就会很有价值。图书接受批评,就像射击馆里排队走过的动物一样,批评家只有一秒钟的时间上弹、瞄准和发射。如果他错将兔子当作老虎,鹰当作鸡,甚至错过目标,将子弹射向了远方田野上的平和的奶牛,那还是可以原谅的。如果在媒体没有准头的射击之外,作者感觉到还有一种批评,来自爱读书之人,他以极大的同情、极为严厉的态度缓慢地提出非专业的意见,难道这些不会有助于提高作品的质量吗?如果通过我们的方法,图书变得更厚重、丰富、多元,那么这就是有价值的。

不过有谁会把读书当作终极目标呢,不论这是多么有价值的一个目标?难道没有一些追求——我们之所以孜孜不倦地渴求着它们,是因为它们本身值得吗?难道没有什么愉悦是终极性的?阅读的快乐不在其中吗?我有时候梦想着,至少,在审判日降临时,伟大征服者们、律师们、政治家们将上前领取他们的奖赏——王冠、桂冠、坚不可摧的大理石上刻着的永不磨灭的名字。当我们胳膊下夹着书籍走过,上帝转头看向彼得,不无嫉妒地说道:"看看,这些人不需要奖赏。我们这里没有更多的东西给他们。他们已经爱上了阅读。"

(董灵素 译)

图书在版编目(CIP)数据

伍尔夫读书随笔 /（英）弗吉尼亚·伍尔夫著；董灵素等译. -- 武汉：华中科技大学出版社，2025.5. -- ISBN 978-7-5772-1562-4

Ⅰ. G792

中国国家版本馆CIP数据核字第2025F25H25号

伍尔夫读书随笔　　　　　　　　　　　　　　　　［英］弗吉尼亚·伍尔夫　著
Wuerfu Dushu Suibi　　　　　　　　董灵素　程辰雨　赵　乐　陈娟娟　朱丽琼　译

策划编辑：	陈心玉　饶　静
责任编辑：	康　艳
封面设计：	琥珀视觉
责任校对：	刘　竣
责任监印：	朱　玢
出版发行：	华中科技大学出版社（中国·武汉）　　电话：(027)81321913
	武汉市东湖新技术开发区华工科技园　　邮编：430223
录　排：	孙雅丽
印　刷：	湖北恒泰印务有限公司
开　本：	710mm×1000mm　1/16
印　张：	27
字　数：	401千字
版　次：	2025年5月第1版第1次印刷
定　价：	78.00元

本书若有印装质量问题，请向出版社营销中心调换
全国免费服务热线：400-6679-118　　竭诚为您服务
版权所有　侵权必究